国家出版基金项目
NATIONAL PUBLICATION FOUNDATION

"十四五"国家重点出版物出版规划项目
智能机器人基础理论与关键技术丛书

仿蝠鲼潜水器设计理论与方法

潘　光　曹　勇　曹永辉
黄桥高　屈毅林　卢丞一　著

科学出版社
北　京

内 容 简 介

仿蝠鲼潜水器的结构设计、运动时的流场特性、控制算法与推进机理等涉及一系列复杂问题。如何使潜水器游动特性与真鱼相似，且具备持久续航能力、环境感知能力等是仿生潜水器设计所需要解决的重要问题。本书面向仿蝠鲼潜水器设计，系统介绍了仿生推进的流体动力学、结构设计、航行动力学、自动控制、能源与载荷等内容，为仿蝠鲼潜水器样机研制奠定了理论与技术基础。

本书可作为高等院校船舶与海洋工程、机械工程、武器系统与应用工程等学科专业教师、高年级本科生、研究生等的参考书，也可供生物交叉研究领域的科研人员和工程技术人员阅读。

图书在版编目(CIP)数据

仿蝠鲼潜水器设计理论与方法 / 潘光等著. —北京：科学出版社，2025.5

(智能机器人基础理论与关键技术丛书)

ISBN 978-7-03-076899-5

Ⅰ. ①仿…　Ⅱ. ①潘…　Ⅲ. ①可潜器-研究　Ⅳ. ①U674.941

中国国家版本馆CIP数据核字(2023)第215485号

责任编辑：陈　婕 / 责任校对：任苗苗
责任印制：赵　博 / 封面设计：有道设计

科学出版社 出版
北京东黄城根北街 16 号
邮政编码: 100717
http://www.sciencep.com
北京中科印刷有限公司印刷
科学出版社发行　各地新华书店经销
*
2025 年 5 月第　一　版　开本：720 × 1000　1/16
2026 年 1 月第二次印刷　印张：18 1/2
字数：370 000

定价：168.00 元

(如有印装质量问题，我社负责调换)

序

生物为了适应各种生态环境，产生了多种多样的组织结构与运动方式。模仿生物特性不仅可以增进对生物学的理解，而且可以为仿生装备设计提供新思路。

海洋空间广阔，资源丰富，具有极高的战略价值和经济价值。人们对海洋的探索、开发和利用不断深入，也对潜水器的环境适应性、机动性、续航能力等提出了更高的要求。传统潜水器普遍采用螺旋桨推进，难以同时满足小范围高机动与广域长时续航等需求，且容易对海洋生态环境造成破坏。因此，模仿、借鉴鱼类运动方式为研制潜水器开辟了全新的道路。

蝠鲼利用胸鳍扑动推进，其动作敏捷且游动稳定。以蝠鲼为仿生对象所研制的仿生潜水器在机动性、稳定性与负载能力方面相较传统潜水器均有明显提升。西北工业大学潘光教授团队瞄准该学科前沿，针对仿蝠鲼潜水器设计理论与方法开展了系统性研究，包括蝠鲼生物学特性、仿生推进水动力学、仿生结构设计、刚柔耦合航行动力学、仿生控制、能源与载荷系统等。目前该团队已研制出多型仿蝠鲼潜水器样机，完成了珊瑚礁保护、地形勘探、重要设施巡检、海洋牧场鱼群健康监测、复杂水域环境水文信息采集等多项水下任务。

潘光教授团队长期从事仿蝠鲼柔体潜水器方向的科学研究，在该研究领域取得了丰硕的成果，团队成员主持了国家自然科学基金项目多项、国家重点研发计划项目 3 项，相关研究论文已发表于国际与国内知名期刊，获得了学术界的高度认可，《仿蝠鲼潜水器设计理论与方法》一书为该研究成果的系统总结。

该书逻辑完整，层次清晰，内容丰富，细节到位，为仿蝠鲼潜水器的设计和性能优化奠定了理论与技术基础，是仿蝠鲼潜水器大型化、智能化与实用化的优秀参考资料。

很高兴向同行研究人员推荐该书并为该书作序。

徐德民
中国工程院院士
2024 年 9 月

前　言

进入 21 世纪，海洋资源的勘探和开发变得日益重要，而传统潜水器由于普遍采用螺旋桨推进仍有很多不足：机动性差，狭窄范围内灵活性差；续航能力弱，难以在水下长时间工作；螺旋桨极易对生物和生态环境造成破坏。为了解决上述问题，作者所在团队致力于仿生学研究，研制了仿蝠鲼潜水器。该潜水器以蝠鲼为仿生对象，具备单程俯冲弓形滑翔、连续扑动、脉冲滑扑三种典型运动主模态，可执行海洋水文信息采集、广域目标搜索与精细探测、反潜/反侦察等具体任务，在海洋资源开发、生态环境监测、海洋牧场建设、国家领海安全维护等领域具有重要意义。

全书共 9 章：第 1 章概述仿蝠鲼潜水器的基础理论和整体概况；第 2 章从仿蝠鲼生物学特性及水动力机理进行分析，为仿生潜水器的设计奠定基础；第 3 章主要围绕仿生胸鳍结构设计展开，详细讨论潜水器胸鳍驱动结构与鳍面结构设计；第 4 章开展仿生胸鳍水动力实验，为柔性胸鳍的优化设计提供科学指导；第 5 章构建仿蝠鲼潜水器统一的动力学模型，为总体设计优化和仿生运动控制提供理论基础；第 6 章介绍仿蝠鲼潜水器的控制技术，分别基于无模型与有模型控制方法建立仿蝠鲼潜水器的闭环控制系统，实现仿生运动控制；第 7 章为了实现仿蝠鲼潜水器长时间的稳定工作，设计多源俘能和能源分布存储系统，并建立力电热多物理场耦合模型，实现能量的安全高效利用；第 8 章开展仿蝠鲼潜水器样机总体设计，研制仿蝠鲼潜水器样机，并开展系统实验；第 9 章系统阐述仿蝠鲼潜水器应用方面的关键技术。

本书由潘光、曹勇、曹永辉、黄桥高、屈毅林、卢丞一共同撰写。其中，潘光、曹勇、曹永辉负责第 1、3、6 章的撰写；黄桥高负责第 2、4 章的撰写；屈毅林负责第 5 章的撰写；卢丞一负责第 7 章的撰写；曹勇、曹永辉负责第 8、9 章的撰写。全书整理工作由屈毅林完成。

本书内容是作者及其团队近年来工作成果的总结。由于作者水平有限，书中难免有疏漏和不足之处，恳请前辈及同仁不吝赐教。

目录

第1章 绪 论

1.1 鱼类生物学基础

海洋覆盖了地球表面约71%的面积，是地球上最大的生态系统，也是世界上80%生物的家园。据不完全统计，海洋中的鱼类超过1.2万种，根据推进部位的不同可将鱼类推进方式分为身体/尾鳍(body and/or caudal fin propulsion, BCF)推进和中央鳍/对鳍(media and/or paired fin propulsion, MPF)推进两大类。自然界中高达85%的鱼类采用BCF推进方式，这类鱼在游动过程中具备快速性和高效性的优点，但也存在稳定性不佳、低速时效率不高的缺点。近年来，采用MPF推进方式的鱼类以其优异的低速稳定性、转向灵活性逐渐受到科研工作者的青睐。蝠鲼，又称魔鬼鱼，是一种采用MPF推进方式的鱼类，在游动时表现出优异的机动性和稳定性，已逐步成为水下潜水器领域的研究热点。

对蝠鲼等采用MPF推进方式的鱼类进行生物学特性研究是仿蝠鲼潜水器研制的基础，此类生物依靠成对的胸鳍及背鳍拍动或波动来产生向前的推力。蝠鲼在低速巡游时具有较高的推进效率，适合小航程低速游动，游动稳定性好，抗干扰能力强，机动性优良，可实现6个自由度的运动，可原地悬停和转弯。目前，对仿蝠鲼潜水器的研制大多仅在形态上接近真实生物(形态仿生)，在计算方法、控制机构设计、机械结构设计等功能仿生方面依然存在一些亟须解决的问题。针对仿蝠鲼潜水器的优劣，应根据不同领域的需求因地制宜，从一些机理性和探索性的方向开展潜水器研究，为接下来更为深入的潜水器性能研究提供理论和技术指导，为今后提出更优的模型分析方法以及开发出更先进的仿蝠鲼潜水器提供参考。

1.2 仿蝠鲼潜水器的国内外研究进展

MPF推进方式可根据鱼类沿鳍面弦向波数的数值大小，再细分为摆动推进方式和波动推进方式两种。其中，若沿鳍面的弦向波数小于1，则定义为摆动推进方式；若沿鳍面的弦向波数大于1，则定义为波动推进方式。自然界中的蝠鲼、鹰嘴鳐等属于典型的采用摆动推进方式的鱼类；黄貂鱼、南美刀鱼等属于典型的采用波动推进方式的鱼类。

摆动推进方式是当前仿生潜水器领域研究的热点方向。国内外研究机构根据摆动推进的运动特点陆续开发出多款仿生潜水器样机。德国 FESTO 公司、EvoLogics公司和柏林科技大学[1]合作开发了名为Aqua_Ray的仿蝠鲼潜水器，该潜水器采用无刷电机驱动的水泵为两对液压装置提供动力，并通过线绳驱动胸鳍骨架上下扑动；在胸鳍设计上采用了 Fin_Ray 结构，使仿生胸鳍的运动形态与真实生物更加贴合，同时利用舵机扭转使胸鳍产生弦向变形，从而产生推力，利用尾鳍实现上浮下潜运动，最大游动速度可达 0.5m/s。Zhou 等[2]开发了名为 RoMan-Ⅱ的仿蝠鲼潜水器，该潜水器两侧的胸鳍由三根独立的柔性鳍条驱动，每根鳍条都有单独的驱动源提供动力，潜水器的升沉运动采用类似鱼鳔的给排水装置进行控制，可实现 0.3m/s 最大的水下巡游速度。Chew 等[3]研制了一种采用单鳍条驱动的仿蝠鲼潜水器，该潜水器单侧胸鳍的展长为 194mm，最大弦长为 200mm，单鳍条位于仿生胸鳍的最前端，胸鳍鳍面其余部分为柔性橡胶材料，通过舵机驱动单鳍条并进一步带动柔性鳍面，进而为潜水器提供推力。研究人员还对不同厚度柔性胸鳍的推进效果进行了实验，验证了该潜水器的最大游动速度可达 0.5m/s，速度身长比为 1.78。

毕树生等[4-12]从 2007 年开始进行了大量的胸鳍摆动推进仿生鱼研究，研制了五代 Robo Ray 系列样机；该样机最大游动速度可以达到 0.9m/s，采用多电机带动多鳍条的胸鳍结构形式，在运动形态和整体结构上与自然界真实蝠鲼生物的相似度越来越高。杨少波等[13-15]从仿生学层面较为系统地对牛鼻鲼胸鳍升力推进方式开展了仿生研究，不仅基于流固耦合的方法分析了牛鼻鲼胸鳍推进方式的水动力性能，还开发了仿牛鼻鲼潜水器 Cownose Ray；通过样机试航实验研究了不同胸鳍摆动参数下的潜水器推进性能，验证了该样机可以在 1Hz 的扑动频率下以 0.18m/s 的速度游动。Meng 等[16,17]提出了一种基于准稳态方法的扑翼动力学模型，研制了可变后掠角的胸鳍推进仿蝠鲼潜水器，该潜水器展长为 723mm，最大弦长为 381mm，可以实现每秒 1.07 倍体长的最大速度游动；鉴于胸鳍的可变后掠角结构，该潜水器的机动性得到了大幅提升，可实现快速俯仰机动，俯仰机动半径为 205mm。潘光等采用单驱动单鳍条、多驱动并联多鳍条、双驱动带动多连杆等结构方式开发了多台胸鳍摆动推进仿生潜水器[18-23]，其中翼身融合水下滑翔工程样机已完成多次湖海实验验证工作，实现了最大 1000m 的下潜深度，是目前国内外少数的具备大深度水下工作能力的仿生潜水器，具备广阔的应用前景。

1.3 水动力实验研究进展

仿生胸鳍水动力学的研究旨在从机理层面和应用层面理解仿生潜水器的动力推进特性，评估某一运动状态下潜水器的运动及动力特性，同时为潜水器的智能控制提供科学有效的指导依据。

Salazar 等[24]制作了一个简易的胸鳍摆动尾迹结构捕捉实验系统，通过染色法观测胸鳍尾迹流场的涡结构演化过程，如图 1.1 所示。实验过程中，采用刚性较大的胸鳍，并通过改变三维胸鳍鳍条间的输出相位，使胸鳍获得不同的运动姿态。由实验结果的流场示意图可知，胸鳍尾迹中存在反卡门涡街形成的射流，该涡结构与胸鳍推进相关。

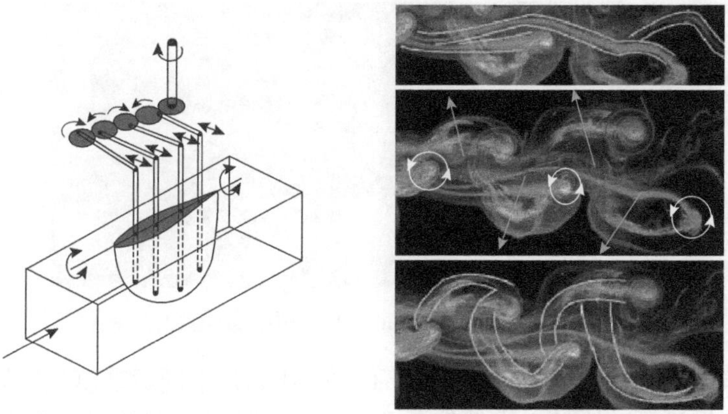

(a) 胸鳍摆动尾迹结构捕捉实验系统　　(b) 胸鳍尾迹流场示意图

图 1.1　染色法观测胸鳍尾迹流场示意图

毕树生等[25]搭建了仿生扑翼水动力实验平台，探究了胸鳍的推力系数 C_T 与推进效率 η 在不同拍动幅度情况下关于斯特劳哈尔数 Sr 的对应关系，如图 1.2 所示。实验数据分析结果指出，当斯特劳哈尔数持续增大时，胸鳍的推力系数大致呈现增大的趋势，推进效率在斯特劳哈尔数为 0.4 时达到峰值，说明推进效率是与斯特劳哈尔数紧密相关的。

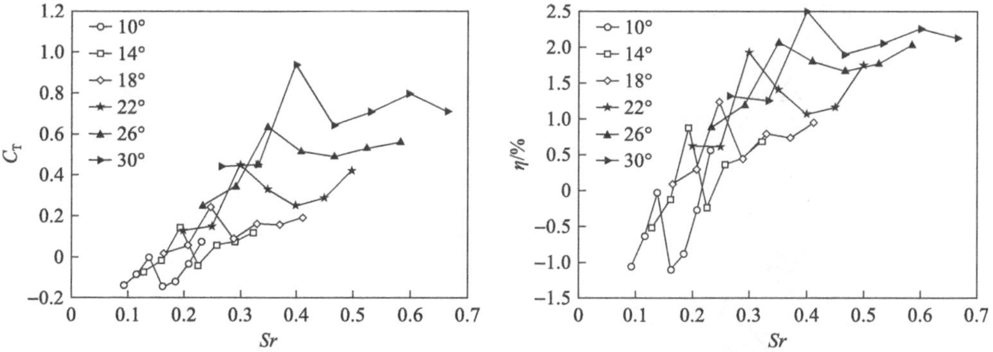

(a) 推力系数随 Sr 变化曲线　　(b) 推进效率随 Sr 变化曲线

图 1.2　推力系数及推进效率随 Sr 变化曲线

丁浩等[26]利用流体仿真计算了仿生扑翼在流体环境中的水动力特性，探究了仿生扑翼拍动产生推力时的流场演化机理，并且分析了仿生扑翼的运动属性参数与推进特性之间的对应关系，得到了推力系数及推进效率最佳工况的数值解。

Arastehfar 等分析了矩形轮廓下 NACA0012 截面翼型的柔性翼片(图 1.3)在自由流场下的水动力特性[27-29]，其水动力实验结果表明，在一定的刚性条件下，翼片产生的推力与其刚度具有一定的负相关。

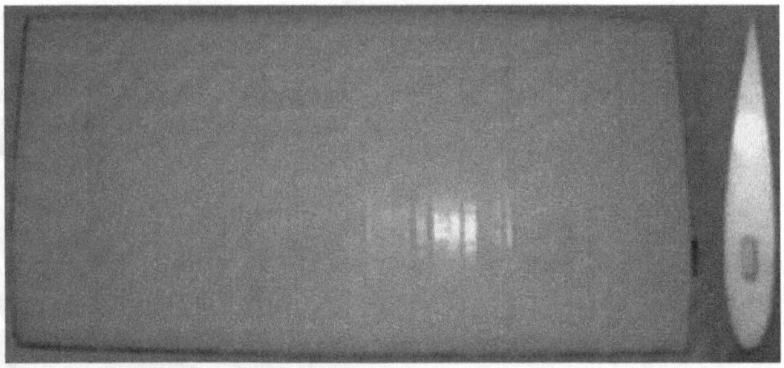

图 1.3　Arastehfar 等所采用的实验翼片

Hang 等[30]通过流体仿真计算分析了仿生扑翼在不同运动模态下的推进特性。计算分析结果显示，胸鳍以大俯仰角开始拍动，并且扑翼拍动与俯仰同方向时，仿生扑翼在周期内产生的平均推力达到最大。

张栋等[31,32]通过分析牛鼻鲼的运动姿态得到了胸鳍表面的运动方程，并将胸鳍的运动方程数值化，代入牛鼻鲼模型进行流场仿真计算。计算结果如图 1.4 所示，当胸鳍的弦向变形程度，即波数 W 增加到 0.4 时，胸鳍具有最大的推力系数与最高的推进效率；当胸鳍视为刚性，即波数为 0 时，胸鳍的尾迹流场涡旋强度

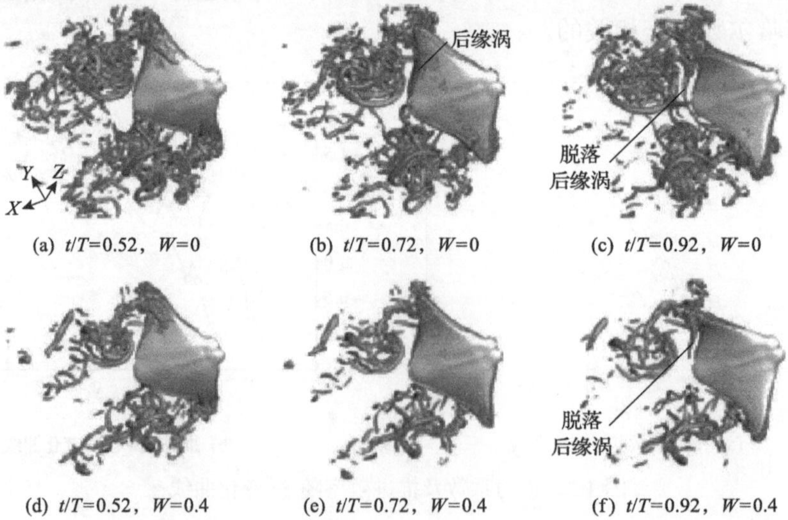

(g) $t/T=0.52$，$W=0.8$　(h) $t/T=0.72$，$W=0.8$　(i) $t/T=0.92$，$W=0.8$

图 1.4 不同波数下牛鼻鲼的后缘涡场

最大。在一定的斯特劳哈尔数下，在胸鳍拍动产生的涡中，处于翼尖的涡旋是产生推力的主要来源。

1.4 仿蝠鲼潜水器的动力学建模简介

随着仿蝠鲼潜水器在应用领域的不断发展，模型构建在学术研究中显得越发重要。准确而高效的模型能够为力学性能提供可预测的结果，进而支持以模型为基础的设计和控制。在潜水器的建模过程中，最便捷的方法是将其分解为一系列独立的执行器。这种离散化潜水器模型属于典型的移动基座多刚体系统。沿用多刚体动力学的数学表达和通用假设，柔性鳍的运动可以看成一系列刚性连杆和连接它们的刚性运动关节。

牛顿-欧拉动力学算法(Newton-Euler dynamics algorithm, NEDA)作为一种直观清晰的数值计算方法广泛地应用于刚性机构和传统潜水器学习领域[33]。在这种建模和计算框架下，通常将柔性鳍分解为一系列曲柄摇杆机构，以描述其刚性运动特性。大多数 NEDA 通过准稳态水翼理论(也称为莫里森(Morrison)方程)来描述系统的流体动力学[34]。通过对模拟结果与实验数据进行系统比较，这一方法能够在广泛的控制参数范围内很好地预测潜水器的关键运动特性，如速度、姿态和体态的变化。

此外，各种弹性梁理论也经常用于描述柔性鳍的被动变形，以提供更精确的模拟结果。例如，Candelier 等[35]结合 Lighthill 大振幅理论和 Cosserat 杆模型进行鱼体或潜水器建模。这样的模型考虑了运动机构的准静态升力和阻力，在保真度和计算效率之间取得了良好的平衡，但仅适用于平面运动。计算流体动力学(computational fluid dynamics, CFD)通过求解纳维-斯托克斯(Navier-Stokes, N-S)方程来计算水动力的三维分布[36]。采用 CFD，潜水器可以建模为完全柔性的连续体，并通过梁、壳或实体单元进行描述，但是这种方法的数值计算效率并不高，不适用于潜水器控制器的设计。

总体来说，仿蝠鲼潜水器在动力学方面需要解决的问题是：如何在动力学建模的同时，通过各种假设描述柔性鳍的变形。此外，为了保证一定的精度要求并达到较高的计算效率，本书采用离散化的刚体假设，以移动基座多刚体系统和莫里森方程作为主要框架来构建仿蝠鲼潜水器的动力学模型。

1.5 仿生控制方法研究现状

潜水器的控制技术是保障其精确作业和自主运行的核心，近年来随着计算技术、人工智能和传感器技术的发展，控制方法正从传统控制向仿生智能化、多方法融合等方向发展。

1.5.1 中枢模式发生器控制

动物体以神经系统作为控制中心，以视觉、听觉、触觉等收集到的信息作为反馈，以肌肉和骨骼作为执行器，构成了一个整体，进而实现各种运动。运动按照级别高低分为意识运动、节律运动和反射运动。意识运动受高级神经中枢大脑皮层控制，需要各级神经中枢和感觉器官参与，是最高级的运动，形式复杂。反射运动是最低级的运动，如膝跳反射，是一种固定反射模式，只需感觉和运动神经元起作用即可完成[37]。节律运动介于二者之间，如动物的行走、跳跃、飞行、咀嚼、呼吸等周期性运动，主要由中枢模式发生器(central pattern generator, CPG)产生的节律信号进行控制。

随着 CPG 神经学方面的研究不断成熟，人工 CPG 控制开始出现，并广泛应用于多驱动潜水器的控制，主要有基于硬件芯片实现的模型[38-41]、矢量图模型[42]、联结主义模型[43,44]和振荡器模型[45-50]。其中，振荡器模型由基于耦合关系的非线性微分方程组成，致力于节律信号的产生，而不再是 CPG 生物神经学机理。因此，振荡器模型不需要苛刻的硬件设备要求和高深的神经学理论，在潜水器控制领域得到了广泛应用。

1. CPG 控制的特点

基于非线性振荡器模型的 CPG 控制研究主要集中于振荡器的类型和振荡器单元间的耦合拓扑关系，它相对于其他传统的控制方式主要有以下特点[51]。

(1) 由于 CPG 控制极限环的存在，CPG 控制能在干扰存在的情况下迅速恢复稳定的节律信号输出状态。

(2) CPG 比较适合于分布式控制、多驱动控制。

(3) CPG 控制仅需要很少的输入参数便能实现复杂的控制，如潜水器的速度、方向、步态切换等控制。

(4) CPG 控制很适合集成反馈控制信号，从而能够和潜水器本体很好地耦合，具有很强的环境适应性。

(5)CPG 控制为学习和优化算法提供了一个很好的平台，以便对 CPG 网络进行参数优化。

2. CPG 控制在潜水器中的应用

近年来，CPG 控制在潜水器中的应用越来越广泛，主要涉及人形潜水器、多足潜水器、蛇形潜水器、两栖潜水器等。

Ijspeert 等[52]研制了基于相位振荡器 CPG 控制的仿火蜥蜴潜水器，其中采用的改进后的相位振荡器模型可以独立控制振幅和相位差，通过建立 CPG 网络，在只有两个控制输入信号的情况下完成潜水器爬行、游动、转弯等基本动作，以及实现了爬行步态与游动步态间的光滑切换。如图 1.5 所示，仿火蜥蜴潜水器的躯体由 8 个电机驱动，四足由 4 个电机驱动，躯体的每个驱动对应 2 个相位振荡器单元，四足分别对应 1 个相位振荡器单元。躯体与四足振荡器间的耦合权重和四足与躯体振荡器间的耦合权重不一样，而且躯体的饱和振荡频率要高于四足。d 作为指令分别对两侧的 CPG 振荡单元输入信号，d 是相位振荡器单元振幅和频率的函数，d 值对应的四足振荡器的频率低于躯体振荡器、振幅高于躯体振荡器，如图 1.6 所示。当 d 达到一定数值时，四足振荡器饱和，输出的频率和振幅为零，而躯体振荡器的频率和振幅继续随着 d 值增加，于是完成了潜水器从爬行步态到游动步态的光滑切换。当两侧输入的 d 值不对称时，躯体弯曲的程度不一样，于

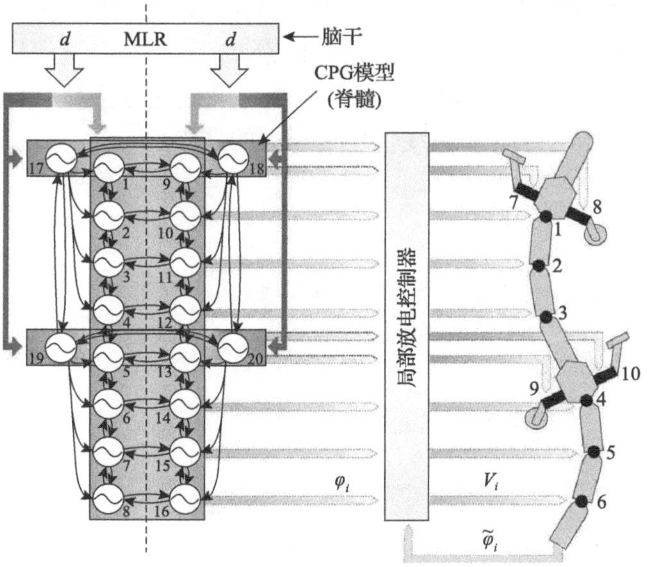

(a) 仿火蜥蜴潜水器的控制框图

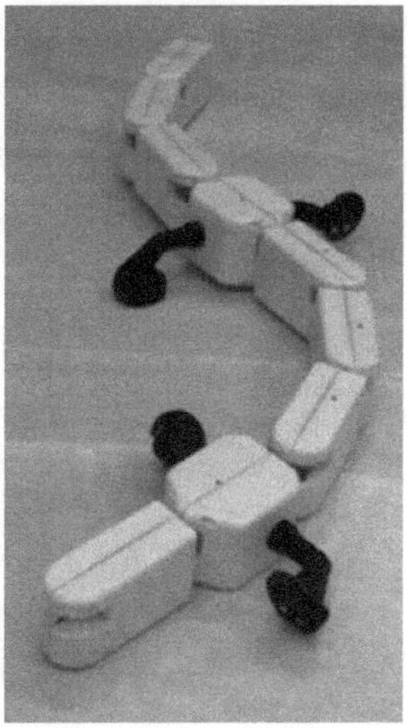

(b) 潜水器实物

图 1.5 仿火蜥蜴潜水器的控制框图和潜水器实物

MLR-中脑运动区域；1～16-躯体振荡器；17～20-四足振荡器

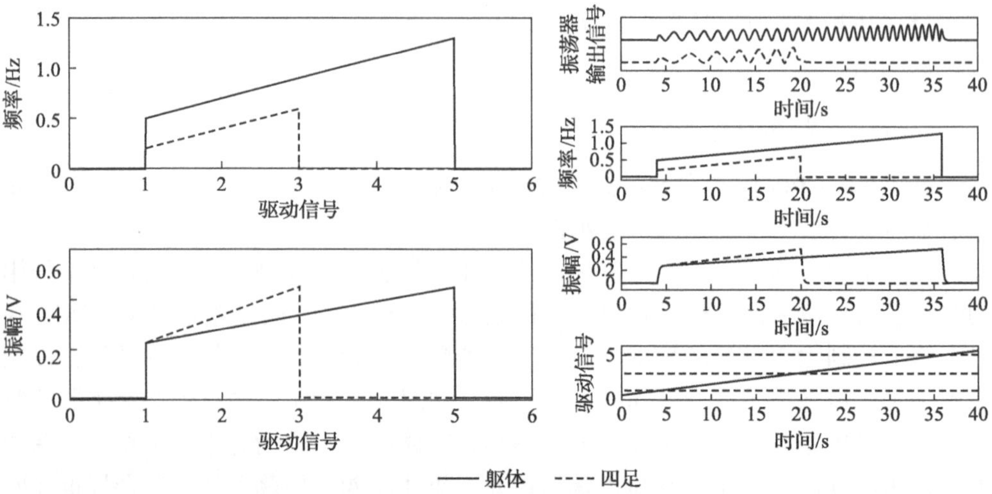

图 1.6　仿火蜥蜴爬行步态和游动步态切换原理

是就可以完成转弯动作。这也从侧面验证了当七鳃鳗转弯时，一侧的神经元细胞更活跃的结论[53]。

Crespi 等[54]建立了两栖蛇形潜水器，采用基于相位振荡器的 CPG 控制，利用 Powell 优化方法在线优化 CPG 参数，得到优化步态，如图 1.7 所示。潜水器分别在水里、平地、斜坡上进行了实验，得到的主要结论是：在不同实验环境下得到的优化步态差异很大；最优化参数通常是尖峰形的，即稍微偏离最优点就会大大影响优化效果；Powell 优化方法的迭代次数远少于系统搜索算法；相位振荡器模型能很好地适应参数的突变。其最主要的贡献在于，采用 Powell 优化方法对 CPG 参数进行在线优化，得到优化步态，相比于离线优化是很大的进步。

图 1.7　基于 CPG 控制的在线优化两栖蛇形潜水器

Crespi 等[55,56]研制了两栖潜水器 Boxybot，该潜水器可以在水中游动和在陆地上爬行，由 2 个胸鳍和 1 个尾鳍组成，利用三单元的相位振荡器 CPG 网络进行控制(图 1.8)，能够完成爬行、直游、倒游、转弯、上浮、下潜等动作，通过光学、触觉等传感器解决了复杂环境下的非稳态游动和爬行等难题。

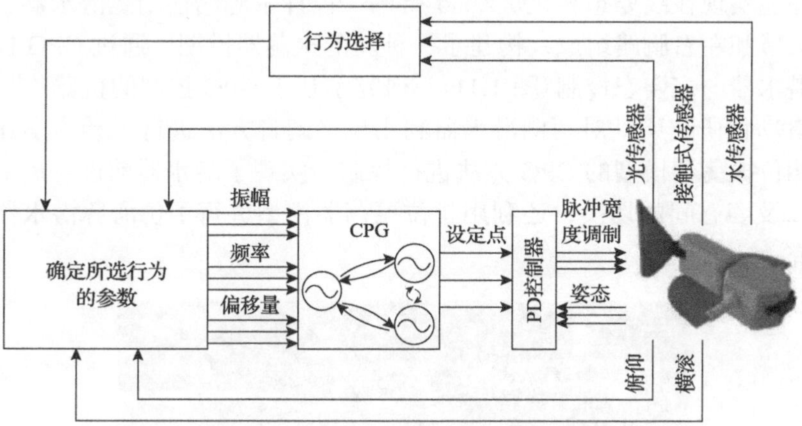

图 1.8 Boxybot 两栖潜水器控制框图

Zhou 等[57]利用基于 Hopf 振荡器的 CPG 网络控制设计了基于胸鳍拍动推进的潜水器 RoMan-Ⅱ，该潜水器采用两侧各 3 个胸鳍鳍条驱动，分别对应一个 Hopf 振荡单元，利用最近邻连接构建 CPG 网络(图 1.9)，通过设定各单元间耦合项实现在线调整潜水器游动步态和爬行步态间的切换。

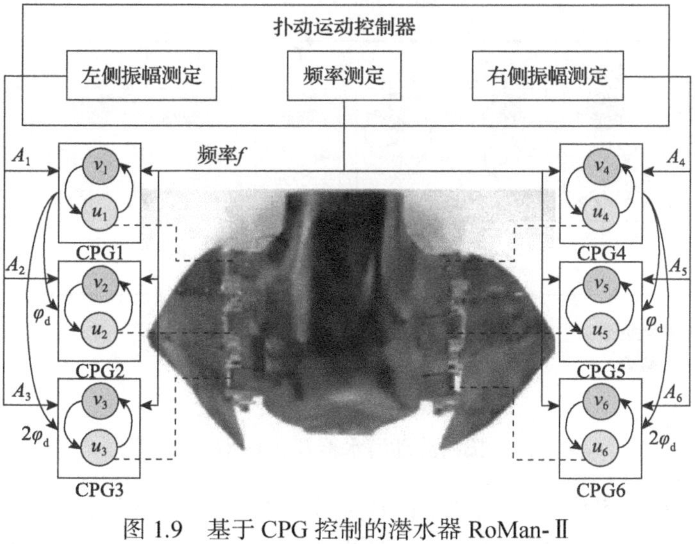

图 1.9 基于 CPG 控制的潜水器 RoMan-Ⅱ

φ_d-振荡器之间的相位差

相对于国外，国内在 CPG 控制研究方面起步较晚，但仍取得了较大进展。Zhou 与 Low[58]合作，利用 Hopf 振荡器模型建立了 CPG 控制网络，并应用于长鳍波动潜水器(图 1.10)；针对潜水器的 8 根鳍条对应的 8 个自由度进行了 CPG 网络设计，实验证明，基于 Hopf 振荡方程的 CPG 方法能有效协调潜水器的多个鳍条，并能实现在线姿态转化。Zhao 等[59,60]设计了尾鳍摆动式潜水器，其躯体由 4 个关节和左右胸鳍组成；构建了一种新的振荡器模型，通过 CPG 控制成功实现了潜水器的多姿态控制(图 1.11)；研究了基于 CPG 控制的机器龟[61]。中国科学院自动化研究所针对两栖潜水器利用拉格朗日方法进行了动力学建模，采用基于相位振荡器模型的 CPG 方法进行控制，实现了潜水器前进、后退、转弯等模式以及姿态间的切换，还利用相位振荡器模型进行了仿海豚潜水器方面的相关研究。

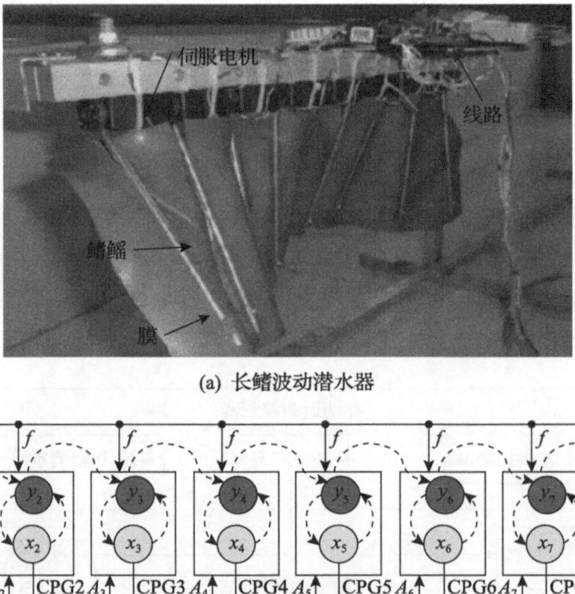

(a) 长鳍波动潜水器

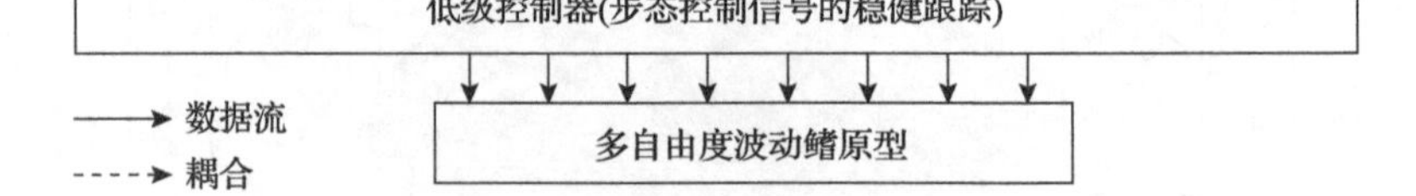

(b) CPG控制框图

图 1.10　长鳍波动潜水器及其 CPG 控制框图

CPG 控制在游动潜水器领域中的应用主要集中于两栖潜水器和尾鳍推进方式的潜水器，而对于胸鳍摆动推进方式的潜水器应用还较少。尽管南洋理工大学和国防科技大学的研究证明了 CPG 应用于仿蝠鲼潜水器的可行性，但是由于基于 Hopf 振荡器模型没有相位差这一直接参数，通过耦合项实现相位差控制的表达方

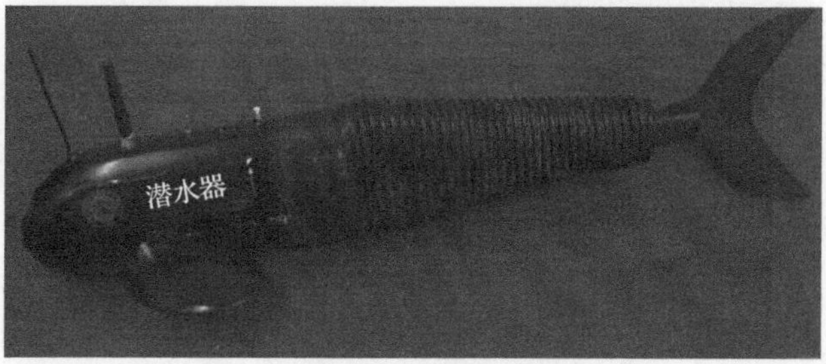

(a) 尾鳍摆动式潜水器样机

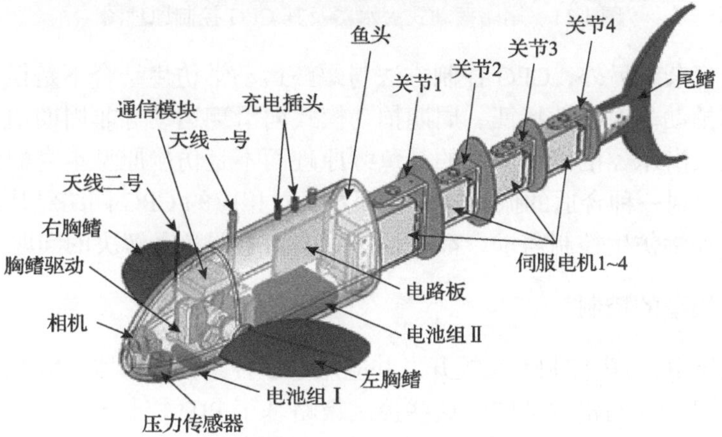

(b) 尾鳍摆动式潜水器结构

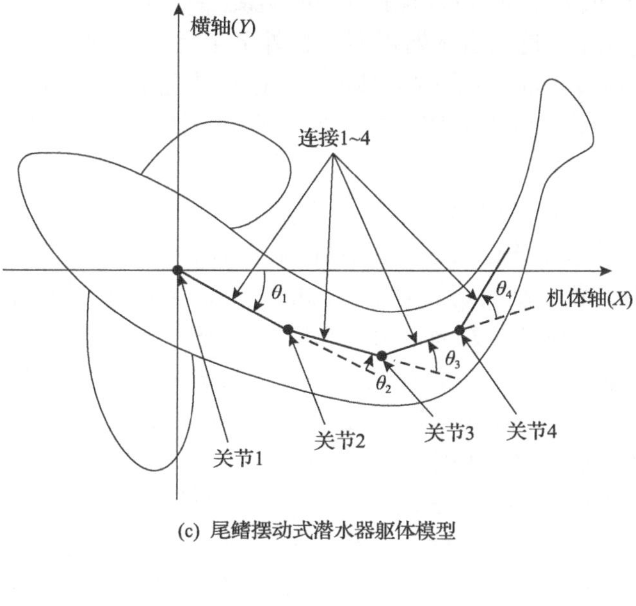

(c) 尾鳍摆动式潜水器躯体模型

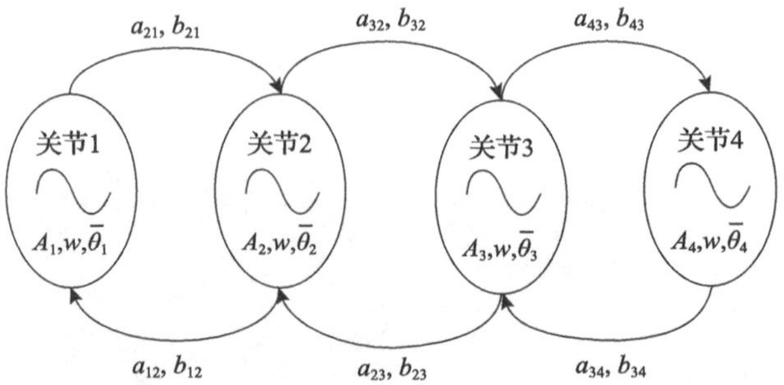

(d) CPG控制原理图

图 1.11　尾鳍摆动式潜水器及其 CPG 控制原理图

式还是比较复杂。另外，CPG 控制方法与蝠鲼运动学仿生结合不是很紧密，未考虑蝠鲼空间拍动非对称性特征、周期拍动模式向滑翔运动等非周期拍动模式转换等问题，以及潜水器的俯仰采用的是鱼鳔原理而不是仿生原型本身的俯仰方式。因此，如何找到一种合适的振荡器模型，并建立相应的 CPG 网络结构形式，而且满足蝠鲼运动学仿生控制需求，都将是仿蝠鲼潜水器急需解决的问题。

1.5.2　基于模型的控制

过去几年中，各类控制方法被开发并应用于多种柔性潜水器，如四足潜水器[62]、蛇形潜水器[63]和飞行潜水器[64]。这些控制策略基于 PID 控制器[65]、二次最优控制和神经网络[66]。在特殊情况下，需要通过控制所有内部自由度来考虑整个身体的动力学(头部和身体的其他部分)以保持头部的稳定性，仿蝠鲼潜水器及其动物模型就属于此类。事实上，这些潜水器可能会在外部干扰(风、波浪)或内部干扰(内部惯性、不稳定的身体形状)的影响下倾覆。在这种情况下，头部的运动不能与身体的其他部分分开计算。水下的姿态控制需要整个身体形状的协调，以保持稳定性并实现复杂的运动模式。

然而，到目前为止，对仿蝠鲼潜水器身体形状的控制都没有考虑其内部自由度的惯性。仿蝠鲼潜水器的运动主要将身体内部自由度运动作为输入，身体形状由每个伺服电机的位置控制决定。对于步态的生成，实现位置控制命令比内部扭矩命令更容易[67,68]。协调的步态通常由步态模式控制器[69]或 CPG[51]产生，还可以通过实施感觉反馈来提高控制的鲁棒性[68]。大多数仿蝠鲼潜水器只能间接控制作用在其身体上的力[67]，这使得控制过程更加复杂。因此，仿蝠鲼潜水器需要额外的控制层，以从关节轨迹产生稳定的力和力矩。

将仿蝠鲼潜水器的问题与著名的基于右向反射的猫下落问题进行比较[70]。在猫下落问题中，猫利用其内部惯性效应实现转身，同时保持净角动量为零(其角速度最初为零)。这一策略依赖于几何力学中纤维丛连接的概念，该连接将身体的角速度(网络运动)与特定身体姿态下的关节速度关联起来。然而，当系统的重心位置与浮心位置改变时，广义动量将不再守恒。这种特殊效应打破了系统的左不变性，导致关节空间中的轨迹生成无法再依赖纤维丛连接。仿蝠鲼潜水器系统正是此类问题的典型代表，其研究介于经典的舰船稳定性问题与动物反射的生物力学分析问题之间。问题的核心是在关节空间中生成轨迹，利用内部惯性效应与沿身体的浮力分布之间的耦合来实现稳定运动，是典型的移动基座问题。

为了再现这种动力学问题的复杂性，更进一步的研究必须依赖于基于模型的控制方法。其中，混合运动模型结合了每个驱动模块上的精确几何模型[71,72]和用于三维动力学建模的牛顿-欧拉模型[69]，这类方法的核心在于将潜水器设计及其与环境的相互作用结合起来。从这个角度来看，本书的动力学及控制方法将特别关注导致潜水器稳定或不稳定的轨迹生成机制，使用的方法与具身智能的概念一致[73]，认为生物力学和潜水器的交互作用同控制方法一样重要。本书提出的许多结果可以通过非线性方法、最优控制或神经网络来优化，从而为设计更精细的控制策略提供支持。

1.6 潜水器能源系统的发展现状

能源问题一直是潜水器有待解决的关键技术之一，潜水器作为在水下环境中运行的复杂设备，需要可靠的能源系统来支持其完成各项功能和任务。能源的供应不仅影响潜水器的续航能力，还直接决定其在水下的操作时间和任务执行的效率。

1.6.1 常见的几种潜水器能源系统

过去，潜水器主要依赖内部燃料电池或者传统电池供电。然而，这些传统能源系统往往存在容量有限、充电时间长、重量大等问题，限制了潜水器的作业时间和机动性。常见的潜水器能源系统多采用太阳能俘能系统、温差能俘能系统或柔性锂电池储能模块等。

1. 太阳能俘能系统

新型太阳能潜水器自身携带太阳能光伏发电系统，可以将太阳能转化为电能存储到载体蓄电池中。在水下作业过程中，载体监测蓄电池的电力状况，根据需要上浮到水面，利用太阳能发电系统为载体内蓄电池充电，以确保潜水器顺利完成作业任务。

在美国海军研究办公室(Office of Naval Research, ONR)资助下，美国自主水下系统研究所、Falmouth Scientific 公司、Technology Systems 公司和美国海军水

下作战中心[74]联合研制了第二代太阳能自主水下潜水器(SAUV Ⅱ)，用于完成海洋远程监控和侦察以及实时通信等作业任务。Arima 等[75]对太阳能水下滑翔机的相关技术进行了大量的研究，研制了太阳能水下滑翔机 SORA 用于研究太阳能供电系统和实验室环境之间的关系，还研制了太阳能水下滑翔机 Tonai60 用于监测浅水珊瑚礁。Tonai60 配置了网络摄像机、数字罗盘和环境数据记录仪，可记录水深、温度、盐度、叶绿素、浑浊度等环境数据[76]。加拿大纽芬兰纪念大学的自主海洋系统实验室研制的水下潜水器 SeaDuck 既可以在水面运动，也可以在水下工作，它自身携带容量为 1.77kW·h 的电池，表面覆盖了 4 块 60W 的太阳能电池板，拥有一个重心浮心调节装置，通过调整重心浮心位置转换为垂直工作模式，从而拥有垂直运动采样的能力[77]。

2. 温差能俘能系统

美国在太阳能自主水下潜水器方面的研究起步最早，其余国家紧随其后。由于自主水下潜水器需要搭载太阳能电池板作为蓄电池补充能源，而太阳能电池板的外形结构与传统的自主水下潜水器(如鱼雷)有较大差异，因此增大了潜水器在航行时的阻力。环境能源为潜水器提供了一种新型的能源途径。温差能驱动潜水器的动力能源来自海洋，克服了传统潜水器需要自带能源的弊病，具有续航能力强、体积小、机动灵活、制造成本低、噪声小等优点，在军事和海洋探索研究方面有重要的应用价值[78,79]。

天津大学与国家海洋技术中心合作，开展温差能驱动水下滑翔机研究，于 2005 年研制出第一代温差能驱动水下滑翔机，并在我国千岛湖成功进行湖上试验[80]。在美国喷气推进实验室(Jet Propulsion Laboratory, JPL)和美国海军研究办公室的支持下，美国加利福尼亚大学计划开发海洋温差能驱动的水下滑翔机 SPRAY。与之前由美国 Woods Hole 海洋研究所和 Scripps 海洋研究所联合研制的 Spray 水下滑翔机不同，SPRAY 完全依靠海洋温差能提供能源。水下滑翔机在工作过程中，利用海洋温差能同时实现浮力驱动和发电，产生的电能用于给控制系统和通信系统供电[81]。由美国喷气推进实验室、美国海军研究办公室、Scripps 海洋研究所[82]联合研制的一种主要依靠海洋温差能进行驱动的水下滑翔机 SOLO-TREC，于 2010 年研制成功。与传统的电能水下滑翔机相比，温差能驱动水下滑翔机显著延长了工作时间和航程[83]。虽然温差能驱动水下滑翔机的最大海试航程与其理论航程仍相距甚远，但温差能俘获与浮力驱动等关键技术已经获得突破并逐渐成熟。

3. 柔性锂电池储能模块

由于温差能驱动的应用常常受到地理位置和环境条件的限制，锂离子电池因其比能量高、循环寿命长、成本低等优点被越来越多的深海载人潜水器所使用。国内外最新投入使用的深海载人潜水器，如我国“深海勇士”号和美国“深海挑战者”号等均使用了锂离子电池作为动力能源。电极作为引流或活性材料的载体，是电池的重要组成部分，因此制备拥有良好拉伸性能及高载荷活性的可拉伸电极至关重要。制备柔性电极的常用方法是直接将含有活性材料、碳和黏合剂的电极浆液涂覆在塑料、纺织物或纸等柔性基底上[84]。这种方法虽然简单高效，但是大量惰性成分的使用不可避免地减小了器件活性材料的容积且降低了其质量比能量。另一种实现柔性电极的通用方法是过滤含有纳米活性材料和碳纳米管或石墨烯的溶液，使纳米复合薄膜具备柔性性能。这种复合薄膜中的活性材料用来提供充电容量，碳纳米管或石墨烯提供电导率和机械强度方面的支撑。

近年来，纸基电极由于具有柔性和易于制备的特点而受到广泛关注，但用于制备锂离子电池时存在活性差、锂化-脱锂化过程体积变化大、倍率性能和循环性差等问题。Zhang 等[85]提出使用水蒸气选择性刻蚀法来获得拥有良好柔性及高循环稳定性的纸基电极材料，这为提高电极材料的柔性和抑制充放电过程中体积膨胀提供了新的思路，研究表明，在高温碳化纸基材料的制备过程中，水蒸气会选择性刻蚀与氧化物相邻的碳原子，使得氧化物镶嵌到纤维内部，有效抑制氧化物体积膨胀，从而提高电极的循环稳定性。Deng 等[86]通过构建三维有序大孔纳米结构 MoS_2@C，在碳布上进行原位组装，制备出具有三维网络结构的 MoS_2@C/CC 电极，并将它应用于柔性可折叠锂离子电池。Zhang 等[87]以锂硅合金/碳纳米管复合物作为负极芯，再用聚合物凝胶电解质包覆，外层由碳纳米管层作为正极，组成纤维状硅氧电池(锂硅/空气电池)，该电池质量比能量可达 512W·h/kg，弯曲 20000 次仍能正常工作。碳纳米管导电聚合物水凝胶具有良好的力学性能、导电性能以及离子传输性能，作为电极材料时，能够在电极体积变化的情况下表现出良好的电极动力学性能和抗拉伸性能。

锂电池的柔性化结构设计是为了满足电池在编织织造或复杂形变条件下的使用需求。受仿生、折纸/剪纸、纤维/纱线等概念启发，研究人员采用柔性或非柔性材料对电池整体结构进行柔性化设计，制备出各种形状结构的具有宏观柔性的锂电池。从整体结构上对电池进行设计，将电极和隔膜通过层层堆叠的方式制备成的三明治结构超薄电池，与传统电池结构的差别较小，是研究较早的一种典型柔性电池结构。三明治结构电池可以制备成更加轻薄化的薄膜结构，即薄膜电池，如柔性薄膜结构全固态电池具有极强的柔韧性和较大的能量密度。Zhu 等[88]利用火焰喷雾热解技术，以涂覆导电铜的柔性聚酰亚胺为基底，采用颗粒大小为 6μm 的钛酸锂(LTO)作为活性物质制备了厚度为 0.55μm 的 LTO/LiPON/Li 固态薄膜电池，该电池在 2μA(1C，C 为电池充放电倍率)下以平铺-弯折-平铺的形态充放电 30 次后，放电容量基本没有衰减。薄膜结构的电池设计可以满足柔性电池轻量化、超薄化的需求，但在电池能量密度的提升上还需要进行深入的研究。Park 等[89]用镍网作为模板用商用材料将正负极均设计成网格状结构，组装成类似脊柱状的钴酸锂/石墨柔性全电池，该电池在 1C 下循环 200 圈后的容量保持率为 79%，经过 3000 次弯曲循环后，仍有较稳定的电化学性能。Song 等[90]设计了一种可以实现 45°和 90°折叠，且变形面积达 74%的折纸电池结构；电池以纸为集流体涂覆电极浆料，经过标准封装工艺，通过预定折痕折叠成可以承受高强度复杂变形的二维结构，从而实现二维片状电池的制备。这种通过预定折痕并折叠构建三维结构电池的方法，为三维结构电池的设计与制造提供了新的思路。

1.6.2 多源能量分布式电能存储技术

随着全球能源需求的不断增长和环境保护意识的提高，可再生能源在能源供应中的份额逐渐增加。太阳能、风能、生物质能等分布式能源逐渐成为供电体系中的重要组成部分。近年来，分布式电能存储技术的研究和应用受到世界各国的高度重视，取得了较快的发展。美国、日本、德国等国家均制定了相关产业发展规划，并出台了一系列促进和支持储能技术发展的政策[91]。然而，分布式能源的不稳定性和间歇性使其集成到传统的电力配送体系中变得复杂，可能导致电力系统出现稳定性和可靠性问题。目前，分布式电能存储技术的总装机容量在电网中的比例依然很小，尚处于发展起步阶段。随着该技术日益成熟、成本不断降低，以及未来智能配电网的发展，分布式电能存储技术将有广阔的应用前景[92]。

多源能量分布式电能存储技术在潜水器中的应用，旨在通过整合多种能源输入(如燃料电池、蓄电池、可再生能源等)和分布式储能单元，优化能源利用效率、增强系统冗余性并延长作业时间。

1.6.3 潜水器的能源管理策略

潜水器的能源管理策略是确保潜水器长时间、高效、安全运行的关键技术之一，尤其在深海探测、军事侦察和海洋科学研究等领域尤为重要。当前潜水器能源管理策略正从单一能源向混合化、智能化发展。

上海海事大学航运技术与控制工程交通运输行业重点实验室选取马尔可夫(Markov)模型对混合动力船舶需求功率进行预测，运用动态规划的方法，以总油耗量最小为目标，进行柴油发电机组和动力电池组的功率分配优化，采用所提出的控制策略时，混合动力船舶的燃油经济性得到明显提高[93]。中国船舶科学研究中心针对无人艇在航向控制中易受风浪流等环境干扰而导致控制效果下降的问题，提出了一种结合细菌觅食算法的改进无模型自适应控制算法，将误差稳定趋近于零[94]。

潜水器，尤其是深海潜水器，通常依赖电池供电，比如锂离子电池或者其他类型的电池组。电池均衡管理技术是支持潜水器在复杂水下环境中高效、可靠运行的关键。电池均衡管理技术分为主动均衡(基于电容、电感/变压器和变换器的控制器)和被动均衡(固定和开关分流电阻器)。

基于单电容或多电容的拓扑均衡技术，通常以电压为均衡变量，但均衡速度较慢。Baronti 等[95]将超级电容器作为储能元件，当一节电池电量高于相邻电池电量时，该系统就会将电量高的电池电荷吸收，并暂时存放在超级电容中。当开关打开时，电容就会将电荷转移到电量低的电池中。Kim 等[96]提出了开关电容器的链式结构以提高电池间的均衡速度，该方法整体结构易于实现，但均衡过程中电流较小，整体均衡效率还有待提高，同时该电路的结构成本比被动均衡要高出很多。

基于变压器的均衡技术通过基于变压器的拓扑实现较大电流均衡，但变压器体积大、成本高、拓展性差，且漏磁现象较为严重。Lee 等[97]将两个开关和一个变压器相结合，其中变压器作为能量载体，开关负责选择两个未均衡的电池，然后进行电量传输，对电量高的电池进行放电，对电量低的电池进行充电。该方案分别验证了在静态、动态、循环状态下可以有效提高均衡效率的可行性，非常适用于电动汽车中的能量管理。

基于变换器的均衡技术借助 Buck-Boost 变换器、Cuk 变换器等传递能量，但成本较高、控制策略复杂。Khadija 等[98]设计了一种离散滑模控制器，以一个受谐波干扰的时变 Buck-DC/DC 变换器为例，通过实验证明了其设计的有效性。刘征宇等[99]提出了一种新型均衡拓扑结构，采用零电压导通技术，通过双层开关选择均衡单体电池连接到 Cuk 均衡器，实现了模组内部单体之间以及不同模组单体之间均衡能量的同时转移，其实验结果表明，拓扑中的能量在均衡单体之间可直接搬运，能量利用率约为 94%。国家电网提出了一种基于 Cuk 电路的多交错对称式均衡结构[100,101]，该结构结合了 Cuk 电路和分层均衡优势，缩短了均衡路径和均衡时间。

1.6.4 能源系统的健康状态评估

目前，对电池状态的评估主要采用基于模型的方法，即通过建立锂离子电池模型，将一些复杂的系统简单化，建立状态参数与可测量数据之间的关系式，以描述电池性能和工作原理。由于模型的机制不同，一般将模型划分为三类，即电化学模型、数据驱动模型和等效电路模型。

基于电化学模型的方法，主要从电池内部的电化学反应角度出发进行分析，观察电池容量或者内阻的变化趋势，该方法需要具备很强的理论基础。常见的电化学模型依据结构可分为单粒子模型(single particle model, SPM)、伪二维(pseudo-two-dimensional, P2D)模型、退化模型(degradation model, DM)三类[102]。Liu 等[103]

对 P2D 模型进行了改进，提出了包含液相简化的准二维模型，利用耦合固相浓度和液相浓度的方程对电池端电压进行简化，简化后的模型复杂度降低，但精度依然可以保证。Zheng 等[104]使用简化的电化学模型，以锂离子在固体颗粒表面的浓度为限制，估算了电池的瞬时可用功率。由于锂离子从内部扩散到表面需要一定时间，无法及时补充，因此电池的瞬时可用功率就取决于该时刻的表层锂离子浓度。这一模型取得了很好的估计效果。

基于数据驱动模型的方法，通过机器学习方法分析电池系统中的一些影响因素与电池状态之间的关系。Duan 等[105]构建基于自适应人工神经网络的瞬时功率估计模型，有效提高了功率预测精度。Xiong 等[106]提出了一种带有激活函数层的门控循环单元(gate recurrent unit, GRU)模型来估计电池荷电状态(state of charge, SOC)，提高了一定的稳定性和估算精度。Hussein[107]提出了一种有效的锂离子电池健康(state of health, SOH)指标，并基于移动窗的方法来预测电池的剩余寿命。

基于等效电路模型的方法是采用简单易学的电路模型代替电池内部复杂的物理化学过程。具体步骤如下：首先，根据数理分析建立电池数学模型；随后，根据电路分析将端电压值、电流值等数据代入模型，模拟电池内部的 SOC 变化情况。通过动态反馈循环，不断修正模型的状态以减少估计电压与测量值之间的误差，并在双向反馈系统中持续更新 SOC 估计值，最终获得准确的估计值。通过建立开路电压与 SOC 的对应关系，结合实测工作电压、电流等外特性参数，描述电池的动态特性和容量下降特性。相比其他的电池模型，基于等效电路模型可以很好地体现锂电池工作时的外部特征，计算量较小，模型精度也相对较高，故应用更加广泛。常见的电池模型有 Rint 模型、RC 等效电路模型、戴维南等效电路模型和 PNGV 模型等。

Hu 等[108]提出了一种两步参数优化方法来进行基于低阶模型的 SOC 估计，充分挖掘了模型的潜力，从而避免了计算量大的模型升级。Bian 等[109]提出了一种基于分数阶微积分的 SOC 和 SOH 协同估计方法，该方法在存在初始偏差、噪声和干扰的情况下具有良好的预测性能。等效电路模型以其灵活简单的模型结构，已成为当前电池功率状态研究的主要对象[110]。Wei 等[111]使用一阶 RC 等效电路模型进行电池功率状态(state of power, SOP)预测，并考虑了噪声影响，提高了估计结果的鲁棒性和准确性。

综合国内外能源系统状态评估的研究现状，现行的方法中还存在一定的局限性，如何设计精度高和鲁棒性强的状态评估方法仍需要进一步的研究。

1.7 潜水器载荷扩展研究现状

潜水器的载荷扩展能力直接影响其任务灵活性，包括科学探测、军事侦察、深海资源开发等。近年来，随着深海探测需求的增长，潜水器载荷扩展技术在模块化设计、能源适配、智能控制等方面取得了显著进展。潜水器可凭借自身动力系统、导航与控制系统、探测系统等设备，完成海底地形探测、运动目标跟踪、海洋图像采集等任务。近年来，基于计算机视觉的水下目标识别技术正在发挥着越来越重要的作用。Bonin-Font 等[112]在 AUV Girona500 上设计并搭载了 Fugu-f 视觉系统。Fugu-f 视觉系统由两个 Bumblebee stereo 双目相机组成，已成功完成图像采集及处理、特征点检测、跟踪和视觉里程计等功能的实验。同时，Bonin-Font 等还为潜水器搭载了 2 个扫描式声呐，提出了水下三维建图算法，通过 GraphSLAM 算法优化提供的潜水器二维位姿、深度信息和方位信息，结合水下前视声呐测量结果，最终构建三维环境地图。Lagudi 等[113]创新性地提出了由声呐和双目相机组成的光学与声学系统，用于近距离采集双目视觉与声呐的融合数据，并设计标定了每个传感器之间的位姿变换关系，最终将这套系统装载在潜水器刚性框架上，进而实现了水下定位算法。

德国 EvoLogics 公司[114]研发了潜水器 BOSS-Manta Ray，其上搭载多型传感器，且技术成熟度较高；采用水声通信实现了 3 台以上 BOSS-Manta Ray 的水下组网与集群。Zhang 等[115]设计了由介电弹性体和伺服电机混合动力驱动的软体蝠鲼潜水器，并提出了一种基于全局视觉定位的潜水器集群系统，实现了平行、围捕与环绕三种自然生物典型的集群行为。Berlinger 等[116]设计了受刺尾鱼启发的微型水下潜水器，该潜水器通过发出和感应蓝光实现个体间的隐式通信。在不需要任何集中控制与干预的情况下，潜水器群实现了复杂和动态的三维群体行为。由于水下环境对感知和移动带来了巨大挑战，传统的地面通信方法(如无线电)在水下表现不佳，而 GPS 等定位方法不可用。同时，水下移动面临速度与加速限制等问题。目前水下仿生扑翼潜水器集群研究仍处于初始阶段。

参 考 文 献

[1] Stoll W, Bannasch R, et al. Water-hydraulic manta ray with flapping-wingdrive[EB/OL]. https://www.festo.com/PDF_Flip/corp/Festo_Aqua_ray/en/files/assets/common/downloads/Festo_Aqua_ray_en.pdf. [2023-05-18].

[2] Zhou C L, Low K H. Better endurance and load capacity: An improved design of manta ray robot (RoMan-Ⅱ) [J]. Journal of Bionic Engineering, 2010, 7: S137-S144.

[3] Chew C M, Lim Q Y, Yeo K S. Development of propulsion mechanism for robot manta ray[C]. IEEE International Conference on Robotics and Biomimetics, 2015: 1918-1923.

[4] Xu Y C, Zong G H, Bi S S, et al. Initial development of a flapping propelled unmanned underwater vehicle (UUV) [C]. IEEE International Conference on Robotics and Biomimetics, 2007: 524-529.

[5] Gao J, Bi S S, Li J, et al. Design and experiments of robot fish propelled by pectoral fins[C]. IEEE International Conference on Robotics and Biomimetics, 2009: 445-450.

[6] Cai Y R, Bi S S, Zheng L C. Design and experiments of a robotic fish imitating cow-nosed ray[J]. Journal of Bionic Engineering, 2010, 7(2): 120-126.

[7] Cai Y R, Bi S S, Zhang L G. Design and implication of a bionic pectoral fin imitating cow-nosed ray[C]. IEEE/RSJ International Conference on Intelligent Robots and Systems, 2010: 3525-3529.

[8] Cai Y R, Bi S S, Zheng L C. Design optimization of a bionic fish with multi-joint fin rays[J]. Advanced Robotics, 2012, 26(1-2): 177-196.

[9] Bi S S, Cai Y R. Effect of spanwise flexibility on propulsion performance of a flapping hydrofoil at low Reynolds number[J]. Chinese Journal of Mechanical Engineering, 2012, 25(1): 12-19.

[10] Chen L K, Bi S S, Cai Y R, et al. Design and experimental research on a bionic robot fish with tri-dimensional soft pectoral fins inspired by cownose ray[J]. Journal of Marine Science and Engineering, 2022, 10(4): 537.

[11] Chen L K, Bi S S, Cai Y R, et al. Design and hydrodynamic experiment research on novel biomimetic pectoral fins of a ray-inspired robotic fish[J]. Machines, 2022, 10(8): 606.

[12] 蔡月日，毕树生. 胸鳍摆动推进模式仿生鱼研究进展[J]. 机械工程学报，2011，47(19): 30-37.

[13] 杨少波，韩小云，邱静，等. 仿牛鼻鲼潜水器胸鳍的时间非对称摆动研究[J]. 中国机械工程, 2011, 22(5): 588-591, 596.

[14] 杨少波. 牛鼻鲼泳动动力学分析与仿生潜水器研究[D]. 长沙: 国防科学技术大学, 2010.

[15] 杨少波，韩小云，张代兵，等. 一种新型的胸鳍摆动模式推进潜水器设计与实现[J]. 机器人, 2008, 30(6): 508-515.

[16] Meng Y, Wu Z X, Dong H J, et al. Toward a novel robotic manta with unique pectoral fins[J]. IEEE Transactions on Systems, Man, and Cybernetics: Systems, 2020, 52(3): 1663-1673.

[17] Meng Y, Wu Z X, Yu J Z. Mechatronic design of a novel robotic Manta with pectoral fins[C]. IEEE 9th Annual International Conference on CYBER Technology in Automation, Control, and Intelligent Systems, 2019: 439-444.

[18] Lu Y, Cao Y H, Pan G, et al. Effect of cross-joints fin on the thrust performance of bionic pectoral fins[J]. Journal of Marine Science and Engineering, 2022, 10(7): 869.

[19] Cao Y H, Xie Y, He Y, et al. Bioinspired central pattern generator and T-S fuzzy neural network-based control of a robotic manta for depth and heading tracking[J]. Journal of Marine Science and Engineering, 2022, 10(6): 758.

[20] Cao Y H, Ma S M, Cao Y Z, et al. Similarity evaluation rule and motion posture optimization for a manta ray robot[J]. Journal of Marine Science and Engineering, 2022, 10(7): 908.

[21] Hao Y W, Cao Y, Cao Y H, et al. Course control of a manta robot based on amplitude and phase

differences[J]. Journal of Marine Science and Engineering, 2022, 10(2): 285.

[22] Xing C, Cao Y, Cao Y H, et al. Asymmetrical oscillating morphology hydrodynamic performance of a novel bionic pectoral fin[J]. Journal of Marine Science and Engineering, 2022, 10(2): 289.

[23] Zhang D L, Pan G, Cao Y H, et al. A novel integrated gliding and flapping propulsion biomimetic manta-ray robot[J]. Journal of Marine Science and Engineering, 2022, 10(7): 924.

[24] Salazar R, Campos A, Fuentes V, et al. A review on the modeling, materials, and actuators of aquatic unmanned vehicles[J]. Ocean Engineering, 2019, 172: 257-285.

[25] 高俊, 毕树生, 李吉, 等. 胸鳍扑翼式潜水器的设计及水动力实验[J]. 北京航空航天大学学报, 2011, 37(3): 344-350.

[26] 丁浩, 宋保维, 田文龙. 水下仿生扑翼推进性能分析[J]. 西北工业大学学报, 2013, 31(1): 150-156.

[27] Arastehfar S, Gunawan G, Yeo K S, et al. Effects of pectoral fins' spanwise flexibility on forward thrust generation[C]. IEEE International Conference on Robotics and Biomimetics, 2017: 110-115.

[28] Arastehfar S, Chew C M, Jalalian A, et al. A relationship between sweep angle of oscillatory pectoral fins and thrust generation[J]. Journal of Mechanisms and Robotics, 2018, 11(1): 011014.

[29] Alben S. Optimal flexibility of a flapping appendage in an inviscid fluid[J]. Journal of Fluid Mechanics, 2008, 614: 355-380.

[30] Hang H J, Heydari S, Costello J H, et al. Active tail flexion in concert with passive hydrodynamic forces improves swimming speed and efficiency[J]. Journal of Fluid Mechanics, 2022, 932: A35.

[31] Zhang D, Huang Q G, Pan G, et al. Vortex dynamics and hydrodynamic performance enhancement mechanism in batoid fish oscillatory swimming[J]. Journal of Fluid Mechanics, 2022, 930: A28.

[32] Zhang D, Zhang J D, Huang W X. Physical models and vortex dynamics of swimming and flying: A review[J]. Acta Mechanica, 2022, 233(4): 1249-1288.

[33] Aslanov V, Kruglov G, Yudintsev V. Newton-Euler equations of multibody systems with changing structures for space applications[J]. Acta Astronautica, 2011, 68(11-12): 2080-2087.

[34] Morrison F A. Data correlation for drag coefficient for sphere[J]. Department of Chemical Engineering, 2013, 49931: 126.

[35] Candelier F, Boyer F, Leroyer A. Three-dimensional extension of the Lighthill's large-amplitude elongated-body theory of fish locomotion[J]. Journal of Fluid Mechanics, 2011, 674: 196-226.

[36] Huang H C, Sheng C W, Wu J N, et al. Hydrodynamic analysis and motion simulation of fin and

propeller driven manta ray robot[J]. Applied Ocean Research, 2021, 108: 102528.

[37] John G Nicholls, 等. 神经生物学: 从神经元到脑[M]. 杨雄里, 等译. 北京: 科学出版社, 2003.

[38] DeWeerth S P, Patel G N, Simoni M E, et al. A VLSI architecture for modeling intersegmental coordination[C]. Proceedings of the 17th Conference on Advanced Research in VLSI, 1997: 182-200.

[39] Nakada K, Asai T, Amemiya Y. An analog CMOS central pattern generator for interlimb coordination in quadruped locomotion[J]. IEEE Transactions on Neural Networks, 2003, 14(5): 1356-1365.

[40] Lewis M A, Tenore F, Etienne-Cummings R. CPG design using inhibitory networks[C]. Proceedings of the IEEE International Conference on Robotics and Automation, 2005: 3682-3687.

[41] Simoni M F, DeWeerth S P. Sensory feedback in a half-center oscillator model[J]. IEEE Transactions on Biomedical Engineering, 2007, 54(2): 193-204.

[42] Okada M, Tatani K, Nakamura Y. Polynomial design of the nonlinear dynamics for the brain-like information processing of whole body motion[C]. Proceedings of the IEEE International Conference on Robotics and Automation, 2002: 1410-1415.

[43] Arena P. The central pattern generator: A paradigm for artificial locomotion[J]. Soft Computing, 2000, 4(4): 251-266.

[44] Lu Z L, Ma S G, Li B, et al. Serpentine locomotion of a snake-like robot controlled by cyclic inhibitory CPG model[C]. IEEE/RSJ International Conference on Intelligent Robots and Systems, 2005: 96-101.

[45] Ijspeert A J, Crespi A. Online trajectory generation in an amphibious snake robot using a lamprey-like central pattern generator model[C]. Proceedings of the IEEE International Conference on Robotics and Automation, 2007: 262-268.

[46] Williamson M M. Neural control of rhythmic arm movements[J]. Neural Networks, 1998, 11(7-8): 1379-1394.

[47] Kimura H, Akiyama S, Sakurama K. Realization of dynamic walking and running of the quadruped using neural oscillator[J]. Autonomous Robots, 1999, 7(3): 247-258.

[48] Crrspi A, Ijspeert A J. AmphiBot Ⅱ: An amphibious snake robot that crawls and swims using a central pattern generator[J]. Citeseer, 2006, 11: 19-27.

[49] Kimura H, Fukuoka Y, Cohen A H. Adaptive dynamic walking of a quadruped robot on natural ground based on biological concepts[J]. The International Journal of Robotics Research, 2007, 26(5): 475-490.

[50] Matsuoka K. Mechanisms of frequency and pattern control in the neural rhythm generators[J].

Biological Cybernetics, 1987, 56(5): 345-353.

[51] Ijspeert A J. Central pattern generators for locomotion control in animals and robots: A review[J]. Neural Networks, 2008, 21(4): 642-653.

[52] Ijspeert A J, Crespi A, Ryczko D, et al. From swimming to walking with a salamander robot driven by a spinal cord model[J]. Science, 2007, 315(5817): 1416-1420.

[53] Deliagina T G, Zelenin P V, Fagerstedt P, et al. Activity of reticulospinal neurons during locomotion in the freely behaving lamprey[J]. Journal of Neurophysiology, 2000, 83(2): 853-863.

[54] Crespi A, Ijspeert A J. Online optimization of swimming and crawling in an amphibious snake robot[J]. IEEE Transactions on Robotics, 2008, 24(1): 75-87.

[55] Crespi A, Lachat D, Pasquier A, et al. Controlling swimming and crawling in a fish robot using a central pattern generator[J]. Autonomous Robots, 2008, 25(1-2): 3-13.

[56] Crespi A, Badertscher A, Guignard A, et al. AmphiBot I: An amphibious snake-like robot[J]. Robotics and Autonomous Systems, 2005, 50(4): 163-175.

[57] Zhou C L, Low K H. Design and locomotion control of a biomimetic underwater vehicle with fin propulsion[J]. IEEE/ASME Transactions on Mechatronics, 2012, 17(1): 25-35.

[58] Zhou C L, Low K H. Kinematic modeling framework for biomimetic undulatory fin motion based on coupled nonlinear oscillators[C]. IEEE/RSJ International Conference on Intelligent Robots and Systems, 2010: 934-939.

[59] Zhao W, Hu Y, Zhang L, et al. Design and CPG-based control of biomimetic robotic fish[J]. IET Control Theory and Applications, 2009, 3(3): 281-293.

[60] Zhao W, Yu J Z, Fang Y M, et al. Development of multi-mode biomimetic robotic fish based on central pattern generator[C]. IEEE/RSJ International Conference on Intelligent Robots and Systems, 2006: 3891-3896.

[61] Zhao W, Hu Y H, Wang L. Construction and central pattern generator-based control of a flipper-actuated turtle-like underwater robot[J]. Advanced Robotics, 2009, 23(1-2): 19-43.

[62] Kaushik R, Marcinkiewicz M, Xiao J Z, et al. Implementation of bio-inspired vestibulo-ocular reflex in a quadrupedal robot[C]. Proceedings IEEE International Conference on Robotics and Automation, 2007: 4861-4866.

[63] Yamada H, Mori M, Hirose S. Stabilization of the head of an undulating snake-like robot[C]. IEEE/RSJ International Conference on Intelligent Robots and Systems, 2007: 3566-3571.

[64] Manecy A, Viollet S, Marchand N. Bio-inspired hovering control for an aerial robot equipped with a decoupled eye and a rate gyro[C]. IEEE/RSJ International Conference on Intelligent Robots and Systems, 2012: 1110-1117.

[65] Kelasidi E, Liljeback P, Pettersen K Y, et al. Innovation in underwater robots: Biologically

inspired swimming snake robots[J]. IEEE Robotics & Automation Magazine, 2016, 23(1): 44-62.
[66] Roncone A, Pattacini U, Metta G, et al. Gaze stabilization for humanoid robots: A comprehensive framework[C]. IEEE-RAS International Conference on Humanoid Robots, 2014: 259-264.
[67] Boyer F, Porez M. Multibody system dynamics for bio-inspired locomotion: From geometric structures to computational aspects[J]. Bioinspiration & Biomimetics, 2015, 10(2): 025007.
[68] Thandiackal R, Melo K, Paez L, et al. Emergence of robust self-organized undulatory swimming based on local hydrodynamic force sensing[J]. Science Robotics, 2021, 6(57): eabf6354.
[69] Porez M, Boyer F, Ijspeert A J. Improved Lighthill fish swimming model for bio-inspired robots: Modeling, computational aspects and experimental comparisons[J]. The International Journal of Robotics Research, 2014, 33(10): 1322-1341.
[70] Montgomery R. Gauge theory of the falling cat[J]. Fields Institute Communications, 1993, 1: 193-218.
[71] Murray R M, Li Z, Sastry S S. A Mathematical Introduction to Robotic Manipulation[M]. Boca Raton: CRC Press, 2017.
[72] Xie X, Herault J, Clement É, et al. Quasi-static motion of a new serial snake-like robot on a water surface: A geometrical approach[C]. IEEE/RSJ International Conference on Intelligent Robots and Systems, 2021: 7372-7377.
[73] Pfeifer R, Lungarella M, Iida F. Self-organization, embodiment, and biologically inspired robotics[J]. Science, 2007, 318(5853): 1088-1093.
[74] 续长明. 太阳能水下潜水器的载体研究与实现[D]. 沈阳: 沈阳工业大学, 2011.
[75] Arima M, Okashima T, Yamada T. Development of a solar-powered underwater glider[C]. IEEE Symposium on Underwater Technology and Workshop on Scientific Use of Submarine Cables and Related Technologies, 2011: 1-5.
[76] Arima M, Tonai H, Yoshida K. Development of an ocean-going solar-powered underwater glider[C]. ISOPE International Ocean and Polar Engineering Conference, 2014: ISOPE-I-14-299.
[77] 汪向前. 太阳能 AUV 概念设计与水动力性能分析[D]. 哈尔滨: 哈尔滨工程大学, 2021.
[78] 孔巧玲. 利用海洋温差能的水下热滑翔机相变过程和动力性能研究[D]. 上海: 上海交通大学, 2010.
[79] 惠绍棠. 水下自航式海洋观测平台技术发展研究[J]. 海洋技术, 2001, 20(4): 11-17.
[80] 杨亚楠. 温差能-电能复合动力水下滑翔机系统设计与性能分析[D]. 天津: 天津大学, 2017.
[81] 马哲松. 面向水下滑翔机的温差热机理论分析与试验研究[D]. 天津: 天津大学, 2017.
[82] Chao Y. Autonomous underwater vehicles and sensors powered by ocean thermal energy[C]. OCEANS-Shanghai, 2016: 1-4.
[83] Javaid M Y, Ovinis M, Nagarajan T, et al. Underwater gliders: A Review[J]. MATEC Web of Conferences, 2014, 13: 02020.

[84] Chen Z, To J W F, Wang C, et al. A three-dimensionally interconnected carbon nanotube-conducting polymer hydrogel network for high-performance flexible battery electrodes[J]. Advanced Energy Materials, 2014, 4(12): 1400207.

[85] Zhang W J, Shen W C, Weng Y Q, et al. Steam selective etching: A strategy to effectively enhance the flexibility and suppress the volume change of carbonized paper-supported electrodes[J]. ACS Nano, 2019, 13(5): 5731-5741.

[86] Deng Z N, Jiang H, Hu Y J, et al. 3D ordered macroporous MoS_2@C nanostructure for flexible Li-ion batteries[J]. Advanced Materials, 2017, 29(10): 1603020.

[87] Zhang Y, Jiao Y D, Lu L J, et al. An ultraflexible silicon-oxygen battery fiber with high energy density[J]. Angewandte Chemie, 2017, 56(44): 13741-13746.

[88] Zhu Y H, Yang X Y, Liu T, et al. Flexible 1D batteries: Recent progress and prospects[J]. Advanced Materials, 2020, 32(5): 1901961.

[89] Park M, Cha H, Lee Y, et al. Postpatterned electrodes for flexible node-type lithium-ion batteries[J]. Advanced Materials, 2017, 29(11): 16055773.

[90] Song Z M, Ma T, Tang R, et al. Origami lithium-ion batteries[J]. Nature Communications, 2014, 5(1): 3140.

[91] 储能专业委员会. 储能产业研究白皮书 2013[R]. 北京: 储能专业委员会, 2013.

[92] 王成山, 武震, 李鹏. 分布式电能存储技术的应用前景与挑战[J]. 电力系统自动化, 2014, 38(16): 1-8, 73.

[93] 高迪驹, 张伟, 王旭阳, 等. 基于模型预测控制的混合动力船舶能量控制策略[J]. 上海海事大学学报, 2018, 39(2): 60-65.

[94] 包涛, 王琦, 周则兴, 等. 基于 IMFAC 的无人艇抗干扰航向自适应控制[J]. 计算机测量与控制, 2024, 32(3): 153-158.

[95] Baronti F, Fantechi G, Roncella R, et al. High-efficiency digitally controlled charge equalizer for series-connected cells based on switching converter and super-capacitor[J]. IEEE Transactions on Industrial Informatics, 2013, 9(2): 1139-1147.

[96] Kim M Y, Kim C H, Kim J H, et al. A chain structure of switched capacitor for improved cell balancing speed of lithium-ion batteries[J]. IEEE Transactions on Industrial Electronics, 2014, 61(8): 3989-3999.

[97] Lee K M, Lee S W, Choi Y G, et al. Active balancing of Li-ion battery cells using transformer as energy carrier[J]. IEEE Transactions on Industrial Electronics, 2017, 64(2): 1251-1257.

[98] Khadija D, Said N A. A discrete repetitive adaptive sliding mode control for DC-DC buck converter[J]. Proceedings of the Institution of Mechanical Engineers, Part I: Journal of Systems and Control Engineering, 2021, 235(9): 1698-1708.

[99] 刘征宇, 武银行, 李鹏飞, 等. 基于 Cuk 斩波电路的电池组均衡方法[J]. 仪器仪表学报,

2019, 40(2): 233-241.

[100] 李斌, 许磊, 郑征, 等. 基于Cuk电路的多交错对称式均衡方案[J]. 储能科学与技术, 2021, 10(4): 1400-1406.

[101] Li Y K, Zhang A, Li H, et al. A voltage equalization device for multi-type lithium-ion batteries[C]. IEEE 3rd International Electrical and Energy Conference, 2019: 326-329.

[102] Li H H, Zhang W, Yang X R, et al. State of charge estimation for lithium-ion battery using an electrochemical model based on electrical double layer effect[J]. Electrochimica Acta, 2019, 326: 134966.

[103] Liu Z Y, Yang K, Wei Z H, et al. Electrochemical model of lithium ion battery with simplified liquid phase diffusion equation[J]. Acta Physica Sinica, 2019, 68(9): 251-258.

[104] Zheng L F, Zhu J G, Wang G X, et al. Lithium-ion battery instantaneous available power prediction using surface lithium concentration of solid particles in a simplified electrochemical model[J]. IEEE Transactions on Power Electronics, 2018, 33(11): 9551-9560.

[105] Duan W X, Song C X, Peng S L, et al. An improved gated recurrent unit network model for state-of-charge estimation of lithium-ion battery[J]. Energies, 2020, 13(23): 6366.

[106] Xiong R, Zhang Y Z, Wang J, et al. Lithium-ion battery health prognosis based on a real battery management system used in electric vehicles[J]. IEEE Transactions on Vehicular Technology, 2019, 68(5): 4110-4121.

[107] Hussein A A. Adaptive artificial neural network-based models for instantaneous power estimation enhancement in electric vehicles' Li-ion batteries[J]. IEEE Transactions on Industry Applications, 2019, 55(1): 840-849.

[108] Hu X S, Yuan H, Zou C F, et al. Co-estimation of state of charge and state of health for lithium-ion batteries based on fractional-order calculus[J]. IEEE Transactions on Vehicular Technology, 2018, 67(11): 10319-10329.

[109] Bian X L, Wei Z B, He J T, et al. A two-step parameter optimization method for low-order model-based state-of-charge estimation[J]. IEEE Transactions on Transportation Electrification, 2021, 7(2): 399-409.

[110] Cai X, Zhang C P, Zhang L J, et al. Comparative study on state of power estimation of lithium ion battery based on equivalent circuit model[J]. Journal of Mechanical Engineering, 2021, 57(14): 64-76.

[111] Wei Z B, Zhao J Y, Xiong R, et al. Online estimation of power capacity with noise effect attenuation for lithium-ion battery[J]. IEEE Transactions on Industrial Electronics, 2019, 66(7): 5724-5735.

[112] Bonin-Font F, Oliver G, Wirth S, et al. Visual sensing for autonomous underwater exploration and intervention tasks[J]. Ocean Engineering, 2015, 93: 25-44.

[113] Lagudi A, Bianco G, Muzzupappa M, et al. An alignment method for the integration of underwater 3D data captured by a stereovision system and an acoustic camera[J]. Sensors, 2016, 16(4):536.

[114] EvoLogics. BOSS Project[EB/OL]. https://www.evologics.com/projects/boss. [2025-03-01].

[115] Zhang Z, Yang T, Zhang T H, et al. Global vision-based formation control of soft robotic fish swarm[J]. Soft Robotics, 2021, 8(3): 310-318.

[116] Berlinger F, Gauci M, Nagpal R. Implicit coordination for 3D underwater collective behaviors in a fish-inspired robot swarm[J]. Science Robotics, 2021, 6(50): eabd8668.

第 2 章　蝠鲼的生物学特性和仿真分析

2.1　引　　言

对仿生对象的充分认知是高性能仿生潜水器成功研制的关键，包括生物学特性研究及其水动力机理研究两方面。生物学特性研究可以为仿生潜水器的流体外形设计和结构设计提供参考；而水动力机理研究有助于理解生物的运动方式，为仿生潜水器的运动模式和控制研究奠定理论基础。本章主要针对自然界中采用胸鳍扑动推进的生物进行生物形态学特性和运动仿真分析两方面的研究。使用高清相机采集生物运动时的胸鳍扑动状态，建立运动学模型，通过数值仿真模拟复现生物的运动过程，得出胸鳍在主动推进、偏航、俯仰、滑翔等不同运动状态下的水动力机理，为仿生潜水器的设计奠定基础。

2.2　生物形态学

2.2.1　生物原型分析

自然界中的蝠鲼、牛鼻鲼及鹰嘴鹞等生物均属于采用中央鳍/对鳍推进方式的生物，拥有宽大的胸鳍，外形特征及运动形式也有极高的相似性。因此，通过对鹰嘴鹞和牛鼻鲼的外形进行分析可以得出蝠鲼的外形特征，真实鹰嘴鹞和牛鼻鲼的生物实拍图如图 2.1 所示，其外形特征总结如下。

(1) 整体呈扁平状，俯视图近似菱形，拥有左右对称的宽大胸鳍，尾部有一凸起的垂直尾鳍，尾鳍后为数倍于体长的拖尾。在不考虑拖尾的情况下，展长(span length, SL)约为体长(body length, BL)的 1.7 倍。

(2) 头部宽而扁平，身体躯干厚度由头部至尾部先增大后减小，最大厚度大概在距头部中心点 2/5 体长处。腹部几乎在同一平面，背部存在较为明显的隆起。

(3) 两侧胸鳍占据整体的主要部分，胸鳍前缘起始于头部眼睑后端，胸鳍后缘截止于尾部小鳍，胸鳍与身体躯干之间无明显分界，属翼身融合布局。

(4) 胸鳍大致呈三角形，胸鳍前缘向前微微凸起，后掠角逐渐增大，胸鳍后缘向前凹陷。对于整个胸鳍，展向由鳍根至鳍梢，弦向由前缘到后缘，厚度都是逐渐减小的。

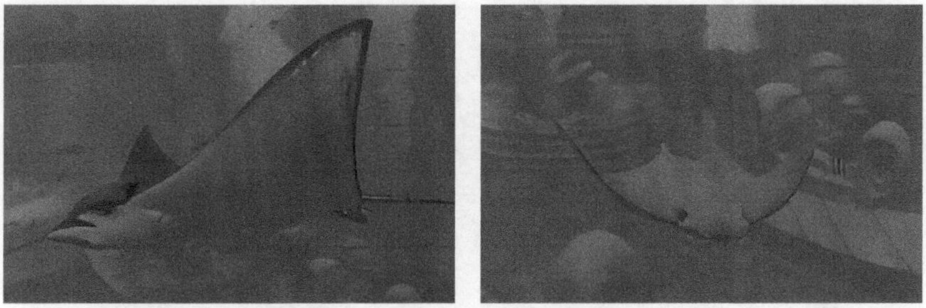

图 2.1　鹰嘴鹞与牛鼻鲼

2.2.2　生物形态学分析

蝠鲼因其生活习性等因素已成为濒危保护动物，对蝠鲼进行生物学观测和信息采集的难度较大，而与其运动模式（中央鳍/对鳍推进方式）相同的鹰嘴鹞和牛鼻鲼等生物，因具备体型较小、样本数量较多且容易观测等优势，更加适合作为观测对象。因此，本节主要针对鹰嘴鹞和牛鼻鲼进行运动学观测研究。海洋馆中饲养有大量的鹰嘴鹞和牛鼻鲼等胸鳍扑动推进生物，且其巨大的玻璃观景窗为观测提供了有利条件，因此选择在海南三亚亚特兰蒂斯水族馆中采集样本游动信息。

本节采用的主体观测设备为 Nikon D750 单反数码相机，分辨率为 1920×1080，帧率为 30Hz。为能完整记录被观测对象的游动过程，在拍摄分析素材时，构图需保证被观测对象完全暴露在拍摄区域内，且保持被观测对象在前进方向具有 3～4 倍的体长余量。同时，为了保持拍摄素材连续稳定，采用三脚架为数码相机提供支撑。根据已有的分析结果，牛鼻鲼胸鳍的拍动频率最快在 1Hz 左右，因此本节的采样频率及采样区域的选取均能够满足被观测对象对时间和空间分辨率的要求。

采集样本信息后，需要对样本信息进行后处理分析，本节的后处理分析通过开源软件 DLT cal8 搭配 MATLAB 编译的程序展开。DLT cal8 软件采用直接线性变换的方法，将多视角下采集到的被观测对象的三维运动转换为三维空间的点云，进而提取被观测对象的运动参数。在牛鼻鲼外形模型建立的基础上采用逆向工程技术及计算机体层扫描（computed tomography, CT）技术，逆向工程技术通过丈量实际物体的尺寸，获得物体的三维点数据，通过点数据构建三维曲线，进一步构建三维曲面，从而重构实物的计算机辅助设计（compute aided design, CAD）模型，见图 2.2。通过逆向工程技术进行牛鼻鲼外形重构的三个步骤如下。

（1）根据二维图像提取牛鼻鲼的轮廓线。本节对牛鼻鲼的俯视图（图 2.3）、中纵剖面 *A*—*A*（图 2.4）以及 1/2 展向位置处的剖面图 *B*—*B*（图 2.5）进行建模。图 2.6 的轮廓线为本节观测样本的正视图，本着使剖面轮廓光顺连接的原则绘制而成。

（2）以三个不同展向位置处的侧视剖面图为草图，以俯视图和正视图中牛鼻鲼的轮廓线为引导线进行放样得到单侧胸鳍曲面。

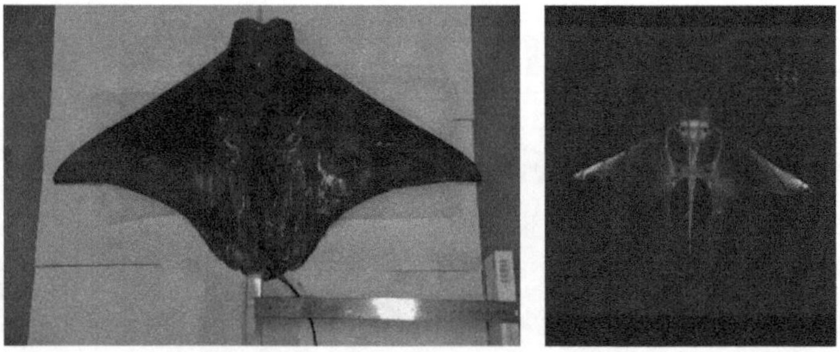

图 2.2　牛鼻鲼样本及 CT 扫描图

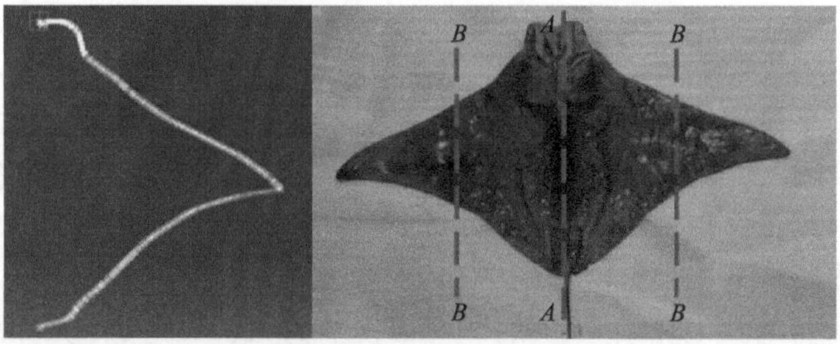

图 2.3　牛鼻鲼俯视图

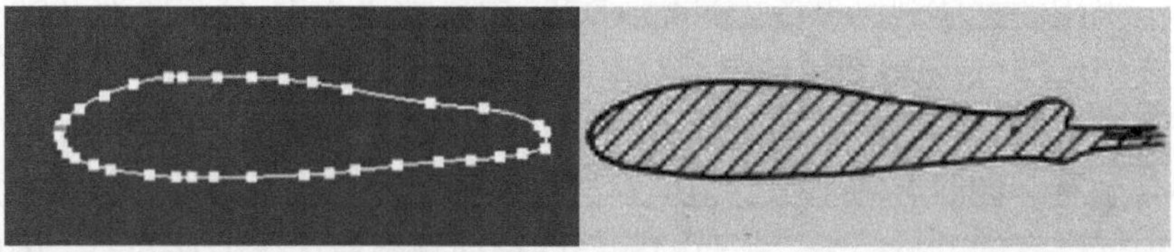

图 2.4　*A*—*A* 剖面图

图 2.5　*B*—*B* 剖面图

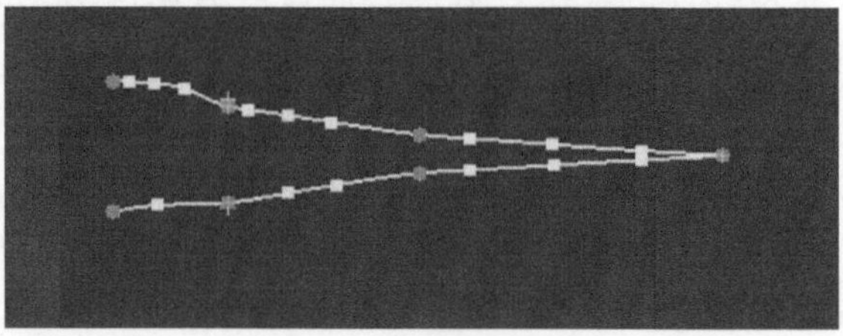

图 2.6　牛鼻鲼正视图

(3)以中纵剖面为对称面对单侧胸鳍曲面进行镜像得到完整三维模型。

2.3　生物运动姿态获取

本节研究对象为仿蝠鲼潜水器，为更好地指导仿蝠鲼潜水器的构建及其仿生运动控制方法的研究，本节对蝠鲼生物的运动姿态获取和多模态运动特性进行研究。

对于真实蝠鲼多模态运动行为的姿态获取及分析通常并不容易，原因如下。

(1)蝠鲼活体具有不可控制性，因此较难在其身上实施染色法或数字式粒子图像测速(digital particle image velocimetry, DPIV)方法来观测蝠鲼活体游动的流场分布。

(2)直接测试鱼体游动过程中产生的推力、升力、游动效率等参数的可行性较低。

(3)动捕系统难以对活体蝠鲼进行特征点标记而获取较为准确的动作捕捉序列数据。

针对以上问题，本节通过对真实生物的多模态运动行为进行视频拍摄，并将采集的视频信息记录处理，利用软件提取蝠鲼胸鳍特征点运动轨迹，构建蝠鲼胸鳍拍动的运动学方程，并且对蝠鲼俯仰、偏航等典型模态进行定性分析，为潜水器仿生控制方法的研究奠定基础。

2.3.1　前游姿态分析

前游姿态是牛鼻鲼最常见的姿态之一，因此本节重点分析前游姿态。牛鼻鲼通过胸鳍摆动产生推力和升力。随着胸鳍的摆动，柔性胸鳍上产生由头部向尾部的波动传递，从而产生与波动传递方向相反的推力，以及与摆动方向相反的升力。以前的研究主要探讨了胸鳍尖端的速度、频率、振幅与游动速度的关系，缺少对胸鳍摆动形式和波动传递形式的定量研究。

通过分析牛鼻鲼前游姿态的侧视视频(30 帧/s)来提取每帧图像中的胸鳍边缘曲线，然后选取典型特征点进行定量运动学分析，如图 2.7 所示。在牛鼻鲼头部对称中心建立坐标原点 O；X 轴沿胸鳍展向方向(宽度方向)；Y 轴沿弦向方向(长度方向)；Z 轴垂直于躯干平面向上，由右手定则确定。提取的胸鳍边缘曲线如图 2.7 中曲线所示，确定典型的特征点，包括边缘起点 P_S、前缘中点 P_1、尖端 P_2、后缘中点 P_3 和边缘终点 P_E。统一 Z 轴坐标为胸鳍尖端的最大摆动振幅，得到前游姿态的运动学分析数据，如图 2.8 所示。为了统一比较标准，设定 Z 轴坐标单位为胸鳍拍动最大正向位移 max A，2.3 节所涉及的定量运动学分析中均采用此单位。

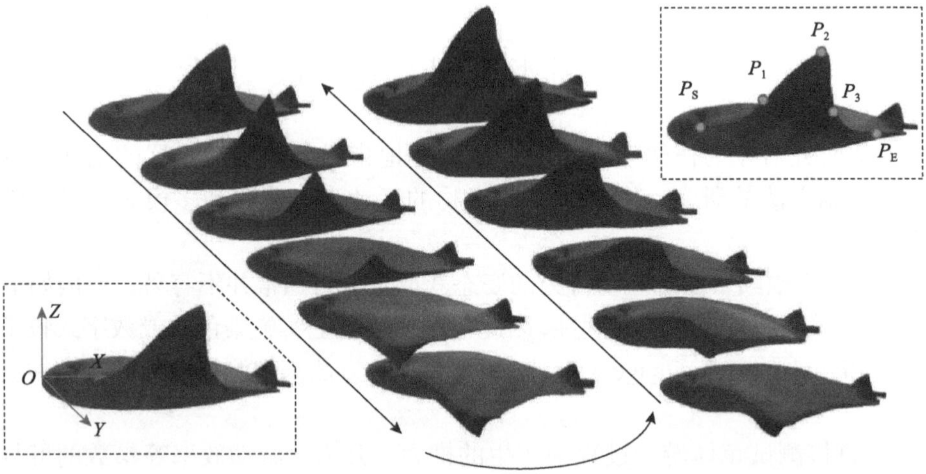

图 2.7　前游姿态典型帧序列

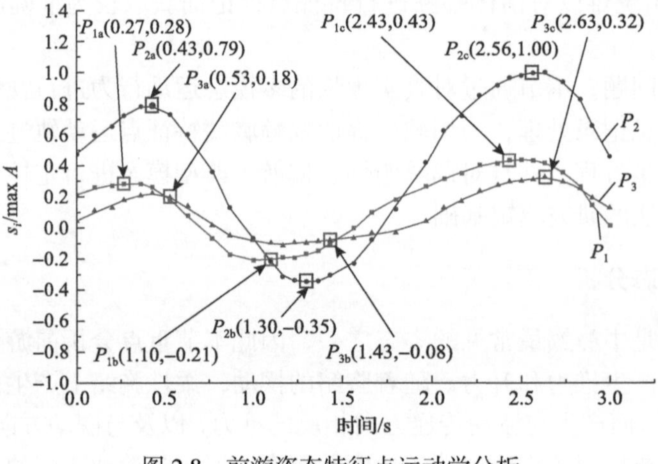

图 2.8　前游姿态特征点运动学分析

通过特征点的坐标数据建立胸鳍运动学方程。由图 2.8 可知，单个特征点的运动类似正弦运动，可以表示为

$$s_i = A_i' + A_i \sin(2\pi \nu_i t + \phi_{i0}) \tag{2.1}$$

式中，i 为特征点序号；s_i 为 Z 轴坐标值，单位为最大正向位移 max A；A_i' 为振幅偏置；A_i 为振幅；ν_i 为频率；t 为时间；ϕ_{i0} 为初始相位。

胸鳍下拍行程的时间与上拍行程的时间不相等，称为时间非对称拍动，可以表示为

$$\begin{cases} \nu_i = \nu_{i\_\mathrm{up}}, & \dot{s}_i \geqslant 0 \\ \nu_i = \nu_{i\_\mathrm{down}}, & \dot{s}_i < 0 \end{cases} \tag{2.2}$$

式中，ν_{i_up} 为上拍频率；ν_{i_down} 为下拍频率；$\dot{s}_i$ 为特征点 Z 方向拍动速度。利用 $\dot{s}_i$ 判断胸鳍是上拍行程还是下拍行程，当 $\dot{s}_i$ 大于等于零时，胸鳍上拍，频率为上拍频率 ν_{i_up}；当 $\dot{s}_i$ 小于零时，胸鳍下拍，频率为下拍频率 ν_{i_down}。

胸鳍向上摆动的最大位移与向下摆动的最大位移不等，称为空间非对称拍动，可以表示为

$$\begin{cases} s_{i\_\mathrm{max}} = A_i' + A_i \\ s_{i\_\mathrm{min}} = A_i' - A_i \end{cases} \tag{2.3}$$

式中，s_{i_max} 为特征点 Z 方向位移最大值，等于振幅偏置 A_i' 与振幅 A_i 之和；s_{i_min} 为特征点 Z 方向位移最小值，等于振幅偏置 A_i' 与振幅 A_i 之差。

不同特征点之间的关系可以表示为

$$\Delta\phi_{ij0} = \phi_{j0} - \phi_{i0} \tag{2.4}$$

式中，$\Delta\phi_{ij0}$ 为特征点 j 的初始相位 ϕ_{j0} 与特征点 i 的初始相位 ϕ_{i0} 之差。特征点的运动主要体现在 Z 方向上，X 方向和 Y 方向的位移变化可以忽略不计。其中，Z 方向上的运动为类正弦运动，具有时间和空间的非对称性拍动特征，并且不同特征点间的关系可以通过相位差来表达。

利用特征点的极值坐标，可以计算特征点的运动学方程。

首先，针对上拍行程和下拍行程分别计算特征点的上拍频率和下拍频率：

$$\begin{cases} \nu_{1\_\mathrm{up}} = 0.38\mathrm{Hz}, \quad \nu_{2\_\mathrm{up}} = 0.40\mathrm{Hz}, \quad \nu_{3\_\mathrm{up}} = 0.42\mathrm{Hz} \\ \nu_{1\_\mathrm{down}} = 0.60\mathrm{Hz}, \quad \nu_{2\_\mathrm{down}} = 0.57\mathrm{Hz}, \quad \nu_{3\_\mathrm{down}} = 0.56\mathrm{Hz} \end{cases} \tag{2.5}$$

式中，特征点的上拍频率近似等于其平均值 0.40Hz；下拍频率近似等于其平均值 0.58Hz。这表明胸鳍拍动过程中，不同边缘点的频率保持良好的一致性。此外，下拍频率为上拍频率的 1.45 倍，这证明时间非对称性拍动特征显著。

其次，由图 2.8 中极值坐标获得各特征点的 Z 轴坐标最大值和最小值为

$$\begin{cases} s_{1\_\mathrm{max}} = 0.36, \quad s_{2\_\mathrm{max}} = 0.90, \quad s_{3\_\mathrm{max}} = 0.25 \\ s_{1\_\mathrm{min}} = -0.21, \quad s_{2\_\mathrm{min}} = -0.35, \quad s_{3\_\mathrm{min}} = -0.08 \end{cases} \tag{2.6}$$

式中，s_{i_max} 为极值点 a 处和 c 处 Z 轴坐标最大值的平均值；s_{i_min} 为极值点 b 处的 Z 轴坐标最小值。从数据中可以得到，特征点的 Z 轴坐标最大值与最小值的绝

对值均不相等且差距明显，可以推出：

$$\begin{cases} A_1' = 0.07, \quad A_2' = 0.27, \quad A_3' = 0.09 \\ A_1 = 0.28, \quad A_2 = 0.62, \quad A_3 = 0.17 \end{cases} \tag{2.7}$$

再次，计算典型特征点之间的相位差为

$$\begin{cases} \Delta\phi_{120\mathrm{a}} = -33.41°, \quad \Delta\phi_{120\mathrm{b}} = -28.80°, \quad \Delta\phi_{120\mathrm{c}} = -27.14° \\ \Delta\phi_{230\mathrm{a}} = -20.88°, \quad \Delta\phi_{230\mathrm{b}} = -18.27°, \quad \Delta\phi_{230\mathrm{c}} = -18.79° \end{cases} \tag{2.8}$$

式中，$\Delta\phi_{120\mathrm{a}}$ 为在极值点 a 处特征点 P_1 与 P_2 的初始相位差；$\Delta\phi_{120\mathrm{b}}$ 为在极值点 b 处特征点 P_1 与 P_2 的初始相位差；$\Delta\phi_{120\mathrm{c}}$ 为在极值点 c 处特征点 P_1 与 P_2 的初始相位差；$\Delta\phi_{230\mathrm{a}}$ 为在极值点 a 处特征点 P_2 与 P_3 的初始相位差；$\Delta\phi_{230\mathrm{b}}$ 为在极值点 b 处特征点 P_2 与 P_3 的初始相位差；$\Delta\phi_{230\mathrm{c}}$ 为在极值点 c 处特征点 P_2 与 P_3 的初始相位差。数据表明，尽管胸鳍上拍频率与下拍频率不同，但是在整个上拍下拍周期中，特征点 P_1 与 P_2 之间的相位差维持在平均值–30°左右，P_2 与 P_3 维持在平均值–19°左右。现假设胸鳍边缘起点 P_S 和前缘中点 P_1 的相位差与 P_1 和 P_2 之间的相位差–30°相等，同时后缘中点 P_3 和边缘终点 P_E 的相位差与 P_2 和 P_3 之间的相位差–19°相等，那么 P_S 和 P_E 之间的相位差为–98°，即整个胸鳍上传递的波长为 0.27λ。

最后，胸鳍边缘典型特征点的运动学方程可以近似表示为

$$\begin{cases} s_1 = 0.07 + 0.28\sin\left(\int_0^t 2\pi\nu_i \mathrm{d}t + \dfrac{51°\pi}{180°}\right) \\ s_2 = 0.27 + 0.62\sin\left(\int_0^t 2\pi\nu_i \mathrm{d}t + \dfrac{(51° - 30°)\pi}{180°}\right) \\ s_3 = 0.09 + 0.17\sin\left(\int_0^t 2\pi\nu_i \mathrm{d}t + \dfrac{(51° - 30° - 19°)\pi}{180°}\right) \\ \nu_i = \nu_{i\_\mathrm{up}} = 0.40, \quad \dot{s}_i \geqslant 0 \\ \nu_i = \nu_{i\_\mathrm{down}} = 0.58, \quad \dot{s}_i < 0 \end{cases} \tag{2.9}$$

式中，51°为 P_1 点的初始相位，由计算得出。为了避免由频率跳跃突变引起特征点 Z 方向位移的突变，可采用积分形式表示相位。牛鼻鲼胸鳍特征点的运动学分析结果与运动学方程的对比如图 2.9 所示，运动学方程近似表达了胸鳍拍动过程的类正弦运动特征、时间非对称性拍动特征、空间非对称性拍动特征，以及不同胸鳍特征点间存在的相位差特征。

通过观测发现，运动学分析与运动学方程误差主要产生在极值点 a 处之前和 c 处之后，这是因为牛鼻鲼在不同的游动周期中参数不同，甚至在同一周期中参数也不同。例如，本节分析的周期，其极值点 a 处与 c 处的 Z 方向位移最大值就

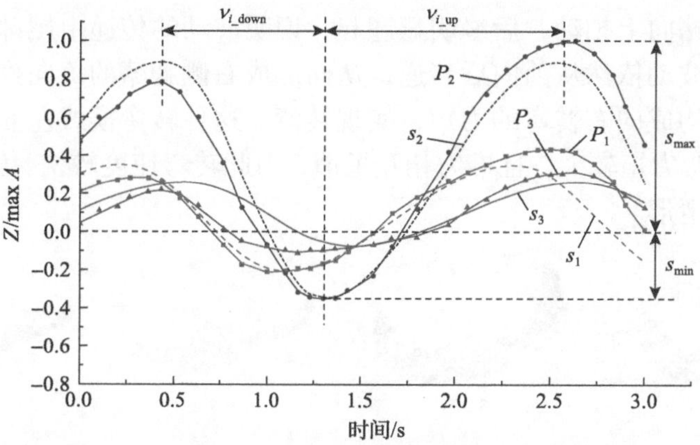

图 2.9　胸鳍特征点运动学分析与运动学方程对比

不相等，因此较难保证运动学方程一组参数吻合多个运动周期，从而导致 a 处之前的上一运动周期和 c 处之后的下一运动周期出现一定误差。其次，胸鳍后缘中点 P_3 的下拍周期误差较大，这可能是由于胸鳍后缘部分柔性很大，更多受水流扰动影响，而非牛鼻鲼胸鳍摆动主动控制，因此其运动特征可能受外部流场扰动而未体现出胸鳍主动摆动特征。再次，采集牛鼻鲼侧视视频时，视角的不一致也会带来一定的数据误差。但是，这些误差都不影响运动学方程对胸鳍运动学分析的准确表达。在三个特征点中，胸鳍尖端 P_2 由于拍动幅度最大，在运动学分析中存在的误差是最小的，运动学方程准确地表达了运动学分析的结果。总之，运动学方程(2.9)不仅表达了胸鳍前游姿态拍动过程中时间、空间非对称的类正弦运动特征，以及波动传递的相位差特征，更明确了各运动参数的具体数值，为接下来的潜水器设计和运动仿生控制奠定了良好的基础。

2.3.2　偏航姿态分析

2.3.1 节分析了牛鼻鲼前游姿态的胸鳍运动学，当左右侧胸鳍对称运动时，产生的推力相等，牛鼻鲼前游；当左右侧胸鳍非对称运动时，牛鼻鲼向推力小的一侧转弯。通过现场多次观测牛鼻鲼，发现牛鼻鲼偏航姿态的实现主要有两种方式。

(1)通过两侧胸鳍不同的拍动振幅实现转弯，振幅更大的一侧获得较大推力，从而牛鼻鲼转向振幅小或无拍动振幅的一侧。基于两侧胸鳍非对称振幅的转弯姿态如图 2.10 所示，右侧胸鳍一直保持向上弯曲姿态形式，左侧胸鳍拍动，从而实现右转弯。这种转弯模式转弯速度通常较慢，并且伴随一定的转弯半径，因此适用于航向微调情形。

(2)通过两侧胸鳍不同的波动传递方向实现转弯，胸鳍产生的推力与波动传递的方向相反，当两侧胸鳍产生的波动传递方向相反时，形成转弯力矩，从而完成转弯。基于两侧胸鳍不同相位差的转弯姿态如图 2.11 所示，两侧胸鳍拍动到最下端时，右侧胸鳍向上拍动，后缘明显翘起，说明波动的传递由尾部传递到头部。此时左侧胸鳍波动依然从前向后传递，从而形成右侧胸鳍的负向推力和左侧胸鳍的正向推力，构成向右转弯的力矩，实现转弯。这种转弯模式左右两侧推力方向相反，形成转弯力矩较大，且推力相互抵消，因此转弯速度较快，转弯半径较小，适用于急转弯情形。

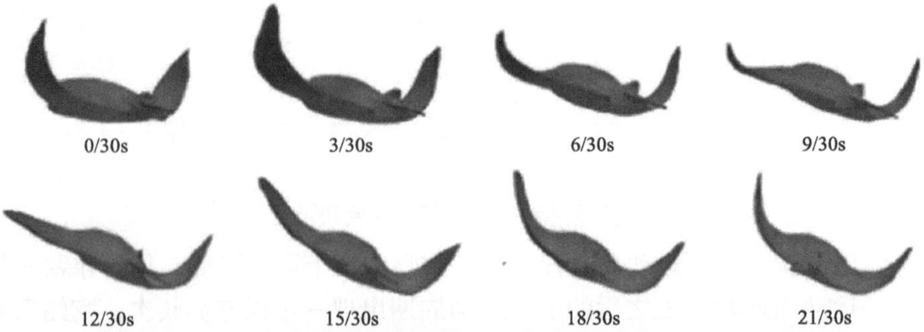

图 2.10　基于两侧胸鳍非对称振幅的转弯姿态

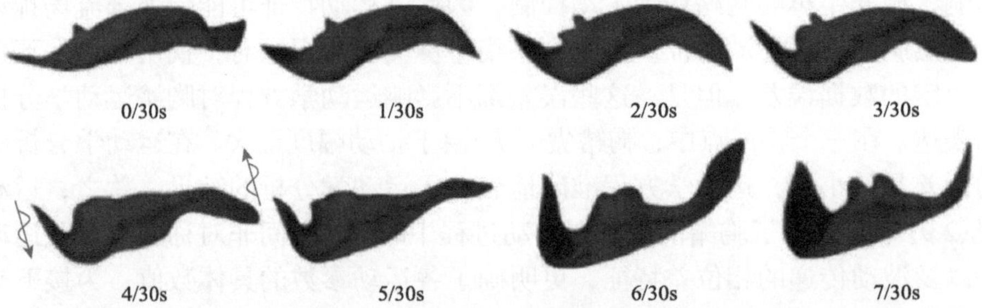

图 2.11　基于两侧胸鳍不同相位差的转弯姿态

2.3.3　俯仰姿态分析

俯仰姿态是牛鼻鲼的另一个重要游动姿态。通过观测发现，牛鼻鲼的俯仰姿态主要有三种形式：基于尾鳍的俯仰姿态、基于胸鳍的俯仰姿态、基于胸鳍和尾鳍的俯仰姿态。

基于尾鳍的俯仰姿态如图 2.12 所示。牛鼻鲼在前游或滑翔姿态过程中，通过尾鳍偏转实现俯仰运动，需要依赖游动速度，是一种被动产生俯仰力矩的方式。观测中发现这种方式多用于大俯仰角变化的下沉姿态和爬升微调姿态。

基于胸鳍的俯仰姿态主要利用胸鳍的快速下拍实现爬升的俯仰运动。观测中发现，胸鳍快速下拍经常与尾鳍配合运动，形成快速爬升姿态，即第三种俯仰运动方式。在第二种与第三种俯仰运动方式中，胸鳍运动基本类似，因此本节重点分析第三种俯仰运动方式。

图 2.12　基于尾鳍的俯仰姿态帧序列

基于胸鳍和尾鳍的俯仰姿态如图 2.13 所示。胸鳍开始向下拍动时，尾鳍开始向上摆动，这样胸鳍产生的升力与尾鳍产生的下压力形成爬升俯仰力矩，从而快速改变俯仰姿态。其受力简图如图 2.14 所示，假设牛鼻鲼重力与浮力平衡，忽略其他次要力，当胸鳍升力 F_P 和尾鳍下压力 F_T 越大时，俯仰力矩越大；此外，当胸鳍升力 F_P 的作用点 P 与质心 O 距离越远时，俯仰力矩越大。因此，要达到较好的俯仰效果，胸鳍和尾鳍的配合十分重要，并且由胸鳍变形决定的胸鳍升力 F_P 的作用点也十分重要。本节采用前游姿态的分析方法提取牛鼻鲼的胸鳍和尾鳍边缘，然后进行俯仰姿态运动学分析，其结果如图 2.15 所示。

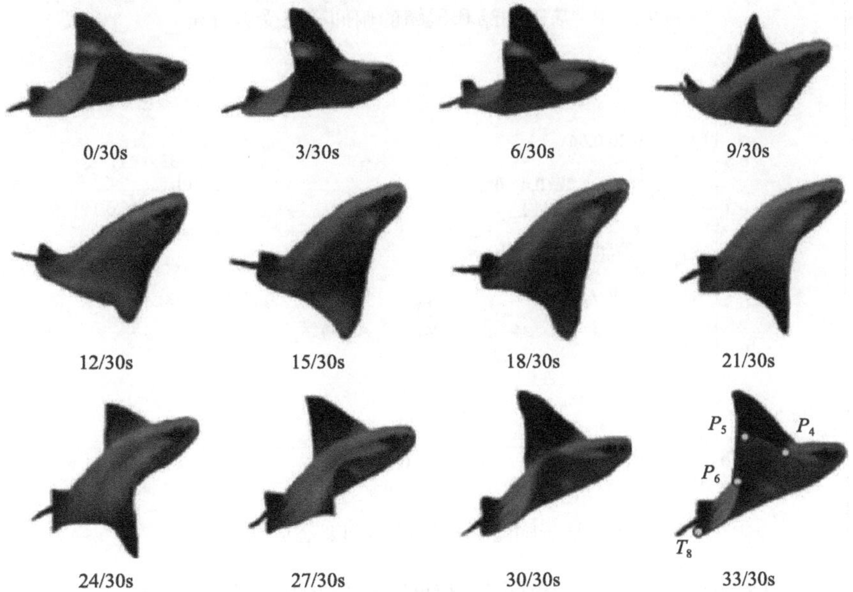

图 2.13　基于胸鳍和尾鳍的俯仰姿态帧序列

利用特征点的极值坐标，可以计算特征点的运动学方程。

首先，针对下拍行程和上拍行程分别计算特征点的下拍频率和上拍频率：

$$\begin{cases} \nu_{4\_down} = \nu_{5\_down} = \nu_{6\_down} = \nu_{8\_up} = 1.25\text{Hz} \\ \nu_{4\_up} = \nu_{5\_up} = \nu_{6\_up} = \nu_{8\_down} = 0.63\text{Hz} \end{cases} \tag{2.10}$$

式中，胸鳍特征点的下拍频率等于各特征点平均值 1.25Hz，并且与尾鳍上拍频率 ν_{8_up} 相等；胸鳍上拍频率和尾鳍下拍频率 ν_{8_down} 都为 0.63Hz。在前游姿态中，胸鳍下拍频率为 0.58Hz，上拍频率为 0.40Hz，这证明在俯仰姿态中胸鳍下拍加速显著，从而获得较大的爬升力矩。

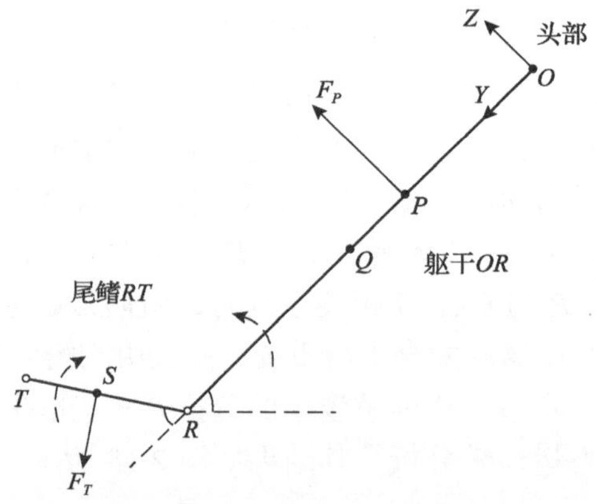

图 2.14　基于胸鳍和尾鳍的俯仰姿态受力分析

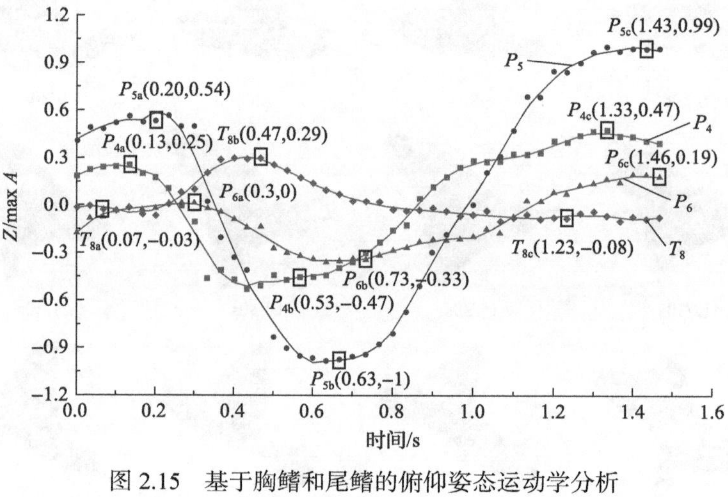

图 2.15　基于胸鳍和尾鳍的俯仰姿态运动学分析

其次，从极值坐标获得各特征点 Z 轴坐标最大值和最小值为

$$
\begin{cases}
s_{4a\_max} = 0.25, \quad s_{5a\_max} = 0.54, \quad s_{6a\_max} = 0, \quad s_{8a\_min} = -0.03 \\
s_{4b\_min} = -0.47, \quad s_{5b\_min} = -1, \quad s_{6b\_min} = -0.33, \quad s_{8b\_max} = 0.29 \\
s_{4c\_max} = 0.47, \quad s_{5c\_max} = 0.99, \quad s_{6c\_max} = 0.19, \quad s_{8c\_min} = -0.08
\end{cases} \tag{2.11}
$$

式中，s_{ia_max} 为特征点 i 在 a 处的 Z 轴坐标最大值，s_{ia_min} 为特征点 i 在 a 处的 Z

轴坐标最小值，其他下标命名原则相同。从数据中可以得到，胸鳍特征点的 Z 轴坐标最大值在 a 处与 c 处差距明显，即胸鳍下拍行程摆动幅度与上拍行程摆动幅度差别较大，因此需要分别计算下拍行程和上拍行程的振幅参数。

分别推出胸鳍下拍行程和上拍行程的振幅参数：

$$
\begin{cases}
A_4' = -0.11, \quad A_5' = -0.23, \quad A_6' = -0.17, \quad A_8' = 0.11, & \dot{s}_4 < 0 \\
A_4 = 0.36, \quad A_5 = 0.77, \quad A_6 = 0.17, \quad A_8 = 0.18, & \dot{s}_4 < 0 \\
A_4' = 0, \quad A_5' = -0.01, \quad A_6' = -0.07, \quad A_8' = 0.12, & \dot{s}_4 \geqslant 0 \\
A_4 = 0.47, \quad A_5 = 0.99, \quad A_6 = 0.26, \quad A_8 = 0.17, & \dot{s}_4 \geqslant 0
\end{cases} \tag{2.12}
$$

式中，胸鳍下拍行程和上拍行程由胸鳍前缘中点的拍动速度 $\dot{s}_4$ 判定，$\dot{s}_4$ 为负时，表示下拍；$\dot{s}_4$ 为非负时，表示上拍。

再次，分别计算下拍行程和上拍行程典型特征点之间的相位差为

$$
\begin{cases}
\Delta\phi_{45} = -32°, \quad \Delta\phi_{56} = -45°, \quad \Delta\phi_{68} = -77°, & \dot{s}_4 < 0 \\
\Delta\phi_{45} = -23°, \quad \Delta\phi_{56} = -23°, \quad \Delta\phi_{68} = -113°, & \dot{s}_4 \geqslant 0
\end{cases} \tag{2.13}
$$

最后，得到基于胸鳍的俯仰姿态运动学方程为

$$
\begin{cases}
s_4 = -0.11 + 0.36\sin\left(\int_0^t 2\times 1.25\pi \mathrm{d}t + \dfrac{\phi_{40}\pi}{180°}\right) \\
s_5 = -0.23 + 0.77\sin\left(\int_0^t 2\times 1.25\pi \mathrm{d}t + \dfrac{(\phi_{40} - 32°)\pi}{180°}\right) \\
s_6 = -0.17 + 0.17\sin\left(\int_0^t 2\times 1.25\pi \mathrm{d}t + \dfrac{(\phi_{40} - 32° - 45°)\pi}{180°}\right) \\
s_8 = 0.11 + 0.18\sin\left(\int_0^t 2\times 1.25\pi \mathrm{d}t + \dfrac{(\phi_{40} - 32° - 45° - 77°)\pi}{180°}\right)
\end{cases}, \quad \dot{s}_4 < 0 \tag{2.14a}
$$

$$
\begin{cases}
s_4 = 0.47\sin\left(\int_0^t 2\times 0.63\pi \mathrm{d}t + \dfrac{\phi_{40}'\pi}{180°}\right) \\
s_5 = -0.01 + 0.99\sin\left(\int_0^t 2\times 0.63\pi \mathrm{d}t + \dfrac{(\phi_{40}' - 23°)\pi}{180°}\right) \\
s_6 = -0.07 + 0.26\sin\left(\int_0^t 2\times 0.63\pi \mathrm{d}t + \dfrac{(\phi_{40}' - 23° - 23°)\pi}{180°}\right) \\
s_8 = 0.12 + 0.17\sin\left(\int_0^t 2\times 0.63\pi \mathrm{d}t + \dfrac{(\phi_{40}' - 23° - 23° - 113°)\pi}{180°}\right)
\end{cases}, \quad \dot{s}_4 \geqslant 0 \tag{2.14b}
$$

式中，ϕ_{40} 和 ϕ_{40}' 分别为下拍行程和上拍行程的初始相位，二者相位相差 180°。

在基于胸鳍和尾鳍的俯仰姿态中，主要是胸鳍下拍行程产生俯仰力矩，在这半个周期中，胸鳍以 1.25Hz 的频率下拍；而尾鳍拍动相位与胸鳍拍动相位相差约为–150°，即胸鳍下拍时，尾鳍以 1.25Hz 上拍，从而尾鳍下压力与胸鳍升力构成较大的爬升力矩。胸鳍下拍行程属于发力行程，且胸鳍柔性较大，因此胸鳍呈现下摆最大位移远大于上摆最大位移的特征，且胸鳍特征点间的相位差绝对值也大于上拍行程。而胸鳍上拍的半个周期属于回复行程，胸鳍上摆频率和尾鳍下摆频率都降低到 0.63Hz，主要产生推力，避免产生反向的俯仰力矩。

2.3.4 滑翔姿态分析

滑翔姿态也是胸鳍摆动推进式鱼类常见的一种游动姿态，借助宽大的胸鳍滑翔在海洋中，利用流体的相对流动获得升力和推力，从而减少能量消耗，完成觅食、长途迁徙等活动。牛鼻鲼的滑翔姿态如图 2.16 所示，其两侧胸鳍维持上摆弯曲状态，通过调节胸鳍的弯曲角度实现滑翔转弯姿态，具有很高的机动性。

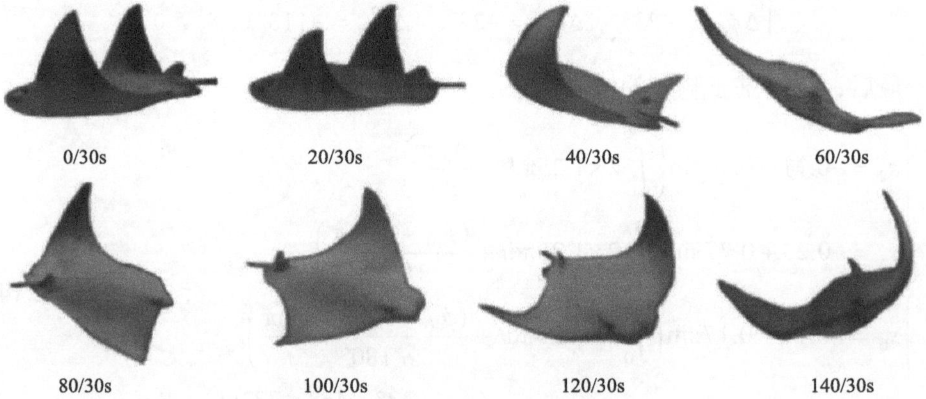

图 2.16　牛鼻鲼的滑翔姿态帧序列

2.4 蝠鲼水动力计算方法

2.4.1 浸入边界法

牛鼻鲼在游动过程中，胸鳍会产生较大的变形，采用传统的贴体网格进行计算时，会带来严重的网格畸变，本节采用浸入边界法(immersed boundary method, IBM)来解决胸鳍大变形问题。IBM 采用两套独立的网格，如图 2.17 所示。计算过程采用均匀的笛卡儿网格来离散计算域，这部分网格的节点是固定的，因此称为欧拉点。采用面网格来离散浸入的物理边界，浸入边界上的网格节点随着边界变形而移动，因此称为拉格朗日点。

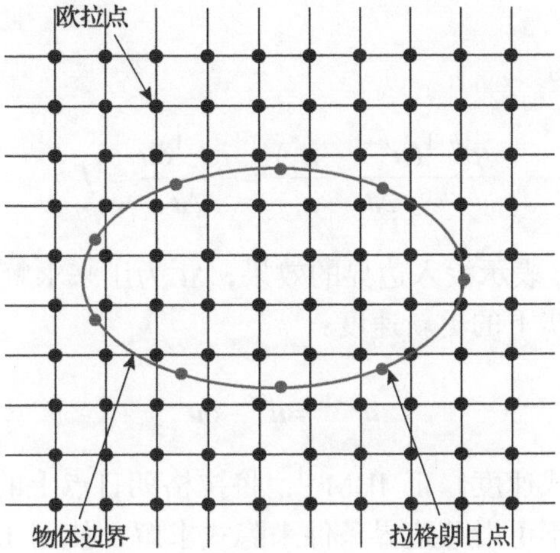

图 2.17　IBM 网格示意图

IBM 的基本原理：让物体充满绕流物所在的空间，物体的边界效应通过在流体运动方程的右端添加一个附加力项加以实现。在不可压缩等温流中，常规 N-S 方程[1]为

$$\frac{\partial \rho}{\partial t} + \nabla \cdot (\rho \boldsymbol{u}) = 0 \tag{2.15}$$

$$\frac{\partial (\rho \boldsymbol{u})}{\partial t} + \nabla \cdot (\rho \boldsymbol{u}\boldsymbol{u} + p\boldsymbol{I}) = \nu \nabla \cdot \left[\nabla(\rho \boldsymbol{u}) + \nabla(\rho \boldsymbol{u})^{\mathrm{T}} \right] \tag{2.16}$$

式中，ρ 为流体密度；$\boldsymbol{u}$ 为速度；p 为压力；ν 为动力黏性系数；$\boldsymbol{I}$ 为单位张量。

加入边界的影响后，式(2.16)可以改写为

$$\frac{\partial (\rho \boldsymbol{u})}{\partial t} + \nabla \cdot (\rho \boldsymbol{u}\boldsymbol{u} + p\boldsymbol{I}) = \nu \nabla \cdot \left[\nabla(\rho \boldsymbol{u}) + \nabla(\rho \boldsymbol{u})^{\mathrm{T}} \right] + \boldsymbol{f} \tag{2.17}$$

式中，$\boldsymbol{f}$ 为边界效应的附加力项。

方程(2.15)和方程(2.17)可以采用分步法进行求解。首先，通过求解不包含 $\boldsymbol{f}$ 的 N-S 方程(2.16)得到新时间步下的密度 ρ^{n+1} 和预测速度 $\boldsymbol{u}^*$：

$$\frac{\rho^{n+1}\boldsymbol{u}^* - \rho^n \boldsymbol{u}^n}{\Delta t} + \nabla \cdot (\rho^n \boldsymbol{u}^n \boldsymbol{u}^n + p\boldsymbol{I}) = \nu \nabla \cdot \left[\nabla(\rho^n \boldsymbol{u}^n) + \nabla(\rho^n \boldsymbol{u}^n)^{\mathrm{T}} \right] \tag{2.18}$$

其次，通过校正步更新速度场：

$$\frac{\partial(\rho \boldsymbol{u})}{\partial t}=\boldsymbol{f} \tag{2.19}$$

式(2.19)的离散形式为

$$\frac{\rho^{n+1}(\boldsymbol{u}^{n+1}-\boldsymbol{u}^{*})}{\Delta t}=\frac{\rho^{n+1}\delta\boldsymbol{u}}{\Delta t}=\boldsymbol{f} \tag{2.20}$$

式中，$\delta\boldsymbol{u}$ 为校正速度，表示浸入边界的效果；Δt 为用来求解式(2.17)的时间步长。由此可以得到新时间步下的更新速度：

$$\boldsymbol{u}^{n+1}=\boldsymbol{u}^{*}+\delta\boldsymbol{u} \tag{2.21}$$

本节采用一种隐式速度修正 IBM[2]，将拉格朗日点上的校正速度定义为未知量，并通过强制满足不可滑移边界条件来隐式求解，使用 Dirac 函数进行插值，拉格朗日点上的速度可以通过欧拉点上的速度求得，即

$$\boldsymbol{u}^{n+1}(\boldsymbol{x}_B^l)=\sum_j \boldsymbol{u}^{n+1}(\boldsymbol{x}_j)D(\boldsymbol{x}_j-\boldsymbol{x}_B^l)h^3,\quad l=1,2,\cdots,N;j=1,2,\cdots,M \tag{2.22}$$

式中，N 为拉格朗日点的个数；M 为浸入边界周围的欧拉点个数；$\boldsymbol{x}_j$ 和 $\boldsymbol{x}_B$ 分别为欧拉点和拉格朗日点的空间坐标。浸入边界的周围采用均匀网格，因此在各个方向上网格间距均为 h，$D(\boldsymbol{x}_j-\boldsymbol{x}_B^l)$ 为连续分布函数，其表达式为

$$D(\boldsymbol{x}_j-\boldsymbol{x}_B^l)=D_{lj}=\delta(x_j-x_B^l)\delta(y_j-y_B^l)\delta(z_j-z_B^l) \tag{2.23}$$

其中，$\delta(r)$ 为连续分布函数，

$$\delta(r)=\begin{cases}\dfrac{1}{4h}\left(1+\cos\dfrac{\pi|r|}{2h}\right), & |r|\leqslant 2h\\ 0, & |r|>2h\end{cases}$$

同理，欧拉点处的校正速度为

$$\delta\boldsymbol{u}(\boldsymbol{x}_j)=\sum_j \delta\boldsymbol{u}(\boldsymbol{x}_B^l)D(\boldsymbol{x}_j-\boldsymbol{x}_B^l)\Delta s^l \tag{2.24}$$

式中，$\delta\boldsymbol{u}(\boldsymbol{x}_B^l)$ 为拉格朗日点上的校正速度；Δs^l 为相应节点处的面积。

根据不可滑移边界条件，拉格朗日点上的速度 $\boldsymbol{u}^{n+1}(\boldsymbol{x}_B^l)$ 为已知量，将式(2.24)和式(2.21)代入式(2.22)中，可以得到：

$$\boldsymbol{u}^{n+1}(\boldsymbol{x}_B^l)=\sum_j \boldsymbol{u}^*(\boldsymbol{x}_j)D(\boldsymbol{x}_j-\boldsymbol{x}_B^l)h^3+\sum_j\sum_j \delta\boldsymbol{u}(\boldsymbol{x}_B^l)\Delta s^l\times D(\boldsymbol{x}_j-\boldsymbol{x}_B^l)D(\boldsymbol{x}_j-\boldsymbol{x}_B^l)h^3 \tag{2.25}$$

将式(2.25)写为矩阵形式：

$$\boldsymbol{AX}=\boldsymbol{B} \tag{2.26}$$

其中，

$$\boldsymbol{A}=h^3\begin{bmatrix} D_{11} & D_{12} & \cdots & D_{1M}\\ D_{21} & D_{22} & \cdots & D_{2M}\\ \vdots & \vdots & & \vdots\\ D_{N1} & D_{N2} & \cdots & D_{NM}\end{bmatrix}\begin{bmatrix} D_{11} & D_{12} & \cdots & D_{1N}\\ D_{21} & D_{22} & \cdots & D_{2N}\\ \vdots & \vdots & & \vdots\\ D_{M1} & D_{M2} & \cdots & D_{MN}\end{bmatrix}$$

$$\boldsymbol{B}=\begin{bmatrix} \boldsymbol{u}(\boldsymbol{x}_B^1)\\ \boldsymbol{u}(\boldsymbol{x}_B^2)\\ \vdots\\ \boldsymbol{u}(\boldsymbol{x}_B^N)\end{bmatrix}^{n+1}-h^3\begin{bmatrix} D_{11} & D_{12} & \cdots & D_{1M}\\ D_{21} & D_{22} & \cdots & D_{2M}\\ \vdots & \vdots & & \vdots\\ D_{N1} & D_{N2} & \cdots & D_{NM}\end{bmatrix}\begin{bmatrix} \boldsymbol{u}^*(\boldsymbol{x}_1)\\ \boldsymbol{u}^*(\boldsymbol{x}_2)\\ \vdots\\ \boldsymbol{u}^*(\boldsymbol{x}_M)\end{bmatrix}$$

$$\boldsymbol{X}=\left[\delta\boldsymbol{u}(\boldsymbol{x}_B^1)\Delta s^1,\delta\boldsymbol{u}(\boldsymbol{x}_B^2)\Delta s^2,\cdots,\delta\boldsymbol{u}(\boldsymbol{x}_B^N)\Delta s^N\right]^{\mathrm{T}}$$

求解线性方程(2.26)，可以得到拉格朗日点的校正速度 $\delta\boldsymbol{u}(\boldsymbol{x}_B^l)\Delta s^l$，并通过式(2.24)得到欧拉点的校正速度。

根据牛顿第二定律，拉格朗日点位置处流体的受力为

$$\boldsymbol{f}(\boldsymbol{x}_B^l)=\frac{\rho(\boldsymbol{x}_B^l)\delta\boldsymbol{u}(\boldsymbol{x}_B^l)}{\Delta t} \tag{2.27}$$

浸入边界施加给流体的合力为

$$\boldsymbol{F}_{\text{fluid}}=\sum_l \boldsymbol{f}(\boldsymbol{x}_B^l)\Delta s^l \tag{2.28}$$

根据作用力与反作用力原理，浸入边界受力为

$$\boldsymbol{F}_{\text{wall}}=-\boldsymbol{F}_{\text{fluid}} \tag{2.29}$$

2.4.2　SGKS 方法

IBM 的实施需要一个有效的流场求解方法，本节采用一种基于球函数的气体

动力学格式(sphere function-based gas kinetic scheme, SGKS)，在体心处采用有限体积法(finite volume method, FVM)离散宏观变量求解 N-S 方程，如下所示：

$$\frac{\mathrm{d}\boldsymbol{W}_I}{\mathrm{d}t}=-\frac{1}{\Omega_I}\sum_{i=1}^{N_\mathrm{f}}\boldsymbol{F}_{n(i)}S_{(i)} \tag{2.30}$$

$$\begin{aligned}\boldsymbol{W}&=(\rho,\rho u,\rho v,\rho w)^\mathrm{T}\\ \boldsymbol{F}_n&=(F_\rho,F_{\rho u},F_{\rho v},F_{\rho w})^\mathrm{T}\end{aligned} \tag{2.31}$$

式中，I、Ω_I、N_f和 $S_{(i)}$分别为控制体编号、控制体体积、控制体面编号和控制体中第 i 个交界面面积；$\boldsymbol{W}$、$\boldsymbol{F}_n$ 分别为守恒变量、通量。可以看出，求解式(2.31)的关键在于交界面处通量 $\boldsymbol{F}_n$ 的计算。$\boldsymbol{u}$ 为定义在体心处的全局坐标系下的速度向量，其表达式为

$$\boldsymbol{u}=(u,v,w) \tag{2.32}$$

为便于推导，在交界面处引入局部坐标系，如图 2.18 所示。交界面中心设置为局部坐标系原点，坐标轴设置满足右手法则，X_1 轴正向为交界面的外法线方向，X_2 轴正向和 X_3 轴正向为交界面的两个切向，它们相互正交。

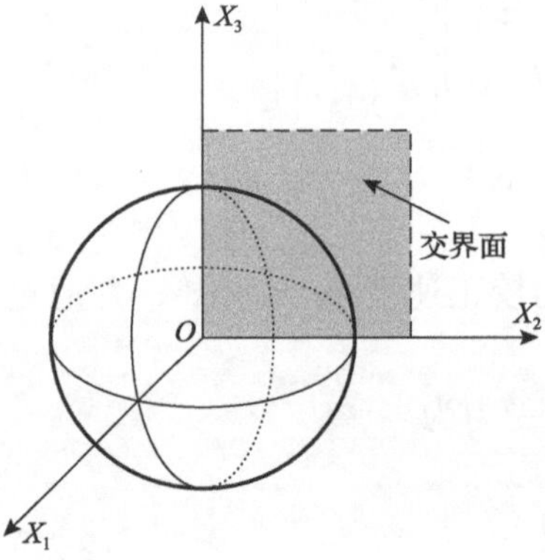

图 2.18　交界面局部坐标系

式(2.31)和式(2.32)在局部坐标系下的形式为

$$\begin{aligned}\bar{\boldsymbol{W}}&=(\rho,\rho u_1,\rho u_2,\rho u_3)^\mathrm{T}\\ \bar{\boldsymbol{F}}_n&=(F_\rho,F_{\rho u_1},F_{\rho u_2},F_{\rho u_3})^\mathrm{T}\\ \boldsymbol{u}&=(u_1,u_2,u_3)\end{aligned} \tag{2.33}$$

通过坐标变换，全局坐标系下的 $\boldsymbol{W}$、$\boldsymbol{F}_n$ 可用局部坐标系下的 $\bar{\boldsymbol{W}}$、$\bar{\boldsymbol{F}}_n$ 表示，则有

$$\begin{cases}u=n_{1x}u_1+n_{2x}u_2+n_{3x}u_3\\ v=n_{1y}u_1+n_{2y}u_2+n_{3y}u_3\\ w=n_{1z}u_1+n_{2z}u_2+n_{3z}u_3\end{cases} \tag{2.34}$$

$$\begin{cases}F_{\rho u}=n_{1x}F_{\rho u_1}+n_{2x}F_{\rho u_2}+n_{3x}F_{\rho u_3}\\ F_{\rho v}=n_{1y}F_{\rho u_1}+n_{2y}F_{\rho u_2}+n_{3y}F_{\rho u_3}\\ F_{\rho w}=n_{1z}F_{\rho u_1}+n_{2z}F_{\rho u_2}+n_{3z}F_{\rho u_3}\end{cases} \tag{2.35}$$

$$\begin{cases} \boldsymbol{n}_1 = (n_{1x}, n_{1y}, n_{1z}) \\ \boldsymbol{n}_2 = (n_{2x}, n_{2y}, n_{2z}) \\ \boldsymbol{n}_3 = (n_{3x}, n_{3y}, n_{3z}) \end{cases} \tag{2.36}$$

式中，$\boldsymbol{n}_1$、$\boldsymbol{n}_2$ 和 $\boldsymbol{n}_3$ 分别为 X_1 轴、X_2 轴和 X_3 轴的单位向量。

Bhatnagar-Gross-Krook（BGK）碰撞模型下的玻尔兹曼方程为

$$\frac{\partial f}{\partial t} + \xi \cdot \nabla f = \frac{g_{\mathrm{s}} - f}{\tau_\nu} \tag{2.37}$$

式中，f 为气体分子分布函数；g_{s} 为 f 对应的平衡态分布函数；$\xi = (\xi_1, \xi_2, \xi_3)$ 为分子速度；τ_ν 为弛豫时间，与分子间的平均碰撞时间具有类似的物理意义。平衡态分布函数根据文献[3]和文献[4]可以简化为

$$g_{\mathrm{s}} = \begin{cases} \dfrac{\rho}{4\pi}, & (\xi_1 - u_1)^2 + (\xi_2 - u_2)^2 + (\xi_3 - u_3)^2 = c^2 \\ 0, & \text{其他} \end{cases} \tag{2.38}$$

半径 c 的平方为气体分子的平均动能，即

$$c^2 = \frac{Dp}{\rho} = DRT_{\mathrm{ref}} \tag{2.39}$$

式中，R 为气体常数；D 为空间维度；T_{ref} 为参考温度，对于不可压缩流动，T_{ref} 应为常数并且足够大以保证马赫数足够小，从而满足不可压缩的限制。半径 c 与马赫数 Ma 的关系为

$$c^2 = \frac{Du_0^2}{Ma^2} \tag{2.40}$$

式中，u_0 为参考速度，u_0=1；马赫数 $Ma = u_0 \big/ \sqrt{RT_{\mathrm{ref}}}$，$Ma$=0.1。

根据式(2.38)和图 2.19，局部坐标系下分子速度分量可以表示为

$$\begin{cases} \xi_1 = u_1 + c\sin\varphi\cos\theta \\ \xi_2 = u_2 + c\sin\varphi\sin\theta \\ \xi_3 = u_3 + \cos\varphi \end{cases} \tag{2.41}$$

简化 SGKS 下守恒形式的矩可以通过式(2.38)和式(2.41)的积分得出：

$$\begin{cases} \int_0^{2\pi}\int_0^{\pi} g_{\mathrm{s}} \sin\varphi \mathrm{d}\varphi \mathrm{d}\theta = \rho \\ \int_0^{2\pi}\int_0^{\pi} g_{\mathrm{s}}\xi_\alpha \sin\varphi \mathrm{d}\varphi \mathrm{d}\theta = \rho u_\alpha \\ \int_0^{2\pi}\int_0^{\pi} g_{\mathrm{s}}\xi_\alpha\xi_\beta \sin\varphi \mathrm{d}\varphi \mathrm{d}\theta = \rho u_\alpha u_\beta + p\delta_{\alpha\beta} \\ \int_0^{2\pi}\int_0^{\pi} g_{\mathrm{s}}\xi_\alpha\xi_\beta\xi_\chi \sin\varphi \mathrm{d}\varphi \mathrm{d}\theta = p(u_\alpha\delta_{\beta\chi} + u_\beta\delta_{\alpha\chi} + u_\chi\delta_{\alpha\beta}) + \rho u_\alpha u_\beta u_\chi \end{cases} \tag{2.42}$$

式中，ξ_α、ξ_β、ξ_χ和u_α 、u_β 、u_χ 分别为分子速度和宏观流体速度在 α、β、χ 方向的分量。由式(2.42)可以看出，分布函数与守恒变量以及通量的关系可以表示为

$$\bar{\boldsymbol{W}} = \int_0^{2\pi}\int_0^{\pi} \boldsymbol{\varphi}_\alpha f \sin\varphi \mathrm{d}\varphi \mathrm{d}\theta \tag{2.43}$$

$$\bar{\boldsymbol{F}}_n = \int_0^{2\pi}\int_0^{\pi} \xi_1 \boldsymbol{\varphi}_\alpha f \sin\varphi \mathrm{d}\varphi \mathrm{d}\theta \tag{2.44}$$

$$\boldsymbol{\varphi}_\alpha = (1, \xi_1, \xi_2, \xi_3)^{\mathrm{T}} \tag{2.45}$$

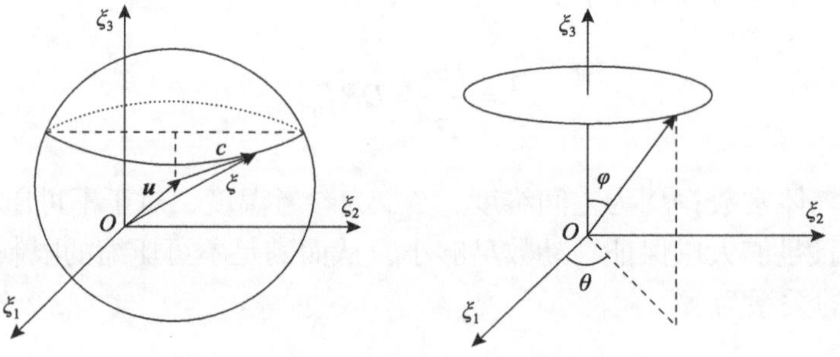

图 2.19 球函数示意图[5]

除此之外，根据 Chapman-Enskog 分析，动力黏性系数和弛豫时间的关系可以表示为

$$\tau_\nu = \frac{\nu}{RT_{\mathrm{ref}}} = \frac{\nu}{c^2/D} \tag{2.46}$$

从式(2.44)中可以看出，通量 $\bar{\boldsymbol{F}}_n$ 的计算可以通过分布函数 f 和交界面处的分子速度 $\boldsymbol{\varphi}_\alpha$ 获得。需要注意的是，体心处守恒变量不是通过式(2.43)获得的，而是通过求解式(2.30)获得的。

假设单元交界面位于 $r=0$ 处，则交界面处的分布函数可表示为[3]

$$f(0,t) \approx g_{\mathrm{s}}(0,t) + \tau_\nu^*[g_{\mathrm{s}}(-\xi\delta t, t-\delta t) - g_{\mathrm{s}}(0,t)] \tag{2.47}$$

其中

$$\delta t = \frac{0.4\min\{\Delta l, \Delta r\}}{\max\{u_1^+, u_2^+, u_3^+\} + c^+}$$

式中，$g_{\mathrm{s}}(0,t)$ 和 $g_{\mathrm{s}}(-\xi\delta t,\ t-\delta t)$ 分别为单元交界面和圆球表面的平衡分布函数；$\tau_\nu^* = \tau_\nu/\delta t$ 为无量纲的碰撞时间；δt 为流动时间步长；Δl 和 Δr 分别为交界面左侧单元和右侧单元的最短边长；u_1^+ 、u_2^+ 、u_3^+ 为预测平均宏观流动速度。

为了简化公式，下面将 $(0,t)$ 和 $(-\xi\,\delta t, t-\delta t)$ 分别简化为上标 face 和上标 sph，将式(2.47)代入式(2.44)，可得

$$\begin{aligned}\bar{\boldsymbol{F}}_n &= \iint \xi_1^{\mathrm{face}} g_{\mathrm{s}}^{\mathrm{face}} \boldsymbol{\varphi}_\alpha^{\mathrm{face}} \sin\varphi \mathrm{d}\varphi \mathrm{d}\theta + \tau_\nu^* \left(\iint \xi_1^{\mathrm{sph}} g_{\mathrm{s}}^{\mathrm{sph}} \boldsymbol{\varphi}_\alpha^{\mathrm{sph}} \sin\varphi \mathrm{d}\varphi \mathrm{d}\theta \right. \\ &\left. - \iint \xi_1^{\mathrm{face}} g_{\mathrm{s}}^{\mathrm{face}} \boldsymbol{\varphi}_\alpha^{\mathrm{face}} \sin\varphi \mathrm{d}\varphi \mathrm{d}\theta \right) \\ &= \boldsymbol{F}^{\mathrm{I}} + \tau_\nu^* \left(\boldsymbol{F}^{\mathrm{II}} - \boldsymbol{F}^{\mathrm{I}} \right)\end{aligned} \tag{2.48}$$

式中，将通量中交界面处的部分记为 $\boldsymbol{F}^{\mathrm{I}}$；将球面处的部分记为 $\boldsymbol{F}^{\mathrm{II}}$ 。

平衡分布函数和矩向量均为流动变量的函数，因此应先确定相应位置处的流动变量值。对于任意流动变量 ϕ，其在球面处的值可以由式(2.49)求出：

$$\phi^{\mathrm{sph}} = \begin{cases} \phi^{\mathrm{L}} - \nabla\phi^{\mathrm{L}} \cdot \xi^+ \delta t, & \xi_1^+ \geqslant 0 \\ \phi^{\mathrm{R}} - \nabla\phi^{\mathrm{R}} \cdot \xi^+ \delta t, & \xi_1^+ < 0 \end{cases} \tag{2.49}$$

式中，ϕ^{L} 和 ϕ^{R} 分别为 ϕ 在交界面左、右两侧的值；$\nabla\phi^{\mathrm{L}}$ 和 $\nabla\phi^{\mathrm{R}}$ 分别为 ϕ 在左、右两侧靠近交界面的单元对 ϕ 的一阶导数；ξ^+ 为交界面处的预测分子速度，有

$$\begin{aligned}\xi^+ &= (\xi_1^+, \xi_2^+, \xi_3^+) \\ &= (u_1^+ + c^+ \sin\varphi\cos\theta, u_2^+ + c^+ \sin\varphi\sin\theta, u_3^+ + c^+ \cos\theta)\end{aligned} \tag{2.50}$$

预测平均宏观流动速度 u_1^+ 、u_2^+ 和 u_3^+ 可以通过 Roe 平均方法[3]获得，对于不可压缩流动，$c^+ = c$ 。

通过相容性条件和式(2.29)，交界面处的守恒变量可以通过式(2.51)求出：

$$
\begin{aligned}
\bar{\boldsymbol{W}}^{\text{face}} &= \iint \boldsymbol{\varphi}_{\alpha}^{\text{face}} g_{\text{s}}^{\text{face}} \sin\varphi \mathrm{d}\varphi \mathrm{d}\theta \\
&= \iint_{\xi_1^+ \geqslant 0} \boldsymbol{\varphi}_{\alpha}^{\text{sph,L}} g_{\text{s}}^{\text{sph,L}} \sin\varphi \mathrm{d}\varphi \mathrm{d}\theta + \iint_{\xi_1^+ < 0} \boldsymbol{\varphi}_{\alpha}^{\text{sph,R}} g_{\text{s}}^{\text{sph,R}} \sin\varphi \mathrm{d}\varphi \mathrm{d}\theta
\end{aligned} \tag{2.51}
$$

式中的积分域由 ξ_1^+ 决定。根据文献[4]中的推导，一般情况下，式(2.51)可以改写为

$$
\bar{\boldsymbol{W}}^{\text{face}} = \int_{-\theta_0}^{\theta_0} \int_0^{\pi} \boldsymbol{\varphi}_{\alpha}^{\text{sph,L}} g_{\text{s}}^{\text{sph,L}} \sin\varphi \mathrm{d}\varphi \mathrm{d}\theta + \int_0^{2\pi-\theta_0} \int_0^{\pi} \boldsymbol{\varphi}_{\alpha}^{\text{sph,R}} g_{\text{s}}^{\text{sph,R}} \sin\varphi \mathrm{d}\varphi \mathrm{d}\theta \tag{2.52}
$$

式中，$\theta_0 = \arccos(-u_1^+/c^+)$，然而对于不可压缩流动，$Ma$ 较小，因此 c^+ 远大于 u_1^+，可以近似认为

$$
\theta_0 = \arccos\frac{-u_1^+}{c^+} \approx \frac{\pi}{2} \tag{2.53}
$$

也就是说，在交界面处的圆球可以近似为如图 2.18 所示的左右对称模型。因此，式(2.52)可以进一步简化为

$$
\bar{\boldsymbol{W}}^{\text{face}} = \int_{-\frac{\pi}{2}}^{\frac{\pi}{2}} \int_0^{\pi} \boldsymbol{\varphi}_{\alpha}^{\text{sph,L}} g_{\text{s}}^{\text{sph,L}} \sin\varphi \mathrm{d}\varphi \mathrm{d}\theta + \int_{\frac{\pi}{2}}^{\frac{3\pi}{2}} \int_0^{\pi} \boldsymbol{\varphi}_{\alpha}^{\text{sph,R}} g_{\text{s}}^{\text{sph,R}} \sin\varphi \mathrm{d}\varphi \mathrm{d}\theta \tag{2.54}
$$

求出交界面处的守恒变量后，$g_{\text{s}}^{\text{face}}$ 和 $\boldsymbol{\varphi}_{\alpha}^{\text{face}}$ 可以通过将 $\bar{\boldsymbol{W}}^{\text{face}}$ 代入式(2.38)和式(2.41)求出，进而得到通量 $\boldsymbol{F}^{\text{I}}$。另一种更为简单计算 $\boldsymbol{F}^{\text{I}}$ 的方法为直接将守恒变量代入非黏性通量的表达式中：

$$
\boldsymbol{F}^{\text{I}} = \begin{bmatrix} \rho u_1 \\ \rho u_1 u_1 + \rho c^+ c^+ / D \\ \rho u_1 u_2 \\ \rho u_1 u_3 \end{bmatrix}^{\text{face}} \tag{2.55}
$$

同理，$\boldsymbol{F}^{\text{II}}$ 可以通过式(2.56)求出：

$$
\begin{aligned}
\boldsymbol{F}^{\text{II}} &= \int_{-\frac{\pi}{2}}^{\frac{\pi}{2}} \int_0^{\pi} \xi_1^{\text{sph,L}} \boldsymbol{\varphi}_{\alpha}^{\text{sph,L}} g_{\text{s}}^{\text{sph,L}} \sin\varphi \mathrm{d}\varphi \mathrm{d}\theta \\
&\quad + \int_{\frac{\pi}{2}}^{\frac{3\pi}{2}} \int_0^{\pi} \xi_1^{\text{sph,R}} \boldsymbol{\varphi}_{\alpha}^{\text{sph,R}} g_{\text{s}}^{\text{sph,R}} \sin\varphi \mathrm{d}\varphi \mathrm{d}\theta
\end{aligned} \tag{2.56}
$$

将式(2.55)和式(2.56)代入式(2.48)中，即可得到三维 N-S 方程在单元交界面处的完整通量表达。

以上内容为 SGKS 和 IBM 的相关理论推导，根据上述理论，求解流场的流程如下。

(1)计算守恒变量的导数及其在交界面两侧的初始值。

(2)使用 Roe 平均方法计算交界面处 u_1^+ 、u_2^+ 和 u_3^+ 进而计算 c^+ ，并计算流动时间步长 δt 和无量纲碰撞时间 $\tau_\nu^* = \tau_\nu / \delta t$ 。

(3)计算圆球表面的矩向量 $\boldsymbol{\varphi}_\alpha = (1, \xi_1, \xi_2, \xi_3)^{\mathrm{T}}$ 。

(4)计算交界面处的 $\bar{\boldsymbol{W}}^{\text{face}}$ 进而通过式(2.55)计算 $\boldsymbol{F}^{\mathrm{I}}$ 。

(5)计算 $\boldsymbol{F}^{\mathrm{II}}$ 进而得到 $\bar{\boldsymbol{F}}_n$ ，并根据式(2.36)将通量 $\bar{\boldsymbol{F}}_n$ 转换到全局坐标系。

(6)求解方程(2.18)得到 n+1 时刻的密度 ρ^{n+1} 和预测速度 $\boldsymbol{u}^*$ 。

(7)求解线性方程组(2.26)得到拉格朗日点处的校正速度 $\delta \boldsymbol{u}(\boldsymbol{x}_B^l)$ ，并根据式(2.29)求得边界受力。

(8)根据式(2.24)得到欧拉点校正速度 $\delta \boldsymbol{u}(\boldsymbol{x}_j)$ ，并根据式(2.21)更新速度。

(9)重复步骤(1)～(8)，直到结果收敛。

2.4.3　水动力系数定义

现有研究表明生物推进过程中的主要流场特征在一定雷诺数范围内具有较高的相似性[6-8]，为了降低计算成本、满足大规模计算的需求，本节将蝠鲼游动雷诺数设置为 Re=1200，虽与真实蝠鲼游动的雷诺数(5.04×10^4～3.70×10^5)有较大差距，但所受到的水动力仍以惯性力为主，流场特征仍具有代表性。首先将蝠鲼游动过程中的受力无量纲化。

推力系数和升力系数分别为

$$C_{\mathrm{T}} = \frac{T}{0.5\rho U^2 \mathrm{BL}^2},\quad C_{\mathrm{L}} = \frac{L}{0.5\rho U^2 \mathrm{BL}^2} \tag{2.57}$$

式中，T 和 L 分别为模型所受的推力和升力；U 为来流速度。

推进效率为

$$\eta = \frac{\bar{P}_{\text{out}}}{\bar{P}_{\text{in}}} \tag{2.58}$$

式中，$\bar{P}_{\text{out}}$ 为在游动过程中一个周期内的有用功率，大小等于 $\bar{T}U$ ，其中 $\bar{T}$ 为模型在一个周期内的平均推力；$\bar{P}_{\text{in}}$ 为一个周期内的输入功率，等于一个周期内的有用功率加垂向拍动的消耗功率 P_{ower} ，即

$$\overline{P}_{\text{in}} = \overline{T}U + P_{\text{ower}} \tag{2.59}$$

式中，$P_{\text{ower}} = -\sum L_i \dfrac{\mathrm{d}Z_i}{\mathrm{d}t}$，$L_i$ 和 $\dfrac{\mathrm{d}Z_i}{\mathrm{d}t}$ 分别为胸鳍上各点的垂向力和垂向速度。

2.4.4　网格无关性

本节的计算域为 16BL×16BL×16BL 的矩形计算域，计算模型位于计算域中心。计算域采用正交的笛卡儿网格进行离散，在模型周围有一尺寸为 1.62BL×1.95BL×1.62BL 的矩形内域，内域采用高分辨率的均匀加密网格，外域的网格尺寸由内域向远场逐渐均匀变疏。为了研究蝠鲼在均匀来流中的水动力性能，计算采用拘束模型方法，即模型系留在原地，通过入口给定速度边界条件来模拟模型在水中的运动，出口处边界条件为速度出口边界条件，其余边界条件为壁面边界条件，计算域的设计及网格的划分如图 2.20 和图 2.21 所示。蝠鲼模型用三角形网格进行划分，网格节点数量为 4102 个。

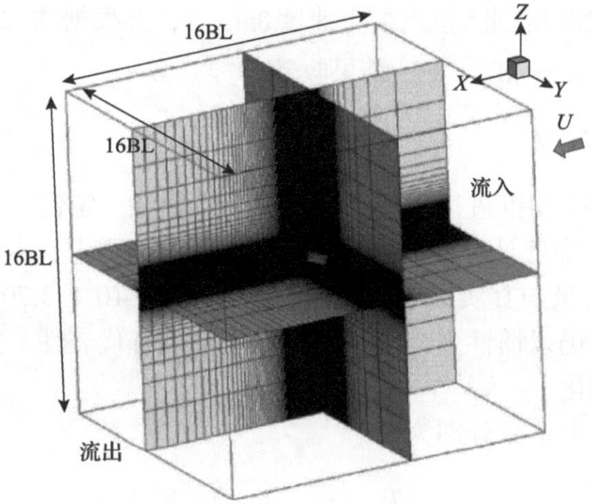

图 2.20　计算域的设计

为了进行网格无关性研究，本节分别采用三套网格方案，对频率 f=1Hz、振幅 A=0.35BL、波数 W=0.4 下的模型运动进行模拟计算。如表 2.1 所示，在疏网格(coarse)、中等网格(nominal)和加密网格(finer)三类网格方案中，加密区域网格尺寸 Δx 分别为 0.016BL、0.014BL 和 0.012BL，对应网格数量分别为 685 万个、893 万个和 1177 万个，计算时所采用的时间步长 Δt 为 5.848×10^{-4}s。计算在具有 Xeon E5-2630 处理器、64GB 内存的 DELL 高性能工作站上进行。

三类网格方案下的推力系数曲线和升力系数曲线如图 2.22 所示。疏网格方案下的推力系数具有较大的波谷，加密网格方案下的推力系数在第二个波峰处峰值较大，在其余位置处采用中等网格方案和加密网格方案得到的结果吻合较好。在升力系数曲线中，随着网格的加密，结果的峰谷值不断降低，但由中等网格和加密网格方案得到的曲线已经非常接近，峰谷值变化在 2%以内。网格尺寸加密所带来的推力系数平均值变化如表 2.1 所示，平均推力系数 $\overline{C}_T$ 随着网格加密程度的增加不断增大，从疏到密的变化率分别为 2.83%和 1.25%。综合以上峰谷值和均值的变化规律可知，中等网格的计算结果已达到网格无关性要求，并且具有较高的计算效率。

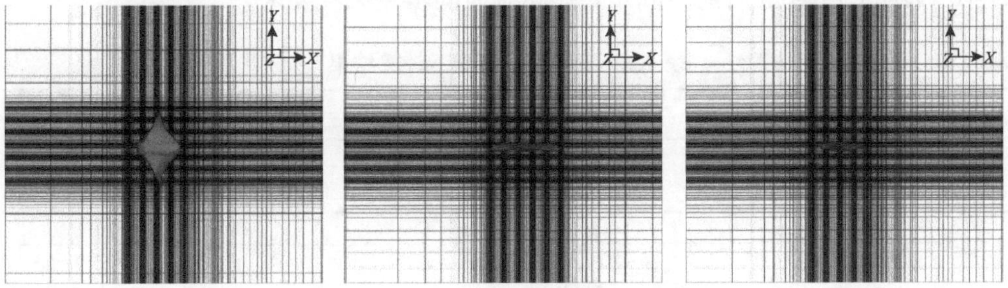

图 2.21　网格划分细节图

表 2.1　不同网格方案及计算结果

网格类型	Δx	节点分布	网格数量/个	$\overline{C}_T$	CPU 时间/h
疏网格	0.016BL	201×181×181	6.85×10^6	0.3495	24
中等网格	0.014BL	221×201×201	8.93×10^6	0.3594	31
加密网格	0.012BL	241×221×221	11.77×10^6	0.3639	56

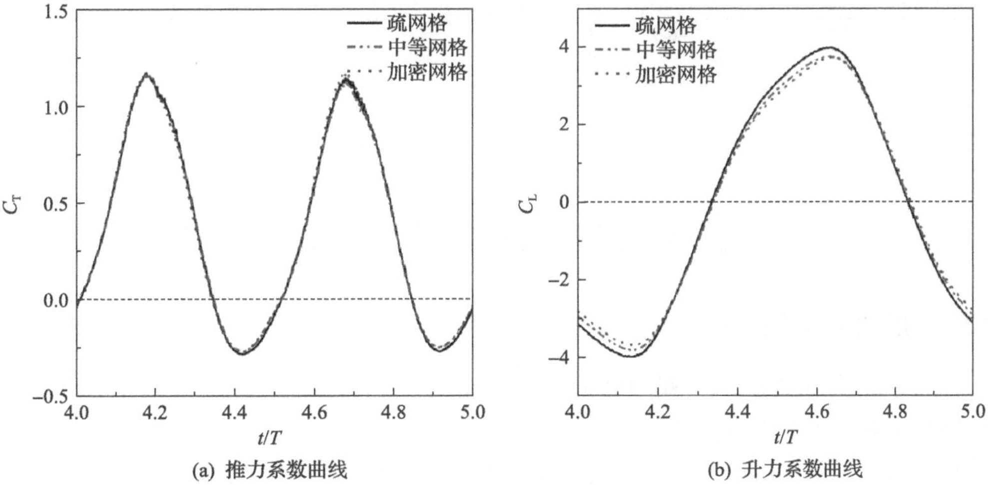

(a) 推力系数曲线　　(b) 升力系数曲线

图 2.22　不同网格参数下推力系数曲线和升力系数曲线

2.4.5　时间步无关性

前面计算中所采用的时间步长 Δt=5.848×10^{-4}s，所对应的收敛条件判断数 CFL=0.5。为了对时间步无关性进行验证，本节在中等网格方案的基础上，采用 Δt=1.754×10^{-4}s，即 CFL=0.3 的时间步长进行计算。推力系数的平均值及推力系数、升力系数变化如表 2.2 和图 2.23 所示，随着时间步长的减小，计算结果变化较小，表明 CFL=0.5 时的时间步长已达到时间步无关性要求。

表 2.2　不同时间步长下计算结果

Δt/s	CFL	$\bar{C}_T$	CPU 时间/h
5.848×10^{-4}	0.5	0.3594	31
1.754×10^{-4}	0.3	0.3497	51.9

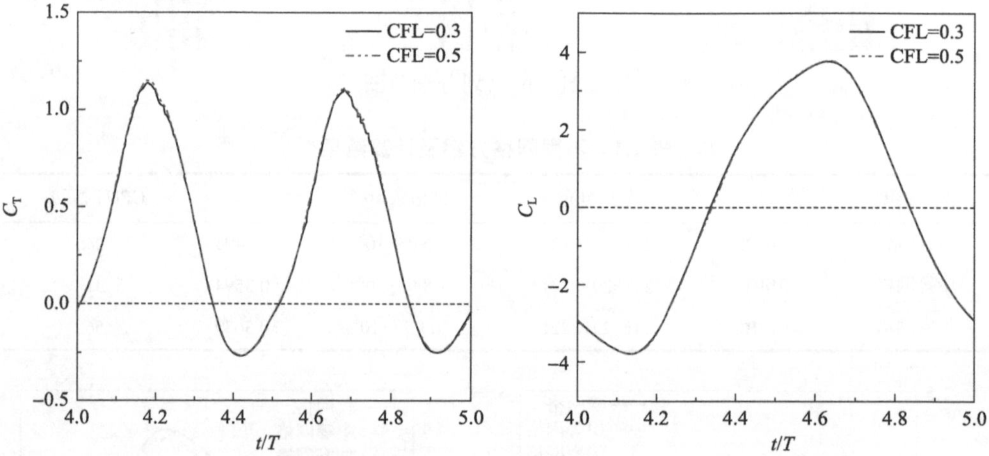

(a) 推力系数曲线　　(b) 升力系数曲线

图 2.23　不同时间步长下推力系数曲线和升力系数曲线

2.5　蝠鲼主动推进状态水动力特性分析

2.5.1　展向柔性变形对水动力的影响

为了研究胸鳍运动过程中展向变形的作用，本节对蝠鲼纯展向拍动变形的状态进行分析。在纯展向变形、大振幅情况下，胸鳍的变形更大，可以视为在展向具有较大的柔性；反之，小振幅情况下可以认为胸鳍在展向具有较小的柔性。本节对四个不同振幅 A/BL=0.20、A/BL=0.27、A/BL=0.35、A/BL=0.43，频率 f=1Hz，波数 W=0.4 下胸鳍的运动状态进行研究。

与胸鳍耦合运动相比，在纯展向变形运动过程中，瞬时推力的波峰值大大降低。图 2.24 给出了不同展向变形下推力系数曲线和升力系数曲线。这是由于在纯展向拍动变形过程中，胸鳍的剖面为纯升沉运动，流体与翼型的有效攻角完全依靠上下拍动时的升沉速度产生，升沉速度较大时，有效攻角也较大，反之产生较小的有效攻角。由伯努利原理可知，在有效攻角的作用下，翼型能够产生有效升力，而其在竖直方向上的分量为模型升力的来源，在水平方向上的分量为推力的来源，这就是升力模式运动产生推力的原因。纯升沉运动的有效攻角完全由升沉速度和来流的合速度产生，当有效攻角较小时，所产生的推力较小，难以克服翼型的阻力。从表 2.3 中的平均推力系数 $\bar{C}_T$ 可以看出，当展向柔性较小时，由于升沉速度较低，纯展向拍动很难产生正推力，即使在最大振幅 A/BL=0.43 时，产生的正推力依然很小，因此可以推断弦向变形产生的攻角才是蝠鲼游动过程中产生推力的关键。由升力系数曲线(图 2.24(b))可以看出，胸鳍进行纯展向变形时，在垂直方向上对流体的推动更充分，因此产生了较大的升力系数峰值。

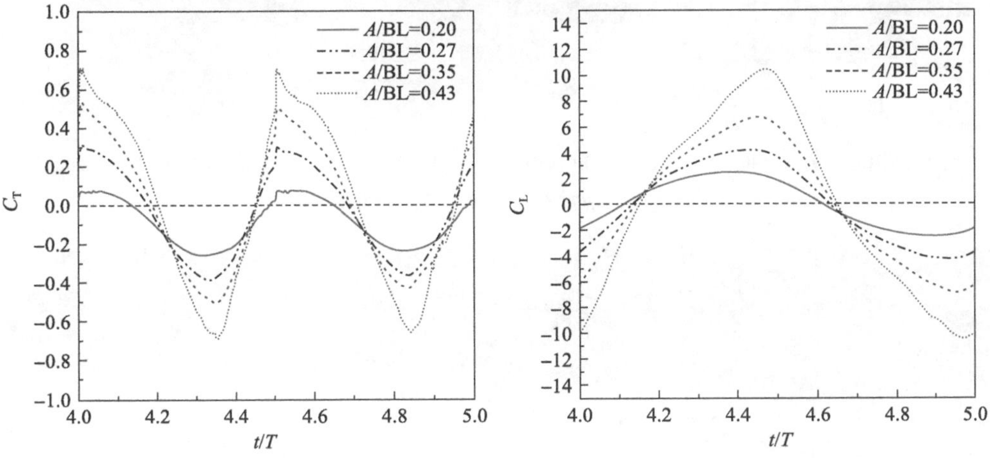

(a) 推力系数曲线　　(b) 升力系数曲线

图 2.24　不同展向变形下推力系数曲线和升力系数曲线

表 2.3　不同展向变形下的平均受力

A/BL	$\bar{C}_T$	$\bar{C}_L$	η
0.20	–0.0882	–0.00502	—
0.27	–0.0408	–0.00787	—
0.35	–0.00937	–0.0207	—
0.43	0.0131	–0.0233	0.0137

注：$\bar{C}_L$ 为平均升力系数。

从三维涡结构图(图 2.25)中可以看出，在纯展向变形运动的尾流场中，由于缺少弦向行波的导向作用，涡的脱落过程展现出强烈的不规则性。在上下两个鳍尖涡的连接处，充满了大量的小碎涡。从展向涡涡量(ω_Y)云图(图 2.26)中可以发现，这些小碎涡的主要构成既有后缘涡(TEV)，又有一定的前缘涡(LEV)。因此，可以得出，纯升沉运动既会导致前缘涡的脱落，又会使后缘涡的脱落更为破碎。除此之外，通过对不同振幅下涡结构的对比可以得出，当展向柔性较大时，鳍尖涡的形态将变得更不规则、更不稳定，前缘涡和后缘涡的破碎程度更高。从尾流场中可以观察到，鳍尖涡 T1 甚至过早湮灭，大量的碎涡导致较高的能量消耗，因此纯展向运动表现出极低的推进效率。

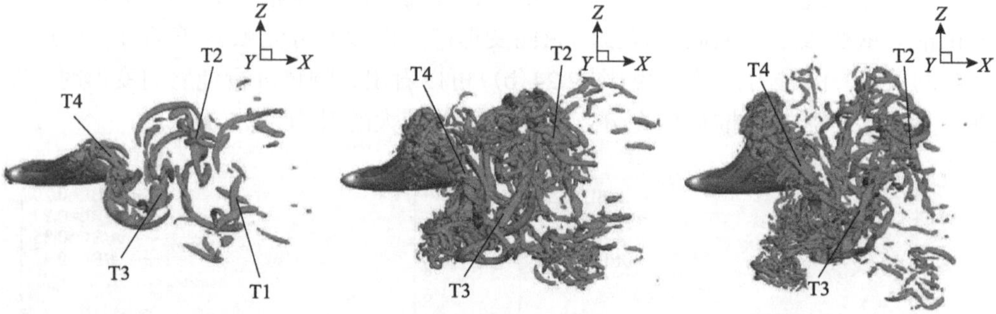

(a) A/BL=0.20，Q=40　(b) A/BL=0.35，Q=80　(c) A/BL=0.43，Q=200

图 2.25　t/T=4.1 时刻三维涡结构图 1)

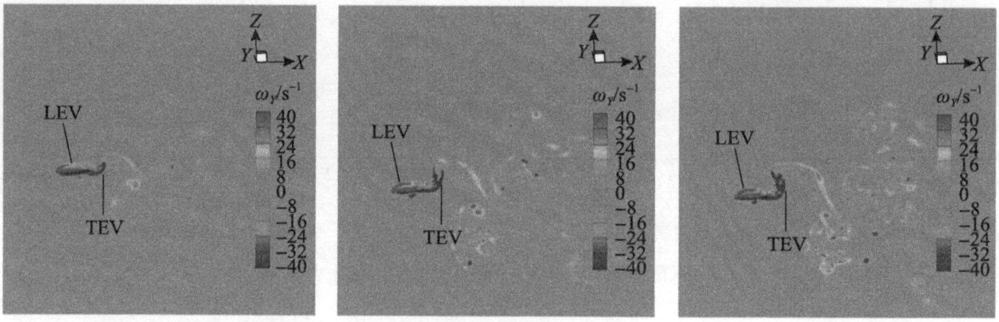

(a) A/BL=0.20　(b) A/BL=0.35　(c) A/BL=0.43

图 2.26　t/T=4.1 时刻 y/SL=0.62 剖面处展向涡涡量云图(彩图请扫封底二维码)

2.5.2　弦向柔性变形对水动力的影响

前面的研究推断出蝠鲼推力的产生主要来源于弦向变形的有效攻角，本节将在耦合运动模式中探讨弦向变形的作用。胸鳍的弦向变形程度可以通过波数来表

1）图 2.25 中，Q 表示 Q 准则的阈值，余同。

征，如图 2.27 所示。波数较小时，胸鳍弦向变形的程度较小，具有较小的弦向柔性；反之，波数较大时，胸鳍弦向变形的程度较大，具有较大的弦向柔性。本节波数变化范围为 0.2～0.9，频率和振幅分别为 f=1Hz 和 A/BL=0.35。

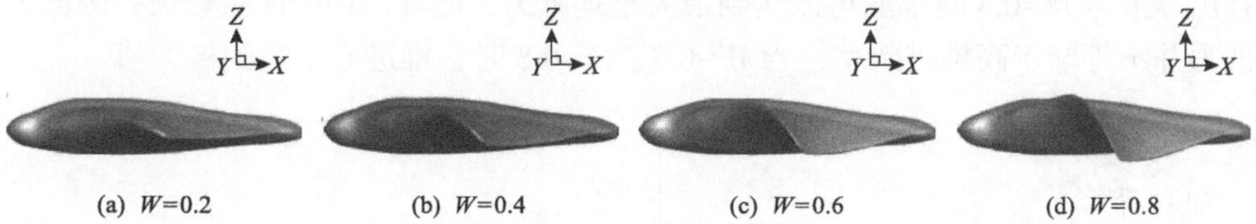

图 2.27　弦向变形示意图

从如图 2.28 所示的推力系数曲线中可以看出，在纯展向运动的基础上加入弦向运动后，推力的峰值成倍数增加，从而使得蝠鲼主动推进过程中产生正的平均推力。通过观察胸鳍的展向剖面，展向变形和弦向变形的耦合运动可以视为若干个二维升沉-俯仰耦合运动，这些若干二维运动在不同展向位置处又具有不同的相位差，相比于纯升沉运动，加入俯仰运动后的耦合运动使得翼型剖面与来流产生较大的攻角，其有效攻角相比于纯升沉运动中依靠升沉速度产生的有效攻角大大增加，因此更有利于推力的产生。

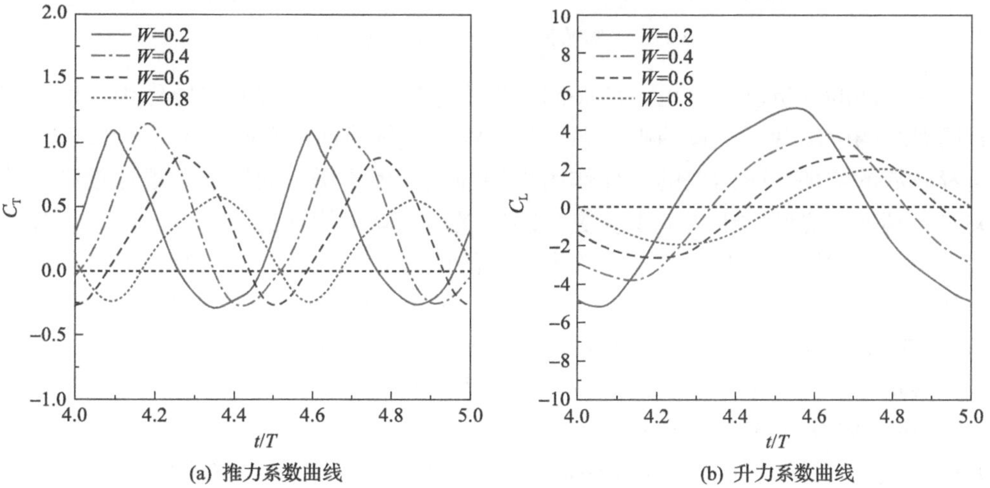

图 2.28　不同弦向变形下推力系数曲线和升力系数曲线

通过对比不同波数下蝠鲼的受力特性曲线可以看出(图 2.29)，弦向柔性较大时，平均推力系数曲线更加饱满，推力在一个周期中所占据的时间比重更大，但是平均推力系数的峰值并不随柔性的变化而单调变化。在 W=0.4 时产生的平均推力系数峰值最大，这也解释了真实蝠鲼在快速游动过程中波数保持在 0.34～0.46 内的原因。推力的波谷值基本不随波数变化而改变，因此平均推力在 W=0.4 时也达到最大值，随后随着波数继续增大，平均推力不断减小。升力波峰值随着波数的增大而减小，这是由于波数变大后拍动过程中的迎流面变小，弦向变形的加入并未影响升力的对称性，因此平均升力依然保持在零附近。由推进效率曲线可以看出，虽然 W=0.4 时蝠鲼可以达到最大平均推力，但其消耗的能量较大，因此大推力并不等同于高推进效率，当 W=0.7、W=0.8 时，推进效率达到极大值。

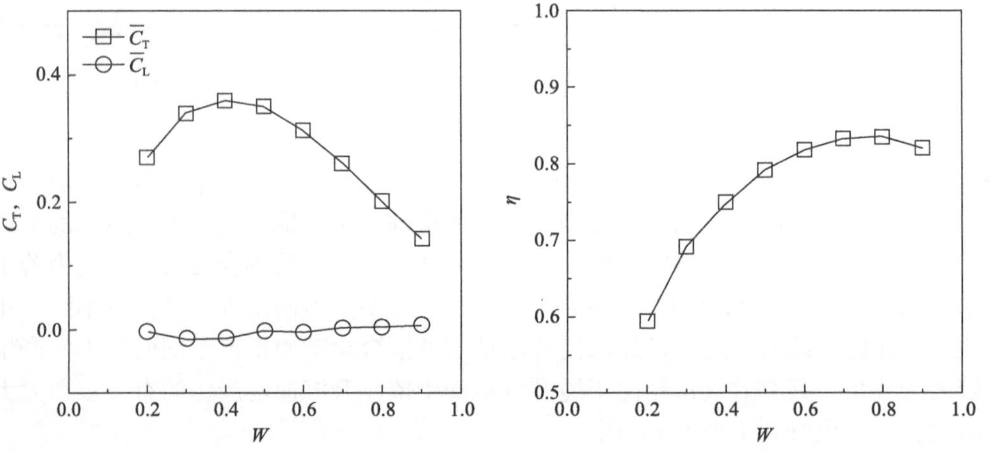

(a) 平均推力/升力系数　　(b) 推进效率

图 2.29　蝠鲼推进性能随波数变化曲线

从前面的分析已经得出，纯展向变形由于缺少弦向行波的引导作用，模型尾流场涡结构中出现了大量的小碎涡。从三维涡量等值面图(图 2.30)中可以看出，随着波数的增加，弦向波的引导作用更加强烈，尾流场中的涡结构更加规则，鳍尖涡与其他涡之间的干扰更少。更少的碎涡及涡间干扰导致了更少的能量消耗，这也是弦向柔性较大时模型推进效率较高的原因。从图 2.30 中右侧的俯视图中可以观察到，随着波数的增大，鳍尖涡在远离模型的尾流场中逐渐向胸鳍内侧发展，即 W=0.2 时，鳍尖涡的包络线基本与中线平行。而 W=0.8 时其包络线与中线产生较大的角度，这是由于鳍尖涡的位置变化本身具有自旋产生的平移速度分量，这与 Zhang 等[9]观察到的现象相符。前缘涡、后缘涡以及碎涡的形成集中在胸鳍内侧(相对于鳍尖涡)，弦向柔性较小时，鳍尖涡内侧的大量碎涡对鳍尖涡产生的干扰较强，使其无法充分向内发展。

为了更清晰地展示不同弦向柔性下涡结构的变化，下面分别通过展向涡涡量云图(图 2.31)和弦向涡涡量云图(图 2.32)来解释前后缘涡及鳍尖涡的变化。图 2.31 为 t/T=4.1 时刻不同波数下 y/SL=0.62 处展向涡的涡量云图，从图中可以观察到弦向柔性较小时会发生与纯展向变形状态相似的前缘涡脱落现象，并且后缘涡脱落后产生一定程度的破碎现象(W=0.2)，这与三维涡结构中充斥在鳍尖涡间

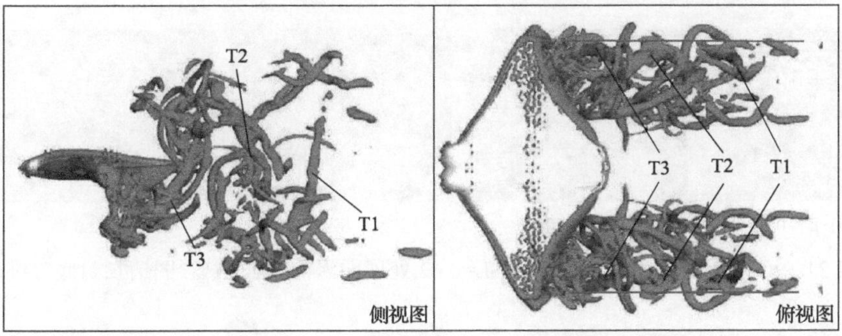

(a) $W = 0.2$

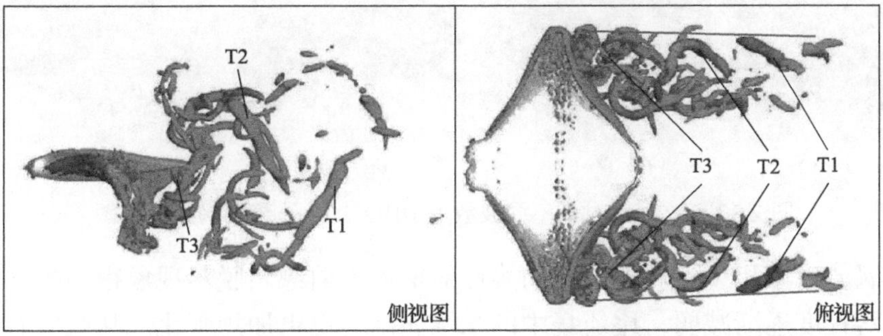

(b) $W = 0.4$

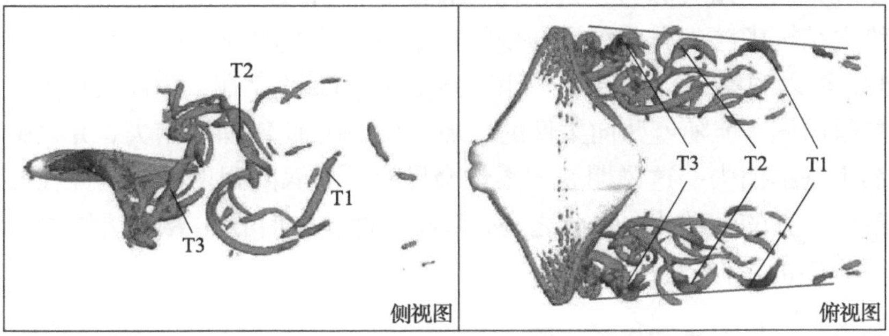

(c) $W = 0.6$

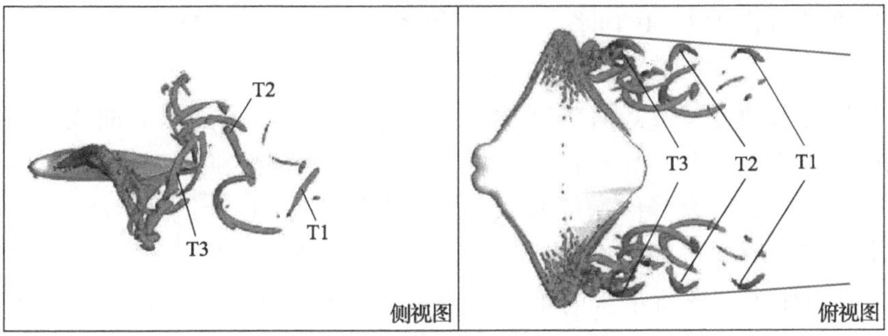

(d) $W = 0.8$

图 2.30　t/T=4.1 时刻不同波数下三维涡量等值面图(Q=80)

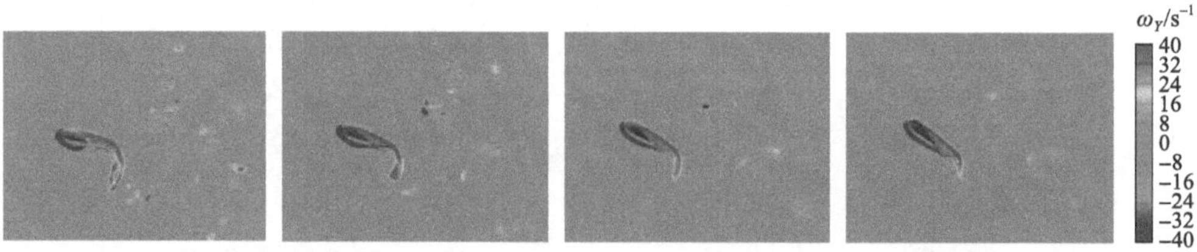

(a) $W=0.2$ (b) $W=0.4$ (c) $W=0.6$ (d) $W=0.8$

图 2.31 t/T=4.1 时刻不同波数下 y/SL=0.62 处展向涡涡量云图(彩图请扫封底二维码)

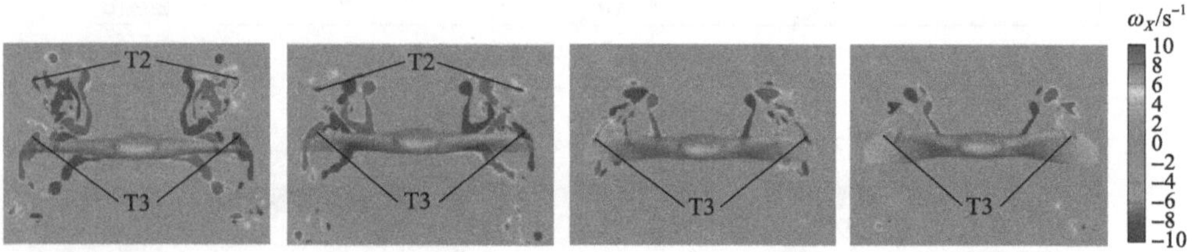

(a) $W=0.2$ (b) $W=0.4$ (c) $W=0.6$ (d) $W=0.8$

图 2.32 t/T=4.1 时刻不同波数下 x/BL=1.14 处弦向涡涡量云图

大量碎涡的现象相一致。随着弦向柔性的增加，前缘涡脱落现象得到改善，后缘涡的脱落程度逐渐减弱，尾流场中的二维涡结构也更加规则化。从弦向涡涡量云图中可以观察到，鳍尖涡 T3 的横向位置随着弦向柔性的增加不断向内侧移动，这与三维涡结构中鳍尖涡包络线与中线产生一定角度的现象相一致。当 W=0.2 和 W=0.4 时，可以观察到 x/BL=1.14 剖面处鳍尖涡 T2 的存在，并且在胸鳍下方还存在大量的弦向涡。但随着弦向柔性的增加，T2 涡在此剖面上消失，并且胸鳍下方的弦向涡也基本消失。这说明弦向柔性会导致前后涡间距增加，因此在此剖面上无法观察到后方的涡结构，除此之外，弦向柔性较小时在主要涡结构之间还充斥着大量不规则的弦向涡。

2.5.3 频率及振幅对水动力的影响

本节探讨当波数 W=0.4 时，在不同频率(f=0.4Hz、0.7Hz、1.0Hz、1.3Hz)与振幅(A/BL=0.20、0.27、0.35、0.43、0.51)组合条件下，蝠鲼胸鳍发生展向与弦向耦合变形时的水动力特性。图 2.33 为四个典型工况下的推力系数曲线和升力系数曲线。由图可以推断出，当频率一定时，推力的波峰值会随着振幅的增加而增加，但高频运动状态下推力峰值增加效果要远高于低频运动。当 f=0.4Hz 时，因振幅增加带来的波峰值增量为 200%；当 f=1.3Hz 时，因振幅增加带来的波峰值增量为 1124%，说明加快频率所带来的推力加成效果十分显著，这也从受力的角度解释了蝠鲼在进行高速游动时，其频率一般都保持在一个较高范围的原因。高频大振幅运动不仅引起推力峰值的增大，升力峰值也随着频率和振幅的增大而增大。值得注意的是，在一定频率下，大振幅运动状态下升力峰值的产生时间相比于小振幅运动具有一定的滞后性，在 f=1.3Hz 时尤其明显。当 A/BL=0.2 时，升力峰值在 t/T=4.57 时产生，而当 A/BL=0.43 时，升力峰值在 t/T=4.67 时产生，这是因为具有弦向变形时，在相同时刻，蝠鲼大振幅运动状态下的胸鳍垂向迎流面积较小，需要继续运动才能使升力达到最大值。

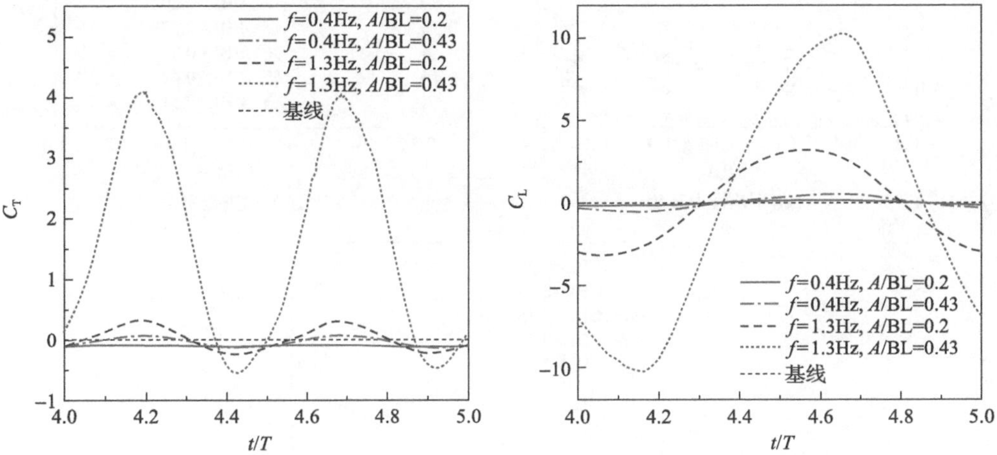

(a) 推力系数　(b) 升力系数

图 2.33　不同频率振幅组合下推力系数曲线和升力系数曲线

图 2.34 为不同振幅下平均推力系数、推进效率和斯特劳哈尔数 Sr 与频率的关系曲线，其中，推进效率曲线中去掉了推力值为负的值。首先，平均推力系数随着频率和振幅的增加而增加，这一现象与文献[9]中具有类似耦合运动的三维扑翼的研究结果相一致。因为在小振幅运动时需要很大的频率才能获得正推力值，所以蝠鲼在主动推进过程中很少采用振幅小于 0.25 的推进参数。平均推力系数为零左右的运动表明，蝠鲼在此速度下能够匀速稳定前进，低频大振幅和高频小振幅的运动均能够使模型产生匀速的游动状态。但从推进效率曲线中可以看出，低频大振幅运动具有更高的游动效率，这与采用身体/尾鳍模式的鱼类正好相反。从推进效率曲线中还可以看出，不同振幅下的效率最优频率不同，其对应的 Sr 也不相同。研究表明，鱼类具有最佳游动效率时所对应的 Sr 为 0.2～0.4，而本节所建立的蝠鲼模型具有最佳游动效率时所对应的 Sr 大于这个范围。这是由于本节的计算工况为 Re=1200，低于真实生物的游动雷诺数，由此带来模型阻力的增加，最优 Sr 将提升。之前的研究表明，鱼类在低速游动时，其 Sr 会不可避免地增大。当雷诺数大于某一范围时，其最优 Sr 才会落入 0.2～0.4 内。一些关于低雷诺数的研究表明，生物的最优 Sr 高于 0.4。

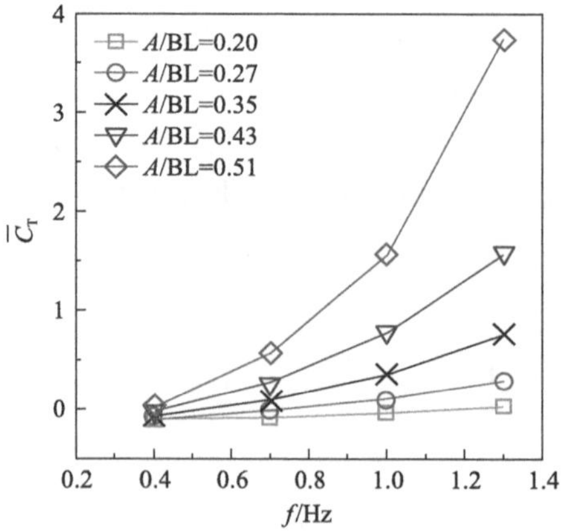

(a) 平均推力系数

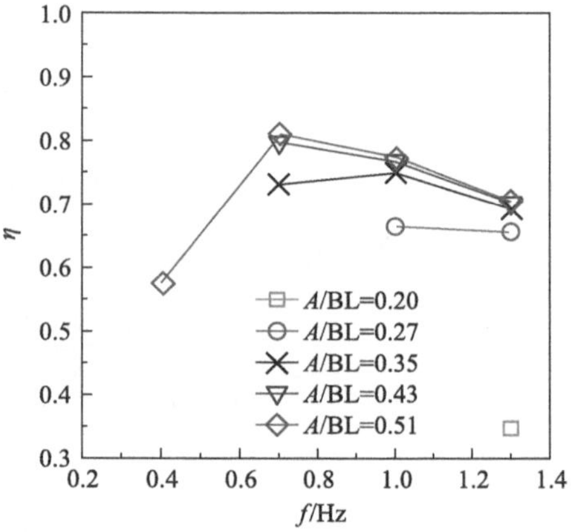

(b) 推进效率

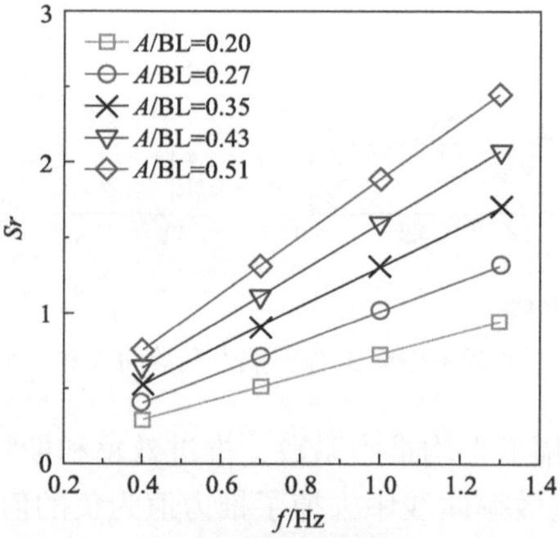

(c) 斯特劳哈尔数

图 2.34　不同振幅下推进性能表现

在蝠鲼实际游动的过程中，当蝠鲼所受的推力和阻力相等时，它会保持一个相对平稳的游动状态，这也是真实生物迁徙过程中采用的状态。本节采用固定位置的原则进行仿真，采用这种方法更有利于生物受力分析。一些关于生物游动的研究中常采用自推进模型，该模型可以更真实地模拟鱼类的游动，但是在宏观上由于推力和阻力处在一个平衡的状态而无法得到生物体推力的分布，因此无法直观地对比两种模型的推力及推进效率。文献中采用固定位置的方法模拟了鲹科模式鱼类在自主游动时的水动力性能，即当宏观水动力的均值在零处时便认为在给定的来流下该模型达到了稳定自主游动的状态。参照该方法，本节的蝠鲼模型在 f=1.3Hz，A/BL=0.20 和 f=0.4Hz，A/BL=0.51 时可认为达到了自主游动状态，而在其他参数下的运动可以认为是推力大于阻力的加速运动。从推进效率角度进行分析，加速运动状态下的推力及推进效率均大于自主匀速游动状态下的，并且与尾鳍/身体模式相比，在 f=0.4Hz、A/BL=0.51 时推进效率为 57.58%。对于鲹科模式，在 Re 为 300、4000 和无黏状态下稳定游动时的推进效率分别为 18.86%、22.95% 和 47.55%，说明胸鳍推进方式相比于尾鳍推进方式具有更高的推进效率。

图 2.35 为蝠鲼在不同频率和振幅组合下的三维涡量等值面图。首先，频率越高，振幅越大时，蝠鲼尾流场中的涡强度越大。由于流体的黏性作用，涡在向后传递的过程中会慢慢耗散，而强度大的涡结构耗散时间较长，因此在大频率运动状态下能够观察到流场中有四个完整的鳍尖涡(T1～T4)，而小频率运动状态下只能观察到 T4 涡的存在；其次，在同频率时，大振幅运动状态下的鳍尖涡在垂向和沿来流方向的间距都大于小振幅运动状态，并且在高频下，大振幅运动会使流场中的其他涡破碎程度更高。从弦向涡涡量云图(图 2.36)中可以看出，左右两侧胸鳍的碎涡和后缘涡在靠近模型中线附近产生了一定的干扰，这将给蝠鲼的运动带来更大的能量消耗。而在同振幅时，低频运动状态下由于涡脱落速度的缓慢，

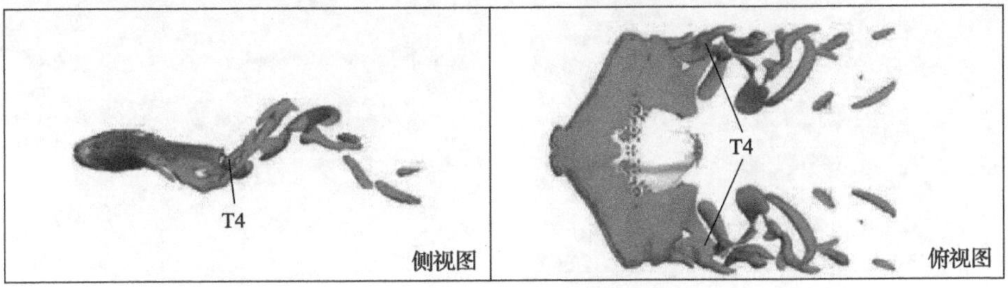

(a) f=0.4Hz, A/BL=0.2, Q=2

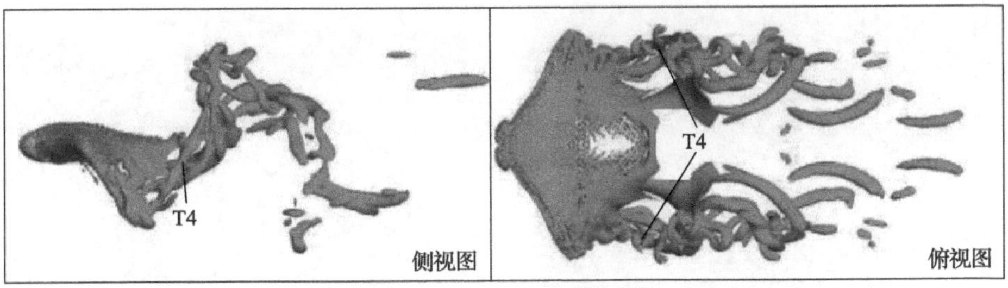

(b) f=0.4Hz, A/BL=0.43, Q=2

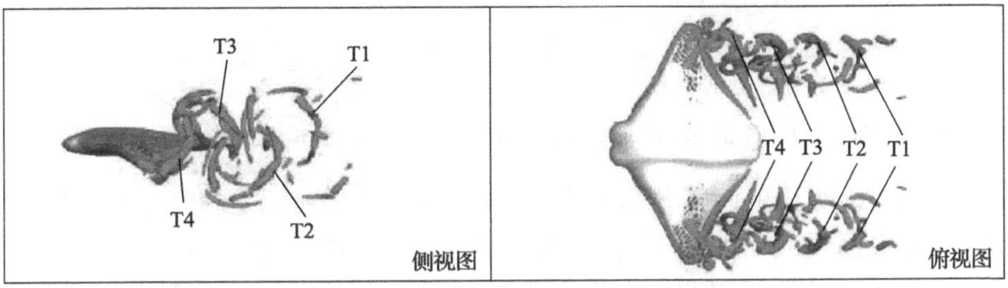

(c) f=1.3Hz, A/BL=0.2, Q=100

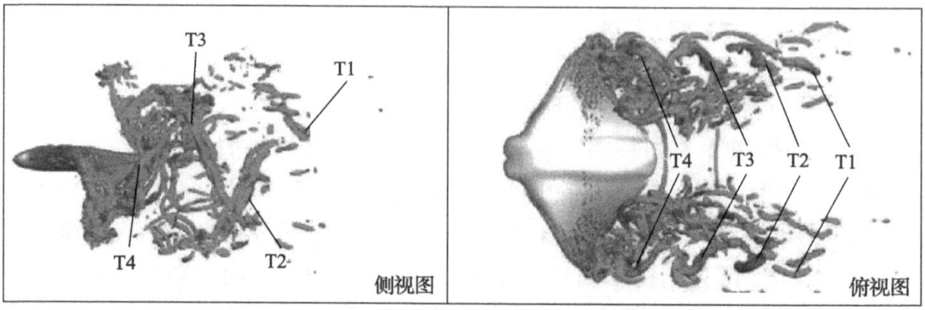

(d) $f=1.3$Hz, A/BL$=0.43$, $Q=300$

图 2.35　t/T=4.1 时刻不同频率和振幅组合下的三维涡量等值面图

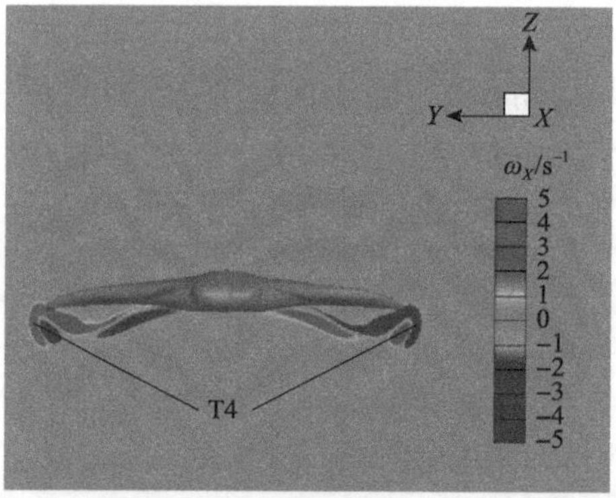

(a) f=0.4Hz，A/BL=0.2

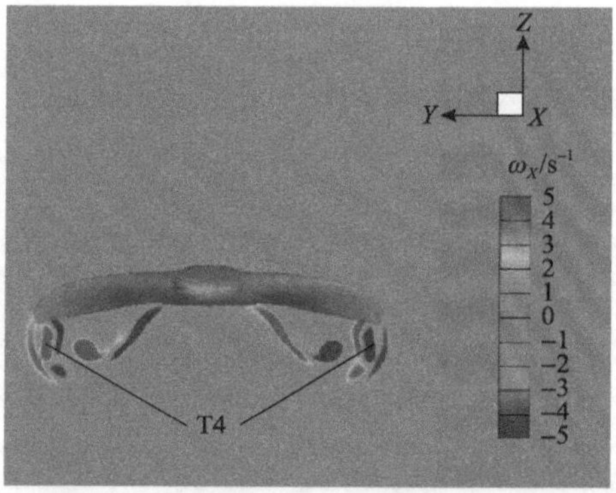

(b) f=0.4Hz，A/BL=0.43

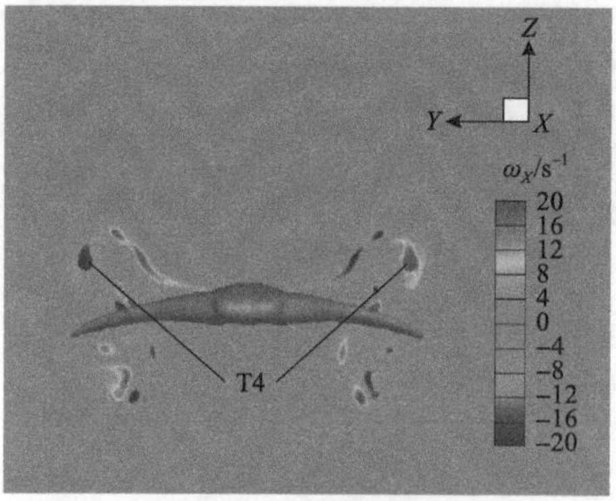

(c) f=1.3Hz，A/BL=0.2

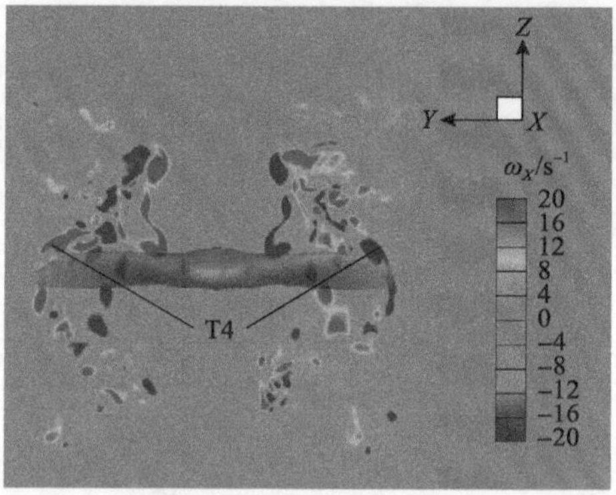

(d) f=1.3Hz，A/BL=0.43

图 2.36　t/T=4.1 时刻不同频率振幅组合下的弦向涡涡量云图(x/BL=1.14)

鳍尖涡在沿来流方向的间距要远大于高频运动状态，涡与涡之间的连接更加光顺，近似一条正弦曲线，该涡结构特征与金枪鱼在低 Sr 下的涡结构特征具有一定的相似性。从图 2.36 中也可以明显看出，低频运动状态下涡量场的强度和碎涡的数量均显著低于高频运动状态。

图 2.37 为展向涡涡量云图。由图可以看出，展向涡的涡间距与三维涡结构图中鳍尖涡的涡间距随频率和振幅变化的规律相一致。值得注意的是，在低频运动状态下，后缘涡的脱落较为缓慢，在模型附近拖出一条较长的尾迹。而前缘涡也延伸至胸鳍后缘处，对后缘涡产生干扰，随后与后缘涡一同脱落，前缘涡的向后延伸会对胸鳍下表面的压力分布产生较大影响，结合低频运动状态下的受力曲线可以推断出其推力峰值和升力峰值较低的原因。高频运动状态时，前缘涡较早地与胸鳍剖面分离，并未对后方的后缘涡产生影响，而脱落至胸鳍后方的后缘涡在近模型处形成典型的反卡门涡街(图 2.37(c)较为明显)，并且在离模型更远的流场中，分列为双列涡结构。虽然振幅较大产生了大量的破碎涡，但其主要涡结构形式与高频小振幅运动相似(图 2.37(d))。三维涡结构可以看成由若干个二维结构组合而成，类似的二维流场结构在文献中也被发现。但由于蝠鲼不同展向剖面的运

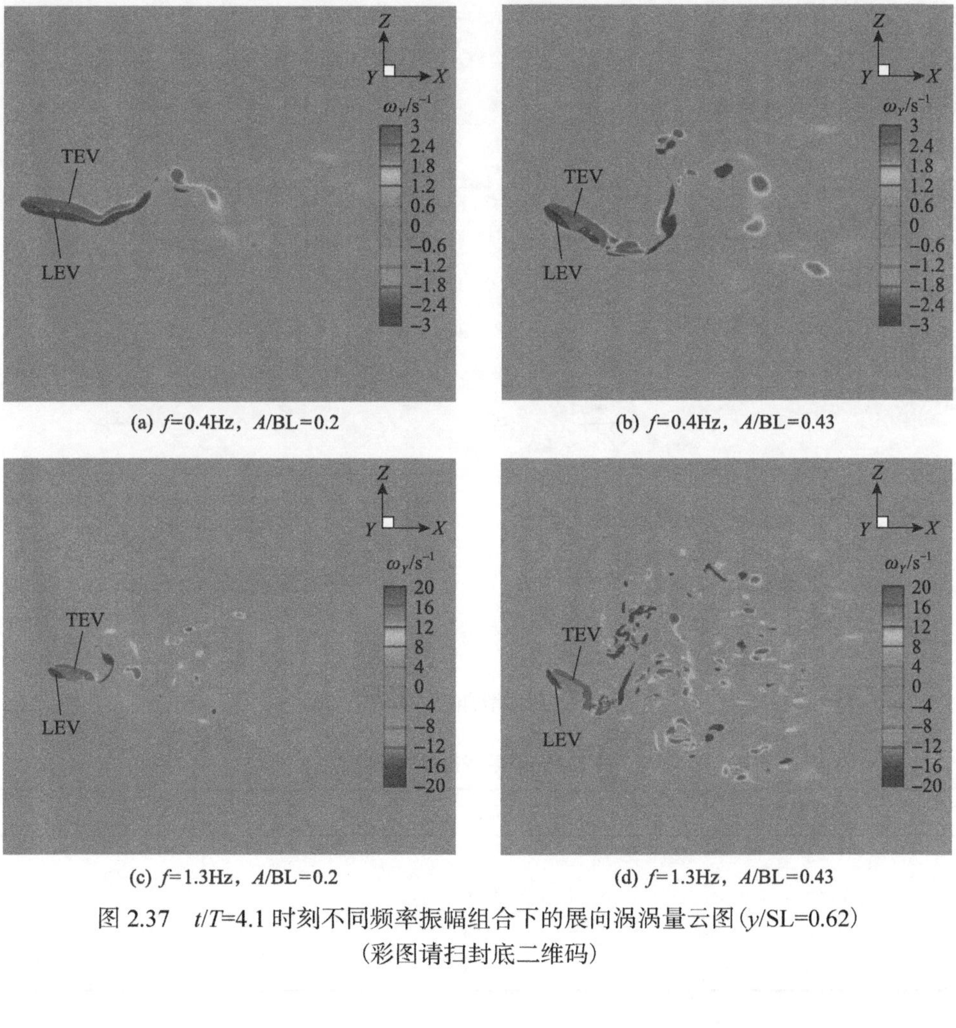

(a) f=0.4Hz，A/BL=0.2　(b) f=0.4Hz，A/BL=0.43

(c) f=1.3Hz，A/BL=0.2　(d) f=1.3Hz，A/BL=0.43

图 2.37　t/T=4.1 时刻不同频率振幅组合下的展向涡涡量云图(y/SL=0.62)

(彩图请扫封底二维码)

动又具有一定的差异，其组合而成的三维涡结构相比于文献中的规则扑翼以及身体/尾鳍模式的鱼类更加复杂。

2.6 蝠鲼滑翔姿态水动力特性分析

2.6.1 不同滑翔姿态下的模型建立

根据蝠鲼滑翔过程中的形态特征，选取主动推进过程中胸鳍在水平面上方的四个不同时刻时的胸鳍形态，建立 a、b、c、d 四种不同的滑翔姿态模型，图 2.38 为滑翔姿态模型的正视图，图中 h 为鳍尖到水平面的距离，β 为胸鳍最大上扬角度，模型 a 的胸鳍没有发生变形，模型 b、c、d 的胸鳍上挑变形程度不断增加。表 2.4 给出了滑翔姿态模型参数，从表 2.4 中可以看出，随着上挑变形程度的提升，h 及 β 均不断变大。

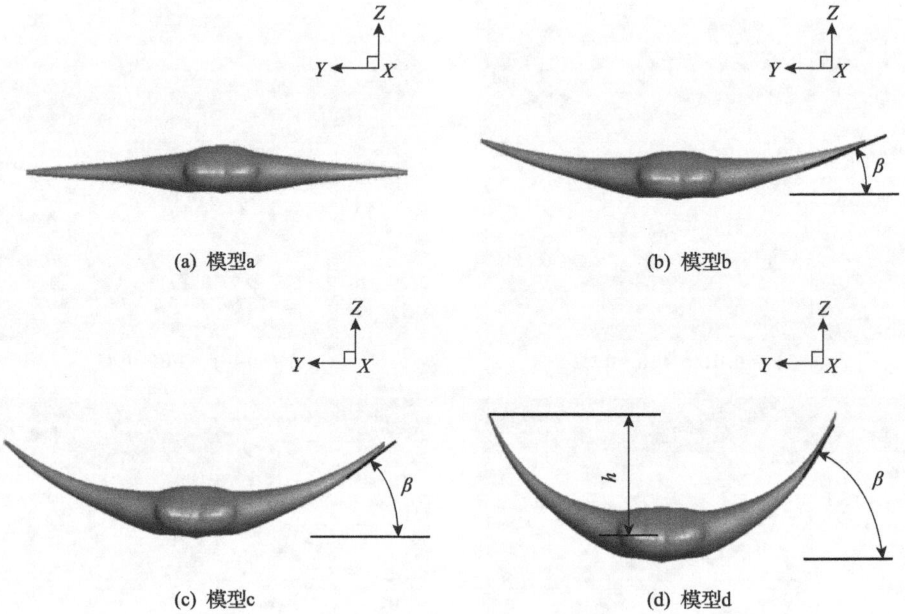

(a) 模型a (b) 模型b (c) 模型c (d) 模型d

图 2.38 滑翔姿态模型

表 2.4 滑翔姿态模型参数

模型编号	h/BL	β/(°)
a	0	0
b	0.16	23
c	0.28	41
d	0.43	64

2.6.2　不同滑翔姿态下的水动力分析

本节对四个模型在不同攻角下的滑翔运动进行了分析计算，图 2.39 为阻力系数 C_d、升力系数 C_L 及升阻比 C_L/C_d 随攻角α变化的曲线。对蝠鲼胸鳍未产生变形时的滑翔受力进行分析。随着攻角的增加，模型 a 所受的阻力及升力均呈增长趋势，但阻力的增长趋势为二次函数形式，即攻角较小时，增长率较低；攻角较大时，增长率急剧升高，而升力的增长基本上随攻角呈线性变化。升阻比作为滑翔状态时的一个重要参数对滑翔效率有重要的影响，大的升阻比往往能够带来更大的滑翔距离，提高滑翔效率。模型 a 的升阻比随着攻角的增加呈增长趋势，在攻角为 20°左右时升阻比达到最高点，为 1.916。一般回转体形的滑翔机升阻比在 4 左右，而具有飞翼布局的类似蝠鲼外形的滑翔机升阻比能够达到 10 左右[10]，这是由于蝠鲼具有扁平外形，在产生攻角时的迎流面积迅速增大，从而产生非常大

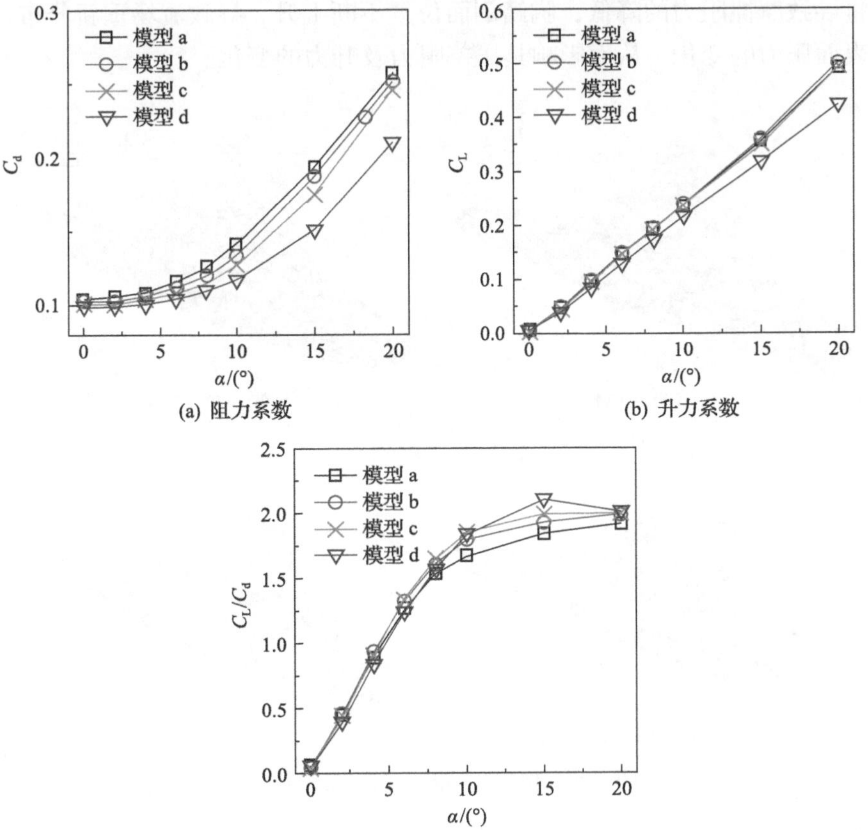

(a) 阻力系数　(b) 升力系数　(c) 升阻比

图 2.39　不同滑翔姿态下不同模型的阻力系数、升力系数及升阻比随攻角的变化曲线

的升力，而其阻力的增加量远小于升力的增加量。本节的蝠鲼模型升阻比小于飞翼布局滑翔机的原因在于本节计算的雷诺数较低，摩擦阻力的影响较大，可以看出模型 a 的阻力系数远大于文献[11]中滑翔机的阻力系数，而在相同攻角下升力系数略高于滑翔机，但升阻比随攻角变化的趋势与文献中滑翔机的升阻比曲线保持一致[10,11]。

通过对比模型 b、c、d 的阻力系数曲线可以发现，在同一攻角下，随着胸鳍弯曲程度的增加，模型的阻力系数减小；攻角越大，阻力系数相比于模型 a 的降低程度越高。当攻角为 6°时，模型 d 相比于模型 a 的降阻量为 10.23%；当攻角为 20°时，相应的降阻量为 18.04%。这是因为胸鳍上挑变形导致相同截面处的胸鳍剖面形状改变，从图 2.40 中可以看出，在不同位置剖面处，随着上挑变形程度的增加，剖面翼型的长度略微减小，并且越靠近鳍尖处，减小量越大。从图 2.40(d)中可以看出，模型 d 在此位置已经无法与截平面相交(最上方翼型消失)，长度的减小将导致摩擦阻力的降低；胸鳍剖面位置不断上升，导致流场重新分布，影响胸鳍表面压力的变化，从而影响其压差阻力及升力的变化。

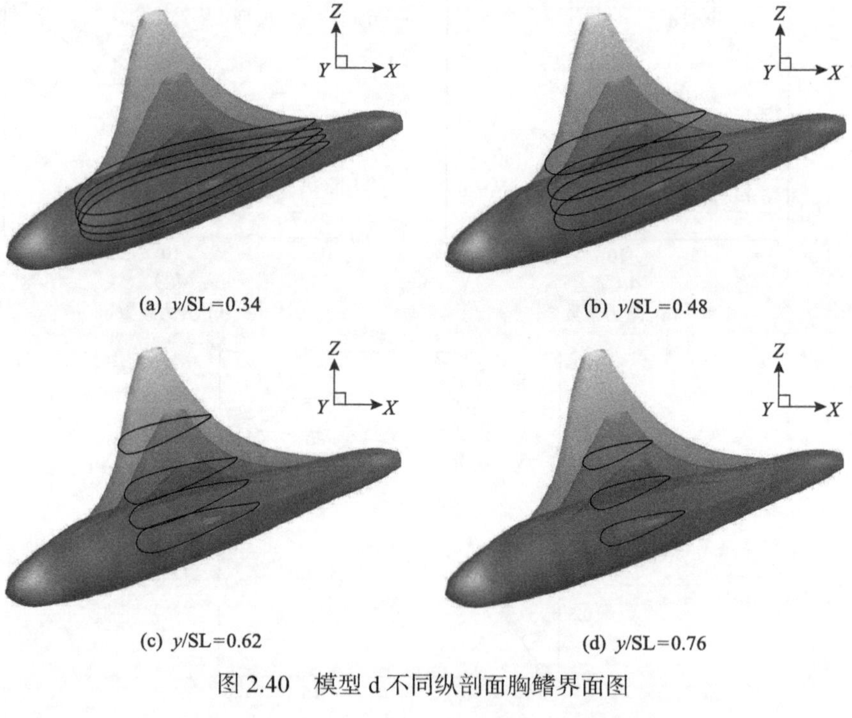

(a) y/SL=0.34　　(b) y/SL=0.48

(c) y/SL=0.62　　(d) y/SL=0.76

图 2.40　模型 d 不同纵剖面胸鳍界面图

从图 2.39(b)中可以观察到，当攻角不为零时，模型 b 的升力系数相比于模型 a 略有增大，增大量均在 2%左右；其余模型的弯曲程度较大，迎流面积大大减小，因此升力系数在一定程度上减小，减小量甚至达到 13.9%(攻角为 20°时模型 d)。

上述阻力系数曲线和升力系数曲线的变化导致的结果是：①模型 b 的升阻比在除零攻角外相比于模型 a 有小幅增大，增大范围为 3%～7%；②模型 c 的升阻比从中等攻角(4°)开始逐渐增大，最大增大量发生在 15°攻角时，为 11.1%；③模型 d 的升阻比从大攻角(8°)开始逐渐增大，最大增大量发生在 15°攻角时，为 14.7%。这些现象表明，轻微的上挑变形可以使蝠鲼在不同攻角范围内的升阻比均有小幅增大；在较大的攻角下，较大的上挑变形使模型升阻比有显著的增大，充分解释了真实蝠鲼生物在滑翔过程中胸鳍存在不同程度上挑变形现象的原因。

图 2.41 为四种蝠鲼滑翔模型在 20°攻角时的流线图。从图 2.41 中可以看出，由于攻角较大，在模型 a 的鳍尖后方，流体的方向发生急剧变化，产生较大的横向速度，变化在 90°左右；模型 b、c、d 由于鳍尖产生上挑变形，会对流体产生一个向内的引流作用，使流体流至后方时能够较为平顺地改变方向，随着上挑变形程度的增加，流线的方向变化程度大大减弱，模型 d 的流线方向变化范围已减弱至 30°左右。鳍尖上挑虽然可以对流体产生一定的引导作用，但由于在垂直方向胸鳍外形具有一定的高度差，流线在胸鳍下方形成大量的漩涡。

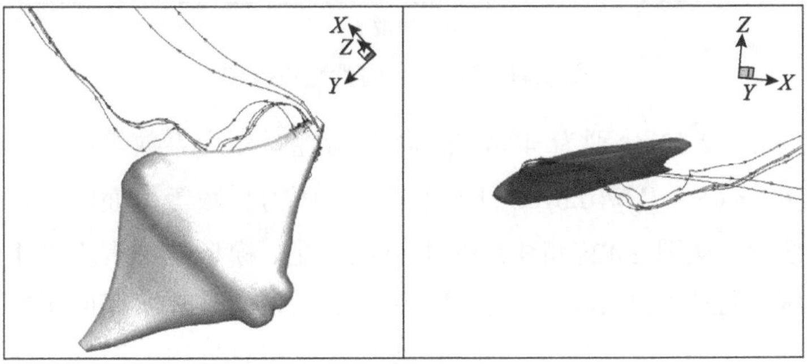

(a) 模型 a

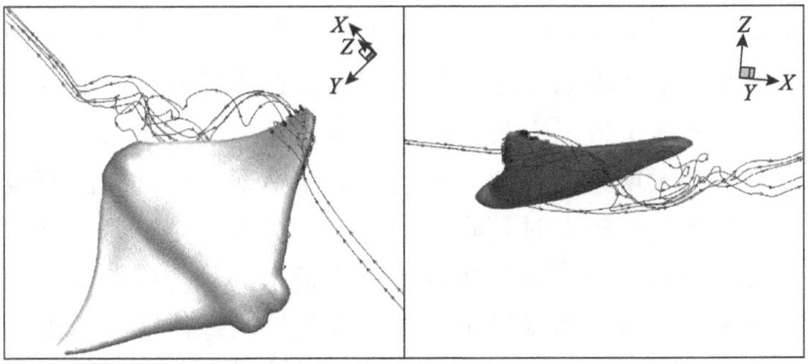

(b) 模型 b

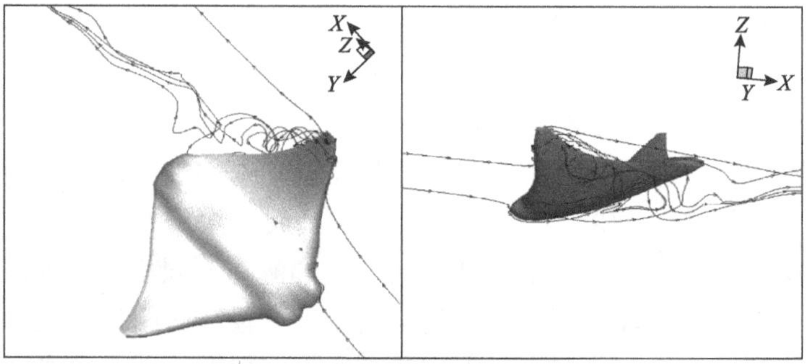

(c) 模型 c

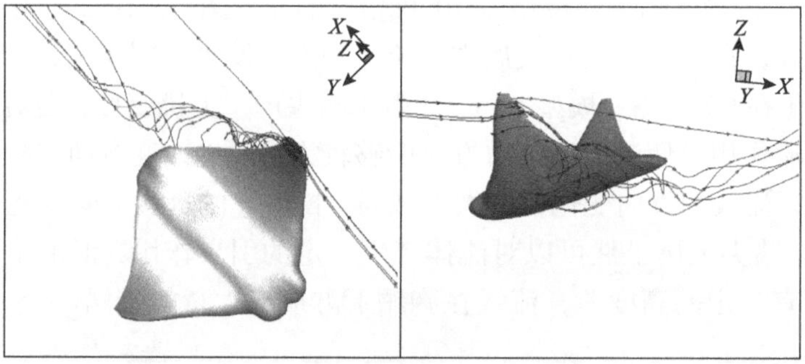

(d) 模型 d

图 2.41　20°攻角时滑翔流线图

图 2.42 和图 2.43 分别为 4°和 20°攻角滑翔时压力系数等值面图，压力系数 C_{p} 根据公式 $C_{\mathrm{p}}=(P-P_{\infty})/(0.5\rho u_{\mathrm{ref}}\mathrm{BL}^2)$ 求出。压力系数等值面图可以有效反映模型表面压力变化。从图 2.42 和图 2.43 中可以看出，模型的下表面及上表面的鳍尖处为负压区域，且模型下表面的负压区域大于上表面，说明在向下滑翔时，模型上表面压力大于下表面，因此产生向下的升力。随着攻角的增加，上下表面压力差增大，因此产生的升力更大。

对比不同模型的压力分布可以看出，当攻角为 4°时，模型上表面的负压区域随着上挑变形程度的增加不断缩小，而下表面仅在头部有一定的变化。理论上，模型上表面负压区域缩小带来上表面压力升高，模型升力增大，这可以用来说明模型 b 的升力小幅增大现象的原因。但模型 c 和模型 d 的升力没有遵循这个变化反而减小，这是由于变形较大时其胸鳍的迎流面积大大减小，并且由迎流面积减小所带来的升力损失大于上表面负压区域缩小带来的升力增加量。当攻角为 20°时，上表面的负压区域范围本身较小，集中在胸鳍后缘位置，而下表面的负压区域随着胸鳍上挑变形程度的增加有明显的缩小，并且由迎流面积减小所带来的升力损失使得大攻角时大变形的滑翔运动具有较大的升力损失。

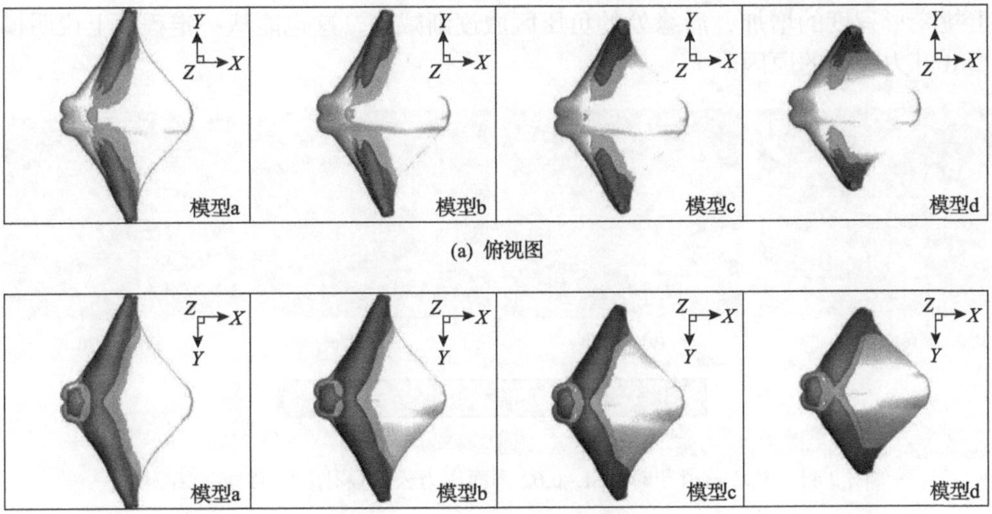

(a) 俯视图

(b) 仰视图

图 2.42 4°攻角滑翔时压力系数等值面图(彩图请扫封底二维码)

蓝色部分为 C_p= –0.088，红色部分为 C_p= –0.099

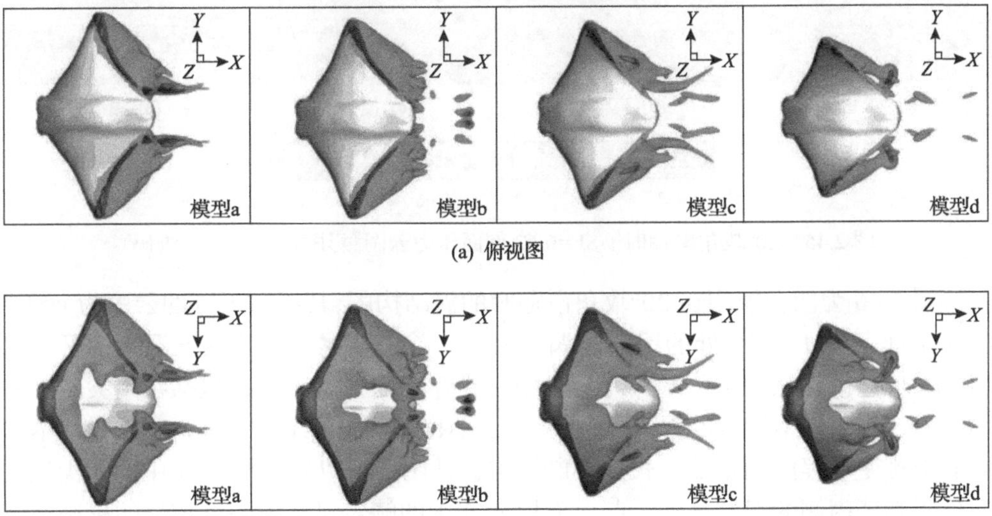

(a) 俯视图

(b) 仰视图

图 2.43 20°攻角滑翔时压力系数等值面图(彩图请扫封底二维码)

绿色部分为 C_p= –0.18，红色部分为 C_p= –0.29

为了进一步表现上下表面的压力差异，绘制如图 2.44 和图 2.45 所示的压力云图。可以看出，当攻角为 4°时，胸鳍前缘处有一片高压区域，而下表面前缘位置和上表面各有一处较大的负压区域，模型 d 相比于其他模型上表面的负压区域有更大的负压值；当攻角为 20°时，模型后缘处有一个明显的负压区域，随着胸鳍上挑变形程度的增加，后缘处的负压区域逐渐减小，这也能从一定程度上说明模型 d 升力降低的原因。

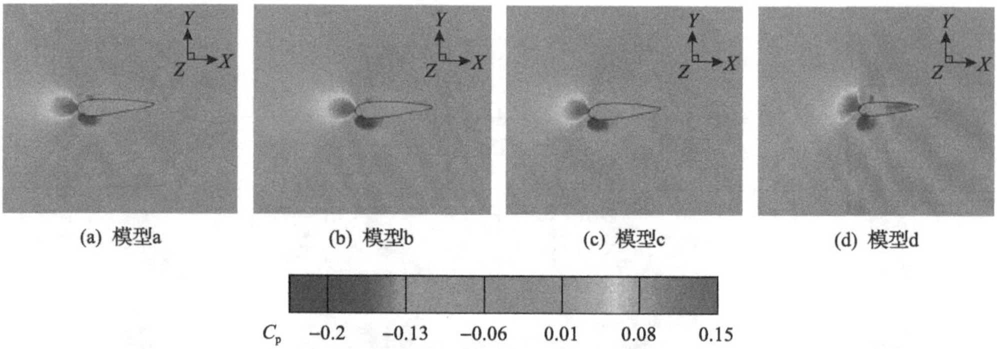

图 2.44　4°攻角滑翔时 y/SL=0.62 剖面压力云图(彩图请扫封底二维码)

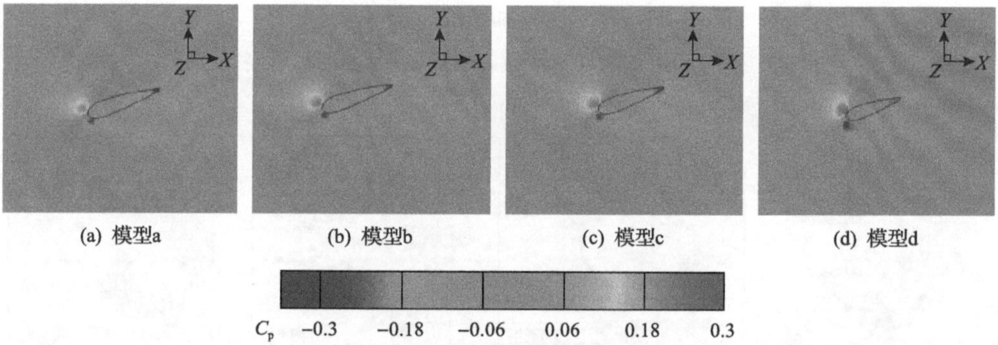

图 2.45　20°攻角滑翔时 y/SL=0.62 剖面压力云图(彩图请扫封底二维码)

图 2.46 为四个模型在 20°攻角滑翔时的涡结构图，其中右下方的云图为 y/SL=0.21 剖面(*A*—*A* 剖面)处的展向涡涡量云图。首先从尾流场的三维涡结构可以看出，大攻角滑翔状态下，蝠鲼尾流场中主要存在三种涡结构，包括在鳍尖附近的鳍尖涡、位于模型后方的涡环(vortex ring, VR)以及涡环下方的零碎涡。鳍尖涡 T 随着上挑变形程度的增加，长度不断增加，从图中可以看出模型 a 中的鳍尖涡 T 与位于胸鳍内侧的涡结合在一起，而模型 d 中的鳍尖涡拖出一条较长的尾迹；尾流场中的涡环结构具有逆时针的方向，位于后方的涡环 VR2 嵌套在前方涡环 VR1 内侧，随着上挑变形程度的增加，涡环沿 *Y* 方向的宽度变窄，沿 *X* 方向的长度逐渐增长，以 *A*—*A* 剖面作为参考面可以看出，模型 a 的涡环位于剖面 *A*—*A* 的外侧，而模型 d 的涡环则正好位于 *A*—*A* 剖面处；位于涡环下方的零碎涡，随着上挑变形程度的增加，越来越远离涡环结构，模型 a 的零碎涡主要位于涡环的正下方，并且从侧视图中可以看出，其在 *Z* 方向距离涡环较近，形成若干个小的闭环结构嵌套在涡环中，随着上挑变形程度的增加，零碎涡逐渐向展向外侧以及 *Z* 方向远

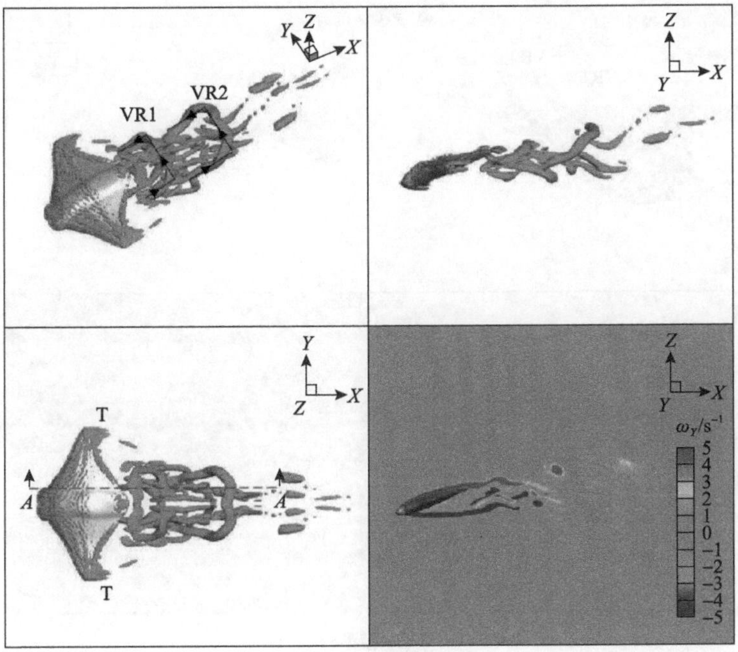
Y
Z
X
VR1
VR2
T
A
A
T
ω_Y/s^{-1}
5
4
3
2
1
0
−1
−2
−3
−4
−5

(a) 模型a

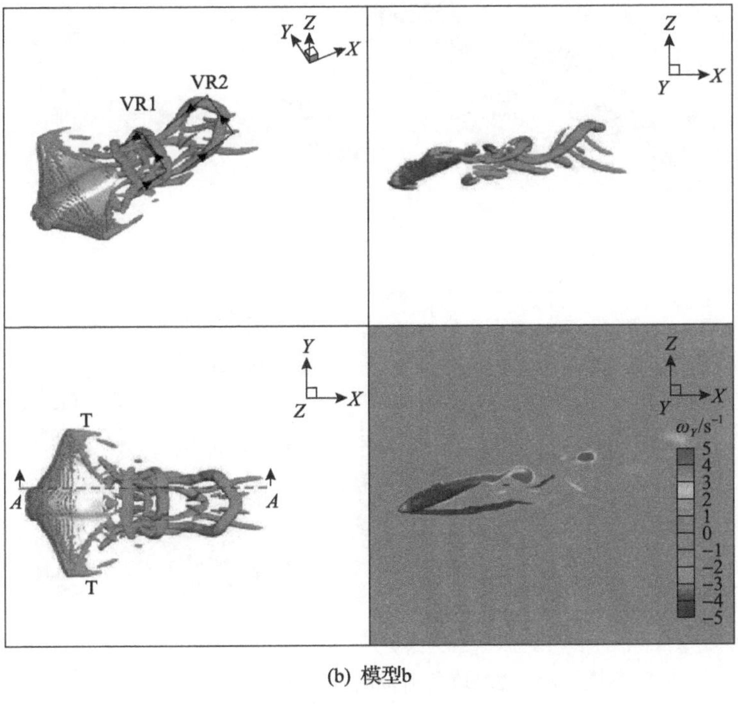
Y
Z
X
VR1
VR2
T
A
A
T
ω_Y/s^{-1}
5
4
3
2
1
0
−1
−2
−3
−4
−5

(b) 模型b

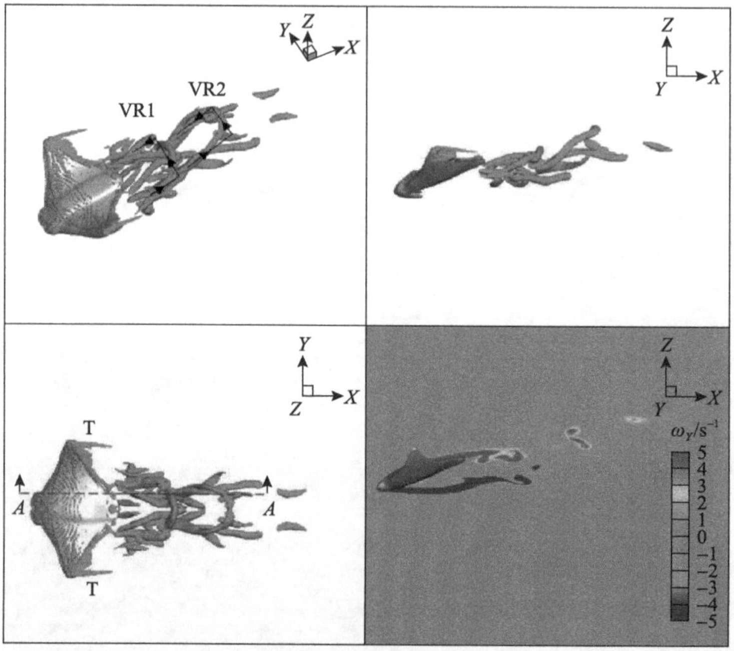

(c) 模型c

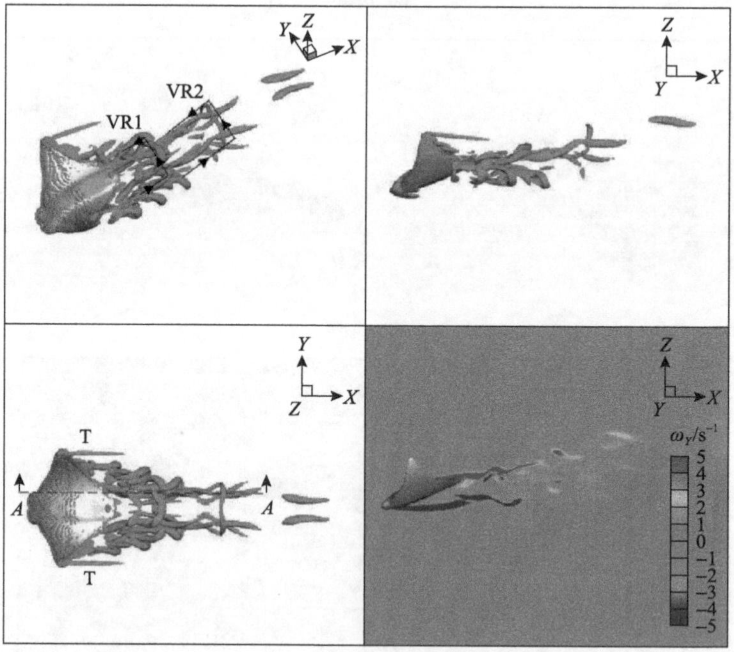

(d) 模型d

图 2.46　20°攻角滑翔时的涡等值面图(Q=5)

离涡环的位置发展。从模型 d 中的俯视图可以看出，零碎涡已基本全部位于涡环 VR1 的外侧，并且从侧视图中可以观测到零碎涡不再嵌套在 VR1 内，而是与 VR1 产生分离，从展向涡涡量云图中也可以看出，上挑变形程度较小时，上下方的展向涡发生强烈干扰，其涡的长度也较小，而随着上挑变形程度的增加，上下涡的间距逐渐增大。

2.7 本章小结

本章对牛鼻鲼的生物学特性进行了仿真分析：定量分析了牛鼻鲼前游姿态，得出胸鳍摆动运动是具有时间非对称性特征、空间非对称性特征的类正弦运动；定性分析了偏航姿态，主要包含基于两侧胸鳍不同摆动振幅的偏航模式和两侧胸鳍不同相位差的偏航模式；分析了俯仰姿态，主要包含基于尾鳍俯仰模式、基于胸鳍俯仰模式和基于胸鳍与尾鳍的俯仰模式；最后，分析了滑翔姿态，牛鼻鲼通过维持胸鳍上摆姿态实现滑翔，通过改变两侧胸鳍不同的摆动角度实现滑翔转弯。

本章还对 IBM 及 SGKS 的相关理论公式进行了详细推导，针对显式求解条件下线性方程组的求解方法进行了探讨，对原求解器中存在的内部质量效应以及欧拉点搜索策略进行了改进；对计算方案的网格无关性以及时间步无关性进行了研究，得到了一套适用于牛鼻鲼水动力研究的数值方案。在此基础上，对牛鼻鲼主动推进状态下的受力以及流场的演化过程进行了详细分析，从时间推进的角度得到主动推进状态下的水动力特性规律，随后针对展向柔性变形、弦向柔性变形、频率及振幅变化等变形参数对水动力的影响进行了系统性的研究，并以此来解释真实牛鼻鲼一些特有的胸鳍变形现象。建立了四种不同胸鳍上挑变形程度的模型，并对其在不同攻角下的水动力性能进行了计算及分析，揭示了牛鼻鲼滑翔状态下这种特殊胸鳍变形状态的水动力机理。

参考文献

[1] Breder C. The locomotion of fishes[J]. Zoologia, 1926, 4: 159-297.

[2] Guo Z L, Liu H W, Luo L S, et al. A comparative study of the LBE and GKS methods for 2D near incompressible laminar flows[J]. Journal of Computational Physics, 2008, 227(10): 4955-4976.

[3] Yang L M, Shu C, Yang W M, et al. An immersed boundary-simplified sphere function-based gas kinetic scheme for simulation of 3D incompressible flows[J]. Physics of Fluids, 2017, 29(8): 083605.

[4] Yang L M, Shu C, Wang Y, et al. Development of discrete gas kinetic scheme for simulation of 3D viscous incompressible and compressible flows[J]. Journal of Computational Physics, 2016, 319: 129-144.

[5] Wu J, Shu C. Implicit velocity correction-based immersed boundary-lattice Boltzmann method and its applications[J]. Journal of Computational Physics, 2009, 228(6): 1963-1979.

[6] Li T B, Wang P, Sun B, et al. A shape optimization design method of the joined-wing underwater glider[J]. Harbin Gongye Daxue Xuebao/Journal of Harbin Institute of Technology, 2019, 51(4): 26-32.

[7] Bozkurttas M, Mittal R, Dong H, et al. Low-dimensional models and performance scaling of a highly deformable fish pectoral fin[J]. Journal of Fluid Mechanics, 2009, 631: 311-342.

[8] Anderson J M, Streitlien K, Barrett D S, et al. Oscillating foils of high propulsive efficiency[J]. Journal of Fluid Mechanics, 1998, 360: 41-72.

[9] Zhang D, Pan G, Chao L M, et al. Effects of Reynolds number and thickness on an undulatory self-propelled foil[J]. Physics of Fluids, 2018, 30(7): 1-16.

[10] Tian F B, Dai H, Luo H X, et al. Fluid-structure interaction involving large deformations: 3D simulations and applications to biological systems[J]. Journal of Computational Physics, 2014, 258: 451-469.

[11] 孙春亚. 翼身融合水下滑翔机外形设计与运动分析[D]. 西安: 西北工业大学, 2017.

第3章　仿生胸鳍结构设计

3.1　引　　言

仿生胸鳍作为仿蝠鲼潜水器的主要推进装置，其性能优劣直接影响潜水器的运动性能，考虑到生物胸鳍结构较为复杂，很难进行工程实现，本章对仿生胸鳍的结构进行适当简化，将仿生胸鳍的功能实现分解为主动驱动机构和被动变形鳍面两部分。本章也主要围绕潜水器胸鳍驱动结构与鳍面结构设计展开，重点介绍双驱动多连杆结构、多驱动并联结构两种驱动方案设计，并进行驱动机构的运动学分析，为后续潜水器动力学建模奠定基础。在鳍面结构设计方面，主要分析鳍板结构和材料属性对鳍板柔性分布与变形情况的影响。

3.2　双驱动多连杆结构设计

生物形态学分析表明，采用MPF推进方式推进的生物的胸鳍在展向和弦向的柔性是非均匀分布的，胸鳍前缘的柔性弱于胸鳍后缘的柔性，胸鳍柔性分布呈现由头部到尾部、由躯干到翼尖逐渐增强的规律。通过对牛鼻鲼的运动学分析，发现其在运动时的姿态主要受胸鳍控制，而且胸鳍在扑动时存在展向变形和弦向变形，在扑动前游状态下，胸鳍前缘的运动总是领先于胸鳍后缘。本节的主要研究内容是在借鉴生物学的研究成果基础上，结合本书第2章中对MPF推进方式鱼类运动学的分析结果，设计一种形态学和运动学相似的仿生胸鳍扑动机构。

3.2.1　方案概述

胸鳍是MPF推进方式鱼类在巡游和机动时的主要动力来源，因此仿蝠鲼潜水器设计的核心就是仿生胸鳍的设计。仿生胸鳍设计的灵感来源于蝠鲼等生物的胸鳍骨骼结构和运动形式。需要实现的基本功能如下：通过仿生胸鳍的往复摆动，利用其主动变形以及与流体相互作用导致的被动变形，产生运动时所需的升力、推力、侧向力等，实现仿生潜水器的空间运动；通过改变仿生胸鳍的振幅、频率、相位差等参数进而改变受力的大小和方向，赋予仿生潜水器一定的机动能力。

根据已有的对胸鳍推进鱼类的生物学研究，牛鼻鲼等生物的胸鳍主要由软骨辐条、表皮、腹部展肌和背部展肌组成，腹部展肌和背部展肌共同驱动软骨辐条运动，软骨辐条带动表皮组织发生弹性变形，表皮与周围流场作用，其中表皮既有软骨辐条驱动引起的主动变形，也有与流场发生作用时产生的被动变形。因此，胸鳍在运动过程中存在大变形流固耦合现象。根据胸鳍的骨骼结构和运动过程，以结构相似为原则，对胸鳍模型进行一定的简化，使用碳纤维骨架支撑代表生物内部的胸鳍软骨辐条，使用透水柔性蒙皮代表胸鳍的表皮组织。

3.2.2 胸鳍机构原理设计

为了实现胸鳍扑动过程中同时存在的展向运动和弦向运动，本节提出一种二自由度的空间连杆机构，并以此为基础，设计满足运动要求的二自由度胸鳍摆旋机构。

图 3.1 为单侧胸鳍摆旋机构原理图，整个机构为空间 6 连杆机构，驱动杆 1 一端与舵机 1 的输出轴固连，另一端与构件 2 构成沿展向的圆柱副，构件 2 可以绕驱动杆 1 自由转动，同时可以沿驱动杆 1 的长度方向进行伸缩运动。构件 2 和构件 3 同样构成圆柱副，使得构件 2 和构件 3 可以自由地相互转动并实现一定的伸缩运动。构件 3 和构件 4 通过旋转副连接，两者可相对转动。构件 4 和驱动杆 5 之间通过旋转副连接，构件 4 可以绕驱动杆 5 自由转动。驱动杆 5 的另一端与舵机 2 的输出轴固连。舵机 1 和舵机 2 两者位置是固定的，均安装在躯干的一侧。两侧胸鳍机构原理相同，呈镜像关系。其中，A 和 B 分别代表摆旋机构两个驱动杆的末端点。

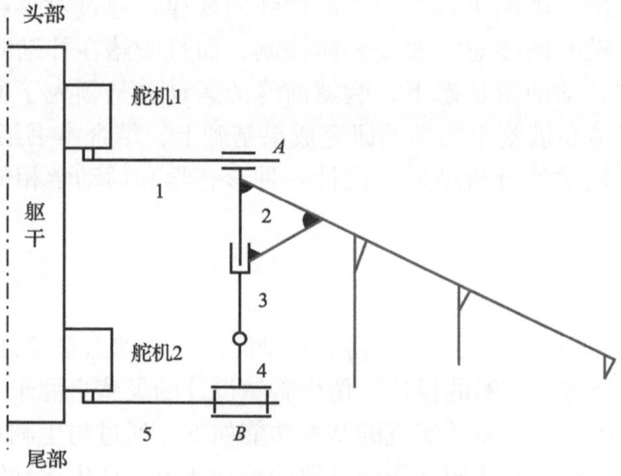

图 3.1　二自由度摆旋机构原理图

3.2.3 摆旋机构几何关系分析

经过上述分析，可知整个机构包含的活动构件数为 5，包含 2 个圆柱副（Ⅳ级副）和 4 个旋转副（V级副），根据空间机构自由度计算公式，空间机构中各自由构件的自由度为 6，所具有运动副的类型为Ⅰ～Ⅴ级副，其所提供的约束数目分别为 1～5。若空间机构共有 n 个活动构件、P_1 个Ⅰ级副、P_2 个Ⅱ级副、P_3 个Ⅲ级副、P_4 个Ⅳ级副和 P_5 个Ⅴ级副，则空间机构的自由度 F 可表示为

$$F = 6n - \left(5P_5 + 4P_4 + 3P_3 + 2P_2 + P_1\right) = 6n - \sum_{i=1}^{5} iP_i = 2 \tag{3.1}$$

式中，i 为第 i 级运动副。

由机构具有确定运动时所需满足的条件可知，当给定的独立运动参数数目与机构自由度相等时，机构具有确定的运动。经式(3.1)计算得到的摆旋机构空间自由度为 2，因此当给定的独立运动参数的数目为 2 时，整个空间摆旋机构具有确定的运动，每个构件的运动和位置是确定的。两组独立的运动参数由舵机 1 和舵机 2 给出。

以胸鳍做下扑运动时为例，在 t=0 时刻，胸鳍开始运动，经过时间 t 后，达到如图 3.2 所示的状态，驱动杆 1 偏离展向中心平面的角度为 α_1，驱动杆 5 偏离展向中心平面的角度为 α_2，且有 $\alpha_1 > \alpha_2$。构件 2 和驱动杆 1 的交点 A 不是固定点，而是随时间沿着驱动杆 1 的方向逐渐变化，同样可知构件 2、构件 3 和构件 4 在一条直线上但整体长度也随着时间逐渐变化。构件 4 与驱动杆 5 的交点 B 的位置相对两者是固定的，即在初始状态时，驱动杆 1 的长度 l_{bA} 为 r_1，驱动杆 5 的长度 l_{eB} 为 r_2，r_1 的大小会随着时间变化，但是 r_2 一直保持原数值不变。

$$\frac{l_{ab}}{\sin(\alpha_1 - \alpha_2)} = \frac{l_{bc}}{\sin\alpha_2} = \frac{l_{ac}}{\sin(\pi - \alpha_1)} \tag{3.2}$$

已知 $l_{ab} = D$，则可求得

$$l_{bc} = D\frac{\sin\alpha_2}{\sin(\alpha_1 - \alpha_2)}, \quad l_{ac} = D\frac{\sin\alpha_1}{\sin(\alpha_1 - \alpha_2)} \tag{3.3}$$

又已知 $l_{eB} = l_{ad} = r_2$，可求得

$$l_{cd} = l_{ad} - l_{ac} = r_2 - D\frac{\sin\alpha_1}{\sin(\alpha_1 - \alpha_2)} \tag{3.4}$$

$$\frac{l_{cd}}{\sin\frac{\pi}{2}} = \frac{l_{Ac}}{\sin\left(\frac{\pi}{2} - \alpha_1 + \alpha_2\right)} = \frac{l_{Ad}}{\sin(\alpha_1 - \alpha_2)} \tag{3.5}$$

由式(3.4)和式(3.5)可求得

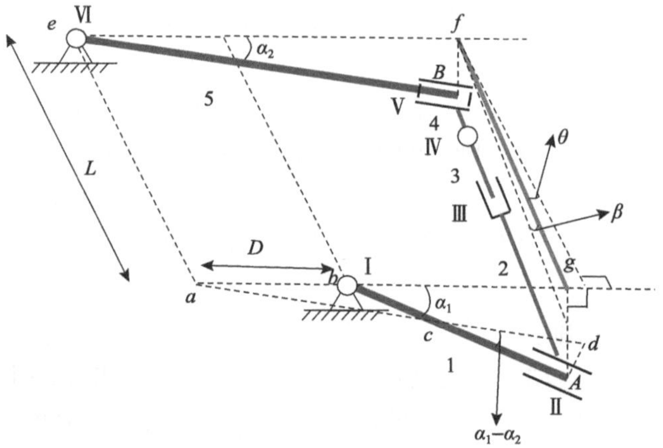

图 3.2　摆旋机构几何关系

$$
\begin{aligned}
l_{Ac} &= l_{cd}\cos(\alpha_2-\alpha_1) = \left(r_2 - D\frac{\sin\alpha_1}{\sin(\alpha_1-\alpha_2)}\right)\cos(\alpha_2-\alpha_1) \\
l_{Ad} &= l_{cd}\sin(\alpha_1-\alpha_2) = \left(r_2 - D\frac{\sin\alpha_1}{\sin(\alpha_1-\alpha_2)}\right)\sin(\alpha_1-\alpha_2)
\end{aligned}
\tag{3.6}
$$

则可求得任意时刻 l_{bA} 的长度为

$$
l_{bA} = l_{bc} + l_{Ac} = D\frac{\sin\alpha_2}{\sin(\alpha_1-\alpha_2)} + \left(r_2 - D\frac{\sin\alpha_1}{\sin(\alpha_1-\alpha_2)}\right)\cos(\alpha_2-\alpha_1) \tag{3.7}
$$

由图 3.2 可知：

$$
l_{Ag} = l_{bA}\sin\alpha_1 = \left[D\frac{\sin\alpha_2}{\sin(\alpha_1-\alpha_2)} + \left(r_2 - D\frac{\sin\alpha_1}{\sin(\alpha_1-\alpha_2)}\right)\cos(\alpha_2-\alpha_1)\right]\sin\alpha_1 \tag{3.8}
$$

$$
l_{fB} = l_{eB}\sin\alpha_2 = r_2\sin\alpha_2 \tag{3.9}
$$

θ 为构件 2、构件 3 和构件 4 构成的 l_{AB} 在展向中心平面的投影长度 l_{fg} 与弦长方向的夹角，反映胸鳍在展长方向的旋转角度。

$$
\begin{aligned}
\tan\theta &= \frac{l_{bA} - l_{bg}}{L} = \frac{l_{bA}(1-\cos\alpha_1)}{L} \\
&= \frac{D(1-\cos\alpha_1)\left(\sin\alpha_2 - \sin\alpha_1\cos(\alpha_2-\alpha_1)\right) + r_2\cos(\alpha_2-\alpha_1)}{L\sin(\alpha_1-\alpha_2)}
\end{aligned}
\tag{3.10}
$$

$$
\theta = \arctan\left[\frac{D(\cos\alpha_1 - \cos^2\alpha_1)\sin(\alpha_2-\alpha_1) + r_2\cos(\alpha_2-\alpha_1)}{L\sin(\alpha_1-\alpha_2)}\right] \tag{3.11}
$$

因此，可求得构件 2、构件 3 和构件 4 在展向中心平面的投影长度 $l_{fg}=L/\cos\theta$。进一步可求得 l_{AB} 在展向中心平面的投影长度 l_{fg} 与展向中心平面的夹角 β：

$$\begin{aligned}\tan\beta &= \left(l_{Ag}-l_{fB}\right)/l_{fg} \\ &= \frac{\left(D\sin\alpha_1\cos\theta-r_2\cos\theta\sin(\alpha_1-\alpha_2)\right)\left(\sin\alpha_2-\sin\alpha_1\cos(\alpha_2-\alpha_1)\right)}{L\sin(\alpha_1-\alpha_2)}\end{aligned} \tag{3.12}$$

$$\beta=\arctan\left(\frac{r_2\cos\theta\cos\alpha_1\sin(\alpha_1-\alpha_2)-D\sin\alpha_1\cos\alpha_1\cos\theta}{L}\right) \tag{3.13}$$

进一步可求得 l_{AB} 的长度为

$$l_{AB}=\frac{l_{fg}}{\cos\beta}=\frac{L}{\cos\theta\cos\beta} \tag{3.14}$$

当经过时间 t 后，驱动杆 1 和驱动杆 5 的运动使得构件 2、构件 3 和构件 4 在 YOZ 平面的投影重合为一点，如图 3.3 所示，可知此时驱动杆末端的 A'、B' 两点连线垂直于 YOZ 平面。r_1、r_2 为在初始时刻驱动杆的长度，经过时间 t 后，r_2 的大小不变，r_1 大小变为 r_1'，则此时角 α_1、α_2 的关系为

$$\frac{D}{\sin(\alpha_1-\alpha_2)}=\frac{r_2}{\sin\alpha_1} \tag{3.15}$$

r_1' 的大小可表示为

$$r_1'=\frac{r_2\sin\alpha_2}{\sin\alpha_1}=\frac{D\sin\alpha_2}{\sin(\alpha_1-\alpha_1)} \tag{3.16}$$

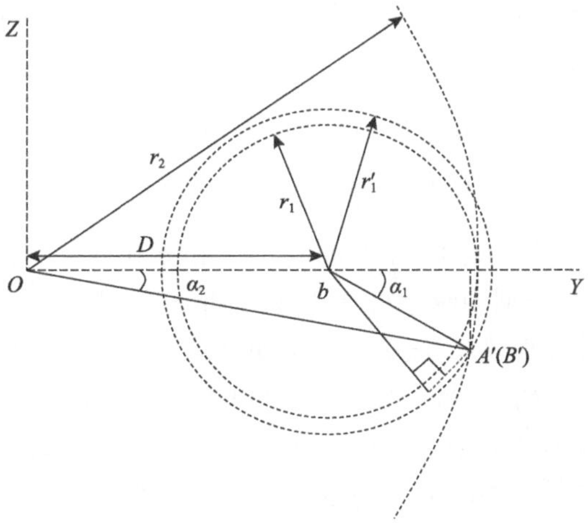

图 3.3　t 时刻 A'、B' 两点连线垂直于 YOZ 平面

若经过时间 t'' 后，驱动杆 1 和驱动杆 5 的末端点连线与 YOZ 平面不垂直，则其在 YOZ 平面的投影 A'' 、B'' 如图 3.4 所示，此时有 $A''B'' \perp bA''$ ，r_2 的大小不变，r_1 大小变为 r_1'' 。此时，r_1'' 的大小可表示为

$$r_1'' = r_2 \cos(\alpha_2 - \alpha_1) - D\cos\alpha_1 \tag{3.17}$$

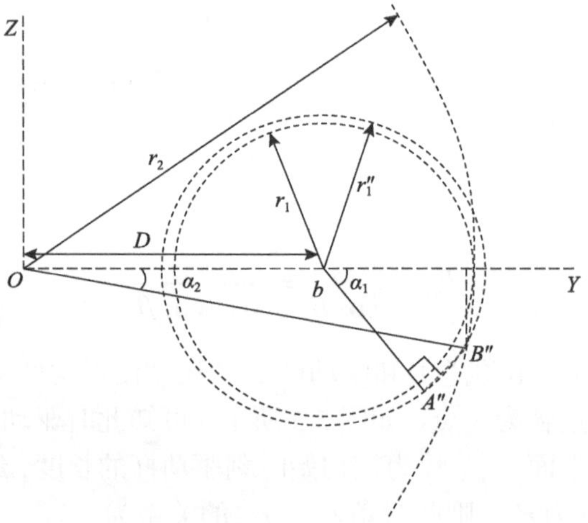

图 3.4　t'' 时刻 A'' 、B'' 在 YOZ 平面的投影

3.2.4 摆旋机构运动分析

经过以上分析，已经得到了胸鳍扑动机构中长度变化关系和角度变化关系。已知的参数有两驱动杆旋转中心的弦向距离 L，两驱动杆旋转中心的展向距离 D，构件 2 的长度 r_2 ，两驱动杆的旋转角 α_1 和 α_2 是随时间变化的函数，蝠鲼的胸鳍扑动可以近似为关于展向中心平面对称的正弦运动[1]，因此两个舵机的运动控制方程可以表示为

$$\begin{cases} \alpha_1(t) = A_1 \sin(\omega_1 t + \Delta\varphi) + \delta_1 \\ \alpha_2(t) = A_2 \sin\omega_2 t + \delta_2 \end{cases} \tag{3.18}$$

式中，$\alpha_1(t)$ 和 $\alpha_2(t)$ 分别为某时刻 t 时驱动杆 1 和驱动杆 5 所在平面偏离展向中心平面的角度；A_1 和 A_2 分别为驱动杆 1 和驱动杆 5 的最大振幅；ω_1、ω_2 为两驱动杆的转动角速度，其大小等于 $2\pi f$, f 为驱动杆运动频率，一般两个驱动杆的运动频率相同，故 $\omega_1=\omega_2$；$\Delta\varphi$ 为两个驱动杆之间的运动相位差；δ_1、δ_2 为两驱动杆所在平面在初始时刻偏离展向中心平面的角度。本节主要考虑的是胸鳍关于展向中心平面对称摆动的情况，因此 δ_1、δ_2 在实际过程中均设为零。胸鳍在一个周期内的运动状态如图 3.5 所示。

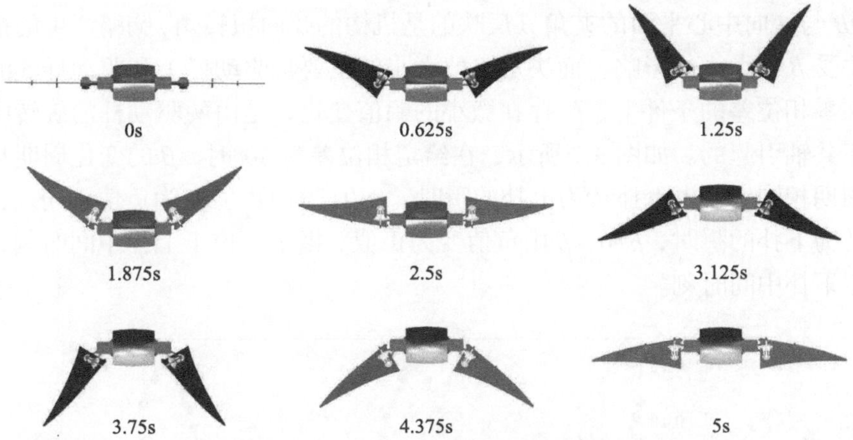

图 3.5　一个周期内胸鳍的运动状态

将前面分析得到的能够反映机构运动形态的变量作为研究对象，对机构的其中一种运动状态进行举例说明：设初始状态时，L=315mm，D=80mm，r_2=185mm，设定角速度 $\omega = 2\pi f = 0.1256\text{rad/s}$，即频率 f=0.2Hz，则扑动周期 T=5s，相位差 $\Delta\varphi$=0°，$\delta_1 = \delta_2 = 0$。驱动杆 1 的扑动范围为±45°，驱动杆 5 的扑动范围为±30°，选取采样频率为 10Hz。

此时驱动杆 1 与构件 2 的交点到驱动杆 1 旋转中心的长度 r_1 的变化规律如图 3.6 所示，在 t=0 时，驱动杆的起始长度为 105mm，在一个扑动周期内，r_1 的长度随时间呈现正弦变化规律，其长度变化周期为扑动周期的 1/2，这是因为在一个扑动周期内存在上扑和下扑两段行程，二者方向相反但相对于展向中心平面对称呈镜像关系，且可知在初始状态时的 r_1 在整个运动过程中是最小的。

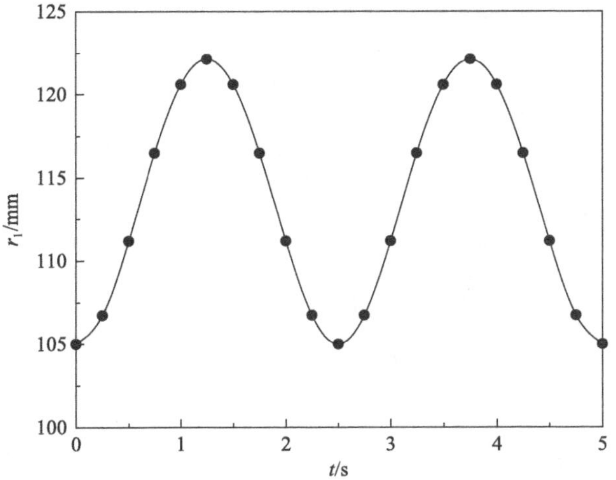

图 3.6　长度 r_1 随时间 t 的变化关系

AB 与展向中心平面的夹角 β 反映的是机构的弦向扭转角，胸鳍产生的推力大小主要受 β 值大小的影响。而决定 β 值大小的主要是驱动杆 1 和驱动杆 5 的相位差，在零相位差的条件下，β 存在微小的幅值变化，是由两驱动杆的旋转中心平行但不共轴引起的。如图 3.7 所示，在给定相位差为 30°时，β 的变化周期与机构运动周期相同。在由下扑转为上扑的瞬时，β=0，β 由正值变为负值；同理，在由上扑转为下扑的瞬时，β=0，β 由负值变为正值。极小值位于上扑中间时刻，极大值位于下扑中间时刻。

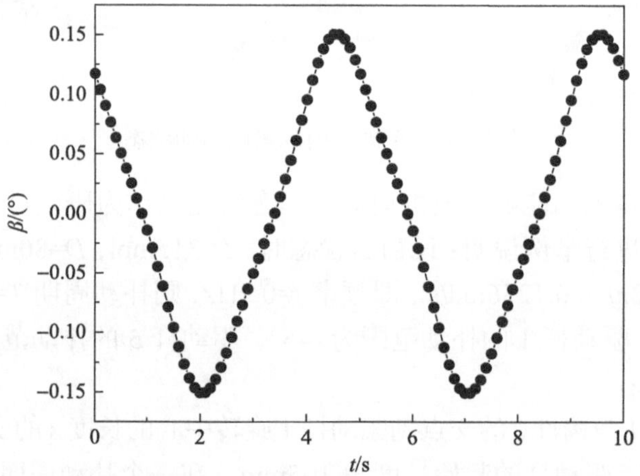

图 3.7　扑翼构件与展向中心平面夹角 β 随时间 t 的变化关系

由图 3.8 可知，θ 角存在较大的跳变，此时扑翼机构由下扑转为上扑，反映扑翼在展长方向上发生扭转变化。该过程中两驱动杆末端的幅值差由正变负，上

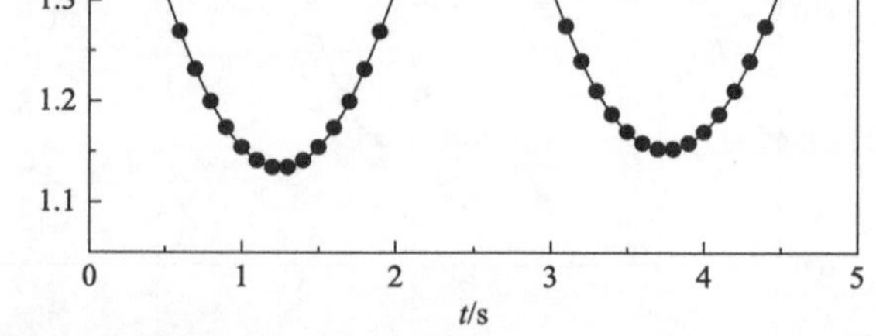

图 3.8　扑翼构件与 XOZ 平面夹角 θ 随时间 t 的变化关系

扑过程可以看成下扑的逆过程。因此，θ 角仅是方向发生突变，但其数值大小仍具有较好的连续性。真实生物在扑动过程中也同样存在展向旋转运动，本机构也较好地实现了展向旋转运动的周期性变化。

图 3.9 为 A、B 两点的长度随时间的变化关系。由图 3.9 可知，A、B 两点的长度反映了机构弦长方向的变形情况，其长度变化周期为完整周期的 1/2。因两驱动杆的相位差为零，此时的长度变化量 Δl_{AB} 较小。虽然两驱动杆初始相位差为零，但由于存在结构因素，两驱动杆在实际运动时会存在一个不断变化的相位差，当相位差处于最大状态时，Δl_{AB} 达到最大值。

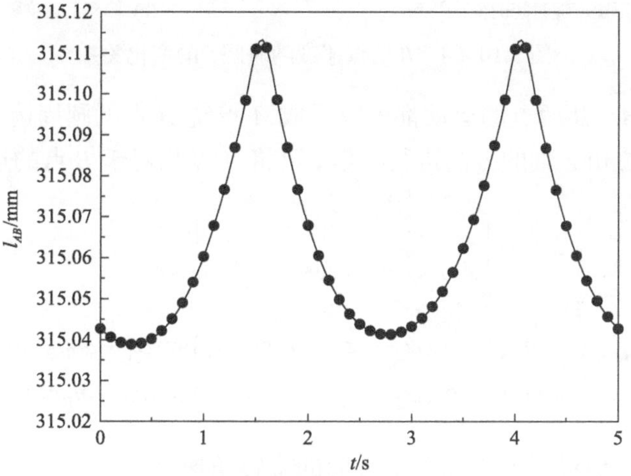

图 3.9　A、B 两点的长度 l_{AB} 随时间 t 的变化关系

由于角速度和 A 点、B 点的运动变化已知，则 A 点和 B 点的线速度分别表示为

$$
\begin{aligned}
V_A &= \omega_A r_1'' = \omega_A \left(r_2 \cos(\alpha_2 - \alpha_1) - D\cos\alpha_1\right) \\
V_B &= \omega_B r_2
\end{aligned}
\tag{3.19}
$$

A 点速度变化如图 3.10(a)所示，其速度变化周期为扑动周期的 1/2，变化趋势与 r_1 具有较好的对应关系。在扑动极限位置的速度达到最大，水平位置的速度最小。因为 B 点的角速度和运动半径在运动过程中均不变，所以其线速度是固定值。当驱动杆 1 和驱动杆 5 的角速度相同时，B 点的线速度始终大于 A 点，这与真实生物的运动是相反的，所以在胸鳍机构的实际运动中，要求驱动杆 1 的振幅大于驱动杆 5 的振幅，并且要适当增大驱动杆 1 的角速度，这样才能避免出现 B 点速度始终大于 A 点的情况，修正后的速度关系如图 3.10(b)所示。

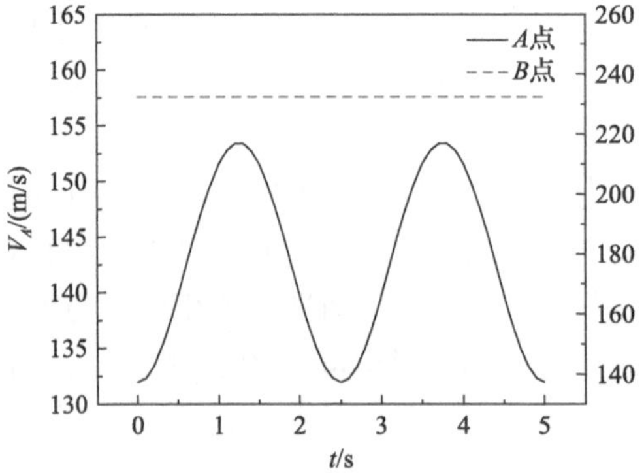

(a) 未修正速度随时间的变化关系

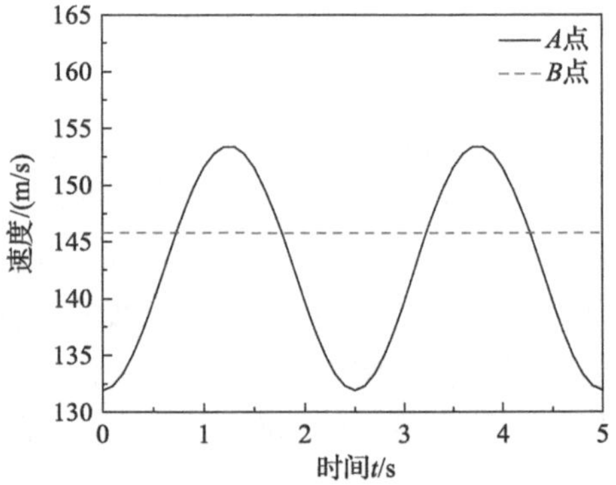

(b) 修正后速度随时间的变化关系

图 3.10　A、B 两点速度随时间 t 的变化关系

任意时刻 A、B 两点的运动都可以看成 A 点绕 B 点的圆周运动，将 A、B 两点的速度在 Y 轴和 Z 轴的方向进行分解，可将 A 点相对于 B 点的运动速度表示为

$$\begin{cases} V_{AY\text{-}BY} = V_A \sin\alpha_1 - V_B \sin\alpha_2 \\ V_{AZ\text{-}BZ} = V_A \cos\alpha_1 - V_B \cos\alpha_2 \end{cases} \tag{3.20}$$

$$\begin{cases} V_{AY\text{-}BY} = \omega_A \left(r_2 \cos(\alpha_2 - \alpha_1) - D\cos\alpha_1\right)\sin\alpha_1 - \omega_B r_2 \sin\alpha_2 \\ V_{AZ\text{-}BZ} = \omega_A \left(r_2 \cos(\alpha_2 - \alpha_1) - D\cos\alpha_1\right)\cos\alpha_1 - \omega_B r_2 \cos\alpha_2 \end{cases} \tag{3.21}$$

进而可求得 A 点相对于 B 点在两个方向的旋转角速度：

$$\begin{cases} \omega_{AY\text{-}BY} = \dfrac{V_{AY\text{-}BY}}{l_{fg}} \\ \omega_{AZ\text{-}BZ} = \dfrac{V_{AZ\text{-}BZ}}{l_{fg}} \end{cases} \tag{3.22}$$

$$\begin{cases} \omega_{AY\text{-}BY} = \dfrac{\left[\omega_A \left(r_2 \cos(\alpha_2 - \alpha_1) - D\cos\alpha_1\right)\sin\alpha_1 - \omega_B r_2 \sin\alpha_2\right]\cos\theta}{L} \\ \omega_{AZ\text{-}BZ} = \dfrac{\left[\omega_A \left(r_2 \cos(\alpha_2 - \alpha_1) - D\cos\alpha_1\right)\cos\alpha_1 - \omega_B r_2 \cos\alpha_2\right]\cos\theta}{L} \end{cases} \tag{3.23}$$

式中，$\omega_{AY\text{-}BY}$ 反映的是 AB 与纵平面夹角 θ 的角速度，可表示为 ω_θ；$\omega_{AZ\text{-}BZ}$ 反映的是 AB 与展向中心平面夹角 β 的角速度，可表示为 ω_β。拍动角 φ、ω_θ、ω_β 随时间的变化规律如图 3.11 所示。从图中可以看出，φ 的变化周期等于机构的运动周期 T，ω_θ 的变化周期为 T，ω_β 的变化周期为 $T/2$。两个角速度产生这种差异的

原因在于，胸鳍在一个周期内相对于纵平面只能完成一次往复运动，而相对于展向中心平面的扭转运动可以完成两次，包括下扑和上扑两个过程。

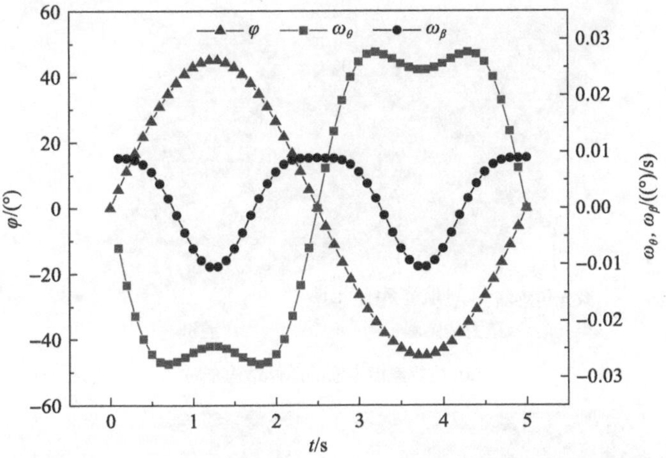

图 3.11　拍动角 φ 和角速度 ω_θ 、ω_β 随时间 t 的变化规律

3.3　多驱动并联结构设计

3.3.1　方案概述

由第 2 章的蝠鲼运动学分析可知，蝠鲼的姿态主要受胸鳍和尾鳍控制，其中胸鳍的摆动呈现类正弦运动特征和以相位差表达的波动传递特征。此外，由 Justin 和 Adam 的研究成果可知，胸鳍推进方式的鱼类的胸鳍骨架由多根鳍条组成，每根鳍条沿胸鳍展向呈辐射状伸展，沿弦向依次排列，如图 3.12 所示。胸鳍鳍条由一段段鳍骨通过关节连接而成，沿展向的鳍骨柔性逐渐变大，从而形成胸鳍摆动展向弯曲。此外，沿弦向鳍条整体柔性增大，呈现出胸鳍中前部柔性小、后部柔性大的特征。本节借鉴运动学分析结果和结构解剖学的研究成果，设计了具备形态学和运动学仿生的仿生胸鳍结构。

为了使仿蝠鲼潜水器能够实现胸鳍摆动推进方式鱼类的多种运动姿态，本节构建了一种可实现胸鳍波动传递运动的仿生柔性胸鳍结构方案。基于机械结构的可行性，本方案采用三鳍条胸鳍结构，如图 3.13 所示。三根鳍条分别由不同长度的单级连杆构成，鳍条采用碳纤维材料，由于展向距离短，其柔性可以满足展向弯曲拟合的需求，近似拟合牛鼻鲼胸鳍摆动的展向弯曲姿态。

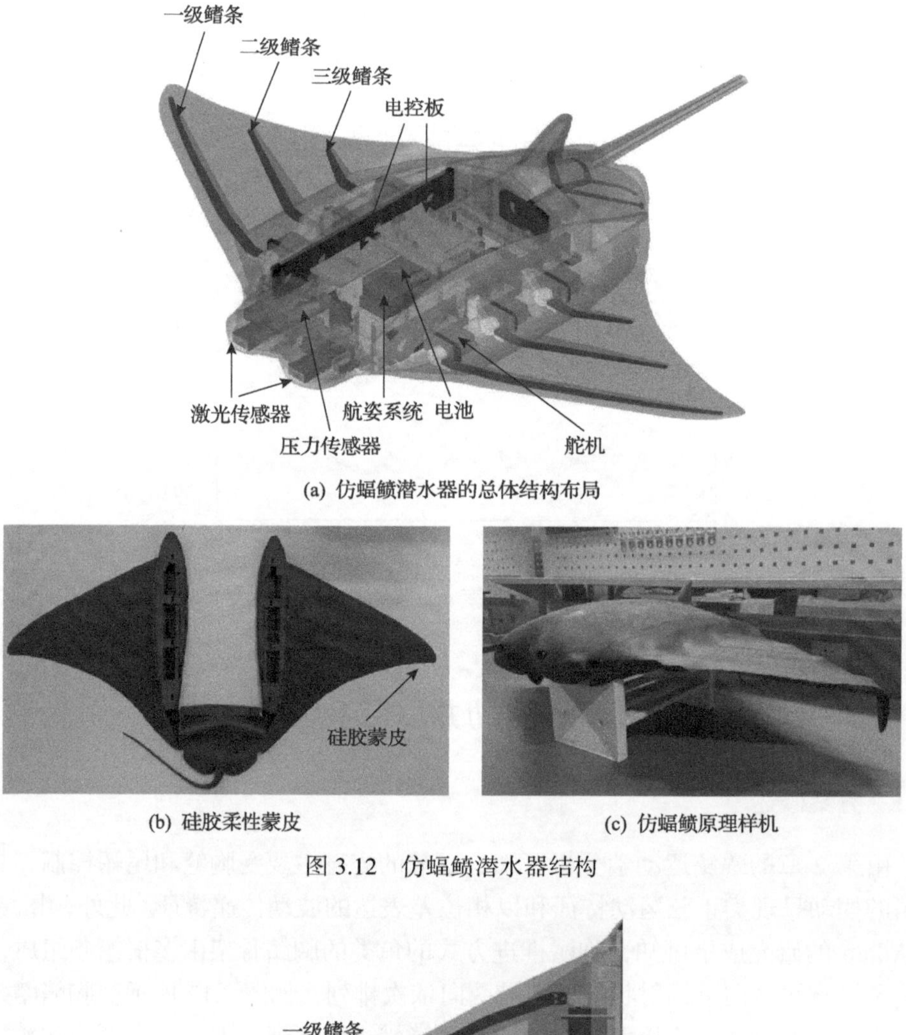

(a) 仿蝠鲼潜水器的总体结构布局

(b) 硅胶柔性蒙皮　　(c) 仿蝠鲼原理样机

图 3.12　仿蝠鲼潜水器结构

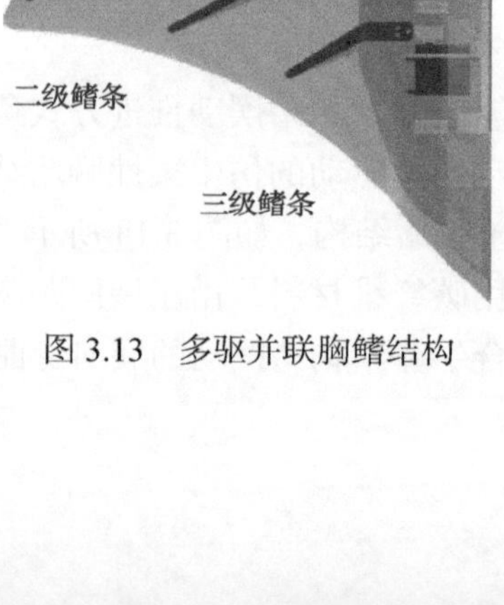

图 3.13　多驱并联胸鳍结构

3.3.2 胸鳍边缘运动形式

三根胸鳍鳍条沿 X 轴方向等距分布，鳍条 1、2、3 的尖端点 P_1'、P_2'、P_3' 分别对应控制蝠鲼胸鳍尖端 P_1、后缘 2/3 处 P_2、后缘 1/3 处 P_3 的位移，如图 3.14 所示。三根鳍条上下摆动为周期信号，信号之间存在相位差，从而形成胸鳍上波动的传递。为了使胸鳍能够更有效地传递弦向波动，鳍条间采用蒙皮弹性连接，可更有效地进行波动传递。

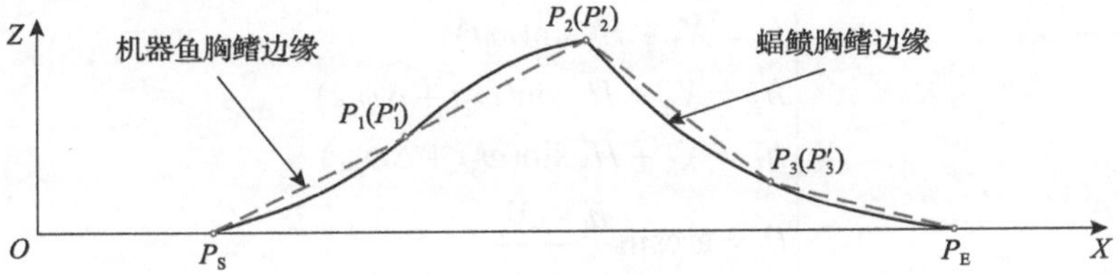

图 3.14 胸鳍边缘弦向波动拟合原理

3.3.3 驱动机构运动学分析

传统潜水器的主要动力来源为螺旋桨结构或重浮力系统等，而仿蝠鲼潜水器并没有这两个机构，它的主要动力来源为胸鳍结构。胸鳍扑动过程中存在复杂的波动传递，如图 3.15 所示，但可简略分解为沿弦向传递的推进波与沿展向传递的推进波，展向的波动体现为鳍条末端点的移动轨迹为类正弦波，弦向的波动体现为各级鳍条末端点移动轨迹的类正弦波之间的相位差。

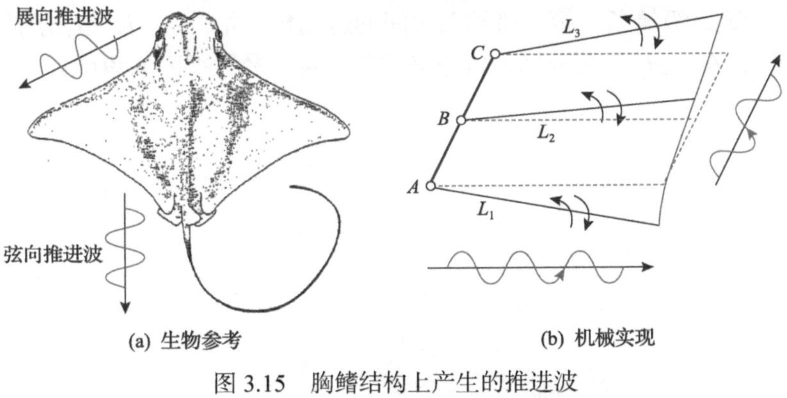

图 3.15 胸鳍结构上产生的推进波

仿蝠鲼潜水器的运动学需要模拟蝠鲼运动学分析的结果，即鳍条末端 Z 向位移需满足蝠鲼的运动学规律。鳍条末端位移由舵机输出的角度决定，因此首先需要确定舵机的输出角度与对应鳍条末端 Z 向位移的关系。

不同鳍条由单个舵机驱动，可实现这两个方向的波动传递。图 3.16 为单侧(左侧)胸鳍机构的原理图，整个机构分为三个舵机与三根鳍条，各舵机的位置是固定的，舵机 1 与一级鳍条通过转接件连接；舵机 2 与二级鳍条通过转接件连接；舵机 3 与三级鳍条通过转接件连接，即各级鳍条与对应舵机输出轴固连。左胸鳍与右胸鳍的机构原理一致，潜水器鳍条机构左右对称，因此分析一侧鳍条即可得到另一侧鳍条舵机转角与末端位移的关系，本节选择左侧鳍条进行分析，在不考虑被动柔性变形的情况下，可以将胸鳍的运动看成刚性摆动鳍条绕根部的转动运动。将根部舵机位置固定，鳍条运动可以表达为

$$\begin{cases} h_1 = X_1 + H_1\sin(\omega_1 t) \\ h_2 = X_2 + H_2\sin(\omega_2 t + \Delta\varphi_{12}) \\ h_3 = X_3 + H_3\sin(\omega_3 t + \Delta\varphi_{23}) \\ \theta_1 = \arcsin\dfrac{h_1 - X_1}{l_1} \\ \theta_2 = \arcsin\dfrac{h_2 - X_2}{l_2} \\ \theta_3 = \arcsin\dfrac{h_3 - X_3}{l_3} \end{cases} \tag{3.24}$$

式中，h_1、h_2、h_3 分别为第一、二、三级胸鳍鳍条尖端与基准平面之间的纵向距离；X_1、X_2、X_3 分别为第一、二、三级胸鳍鳍条尖端在 X 轴的后掠偏差；H_1、H_2、H_3 分别为第一、二、三级胸鳍鳍条尖端与基准平面之间的最大纵向距离；ω_1、ω_2、ω_3 分别为三根鳍条的转动角速度；$\Delta\varphi_{12}$ 为第一级鳍条与第二级鳍条之间的运动相位差；$\Delta\varphi_{23}$ 为第二级鳍条与第三级鳍条之间的运动相位差；l_1、l_2、l_3 分别为每一级鳍条的长度；θ_1、θ_2、θ_3 分别为每一级鳍条相对于参考平面的角度；t 为时间。

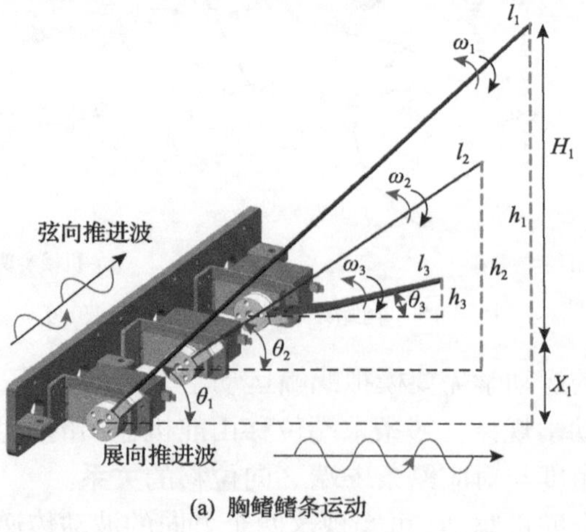

(a) 胸鳍鳍条运动

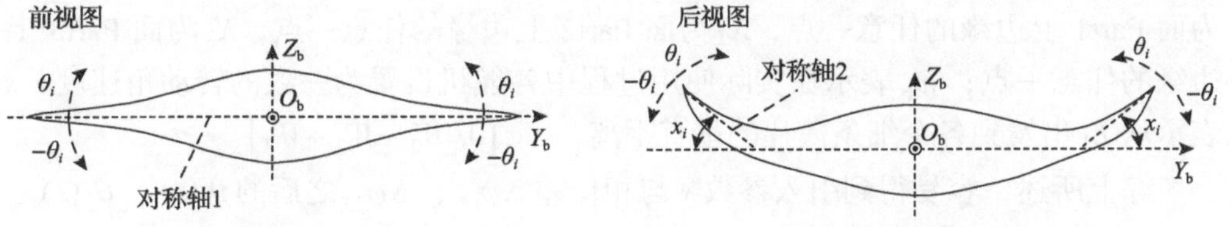

(b) 胸鳍对称运动　　(c) 胸鳍偏置运动

图 3.16　胸鳍运动学原理

对于柔性的胸鳍，在不同鳍条的拉扯与水流的作用下，存在不可避免的变形，且胸鳍在运动过程中与水流会产生复杂的相互作用，包括主动变形与被动变形，因此精确计算是十分困难的。为了方便描述胸鳍的运动状态，本节对其运动特征进行一定简化，假设如下：

(1) 忽略胸鳍沿鳍条方向的柔性变形，即展向柔性变形。

(2) 忽略胸鳍厚度的不均匀，将其视为厚度均匀的薄片，且无鳍条支撑的蒙皮与鳍条存在的蒙皮无差异。

(3) 将整个胸鳍面分割为无数个平行于鳍条的细条状薄片，认为薄片是不存在柔性变形的，薄片的宽度由切割的步长决定，长度由胸鳍的形状边缘确定。

(4) 假设相位差均匀地分布在相邻鳍条之间。

基于以上假设，胸鳍的运动状态描述可进一步拓展，具体如图 3.17 所示。图 3.17 中，W_1 为一级鳍条到二级鳍条沿弦向的长度，W_2 为二级鳍条到三级鳍条沿弦向的长度，W_3 为三级鳍条到胸鳍末端点的垂直长度，末端点与主体固连，不存在相对运动；一级鳍条与二级鳍条之间的胸鳍面称为 Part1，二级鳍条与三级鳍条之间的胸鳍面称为 Part2，三级鳍条与胸鳍末端点之间的胸鳍面称为 Part3；X_1

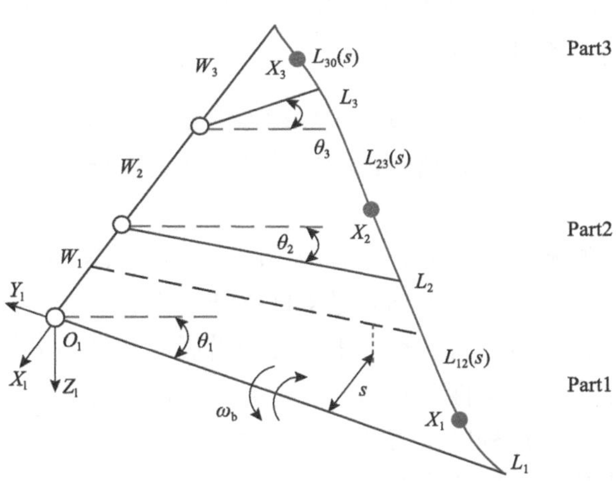

图 3.17　胸鳍运动学分析图

为面 Part1 上边缘的任意一点，X_2 为面 Part2 上边缘的任意一点，X_3 为面 Part3 上边缘的任意一点；ω_b 表示在实际使用过程中各舵机设置为一致的转动角速度；s 表示从 L_1 出发到各个细条薄片的垂直距离，$s \in [0,\ W_1 + W_2 + W_3]$。

综上所述，容易得到引入参数 s 与相位差 $\Delta\varphi_{12}$、$\Delta\varphi_{23}$ 之后的 $\theta_1(s)$、$\theta_2(s)$、$\theta_3(s)$ 的方程为

$$\begin{cases} \theta_1(s) = A_{z1,1} \sin\left[\omega_{b,1}\left(t - \dfrac{s}{W_1} \times \dfrac{\Delta\varphi_{12}}{\omega_{b,1}}\right)\right] \\ \theta_2(s) = A_{z2,1} \sin\left[\omega_{b,1}\left(t - \dfrac{\Delta\varphi_{12}}{\omega_{b,1}} - \dfrac{s - W_1}{W_2} \times \dfrac{\Delta\varphi_{23}}{\omega_{b,1}}\right)\right] \\ \theta_3(s) = A_{z3,1} \sin\left[\omega_{b,1}\left(t - \dfrac{\Delta\varphi_{12}}{\omega_{b,1}} - \dfrac{\Delta\varphi_{23}}{\omega_{b,1}}\right)\left(1 - \dfrac{s - W_1 - W_2}{W_3}\right)\right] \end{cases} \tag{3.25}$$

式中，$A_{z1,1}$ 为左侧一级鳍条的振幅；$A_{z2,1}$ 为左侧二级鳍条的振幅；$A_{z3,1}$ 为左侧三级鳍条的振幅；$\omega_{b,1}$ 为左侧舵机转动角速度；$\Delta\varphi_{12}$ 为一级鳍条末端点运动轨迹与二级鳍条末端点运动轨迹之间的相位差；$\Delta\varphi_{23}$ 为二级鳍条末端点运动轨迹与三级鳍条末端点运动轨迹之间的相位差；t 为时间。

一般情况下，默认 $A_{z1,1} = A_{z2,1} = A_{z3,1}$，$\omega = \omega_1 = \omega_2 = \omega_3 = \omega_{b,1} = 2\pi f_1 = 2\pi f_r$，$\Delta\varphi_{12} = \Delta\varphi_{23}$，其中 $2\pi f_1$ 与 $2\pi f_r$ 分别为左侧频率与右侧频率。

3.4　鳍条与鳍面结构设计

3.4.1　胸鳍柔性分布区域划分

胸鳍在扑动过程中，胸鳍鳍板存在被动弹性变形，本质上是一个非线性弹性力学问题，若想较好地描述胸鳍鳍板的运动和变化，需要对柔性胸鳍鳍板建立相关的数学描述。

自然界中生物胸鳍的柔性分布是非均匀的，但是总体的柔性分布是有一定规律的，胸鳍的柔性沿弦向从前缘到后缘柔性逐渐增大，沿展长方向从翼根到翼梢柔性逐渐增大。因此，可以将胸鳍的柔性分布沿展向和弦向进行分解并单独进行分析，然后对两个方向的柔性分布情况进行叠加，就可得到最终的胸鳍柔性分布情况。本节用鳍板的变形程度来表征鳍板的柔性分布情况，通过建立鳍板厚度与变形程度的关系来描述柔性变化。

1. 胸鳍弦向柔性分布

如图 3.18 所示，首先沿 Y 轴方向对胸鳍鳍板进行区域划分，分别取 1/2 弦线、1/4 弦线和 1/8 弦线，其中 1/2 弦线上的点到胸鳍前缘曲线和胸鳍后缘曲线的距离相等，1/4 弦线和 1/8 弦线的定义与 1/2 弦线类似。不同弦线之间所夹区域是不相同的，1/8 弦线与胸鳍前缘曲线之间区域的刚度最大，柔性最小；1/2 弦线与胸鳍后缘曲线之间区域的刚度最小，柔性最大；其余区域介于两者之间，且按照刚度由大到小、柔性由小到大从上到下逐级依次分布。式(3.26)为 1/2 弦线、1/4 弦线和 1/8 弦线的曲线方程：

$$\begin{cases} y_{1/2\text{弦线}} = -5\times10^{-7}x^3 - 3\times10^{-4}x^2 + 0.1522x + 271.32 \\ y_{1/4\text{弦线}} = -8\times10^{-7}x^3 - 7\times10^{-5}x^2 - 0.1513x + 409.5 \\ y_{1/8\text{弦线}} = -9\times10^{-7}x^3 + 6\times10^{-5}x^2 - 0.3031x + 478.59 \end{cases} \tag{3.26}$$

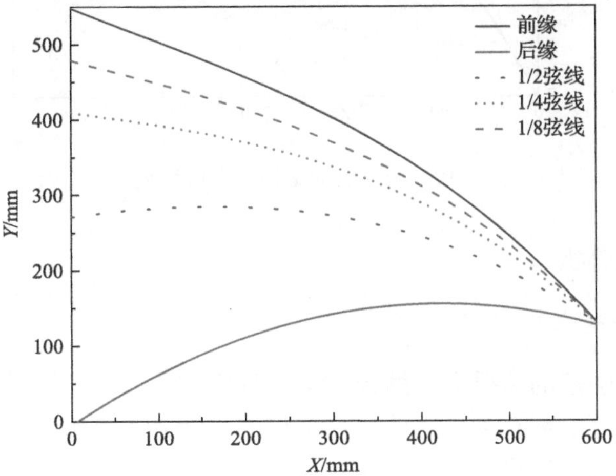

图 3.18　胸鳍弦向柔性分布区域划分

2. 胸鳍展向柔性分布

与弦向柔性分布的定义类似，沿展向在 1/4 展长、1/2 展长和 3/4 展长位置选取三个站位，分别记为 1/4 站位、1/2 站位和 3/4 站位。

在图 3.18 的基础上，对胸鳍进行展向的区域划分，如图 3.19 所示。取前缘曲线的函数值与坐标轴差值的 1/4、1/2 和 3/4 绘制曲线。1/4 站位与 X 轴之间区域的刚度最大，柔性最小；3/4 站位与胸鳍前缘之间区域的刚性最小，柔性最大；其余区域介于两者之间，且按照刚度由大到小、柔性由小到大逐级依次分布。式(3.27)

为 1/4 站位、1/2 站位和 1/8 站位的曲线方程：

$$\begin{cases} y_{1/4\text{展长}}=8\times10^{-7}x^3-1.0\times10^{-3}x^2+0.6573x-1.6277 \\ y_{1/2\text{展长}}=1\times10^{-6}x^3-1.9\times10^{-3}x^2+1.2881x-2.5816 \\ y_{3/4\text{展长}}=2\times10^{-6}x^3-2.7\times10^{-3}x^2+1.9283x-3.7814 \end{cases} \tag{3.27}$$

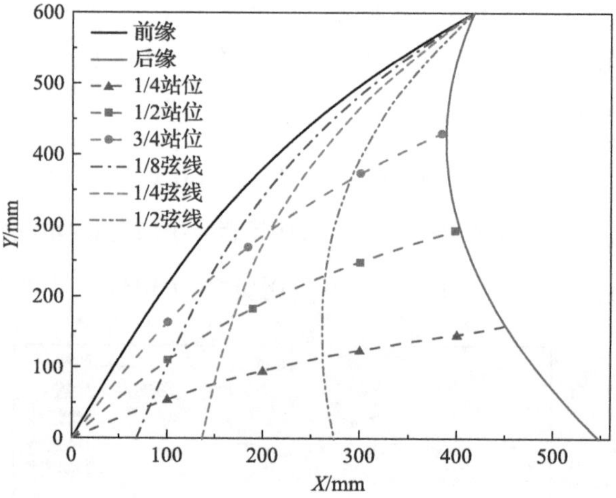

图 3.19 胸鳍展向柔性分布区域划分

3.4.2 柔性鳍板分析

1. 数学模型建立

在鳍板材料确定的情况下，鳍板的柔性程度和柔性分布情况与在鳍板上的位置、鳍板的厚度等参数有关。因此，一个点的柔性分布可用如下变量表示，κ 表示由鳍板厚度决定的参数，$\kappa=0$ 代表该点的变形量为零，对应刚性平板的情况，$\kappa=1$ 代表其变形量不受鳍板厚度影响。(x, y) 为该点的所在位置坐标，改用极坐标形式可表示为 $(r\cos\delta,\ r\sin\delta)$。胸鳍根部的刚度最大，沿展向随着 x 的增大，刚度逐渐变小，柔性逐渐增大。胸鳍弦向的刚度与之类似，从胸鳍前缘到胸鳍后缘随着 y 的变化，柔性逐渐增大，参考文献[2]中的振幅曲线方程、生物运动学分析的结果，以及用三角函数项描述胸鳍上波的传递，结合鳍板自身厚度等的影响，则柔性变化趋势可描述为

$$\eta=\kappa f(x,y,\lambda) \tag{3.28}$$

式中，λ 为波长，由其特征长度 l 决定。

本节取特征长度为波长的1/4。由于实际生物受其特殊的胸鳍骨骼结构等因素的影响，其胸鳍的波动传递和柔性变化在展向与弦向上是相互耦合的，很难用准确的数学方程来表示其柔性变化。为方便对胸鳍的柔性分布和柔性变化进行分析，将胸鳍变形分别在展向维度和弦向维度上单独描述，之后再将两者叠加，即可得出胸鳍总体的柔性分布和柔性变化情况。因此，式(3.28)可表示为

$$\eta = \eta_{展向} + \eta_{弦向} \tag{3.29}$$

其中，

$$\begin{cases} \eta_{展向} = \kappa_{展向} f(g(x), \lambda_{展向}) \\ \eta_{弦向} = \kappa_{弦向} f(g(y), \lambda_{弦向}) \end{cases} \tag{3.30}$$

在只考虑展向柔性变化时，特征长度为胸鳍展长，即$l = 1/4\lambda_{展向}$；单独考虑弦向柔性变化时，特征长度为所处截面的弦长，即$l_2 = 1/4\lambda_{弦向}$，l_2的值由所在位置的弦长决定。式(3.30)中的多项式是通过对胸鳍前缘曲线与后缘曲线的差值分布曲线进行拟合得到的。参考文献中的振幅方程，即 $g(x)$的多项式常数方程表达式为

$$g(x) = c_0 + c_1 x + c_2 x^2 + c_3 x^3 + c_4 x^4 \tag{3.31}$$

式中，$c_0 = 4.3709$；$c_1 = 0.9739$；$c_2 = -0.0007$；$c_3 = 1\times10^{-6}$；$c_4 = 0$。

因此，展向的柔性变形可用式(3.32)表示：

$$\eta_{展向} = \kappa_{展向}(1\times10^{-6}x^3 - 0.0007x^2 + 0.9739x + 4.3709)\sin(2\pi x/\lambda_{展向}) \tag{3.32}$$

图3.20为展向柔性变化曲线，图中给出的变形量可以较为直观地反映展向柔性变化情况，即变形量越大，柔性越大，两者呈正相关关系。

同上所述，在弦向上胸鳍的柔性分布也遵循相同的振幅方程和波动传递规律，不同的是弦向的特征长度不是定值，为简化分析，在图3.19中将三条站位曲线与胸鳍后缘曲线的交点处所在截面的弦长作为特征值。对三个截面建立变形方程，则弦向胸鳍的柔性分布可表示为

$$\eta_{弦向} = \begin{cases} \kappa_{弦向} f(g(y), \lambda_{站位1}) \\ \kappa_{弦向} f(g(y), \lambda_{站位2}) \\ \kappa_{弦向} f(g(y), \lambda_{站位3}) \end{cases} \tag{3.33}$$

其中多项式 $g(y)$ 为

$$g(y) = 5\times10^{-7}y^3 - 0.00035y^2 + 0.4870y + 2.1854 \tag{3.34}$$

弦向柔性变化曲线如图 3.21 所示。

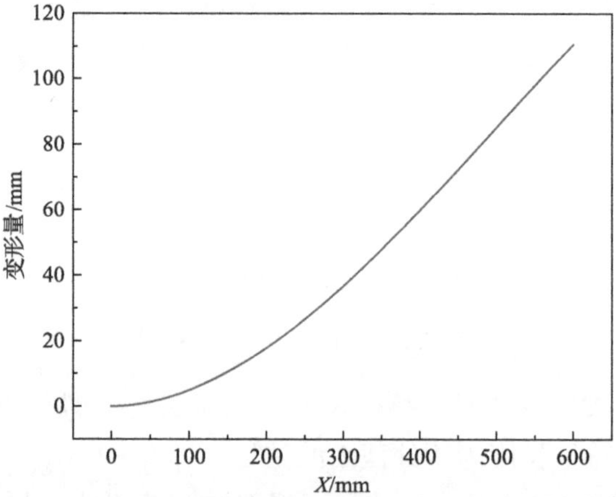

图 3.20　展向柔性变化曲线

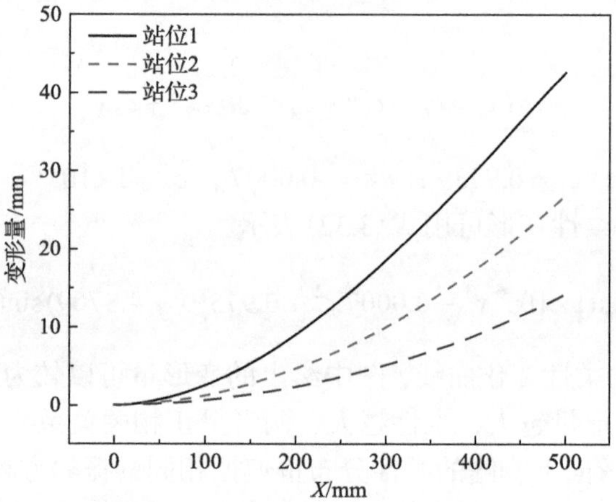

图 3.21　弦向柔性变化曲线

在材料厚度均匀时，可知其在展向和弦向的影响是相同的，即 $\kappa_{展向}=\kappa_{弦向}=\kappa$ 。最终鳍板的变形可表示为

$$\begin{aligned}\eta &= \eta_{展向}+\eta_{弦向}\\ &=\kappa f(g(x),\lambda_{展向})+\kappa\left[f(g(y),\lambda_{站位1})+f(g(y),\lambda_{站位2})+f(g(y),\lambda_{站位3})\right]\end{aligned} \tag{3.35}$$

考虑鳍板厚度、展向位置、弦向位置和特征长度等参数，可以较好地描述鳍板的变形及柔性变化。

2. 物理模型建立

根据前面对胸鳍柔性分布的划分，以建立的数学模型为基础，综合考虑碳纤维复合材料的可加工性以及与胸鳍扑动机构的装配关系，最终设计的鳍板轮廓如图 3.22 所示。胸鳍鳍板由一条沿展向的前缘肋板、沿展向分布的三条弦向肋板和一条尾部肋板组成。前缘肋板为 1/4 弦线与胸鳍前缘曲线之间所围成的部分，前缘肋板沿 X 轴正向其纵向的横截面积逐渐减小。三条弦向肋板的末端点为胸鳍三条站位曲线与后缘曲线的交点，从第一级肋板至第三级肋板，纵向的横截面积逐渐减小。尾部肋板起点为 1/8 弦线与 1/4 站位曲线的交点，末端点为胸鳍后缘曲线与 Y 轴的交点。将图 3.19 中三条弦线与站位曲线的交点以及肋板末端点作为特征点，在肋板末端特征点施加固定载荷，分析记录标记特征点的变形和位移情况，通过对比特征点的变化可以反映出胸鳍的变形程度，进而反映鳍板的柔性变化情况。

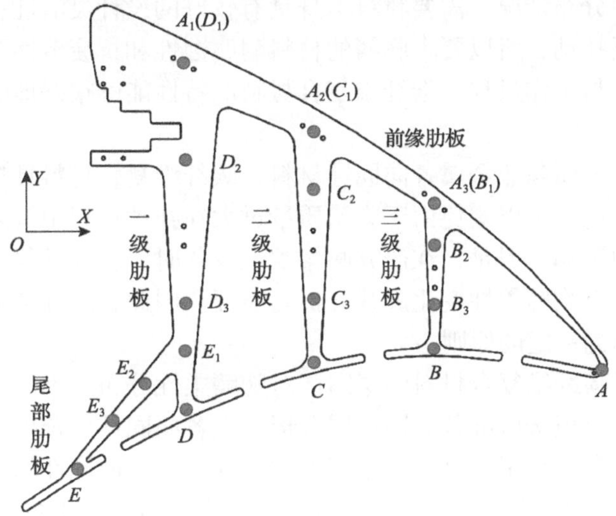

图 3.22　碳纤维鳍板轮廓

3.4.3　胸鳍鳍板材料选型

碳纤维复合材料作为一种性能优良的新型工程材料，依靠其可靠的力学性能和良好的经济性能，在航空航天、化工工业、机械制造、体育、建筑等领域都有广泛的应用。作为目前最先进的复合材料之一，碳纤维复合材料具有以下优良特性。

1) 比强度、比模量大

碳纤维复合材料是由高强度、低密度的碳纤维和低强度、低密度的树脂基体组成的。其比强度可较传统金属材料提高数十倍，比强度作为衡量轻质高强的指标，其数值越大代表材料的轻质高强性越好。

2) 设计灵活性强

传统各向同性材料改变材料性能极为困难，而碳纤维复合材料可以通过改变内部碳纤维铺层顺序、铺层角度、碳纤维含量等来改变材料的整体参数。

3) 抗疲劳性能好

碳纤维复合材料具有较好的抗疲劳特性，金属的拉伸强度是其疲劳强度的2～3倍，碳纤维复合材料的抗拉强度是其抗疲劳强度的1.25～1.43倍。说明在相同交变载荷条件下复合材料的使用寿命高于金属材料[3]。

4) 耐腐蚀性好

碳纤维复合材料耐盐雾腐蚀、耐酸、耐碱，采用碳纤维复合材料制作的船体使用寿命是采用传统金属材料制作的船体的3～4倍[4]。

胸鳍在水下扑动时需要较高的强度，与此同时胸鳍相对于水的密度，即胸鳍的相对密度也不可能过大，这就要求胸鳍需要有较高的比强度；实验中需要多次变更胸鳍的柔性分布情况，需要材料本身具有较好的设计灵活性；胸鳍需要在水下长时间地往复扑动，所以要求胸鳍的材料耐腐蚀性和抗疲劳性要好。综合考虑胸鳍的工作环境与工作过程，碳纤维复合材料的特性能够很好地满足胸鳍的设计和工作要求。

相比于传统金属与非金属各向同性材料，碳纤维复合材料具有的质量轻、力学性能优良等优点，可以避免由于胸鳍质量过大在扑动过程中带来的附加质量对实验结果产生的影响。但是，在研究胸鳍柔性变化时，碳纤维复合材料的各向异性的特点不利于对胸鳍柔性变化展开分析与表征。因此，碳纤维复合材料的胸鳍在铺层时需要遵循一定的原则。

为避免由于碳纤维复合材料的层因素对胸鳍柔性分布产生额外的影响，胸鳍使用的碳纤维层合板选取准各向同性层合板。准各向同性层合板在面内的各个方向刚度相同，层合板采用 0°/90°的铺层形式。在得到各向同性的碳纤维复合材料层合板后，便可根据材料属性进行胸鳍刚度仿真分析，选取的材料性能参数如表3.1所示。

表 3.1 碳纤维/环氧树脂复合材料性能参数

参数名称	拉伸模量/GPa	压缩模量/GPa	剪切模量/GPa	泊松比	抗拉强度/MPa	抗压强度/MPa	抗剪强度/MPa
数值	120	115	8.2	0.31	1700	1200	105

3.4.4 柔性鳍板仿真分析

静力学结构仿真分析在机械制造与设计领域有广泛的应用，静力学分析得到的仿真结果可以为结构设计以及机构修改提供指导，结构设计往往不是一蹴而就的，需要经过大量的修改。通过软件对设计产品进行结构仿真分析，一方面可以大大缩短设计周期，另一方面还可以提高产品的性能。

胸鳍柔性鳍板需要最大限度实现与真实生物胸鳍柔性分布的一致性，因此为提高设计效率，需要对柔性鳍板展开静力学仿真分析。本节利用 ANSYS Workbench 平台中的 Static Structural 模块进行仿真分析。柔性鳍板厚度分别取 2mm、2.5mm、3mm、3.5mm 和 4mm。选取五条肋板的末端点 *A*、*B*、*C*、*D* 和 *E* 作为施加载荷的作用点，其余特征点作为仿真分析数据处理过程中的数据采样点。经过划分网格，施加载荷，求解等设置后，最终得到鳍板的变形云图和应力云图。图 3.23 为 3mm 鳍板在 *A* 点施加大小为 1N、方向沿 *Y* 轴负方向的作用力的仿真结果云图。由图 3.23(b)可知，鳍板的最大应力在材料的最大许用范围之内，本节主要关注鳍板的变形情况，因此对其应力和应变影响不考虑。依次在 *B*、*C*、*D* 和 *E* 点施加大小为 1N、方向沿 *Y* 轴负方向的作用力，得到的总变形云图如图 3.24 所示。

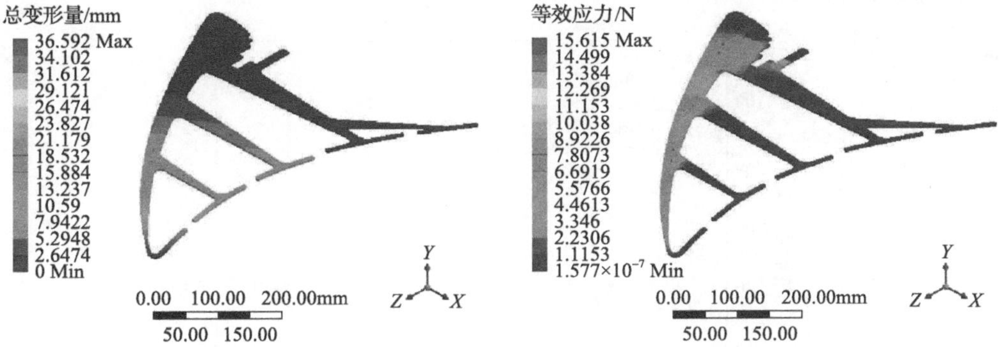

(a) 总变形云图　　(b) 等效应力云图

图 3.23　3mm 鳍板 *A* 点施加载荷仿真结果云图

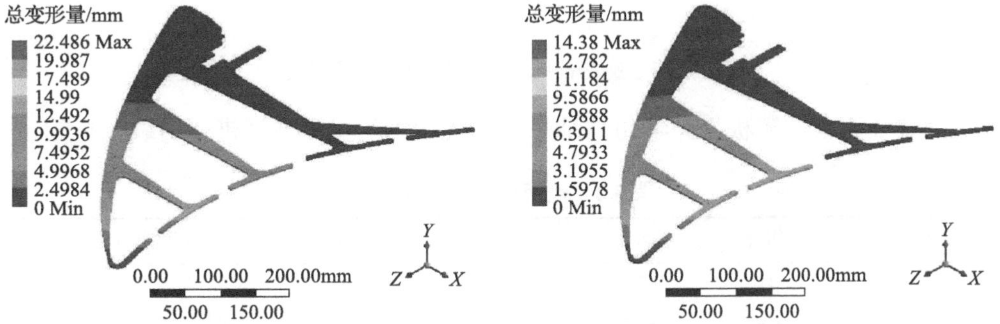

(a) *B*点施加载荷总变形云图　　(b) *C*点施加载荷总变形云图

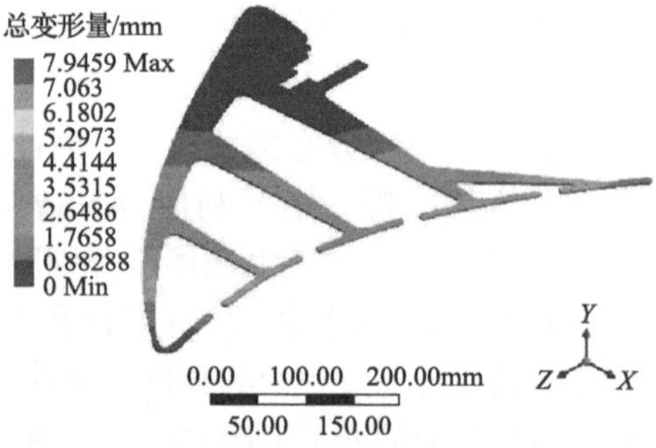

(c) D点施加载荷总变形云图

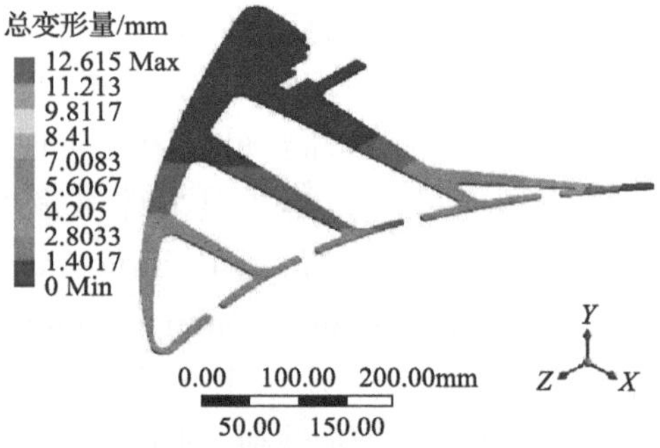

(d) E点施加载荷总变形云图

图 3.24　3mm 鳍板特征点施加载荷总变形情况

图 3.25 为胸鳍前缘肋板沿展向的变形程度，前缘肋板的变形量由翼根到翼梢沿 X 轴正方向逐渐增大，变形量对胸鳍鳍板厚度变化敏感，其中 2mm 厚的胸鳍鳍板变形最明显，随着鳍板厚度的增加，其变形量的幅值逐渐变小，且其变形量的差值逐渐减小。

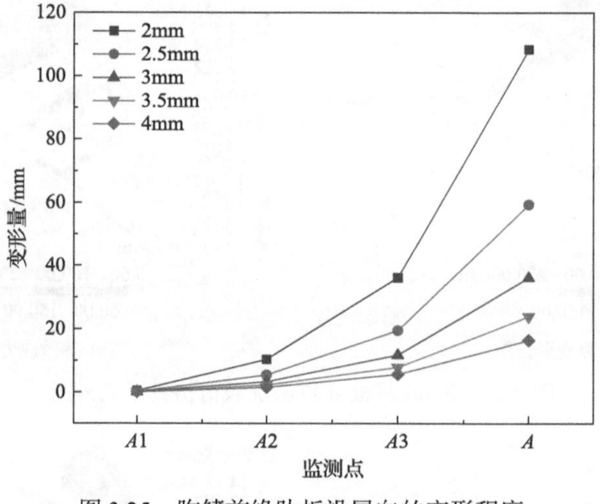

图 3.25　胸鳍前缘肋板沿展向的变形程度

表 3.2 为柔性鳍板静力学仿真结果，据此得到的仿真数据进行后续分析。

表 3.2　鳍板静力学仿真结果

鳍板	特征点	2mm	2.5mm	3mm	3.5mm	4mm
前缘肋板	A1	0.41213	0.17777	0.13877	0.0870	0.0599
	A2	10.397	5.4706	3.3379	2.2728	1.5874
	A3	36.147	19.483	11.802	7.8517	5.6685
	A	108.4	59.337	36.165	23.885	16.414

续表

鳍板	特征点	2mm	2.5mm	3mm	3.5mm	4mm
三级肋板	*B*1	24.701	13.719	8.4978	5.7007	4.0619
	*B*2	30.478	16.668	10.366	6.8126	4.9766
	*B*3	39.001	21.954	13.552	9.1405	6.3976
	B	47.491	26.392	16.245	10.74	7.5999
二级肋板	*C*1	5.4398	3.0857	1.8956	1.3371	0.9799
	*C*2	9.7744	5.4451	3.477	2.3988	1.7739
	*C*3	20.9	10.833	6.8675	4.5084	3.3165
	C	30.781	17.01	10.254	6.8765	4.8409
一级肋板	*D*1	0.0630	0.0391	0.0363	0.0256	0.0191
	*D*2	0.5901	0.33386	0.21105	0.15237	0.11225
	*D*3	5.5533	2.9229	2.0166	1.4129	0.95946
	D	15.09	8.0422	4.8416	3.2604	2.2737
尾部肋板	*E*1	11.621	6.1992	3.6863	2.5077	1.7324
	*E*2	16.247	8.5247	5.2609	3.3611	2.3458
	*E*3	23.416	12.574	7.7341	4.8343	3.4166
	E	32.521	17.392	10.273	6.5798	4.5951

图 3.26 显示了柔性胸鳍三条弦向肋板沿弦向的变形程度变化趋势以及一条尾部肋板的变形程度变化趋势。从仿真分析曲线中可以得出以下结论。

(1) 三条弦向肋板的变形幅值逐渐增大，三级肋板变形幅值最大，二级次之，一级肋板变形幅值最小。表明三条肋板沿展向从鳍根到鳍梢方向胸鳍鳍板柔性逐渐增大，能较好地实现胸鳍沿展向的柔性变化。

(2) 三条弦向肋板的变形程度变化规律均为从胸鳍前缘到后缘逐渐增大，一级肋板变形程度变化率最大，二级肋板次之，三级肋板变形程度的变化率最小。此变化规律与生物的胸鳍柔性变化规律相吻合，即胸鳍后缘尾部的被动柔性较大。

(3) 鳍板厚度对包括尾部肋板在内的四条肋板的变形幅值影响效果显著，鳍板厚度与肋板变形程度呈负相关关系。鳍板厚度为 2mm 时，其曲线斜率最大，且随着鳍板厚度的增加，变形程度曲线的斜率逐渐减小，表明鳍板厚度与变形量之间也是呈负相关关系。

(4) 尾部肋板的变形幅值相比于与其相连的一级肋板更大，与二级肋板的变形较为接近，表明在胸鳍后缘从躯干到翼梢的柔性呈现先增大再减小的变化规律。通过图 3.27 也可以看出其肋板末端的变形趋势，此分布规律能较好地吻合自然界中胸鳍扑动推进生物的胸尾鳍柔性变化规律。

五条肋板的末端特征点变形程度如图 3.27(a) 所示，前缘肋板和三条弦向肋板的末端点由翼梢到翼根变形量逐渐降低，尾部肋板的变形量与二级肋板的末端点持平。

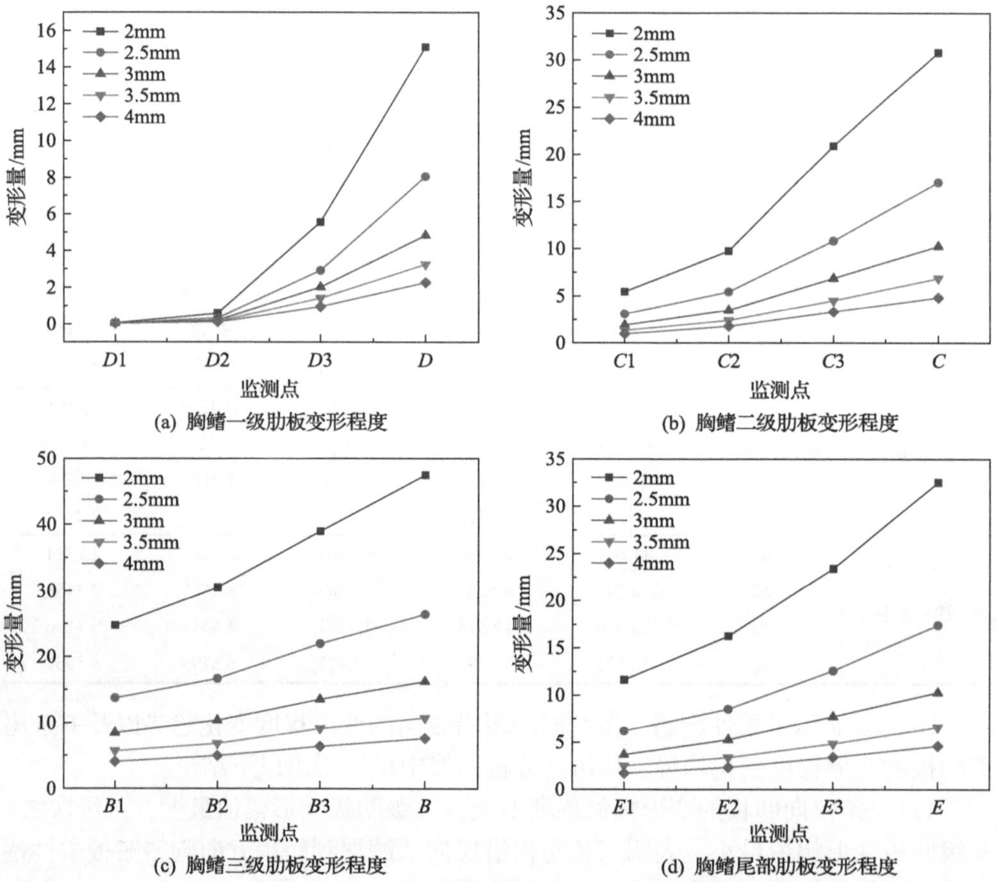

(a) 胸鳍一级肋板变形程度　　(b) 胸鳍二级肋板变形程度

(c) 胸鳍三级肋板变形程度　　(d) 胸鳍尾部肋板变形程度

图 3.26　胸鳍肋板变形程度

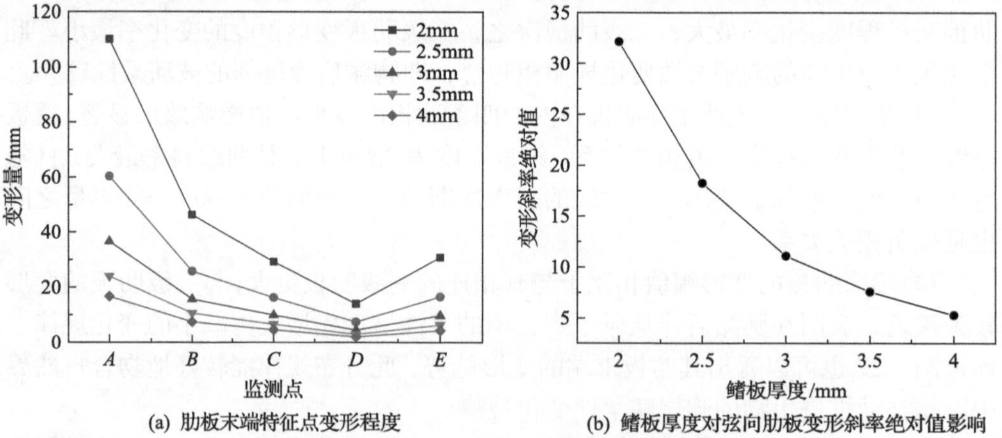

(a) 肋板末端特征点变形程度　　(b) 鳍板厚度对弦向肋板变形斜率绝对值影响

图 3.27　肋板末端特征点变形程度与变形斜率

三条弦向肋板的变形量线性较好，表明三条弦向肋板的柔性变化是均匀的，弦向肋板的变形斜率绝对值随着鳍板厚度的增加而减小，如图 3.27(b)所示。

图 3.28 为鳍板厚度对变形程度的影响。尾部特征点的变形程度随鳍板厚度的增加逐渐减小，在厚度较薄时，变形程度对厚度较为敏感，随着鳍板厚度的增加，形变曲线斜率逐渐降低。此外，前缘肋板末端点 A 的变形量受到鳍板厚度变化的影响最为明显，一级肋板的末端监测点 D 的变形量受到的影响最小，点 C 与点 E 的变形曲线重合度较高。

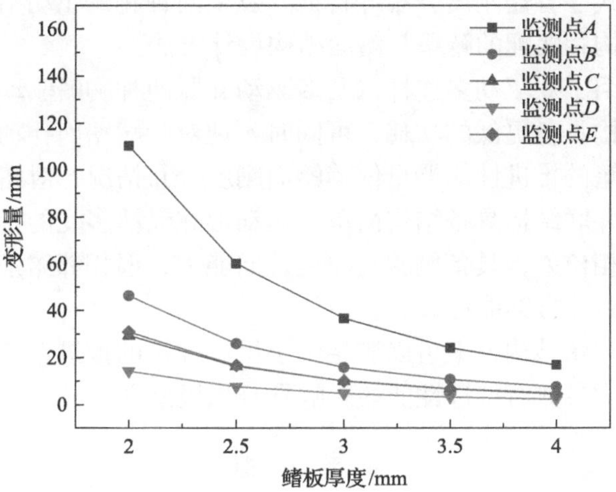

图 3.28　鳍板厚度对变形程度的影响

图 3.29 给出了胸鳍前缘仿真曲线与 2mm 厚碳纤维复合鳍板的变形折线对比。由图可见，2mm 厚鳍板的仿真结果能够较好地贴合理论曲线，即 3.4.2 节中建立

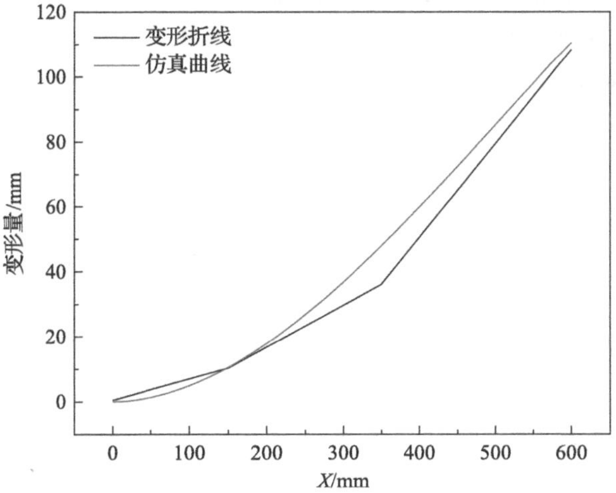

图 3.29　仿真曲线与变形折线对比

的数学模型(仿真曲线)和物理模型(变形折线)能够很好地契合，证明了模型的有效性和准确性。

3.5 本章小结

蝠鲼胸鳍的复杂运动是全身肌肉、骨骼相互配合的结果，为便于仿生胸鳍的工程实现，本章将胸鳍的复杂运动过程分解为展向波动和弦向波动的叠加，并参照生物的运动形式、骨骼刚度分布等特征开发了两种胸鳍驱动结构，并简要叙述了与两种驱动结构相匹配的鳍条与鳍面结构设计方法。

本章重点介绍了双驱动多连杆以及多驱动并联两种胸鳍驱动结构。前者相比于多驱动并联结构具备更低的功耗，可同时实现对胸鳍鳍面扑动和扭转两个自由度的控制，但胸鳍的推进性能严重依赖鳍面刚度分布情况，对鳍面结构设计的要求较高。多驱动并联结构具备结构简单、运动形式灵活多变的特点，可灵活调整驱动鳍条的扑动相位差，具备倒游及原地转向能力，但相邻鳍条会存在相互制约牵扯的问题，导致该方案能耗偏高。

本章介绍的胸鳍结构方案可以满足中小尺度样机的推进性能要求，对探索胸鳍运动参数、结构参数对推进性能的影响具有积极意义。

参考文献

[1] Schaefer J T, Summers A P. Batoid wing skeletal structure: Novel morphologies, mechanical implications, and phylogenetic patterns[J]. Journal of Morphology, 2005, 264(3): 298-313.

[2] 郝栋伟. 基于浸入边界法的“C”型鱼自主游动的数值模拟[D]. 昆明: 昆明理工大学, 2013.

[3] 沃丁柱. 复合材料大全[M]. 北京: 化学工业出版社, 2000.

[4] Friedrich H E. Challenges of materials technology for low consumption vehicle concepts[J]. Advanced Engineering Materials, 2003, 5(3): 105-112.

第 4 章　仿生胸鳍水动力实验

4.1　引　　言

水动力实验研究是将设计制作的满足相似原理的结构物缩比模型置于人为制造的流场环境中，如风洞、水洞等，根据所要研究的具体内容，改变模型及流场参数，实际观察缩比模型的流体动力特性，以获得推进性能与研究对象之间更为精确的对应关系。为此，本章搭建仿生胸鳍水动力力学实验平台与光学观测平台，通过研究仿蝠鲼潜水器运动过程中六维力、力矩及柔性胸鳍尾迹流场的涡场结构来剖析胸鳍受力的变化趋势及更为本质的流场变化。仿生骨架作为仿蝠鲼柔性胸鳍与潜水器动力传输的直接相关部件，其柔性与受力之间的相关性已有一定的定性研究结论，本章将通过改变仿生骨架刚度的形式来得到不同的柔性设计，继而进行胸鳍运动参数和结构参数的水动力性能实验。近年来，粒子图像测速(particle image velocimetry, PIV)系统作为流场示踪技术的一种重要设备，广泛用于流场中涡结构演化的研究。通过 PIV 观测胸鳍在拍动时尾迹的涡流结构，以及尾涡的生成、演化、耗散过程，并结合对应时刻胸鳍的受力，可从多个角度分析胸鳍运动时的动力学变化，为柔性胸鳍的优化设计进行科学指导。

4.2　仿生胸鳍水动力实验装置及原理

4.2.1　循环水槽

仿生胸鳍水动力实验均在西北工业大学宁波研究院智能水下潜水器实验室的循环水槽系统中进行。循环水槽长 12.3m，宽 2.1m，高 4.8m，可提供最高 2m/s 流速的流场环境，是研究流场环境下水下结构物推进性能和操控性能的重要科研设备，如图 4.1 和图 4.2 所示。循环水槽在流体实验中有广泛的应用，其原理是通过改变流动介质的性质和流动条件模拟与研究各种流体现象，如流体的湍流、层流、分离及涡流等。循环水槽可以用来研究流体的速度、压力、流量和流速分布等动力学特性。

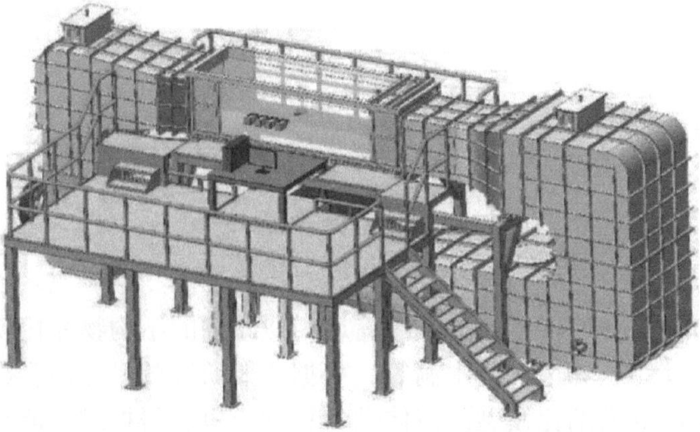

图 4.1 循环水槽模型示意图

图 4.2 循环水槽实物图

4.2.2 力学传感器

实验中采集潜水器瞬时力学数据的设备为 ATI(Array Technology Industry)公司生产的 Nano25IP68 型号力学传感设备。Nano25IP68 力学传感器能够高精度测量物体的力和力矩，通常具有微小的测量误差和高重复性，以及多轴测量功能，可以同时测量物体在不同方向上的力和力矩，包括 X、Y、Z 轴向的力和转动轴的力矩。Nano25IP68 力学传感器可以实时采集仿蝠鲼柔性胸鳍实验样机在流场中运动时的六维力和力矩，其力和力矩的量程与分辨率见表 4.1。

表 4.1 Nano25IP68 力学传感器的力和力矩的量程与分辨率

指标	F_x/N	F_y/N	F_z/N	T_x/(N·mm)	T_y/(N·mm)
量程	500	500	500	5000	5000
分辨率	1/25	1/25	1/25	1/8	1/8

4.2.3　PIV 系统

PIV 系统作为近年来发展迅速的流场示踪设备，是研究流场结构演化机制的重要方式之一。PIV 的基本原理为：使用高频脉冲光源照射目标流场，在流场中播撒示踪粒子，当结构物在流场中运动时，示踪粒子跟随周围流场运动，利用高速相机采集目标流场中示踪粒子的离散图像，通过图像处理技术计算出目标流场中示踪粒子的运动轨迹以及速度场信息，以粒子的运动代替周围流体微团的运动，分析流场的演化情况。本节采用四台高速相机拍摄目标流场示踪粒子的运动。循环水槽环境 PIV 实验的现场如图 4.3 所示。

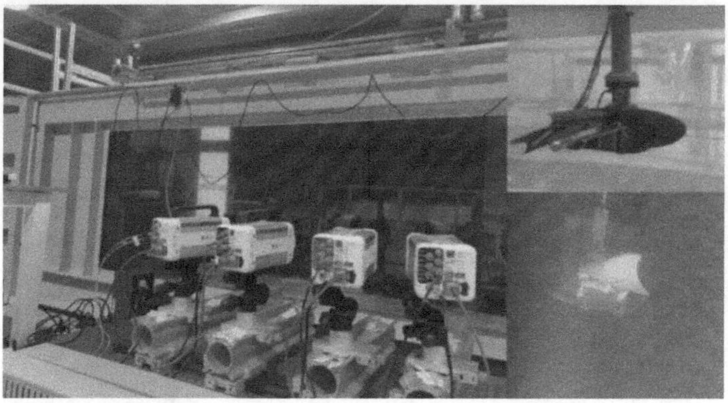

图 4.3　循环水槽环境 PIV 实验的现场

4.3　仿生胸鳍水动力实验测试平台

4.3.1　仿生胸鳍实验模型设计

从侧面观察，蝠鲼的身体整体上厚度逐渐减小，且较为光滑。美国国家航空咨询委员会(National Advisory Committee for Aeronautics, NACA)设计的翼型系列，不仅在形态上与蝠鲼胸鳍侧向投影较为相似，而且经过多次重复验证，展现出较好的流体动力性能，该系列翼型具有较高的最大升力系数与较低的阻力系数，流体动力性能突出。因此，本节采用四位数 NACA 翼型设计方法对胸鳍展向的界面进行设计，如图 4.4 所示。

考虑到胸鳍的实际开模难度，胸鳍的 NACA 翼型不宜太薄，因此采用 NACA0008～NACA0018 的翼型系列。在胸鳍的前后缘曲线上按照固定的步长进行划分，截取弦向的弦长，输入 NACA00XX 翼型数据计算软件中，得到对应弦长的二维翼型截面数据。根据对应步的展长处蝠鲼胸鳍外形曲线前缘点的位置，对

二维截面数据进行 Y 轴与 Z 轴方向上数据的修正，得到若干符合蝠鲼胸鳍外形前后缘曲线的 NACA 翼型空间截面序列。在前后缘具有特殊变化趋势的外形曲线处，需要减小步长，增加截面以凸显曲线的变化规律。胸鳍鳍面三维空间点数据准备完毕后，使用专业的立体建模软件建立光滑实体以包络空间中的 NACA 翼型曲线，从而得到仿生胸鳍模型，如图 4.5 所示。

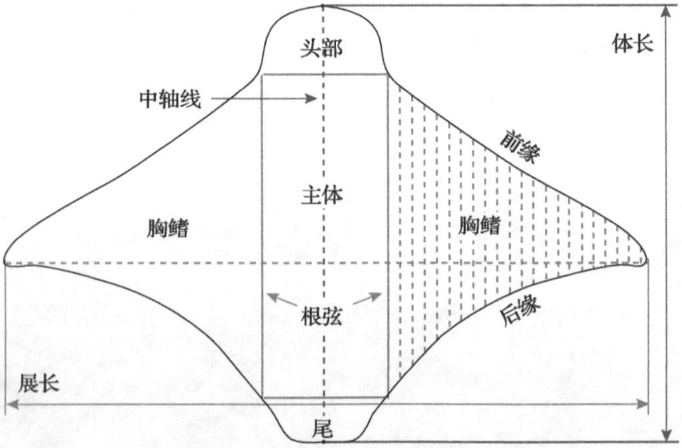

图 4.4　仿蝠鲼外形区域划分

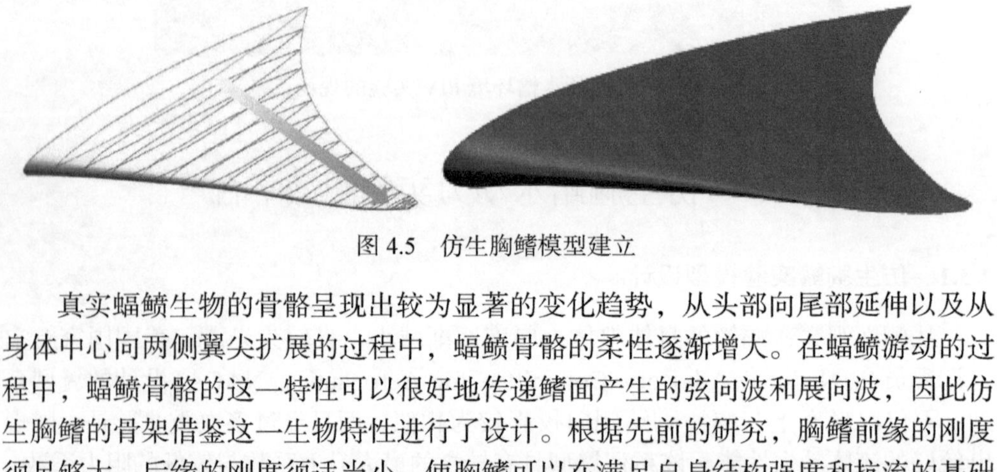

图 4.5　仿生胸鳍模型建立

真实蝠鲼生物的骨骼呈现出较为显著的变化趋势，从头部向尾部延伸以及从身体中心向两侧翼尖扩展的过程中，蝠鲼骨骼的柔性逐渐增大。在蝠鲼游动的过程中，蝠鲼骨骼的这一特性可以很好地传递鳍面产生的弦向波和展向波，因此仿生胸鳍的骨架借鉴这一生物特性进行了设计。根据先前的研究，胸鳍前缘的刚度须足够大、后缘的刚度须适当小，使胸鳍可以在满足自身结构强度和抗流的基础上，得到更好的推进性能。本节所研究的仿生胸鳍模型均按照真实蝠鲼生物的骨骼特性，即从头至尾、从中心至两侧逐渐变薄的原则进行设计，如图 4.6 所示。

采用柔性材料制作的胸鳍模型进行本节实验，具体采用邵氏 0 度硅胶、聚氨酯(polyurethane, PU)等。通过上述建模方法得到三维胸鳍模型，运用模具制作仿蝠鲼柔性胸鳍模型。由于精度要求较高，采用光固化的方法打印模具与仿生骨架。配制好胸鳍液体材料后，通过真空干燥箱排出液胶中的气泡，并经高温固化处理得到胸鳍模型。为了对比不同硬度胸鳍模型的水动力特性差异，对模型的硬度进行差异化处理，本节得到的胸鳍硬度分别为邵氏 0 度和邵氏 24 度，制作流程如图 4.7 所示。

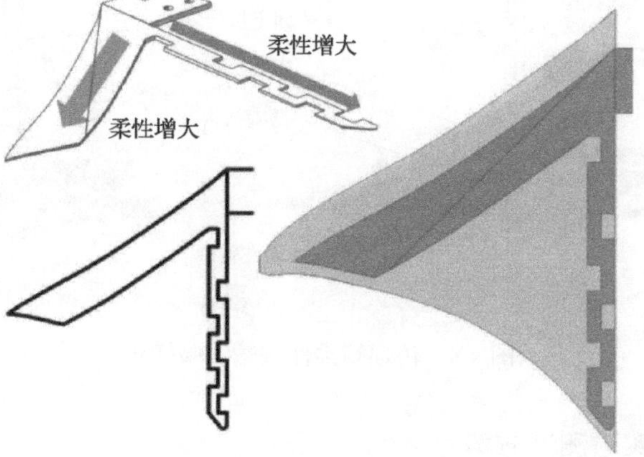

图 4.6　仿生胸鳍柔性骨骼设计

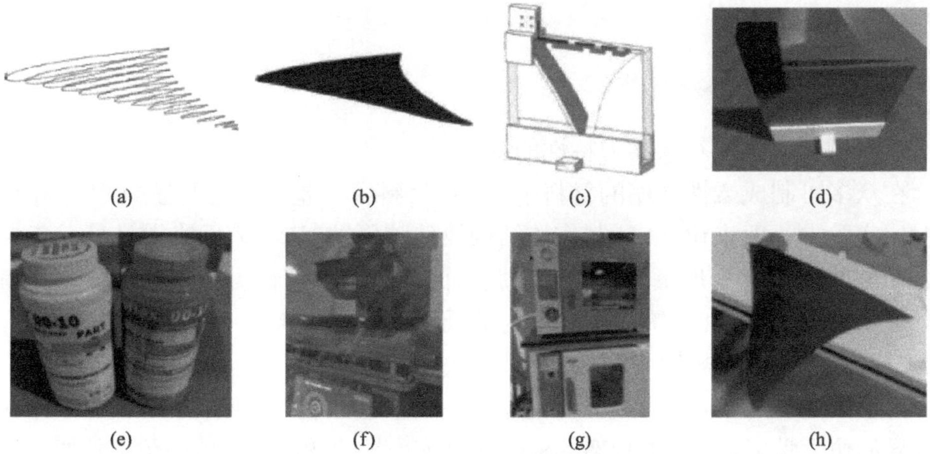

图 4.7　仿蝠鲼柔性胸鳍成模制作流程

4.3.2　仿生胸鳍实验测试系统

仿生胸鳍实验测试系统为制作好的仿蝠鲼柔性胸鳍实验样机。该样机主要包括鱼形主体、摆旋机构及舵机、仿蝠鲼柔性胸鳍以及与实验平台之间必要的安装部件。鱼形主体由真实蝠鲼外形经过头部、尾部修正处理并去掉两侧胸鳍后得到，具有较高的流体动力特性。舵机采用防水高扭矩舵机，型号为驯龙者 DG966。将防水高扭矩舵机安装于鱼形主体与摆旋机构之间，为摆旋机构带动胸鳍运动提供动力，并将胸鳍与水体之间的作用力传导至鱼形主体。鱼形主体上表面设计安装平面与其上部的力传感器相连，力传感器上部设计安装连杆并与循环水槽固定机架连接，如图 4.8 所示。

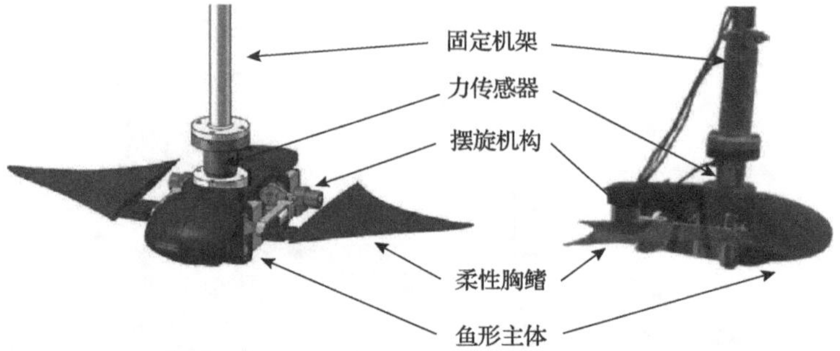

图 4.8　仿蝠鲼柔性胸鳍实验样机

4.3.3　仿生胸鳍实验测试方案

仿生胸鳍实验测试方案分为结构参数实验测试方案和运动参数实验测试方案两部分。

1. 结构参数实验测试方案

1）胸鳍材料属性对水动力特性的影响

在众多可制成柔性胸鳍的材料中，选用材料属性差别较为明显的 PU、硅胶进行对比实验。一般来说，PU 制作的结构较硅胶更硬，PU 表面光滑且具有疏水特性，而硅胶较 PU 变形量更大，且硅胶表面具有亲水特性。本实验中，硅胶胸鳍的硬度为邵氏 0 度，PU 胸鳍的硬度为邵氏 25 度。

2）胸鳍展向骨架柔性对水动力特性的影响

为了探究不同展向骨架的柔性对整个胸鳍推进性能的影响，本节设计了体现柔性差异的仿生骨架。从仿生骨架的根弦处以等步长的切割角对展向仿生骨架进行切割，骨架最大切割角为 13°，步长为 3.25°，从而改变其柔性特性，胸鳍肌肉采用硅胶，截面翼型为 NACA0012。展向骨架柔性不同切割角的外形如图 4.9 所示。

3）胸鳍截面翼型厚度对水动力特性的影响

本节柔性胸鳍实验采用的 NACA 翼型数据通过专业 NACA 翼型参数设计方法获得，采用的 NACA 翼型从薄到厚分别为 NACA0008、NACA0010、NACA0012、NACA0015、NACA0018。因为硅胶的亲水性不易保持截面形状，所以采用疏水且较硬的 PU 进行变截面翼型厚度的柔性胸鳍水动力实验。五种截面翼型设计的胸鳍模型如图 4.10 所示。

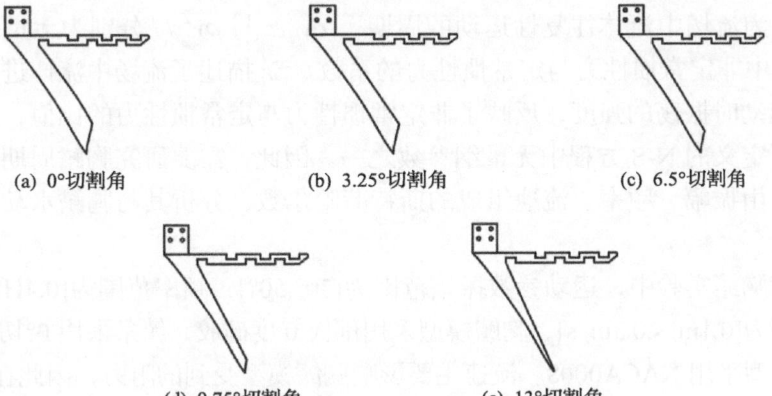

(a) 0°切割角　(b) 3.25°切割角　(c) 6.5°切割角　(d) 9.75°切割角　(e) 13°切割角

图 4.9　展向骨架柔性不同切割角的外形

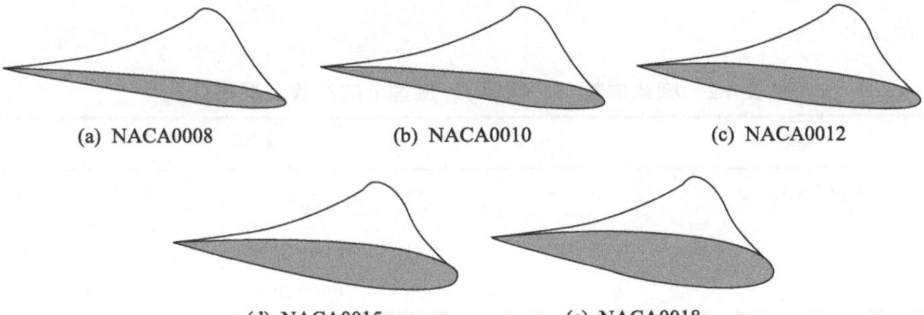

(a) NACA0008　(b) NACA0010　(c) NACA0012　(d) NACA0015　(e) NACA0018

图 4.10　五种截面翼型设计的胸鳍模型

2. 运动参数实验测试方案

1) 斯特劳哈尔数对胸鳍水动力特性的影响

对柔性胸鳍拍动的量纲进行分析可以得出，胸鳍运动的斯特劳哈尔数是影响胸鳍水动力特性的关键无量纲数之一，涡的脱落、演化模式也与斯特劳哈尔数紧密相关。因此，研究斯特劳哈尔数对胸鳍水动力特性的影响具有充分的必要性。考虑二维不可压缩流动无量纲的 N-S 方程：

$$\frac{\rho v}{\tau}\frac{\partial u^*}{\partial t^*}+\frac{\rho v^2}{l}\left(u^*\frac{\partial u^*}{\partial x^*}+v^*\frac{\partial u^*}{\partial y^*}\right)=\rho f_x-\frac{p_0}{l}\frac{\partial p^*}{\partial x^*}+\frac{\mu v}{l^2}\left(\frac{\partial^2 u^*}{\partial x^{*2}}+\frac{\partial^2 u^*}{\partial y^{*2}}\right) \tag{4.1}$$

斯特劳哈尔数定义为

$$Sr=\frac{lf}{v}=\frac{\rho v/\tau}{\rho v^2/l} \tag{4.2}$$

式中，τ 为流场中流体往复性运动的周期；$\rho v/\tau$ 与 $\rho v^2/l$ 分别为无量纲化后的N-S方程中非定常惯性力与定常惯性力的系数。Sr 描述了流场中流体进行周期性非定常流动时振荡的强度，反映了非定常惯性力与定常惯性力的比值，是此时流动条件下定义的N-S方程中无量纲参数之一。因此，需要研究胸鳍周期性往复拍动过程中由振幅、频率、流速组成的斯特劳哈尔数，分析其与胸鳍水动力特性的对应关系。

本节胸鳍实验中，运动参数振幅范围为[30°,50°]，频率范围为[0.4Hz,0.8Hz]，流速范围为[0.1m/s,0.3m/s]，胸鳍模型采用邵氏0度硅胶，鳍条采用0°切割角，胸鳍截面翼型采用NACA0008。流速主要影响胸鳍模型受到的阻力，因此在0.1m/s、0.2m/s、0.3m/s 三种流速下分别研究胸鳍拍动频率与拍动振幅变化时水动力特性的变化。胸鳍振幅、频率、流速的实验工况设计见表4.2，PIV流场的实验工况设计见表4.3。

表4.2　胸鳍振幅 *A*、频率 *f*、流速 *v* 的实验工况设计表

参数	工况				
A (f=0.8Hz，φ=30°)	30°	35°	40°	45°	50°
f (A=50°，φ=30°)	0.4Hz	0.5Hz	0.6Hz	0.7Hz	0.8Hz
v	0.1m/s		0.2m/s		0.3m/s

表4.3　PIV流场的实验工况设计表

参数	工况		
f (A=50°，φ=30°)	0.4Hz	0.6Hz	0.8Hz
A (f=0.6Hz，φ=30°)	30°	40°	50°
AOA (A=50°，f=0.6Hz)	φ=0°		φ=30°
时间非对称 (A=50°，φ=30°)	u0.48d0.8	u0.6d0.6	u0.8d0.48
空间非对称 (f=0.6Hz，φ=30°)	u60d20	u40d40	u20d60

注：AOA代表摆旋运动攻角。u0.48d0.8代表上拍频率0.48Hz，下拍频率0.8Hz；u20d60代表上拍振幅20°，下拍振幅60°。

2）摆旋运动攻角对胸鳍水动力特性的影响

根据机翼空气动力学的研究，翼型在流场中与来流之间的攻角对机翼的力学性能影响较大。本节从实验出发，探究由舵机输出相位差导致的胸鳍摆旋运动攻角（简称攻角）对胸鳍水动力特性的影响。实验中，胸鳍采用邵氏0度硅胶，展向鳍条为0°切割角，截面翼型为NACA0012。胸鳍相位差的实验工况设计见表4.4。

表 4.4　胸鳍相位差的实验工况设计表

参数	工况				
f/A	0.8Hz/50°				
φ	0°	10°	20°	30°	40°
AOA	0°	3.5°	6°	8°	10°

3) 非对称振幅拍动对胸鳍水动力特性的影响

真实生物在游动时，会呈现出时空非对称的姿态特征。空间非对称的特征体现在胸鳍上下拍动振幅对称时中心位置的偏移，如图 4.11 所示。根据空间非对称度的定义设计本节空间非对称实验的工况。空间非对称研究中，令中心位置偏移量分别为–20°、–10°、0°、10°、20°，振幅固定为 40°，频率为 0.8Hz，相位差为 30°。实验中，鳍条采用 0°切割角，胸鳍肌肉采用 PU，截面翼型为 NACA0008、NACA0010、NACA0012、NACA0015、NACA0018。胸鳍空间非对称拍动的实验工况设计见表 4.5。

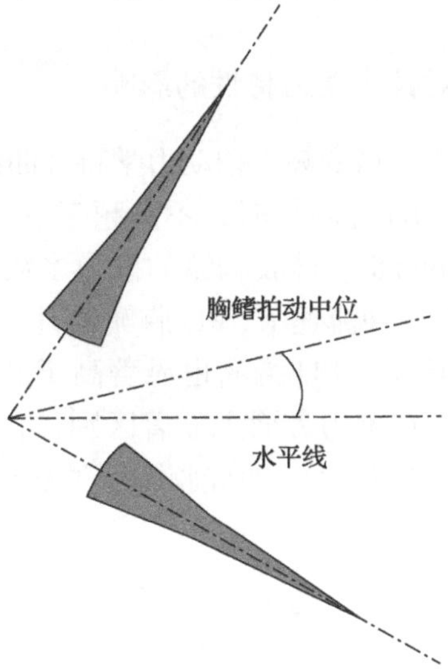

图 4.11　胸鳍空间非对称拍动示意图

表 4.5　胸鳍空间非对称拍动的实验工况设计表

参数	工况				
空间非对称度	–0.5	–0.25	0	0.25	0.5
中心位置	–20°	–10°	0°	10°	20°
非对称振幅	u20d60	u30d50	u40d40	u50d30	u60d20

4）非对称频率拍动对胸鳍水动力特性的影响

时间非对称的特征在于胸鳍上下拍动过程中的耗时不同，根据时间非对称度的定义

$$\mathrm{Asy\_}t=(1/\nu_{\mathrm{up}}-1/\nu_{\mathrm{down}})/(1/\nu_{\mathrm{up}}+1/\nu_{\mathrm{down}}) \tag{4.3}$$

设计本节时间非对称拍动实验的工况。时间非对称研究中，令单次拍动周期固定为5/3s，振幅固定为50°，相位差为30°。胸鳍时间非对称拍动的实验工况设计见表4.6。

表 4.6 胸鳍时间非对称拍动的实验工况设计表

参数	工况				
时间非对称度	−0.25	−0.2	0	0.2	0.25
非对称频率	u0.8d0.48	u0.75d0.5	u0.6d0.6	u0.5d0.75	u0.48d0.8

4.4 仿生胸鳍水动力性能实验测试与分析

4.4.1 仿生胸鳍材料属性对其水动力特性的影响

硅胶材料与PU材料的胸鳍变频率拍动力学特性曲线如图4.12所示，此时振幅为50°，相位差为30°。当流速较低时，不同频率下硅胶与PU没有表现出显著的推力差异；当流速为0.3m/s时，硅胶胸鳍的推力多数情况大于PU胸鳍的推力。升力的差异则较为明显，在三种流速下，PU胸鳍的升力都显著大于硅胶胸鳍的升力。在胸鳍所受合力的对比中，PU胸鳍也显著高于硅胶胸鳍。实验结果表明，在频率及流速变化时，两者在推力方面无显著区别，合力与升力PU胸鳍较大；在推总比方面，硅胶整体上大于PU，即硅胶胸鳍虽然产生较小的流场动力，却具有较高的推进效率。

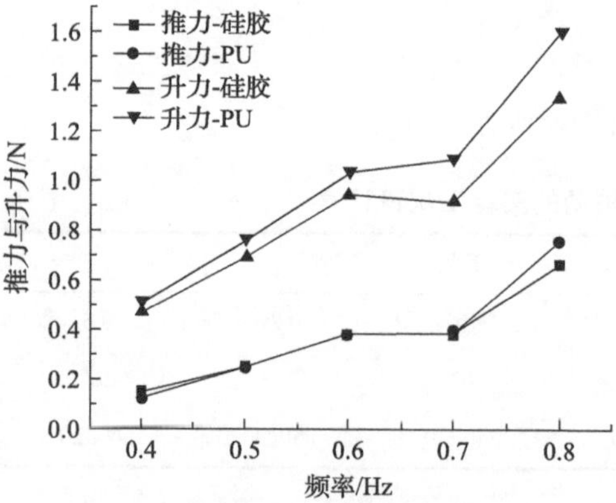

(a) 流速0.1m/s时的推力与升力

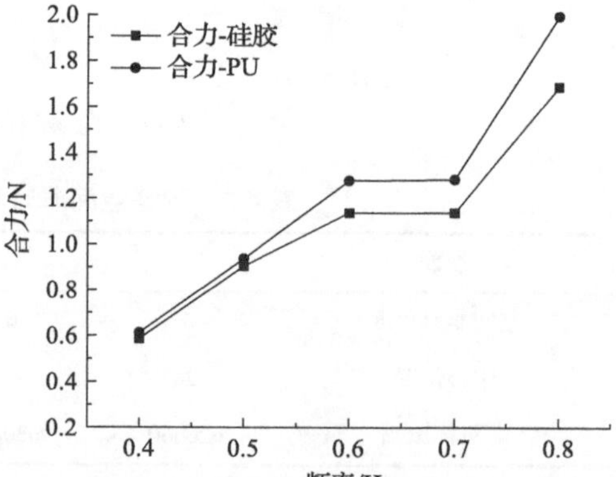

(b) 流速0.1m/s时的合力

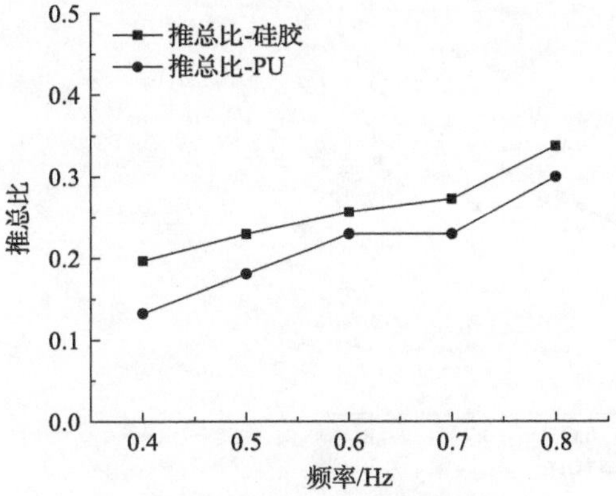

(c) 流速0.1m/s时的推总比

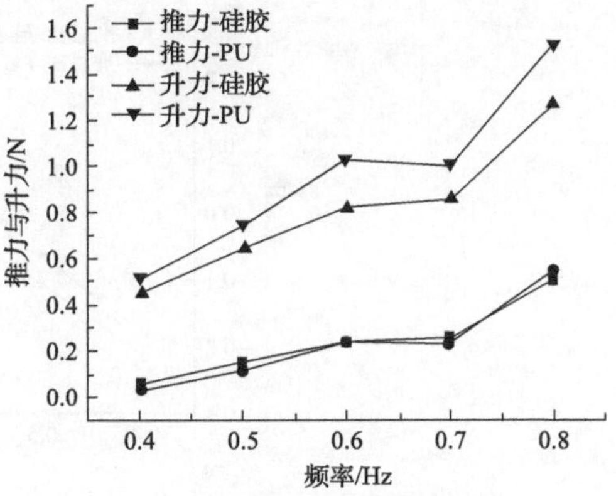

(d) 流速0.2m/s时的推力与升力

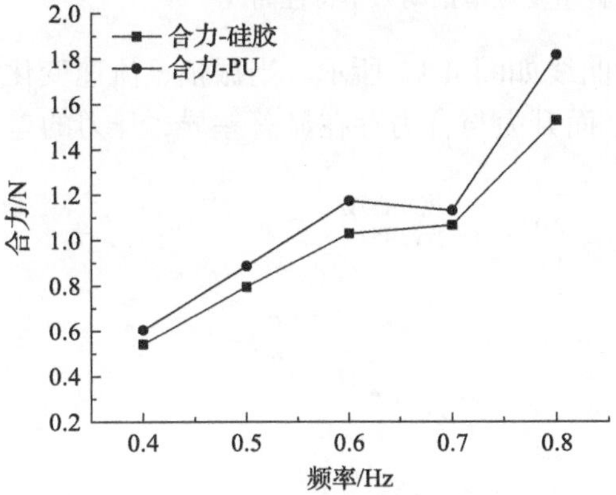

(e) 流速0.2m/s时的合力

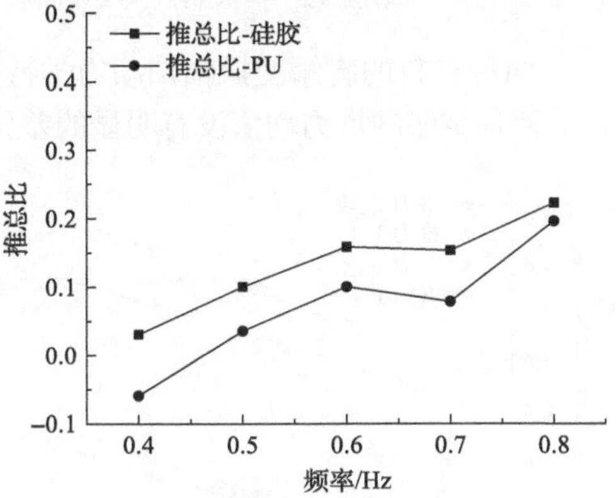

(f) 流速0.2m/s时的推总比

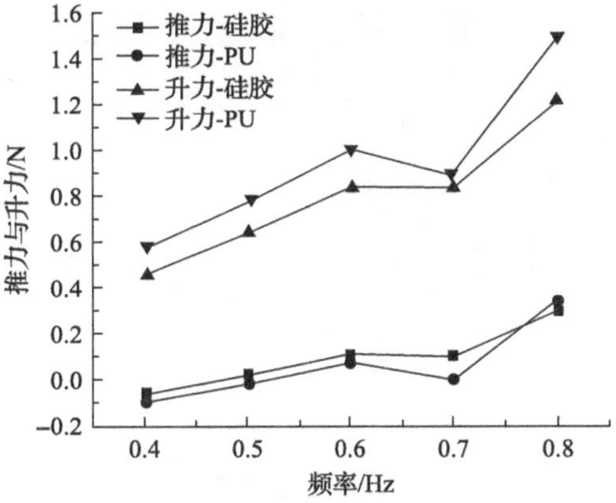

(g) 流速0.3m/s时的推力与升力

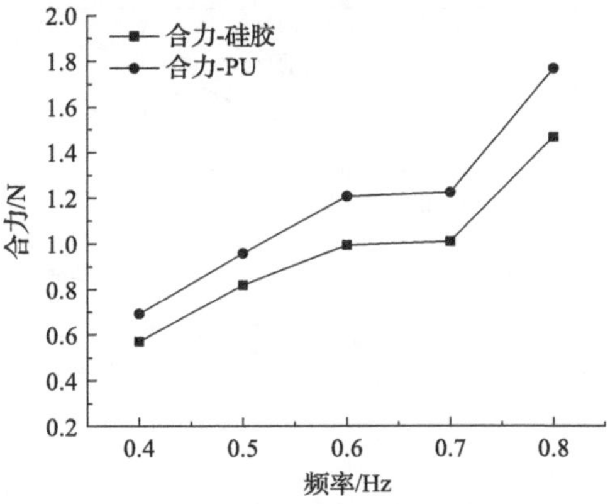

(h) 流速0.3m/s时的合力

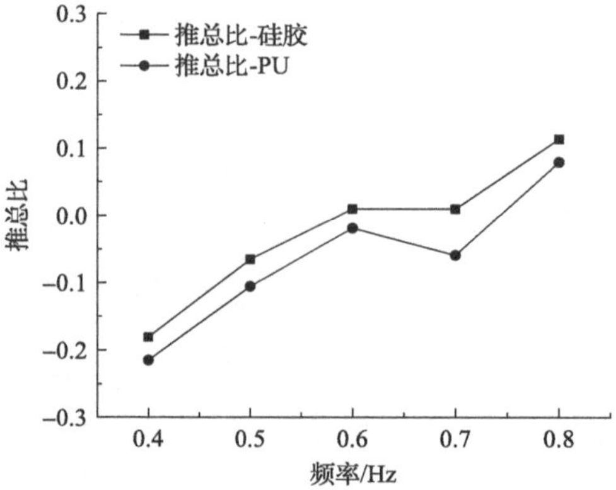

(i) 流速0.3m/s时的推总比

图 4.12　硅胶材料与 PU 材料的胸鳍变频率拍动力学特性曲线

两种材料的胸鳍变振幅拍动力学特性曲线如图 4.13 所示。当振幅、流速变化时，两种胸鳍的推力均值没有明显的差异，而升力与合力存在显著差异，升力的差

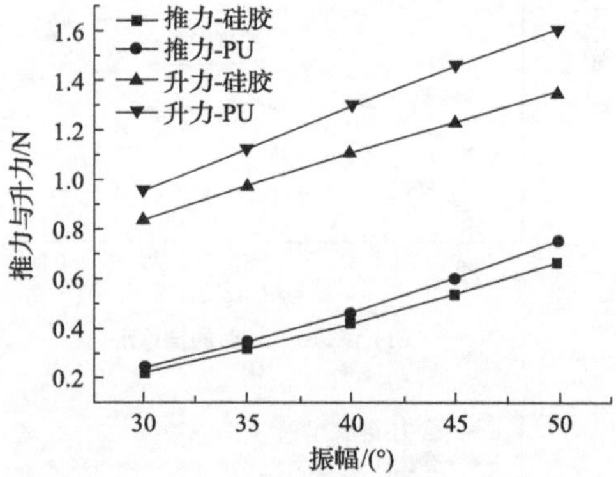

(a) 流速0.1m/s时的推力与升力

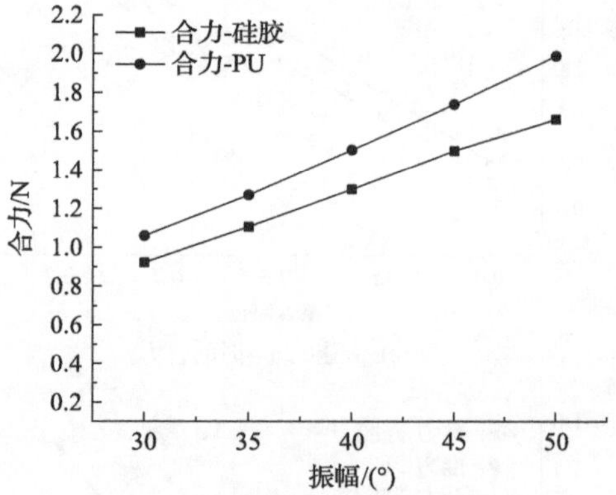

(b) 流速0.1m/s时的合力

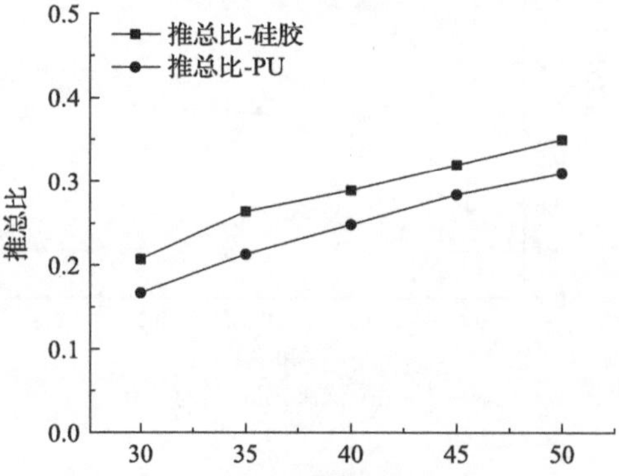

(c) 流速0.1m/s时的推总比

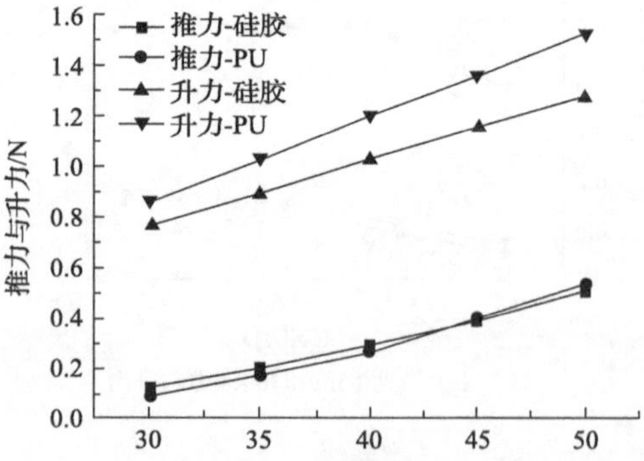

(d) 流速0.2m/s时的推力与升力

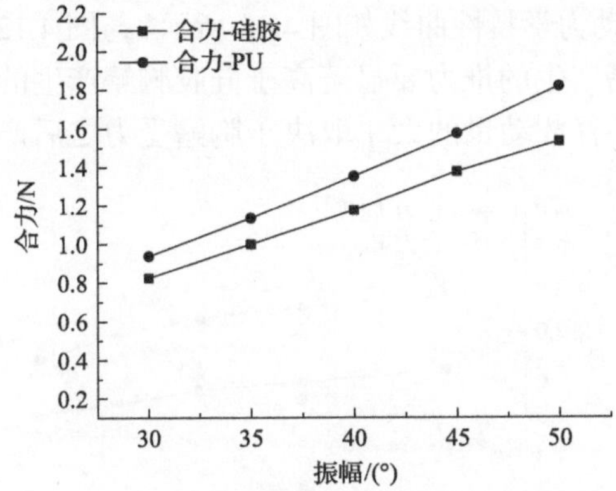

(e) 流速0.2m/s时的合力

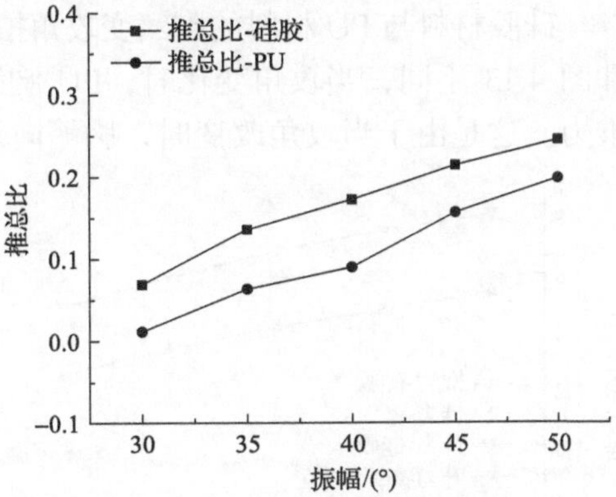

(f) 流速0.2m/s时的推总比

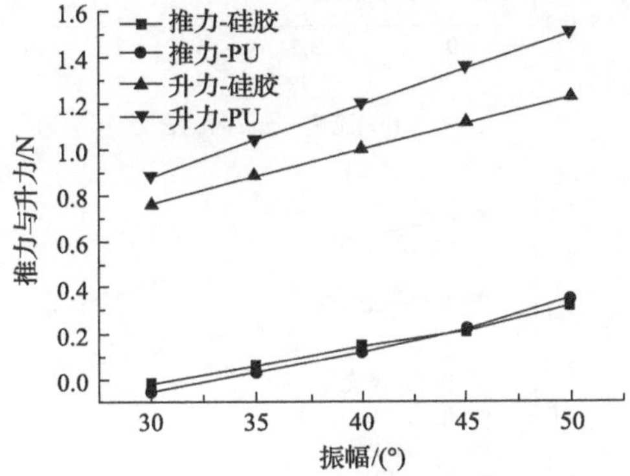

(g) 流速0.3m/s时的推力与升力

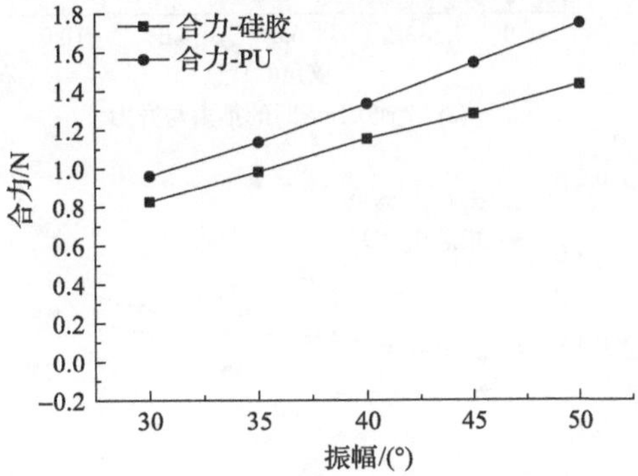

(h) 流速0.3m/s时的合力

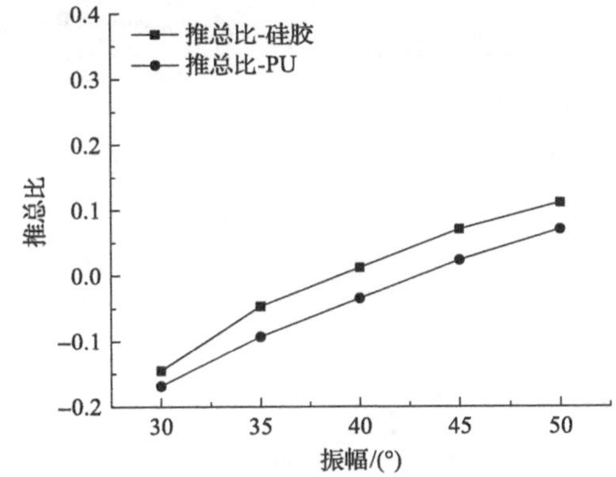

(i) 流速0.3m/s时的推总比

图 4.13　硅胶材料与 PU 材料的胸鳍变振幅拍动力学特性曲线

值为 0.1～0.2N，合力的差值为 0.1～0.4N。因为推力无显著差异，PU 胸鳍的升力、合力均大于硅胶胸鳍，所以硅胶胸鳍的推总比大于 PU 胸鳍，表明柔性材料具备更高的效率。

硅胶材料与 PU 材料的胸鳍变攻角拍动力学特性曲线如图 4.14 所示。与图 4.12 和图 4.13 不同，当攻角变化时，PU 胸鳍产生的推力要显著高于硅胶胸鳍产生的推力。这是由于当攻角改变时，胸鳍向外释放动量的大小取决于胸鳍受力之后产

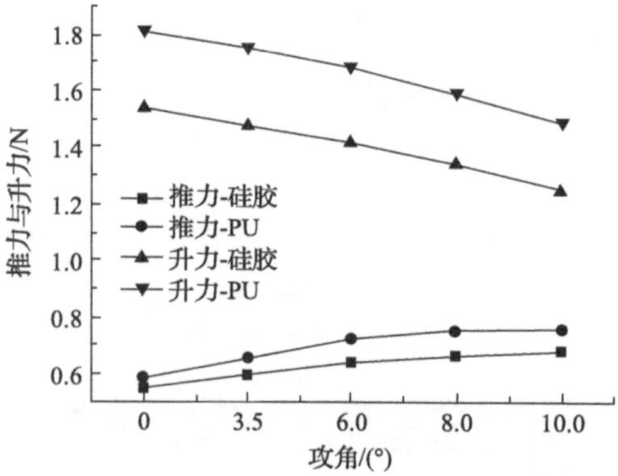

(a) 流速0.1m/s时的推力与升力

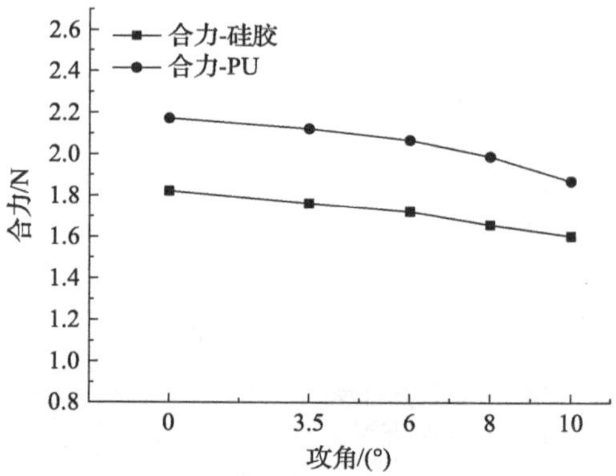

(b) 流速0.1m/s时的合力

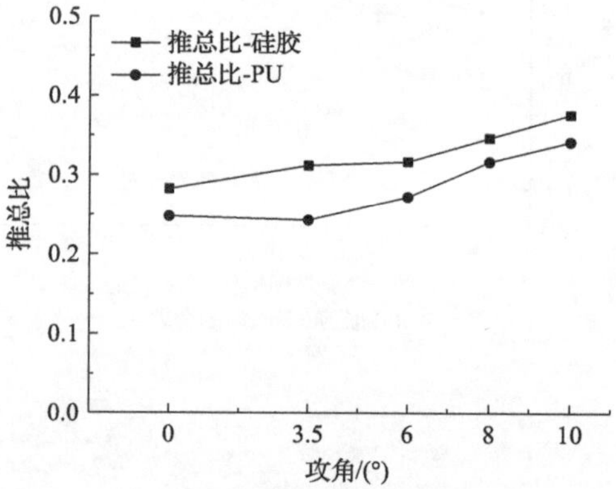

(c) 流速0.1m/s时的推总比

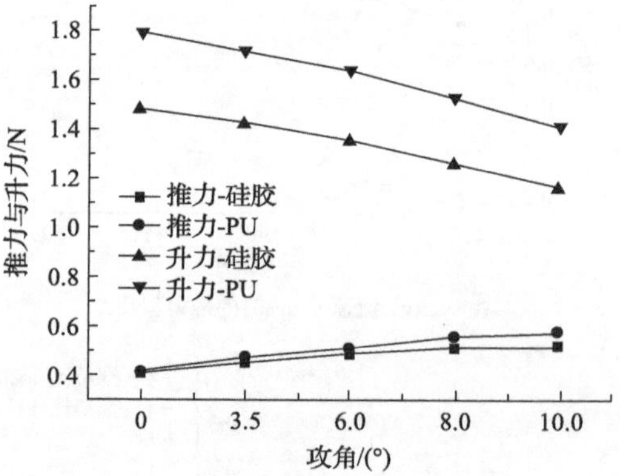

(d) 流速0.2m/s时的推力与升力

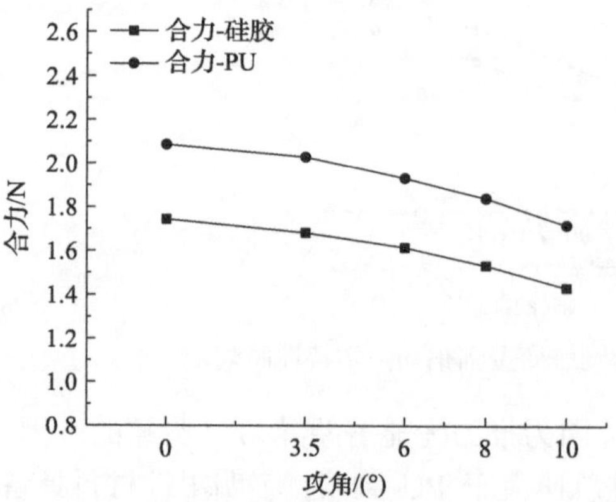

(e) 流速0.2m/s时的合力

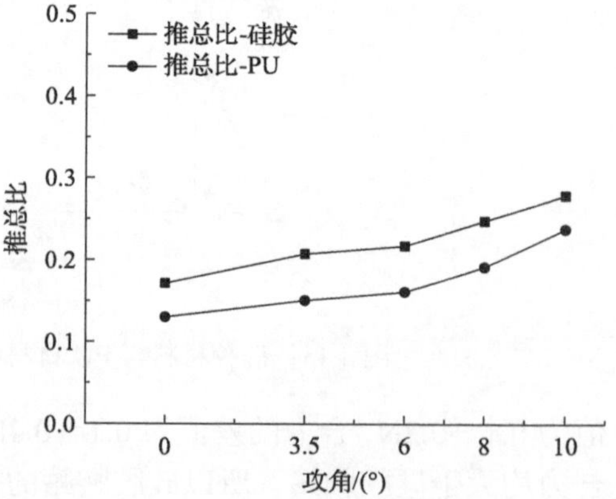

(f) 流速0.2m/s时的推总比

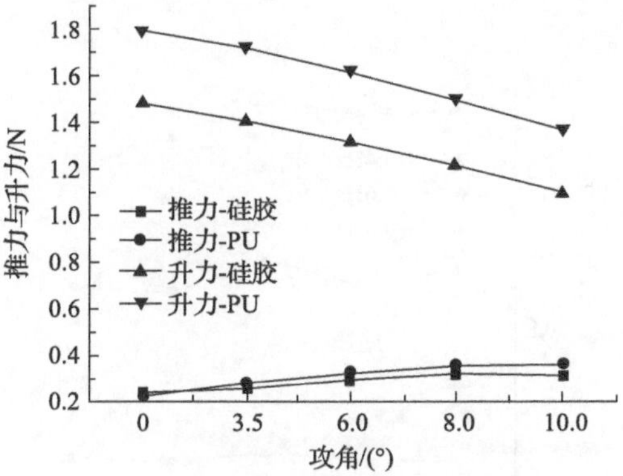

(g) 流速0.3m/s时的推力与升力

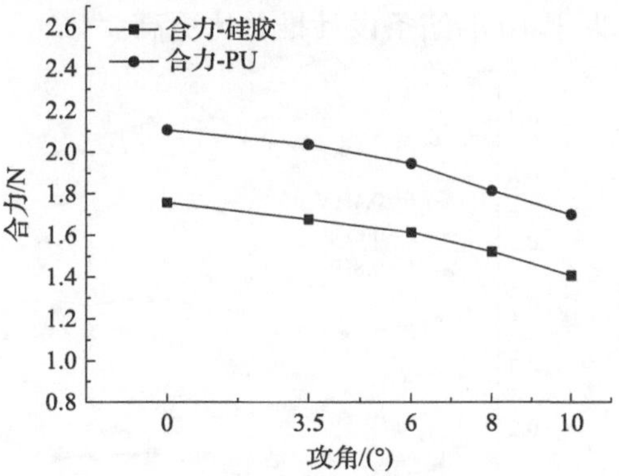

(h) 流速0.3m/s时的合力

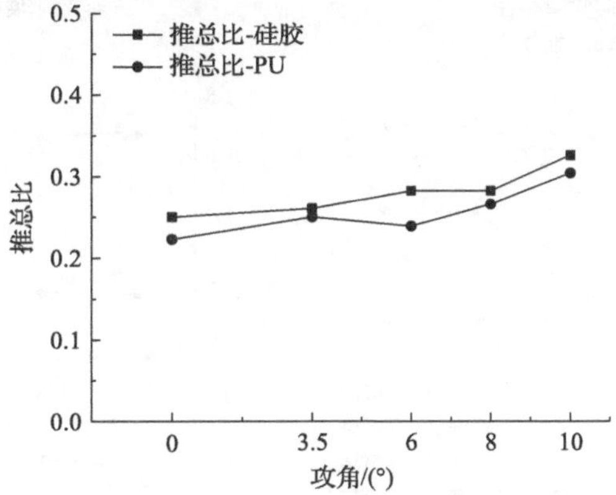

(i) 流速0.3m/s时的推总比

图 4.14　硅胶材料与 PU 材料的胸鳍变攻角拍动力学特性曲线

生的变形量。若变形量过小，则产生的流体动力主要偏向升力方向；若变形量过大，则一次拍动周期内输出的动量将会减小。因为 PU 胸鳍的变形量适中，所以其推力大于硅胶胸鳍的推力。升力、合力、推总比与变频率、变振幅时的变化趋势相同。因此，当推进方式基于变振幅、变频率时，改变胸鳍的材质不会显著提升推进性能；只有当推进方式基于变相位差时，PU 胸鳍的推进效率才优于硅胶胸鳍。

4.4.2　仿生胸鳍展向骨架柔性对其水动力特性的影响

当流场流速为 0.1m/s 时，三种频率下的胸鳍变展向骨架柔性力学特性曲线如图 4.15 所示。在三种不同拍动频率下，胸鳍所受推力随着展向骨架柔性的增大皆呈现出先减后增再减的趋势，当展向骨架柔性为 10 时，推力达到峰值，然而推力的极大值与极小值之间的绝对值均不超过 0.1N。胸鳍所受升力和合力的变化趋势相同，皆呈现出先增后减的趋势，因此综合来看，在低流速下，展向骨架柔性大于 10 的鳍条设计推总比更高。

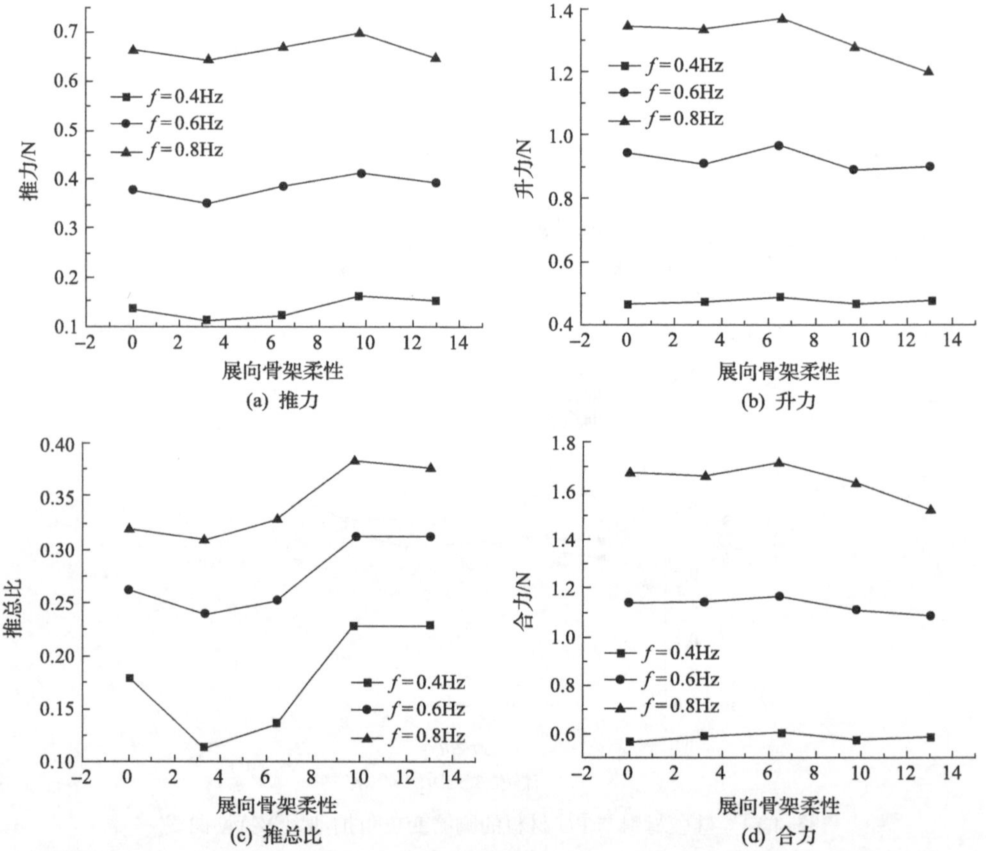

图 4.15　0.1m/s 流速、三种频率下的胸鳍变展向骨架柔性力学特性曲线

当流场流速为 0.2m/s 时，三种频率下的胸鳍变展向骨架柔性力学特性曲线如图 4.16 所示。在 0.4Hz 低频拍动时，推力总体呈小幅减小趋势，当 0.6Hz 和 0.8Hz 中高频拍动时，推力呈现出显著的先减后增趋势，且在 0.8Hz 时推力的最大相对变化量达到了 62.5%；综合来看，升力和合力呈现先减后增的趋势，推总比均在中度柔性时达到极小值。表明柔性较小的胸鳍推力更大，推进效率处于较高的水平。

当流场流速为 0.3m/s 时，三种频率下的胸鳍变展向骨架柔性力学特性曲线如图 4.17 所示。此时的流速下，0.4Hz 低频拍动推力已全部呈现为负值，表示此时胸鳍产生的推力已无法抵消翼型阻力，实验模型总体上受到沿推进方向相反的阻力。除 0.4Hz 低频拍动时的推力外，随着展向骨架柔性逐渐增大，实验模型升力和合力都呈现出先增后减的趋势，峰值出现在切割角 0°/3.25°的位置。推总比的趋势为先减后增，0°时的值大于 13°时的值，因此在高流速中高频率下拍动时，较小的展向骨架柔性具有较高的推进特性，升力和合力皆处于较低水平，因此具有较高的推进效率，并且此时的胸鳍结构强度也更高。

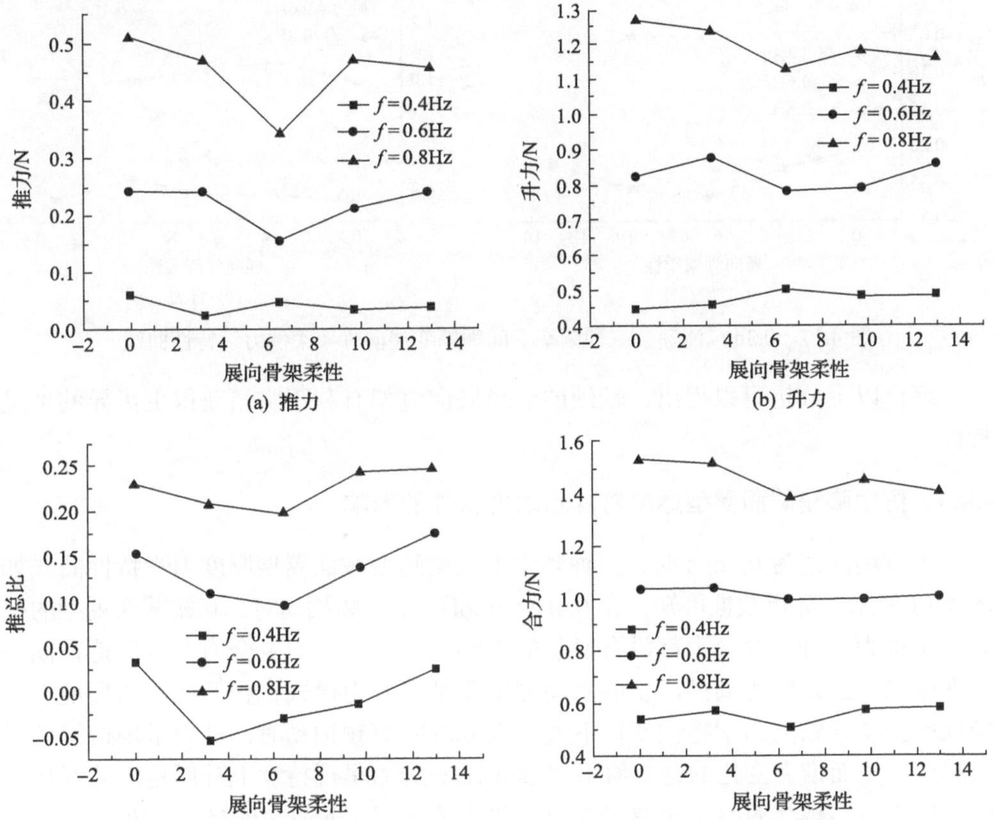

(a) 推力　(b) 升力
(c) 推总比　(d) 合力

图 4.16　0.2m/s 流速、三种频率下的胸鳍变展向骨架柔性力学特性曲线

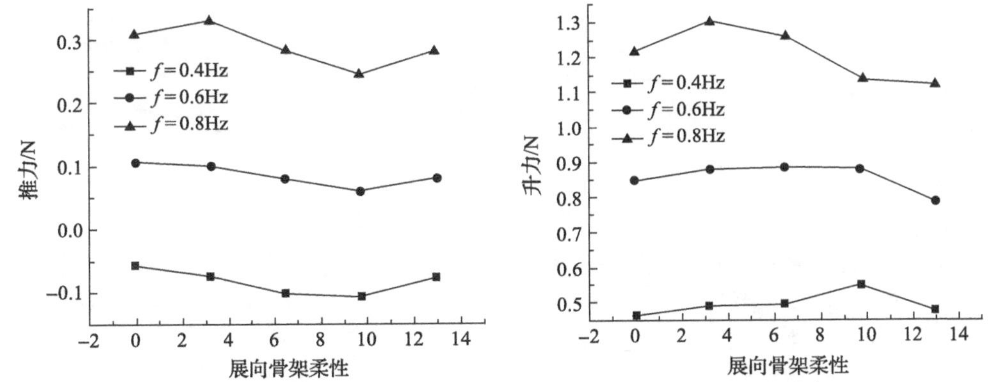

(a) 推力　(b) 升力

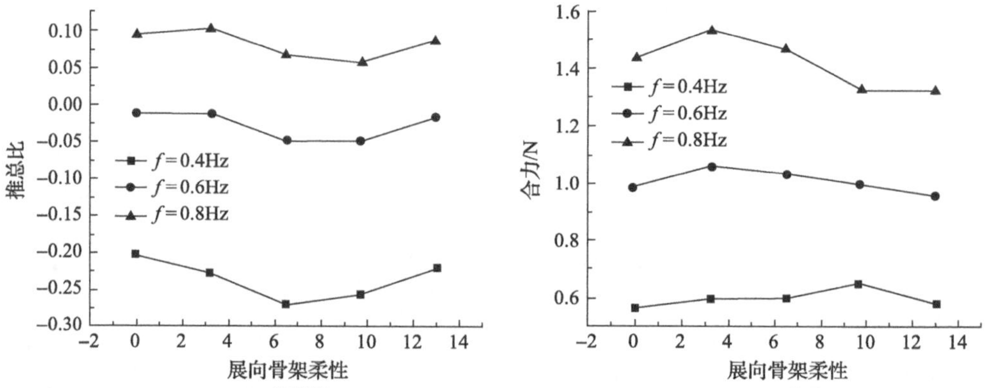

(c) 推总比 (d) 合力

图 4.17 0.3m/s 流速、三种频率下的胸鳍变展向骨架柔性力学特性曲线

综合以上分析可以得出，较硬的前缘展向骨架有利于胸鳍获得更优异的推进特性。

4.4.3 仿生胸鳍截面翼型厚度对其水动力特性的影响

当流场流速为 0.1m/s 时，三种频率下的胸鳍变截面翼型厚度力学特性曲线如图 4.18 所示。分析数据可知，在 0.4Hz、0.6Hz 中低频拍动时，胸鳍截面翼型的变化对于推力、升力及合力都没有显著的影响，推力、升力及合力大致保持在同一水平范围。这是因为翼型产生的水动力主要基于升力模式，在低速流场环境下，中低频拍动导致的力学特性变化不大。当 0.8Hz 高频拍动时，推力呈现持续的增长趋势，然而推力变化的绝对值不超过 0.1N；升力呈现持续上升后稳定的变化趋势，极小值出现在 NACA0008 翼型处，极大值出现在 NACA0015 翼型处，极值变

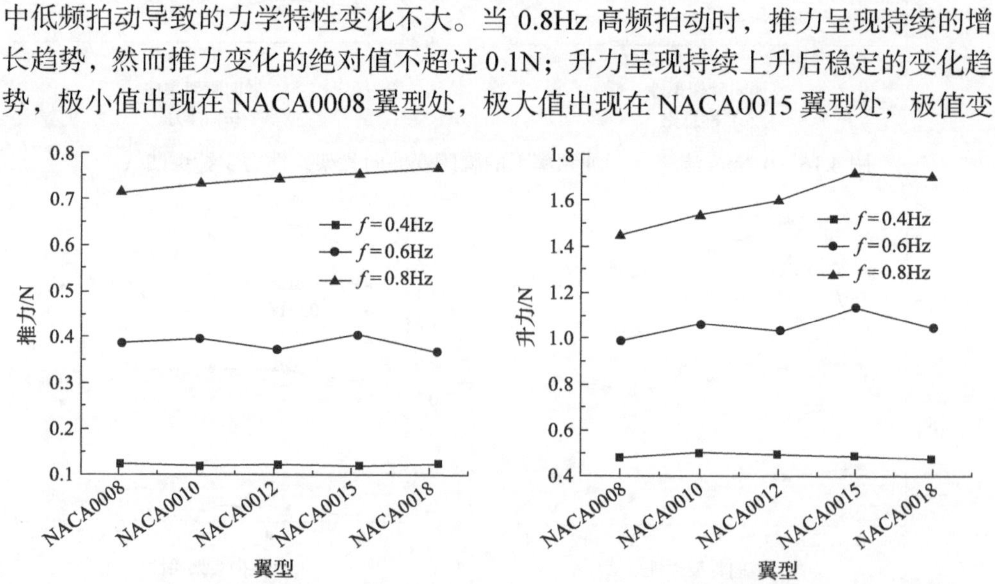

(a) 推力 (b) 升力

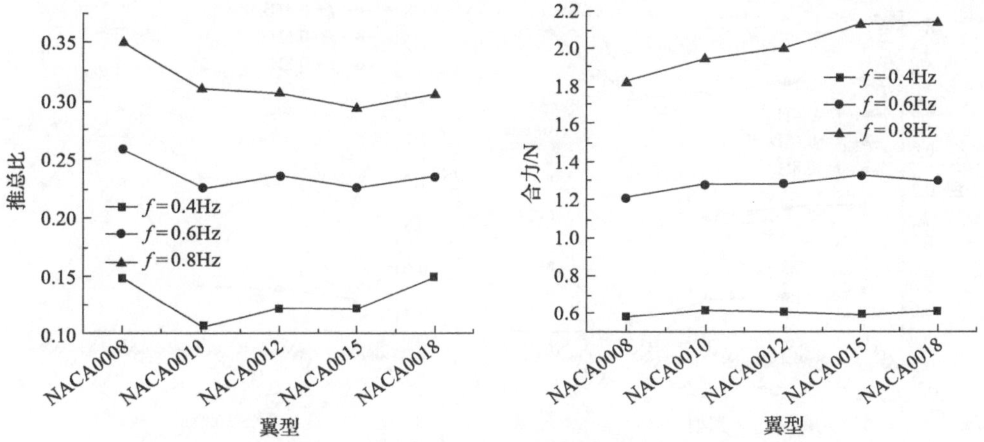

图 4.18　0.1m/s 流速、三种频率下的胸鳍变截面翼型厚度力学特性曲线

化量为 0.31N，增幅 21.4%；合力从 NACA0008 翼型时的 1.81N 上升到 NACA0018 翼型时的 2.15N，增幅 18.8%。在推力的分解效率方面，当 0.8Hz 高频拍动时，推总比会随着截面翼型的增厚逐渐减小，这是因为截面翼型增厚虽然会使推力小幅增加，但是升力与合力的提升幅度更大。当潜水器处于低速推进状态时，较薄的截面翼型虽然推力较小但是升力也会处于较低水平，因而具有较好的俯仰稳定性。

当流场流速为 0.2m/s 时，三种频率下的胸鳍变截面翼型厚度力学特性曲线如图 4.19 所示。由图可以观察到，不同频率拍动下的推力、升力、合力分别具有相似的变化趋势。胸鳍所受到的推力随着截面翼型逐渐增厚首先会缓慢下降，在 NACA0015 翼型时达到极小值，在增厚到 NACA0018 翼型时，三种频率下推力都突然增大，增量达到 0.2N。升力的变化趋势则与推力相反，升力随着截面翼型增厚会持续上升，在 NACA0015 翼型时达到峰值，0.4Hz 时的升力增量达到 0.6N，增幅高达 143%，升力模式下升力与合力的变化趋势大致相同。升力变化的流体力学机制为：当流体质点流经胸鳍表面时，由于 NACA 翼型的前缘导流作用，流体微团会暂时附着在胸鳍表面，形成附着涡系。某一时刻，翼型轴线与水流之间存在夹角，因此胸鳍上下表面附着涡系的强度分布并不相同，存在于上下表面的压强差导致胸鳍具有垂直于胸鳍的合力。当翼型适度增厚时，附着涡系不会立即脱落，在达到分离点后脱落释放出更大的流体动力。而当翼型继续增厚，翼型曲线导数过大时，附着涡系提前脱落，无法继续聚集来自胸鳍的动量，从而使胸鳍受到的合力减小。推总比随着截面翼型的逐渐增厚，总体上呈现出先减后增的趋势，在 0.8Hz 时端点值基本持平。因此，若无法合理设计胸鳍翼型，将会导致胸鳍表现出较差的水动力特性，如 0.2m/s 流速时的 NACA0015 翼型。

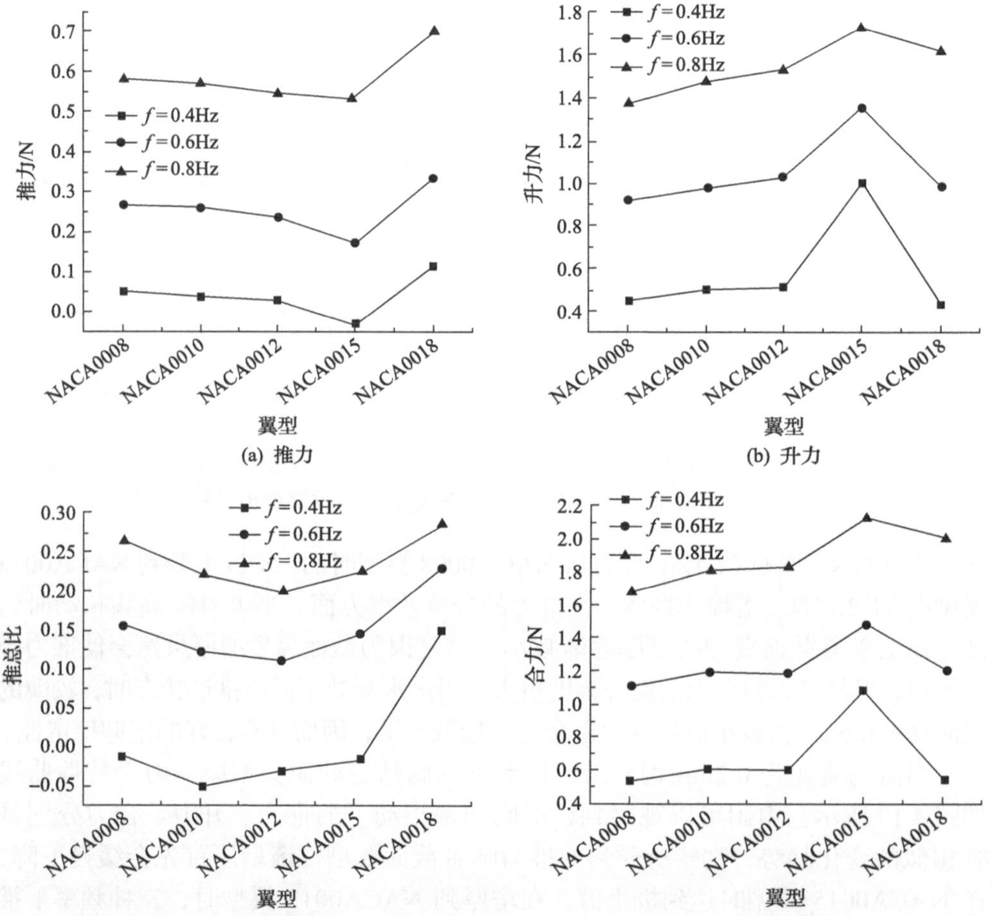

(a) 推力　(b) 升力　(c) 推总比　(d) 合力

图 4.19　0.2m/s 流速、三种频率下的胸鳍变截面翼型厚度力学特性曲线

当流场流速为 0.3m/s 时，三种频率下的胸鳍变截面翼型厚度力学特性曲线如图 4.20 所示。与 0.2m/s 时力学特性曲线相似，升力与合力的变化趋势呈现出一致的变化规律，但变化量与变化幅度呈现出更显著的特征。在 0.3m/s 的流速下，推力的增量在高频拍动时可以达到 0.3N，在 0.4Hz 拍动时，仅有 NACA0018 翼型处于正推力状态。升力的最大增量出现在 0.4Hz 低频拍动的工况，达到 0.9N，增幅达 214%；0.8Hz 高频拍动时，升力增量达 0.6N，增幅达 46.2%。推总比极值 0.22 出现于 0.8Hz 拍动时的 NACA0018 翼型，此时 NACA0008 翼型的推总比也处于较高水平达到 0.18。从数据上看，NACA0018 翼型的胸鳍在三种流速下均有优异的水动力表现，而 NACA0008 翼型是水动力参数空间关于推进性能的次优解。考虑到仿蝠鲼潜水器实际制造情况，当潜水器整体尺寸过大时，胸鳍的

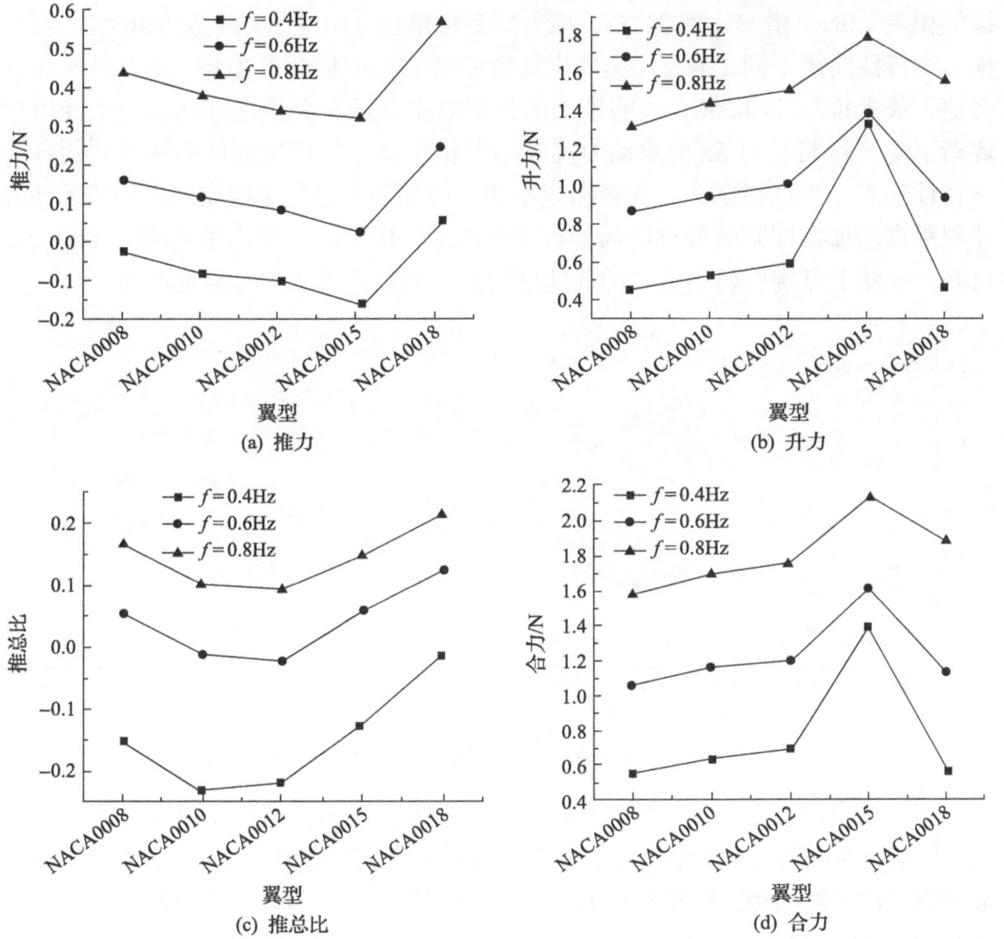

图 4.20　0.3m/s 流速、三种频率下的胸鳍变截面翼型厚度力学特性曲线

空间尺寸会按比例呈三次方放大，若此时仍采用硅胶材料或 PU 材料作为胸鳍的仿生肌肉，则会导致胸鳍体积过大，造成潜水器难以克服的结构困难，致使胸鳍鳍条的结构强度无法满足潜水器正常航行要求。根据胸鳍截面翼型的水动力分析结果，可以将胸鳍的截面翼型适当减小，虽然这样可能会损失一部分外形保型功能，但是会大幅度优化胸鳍的负载状况及水动力特性，达到仿蝠鲼潜水器结构稳定性与水动力性能突出的平衡。

4.4.4　斯特劳哈尔数对仿生胸鳍水动力特性的影响

当流场流速为 0.1m/s 时，胸鳍变频率拍动力学特性曲线如图 4.21 所示。由图可以看出，当频率增大时，推力、升力、合力都显著地呈线性增加。其中，合力的变化量最大，极大值与极小值相差 1.3N，增幅达到 217%；升力的变化量次之，极值相差 1.0N，增幅达到 212%；推力的变化量达 0.61N，增幅达到 469%。与其他力学特性曲线不同，推总比呈现出随频率增加先增后减的趋势，在 0.6Hz 达到峰值，最大推总比 0.256，表明推力的分解效率会随着频率增加达到一个峰值后逐渐下降，这与针对 *Sr* 的水动力实验结果相吻合。频率增加使胸鳍受到的各力学特性显著增加的机制为：固定振幅不变，增加频率会使单位周期内胸鳍运动的冲程距离增加，即胸鳍各点的运动角速度增加。根据叶素理论中胸鳍微元的受力可知，胸鳍上点绕旋转中心轴的线速度增加，导致胸鳍受力显著地增加。

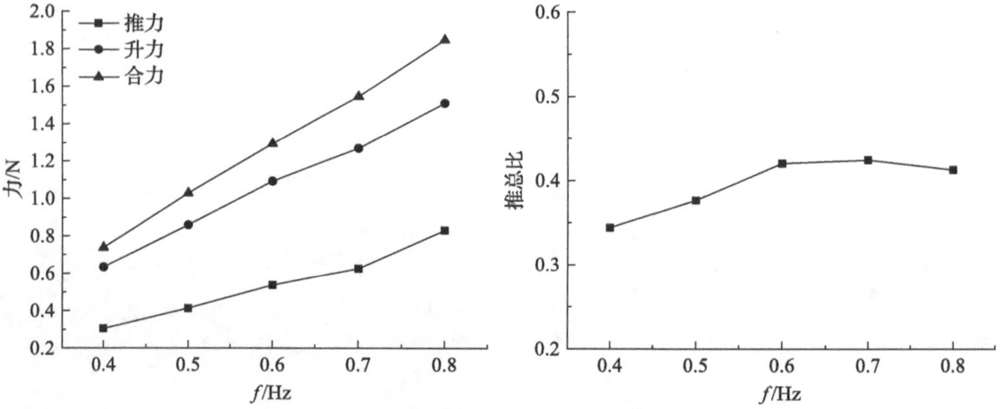

图 4.21　0.1m/s 流速下的胸鳍变频率拍动力学特性曲线

当流场流速为 0.2m/s、0.3m/s 时，胸鳍变频率拍动力学特性曲线如图 4.22 所示。与 0.1m/s 时的变化趋势类似，胸鳍在这两种流速下推力、升力及合力均呈现出显著的线性增加趋势。当流速为 0.2m/s 时，推力增量为 0.46N；升力增量为 0.81N；增幅为 142%；合力增量为 1.0N，增幅为 149%；推总比在 0.6Hz 拍动时达到峰值

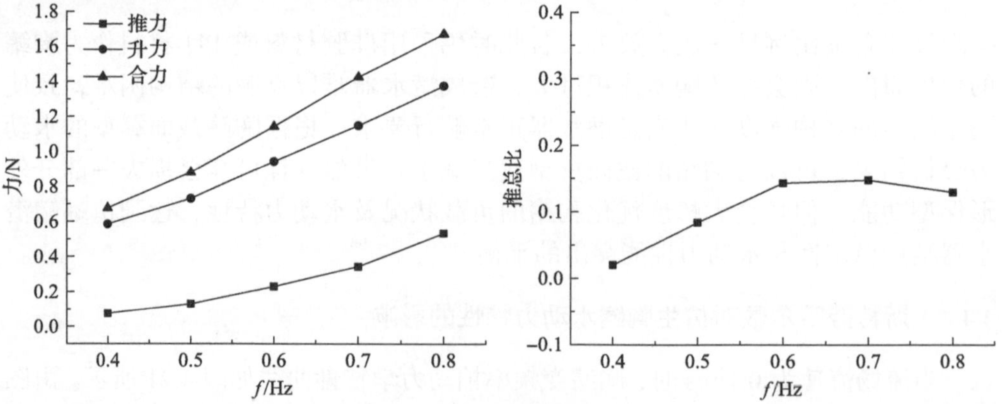

(a) 流速为0.2m/s

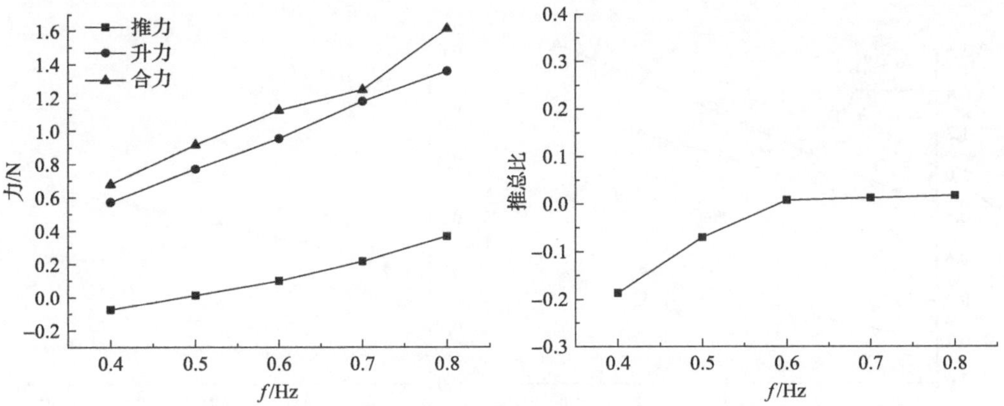

(b) 流速为0.3m/s

图 4.22 不同流速下的胸鳍变频率拍动力学特性曲线

0.142。当流速为 0.3m/s 时，0.4Hz 低频拍动周期内推力值已为负值，推力增量为 0.42N；升力增量为 0.76N，增幅为 131%；合力增量为 0.93N，增幅为 134%；推总比在 0.6Hz 拍动时达到峰值 0.007。当高速游动时，推总比的绝对值并不完全代表推力分解的效率低，而是一部分推力抵抗阻力被消耗。

分析推总比的变化趋势可以得出，频率增加虽然会使单位周期内胸鳍所传导的动力源输出动量在数量上显著增加，但是胸鳍在输入源动量转化为流场动力的过程中存在效率传导极限，本节胸鳍实验频率达到 0.6Hz 时，推力的转化效率就会下降。在仿蝠鲼潜水器的实际游动控制中，需要根据当前的游动任务选择合适的运动频率。若需要快速进行机动动作，则应尽可能提升胸鳍拍动的频率从而获得更大的推力与俯仰力。若需要进行长航时、长航程的低能耗机动任务，则须考虑推进性能的转化效率，牺牲部分的航速，达到性能与效率的平衡。

当流场流速为 0.1m/s 时，胸鳍变振幅拍动力学特性曲线如图 4.23 所示。由图可以看出，振幅变化时，胸鳍的各项力学特性曲线呈现出比变频率力学特性曲线更为显著的线性变化特征。分析三条力学特性曲线的斜率，发现合力与推力的变化率较大，升力的变化率较小。振幅从 30°提升到 50°，合力的极值增量为 0.71N，增幅为 77.2%；推力的极值增量为 0.43N，增幅为 187%；升力的极值增量为 0.48N，增幅为 58.5%。从三种力的增幅来看，升力的增幅小于合力的增幅，这是因为推力增幅较大，贡献了更多的合力增量。推总比随着振幅的增大也呈现出较为显著的线性增长趋势，最大推总比为 0.35。与变频率类似，改变振幅导致力学特性显著变化的内在机理为：在不改变频率的条件下增加拍动的振幅会使单位周期内胸鳍扫掠过的流场区域体积更大，由胸鳍传导的舵机输出动量会施加给流场中更多的流体微团，从而使单位时间内胸鳍所受到的流体动力更大。

当流场流速为 0.2m/s、0.3m/s 时，胸鳍变振幅拍动力学特性曲线如图 4.24 所示。

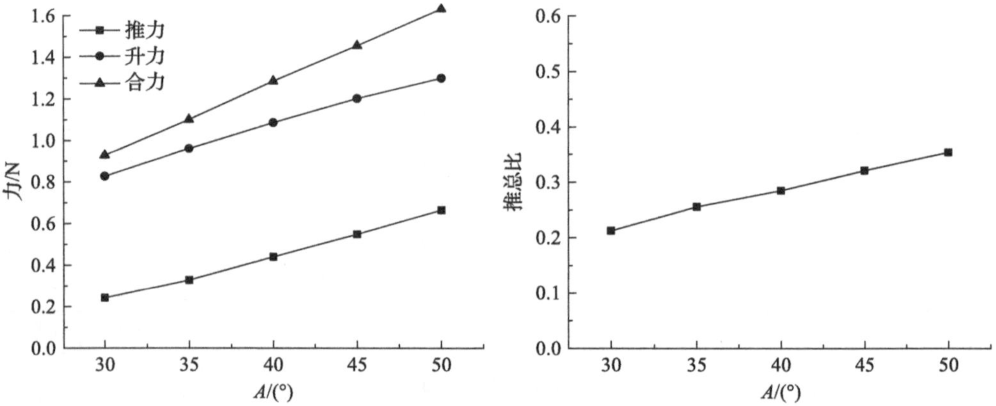

图 4.23　0.1m/s 流速下的胸鳍变振幅拍动力学特性曲线

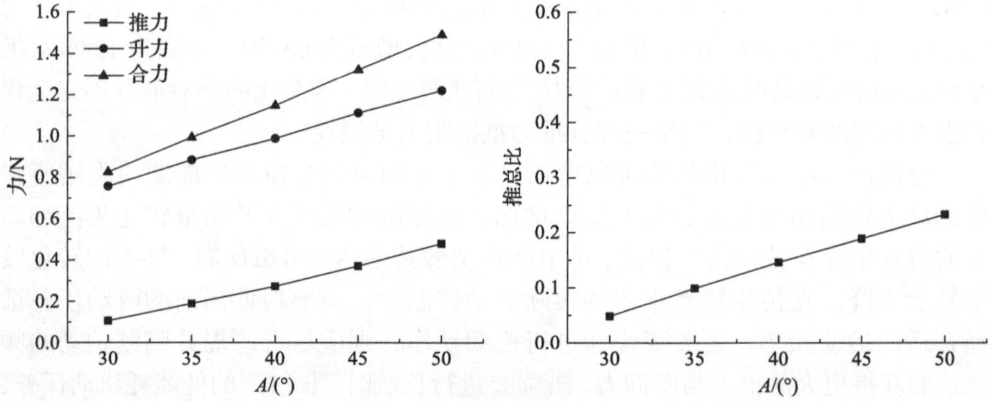

(a) 流速为0.2m/s

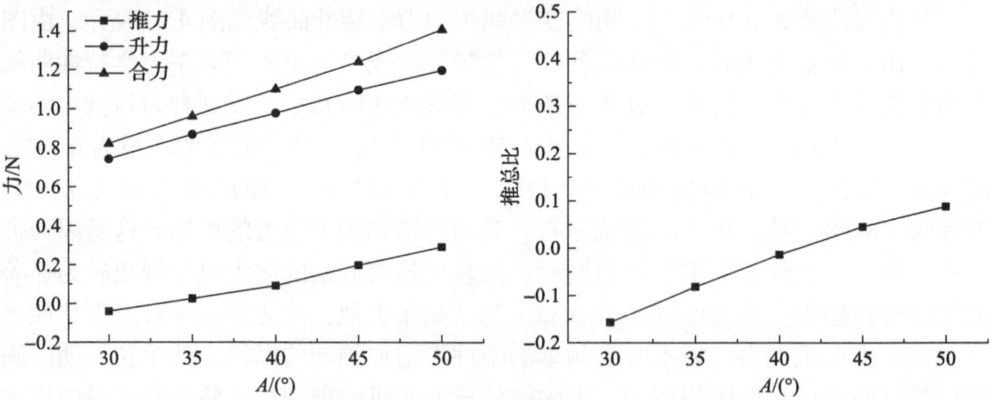

(b) 流速为0.3m/s

图 4.24　不同流速下的胸鳍变振幅拍动力学特性曲线

0.2m/s 流速时，推力的增量为 0.38N，增幅为 392%；升力的增量为 0.47N，增幅为 62.7%；合力的增量为 0.66N，增幅为 80.0%。0.3m/s 流速时，推力的增量为 0.32N；升力的增量为 0.46N，增幅为 62.2%；合力的增量为 0.60N，增幅为 73.2%。与 0.1m/s 时的变化趋势一致，0.2m/s 和 0.3m/s 时的胸鳍变振幅拍动力学特性曲线呈现出显著的线性特性。与增加频率不同，推总比随着振幅的增加会持续提升。因此，本节实验中频率为 0.6Hz、振幅为 50°具有最高的推总比，后续的攻角实验和非对称拍动实验均以此为基础工况。

4.4.5　摆旋运动攻角对仿生胸鳍水动力特性的影响

当流场流速为 0.1m/s 时，胸鳍变相位差拍动力学特性曲线如图 4.25 所示。随着相位差增加到 40°，胸鳍拍动时的最大攻角由 0°上升到 10°。由图可以看出，胸鳍所受到的推力随着相位差的增加呈现出先增大后保持不变的趋势。在相位差为 30°时，推力基本达到峰值，推力的增量为 0.15N，增幅为 26.8%。升力和合力则呈现出单调递减的趋势。升力的下降量为 0.31N，降幅为 18.8%；合力的下降量为 0.26N，降幅为 13.1%。相反，推总比则随着相位差的增加呈现出持续增加的趋势，从 0°相位差时的 0.24 上升到了 40°相位差时的 0.35。相位差增加使得推力增大的原因在于：当胸鳍产生合理的攻角后，基于升力模式产生的合力将会更偏向于推力方向，同时在升力方向分解更少，因此推总比会持续增加。而当相位差增大到一定程度后，由于增大了胸鳍鳍面的迎流面积，实验模型所受到的阻力也持续增加，推力的变化逐步减缓。

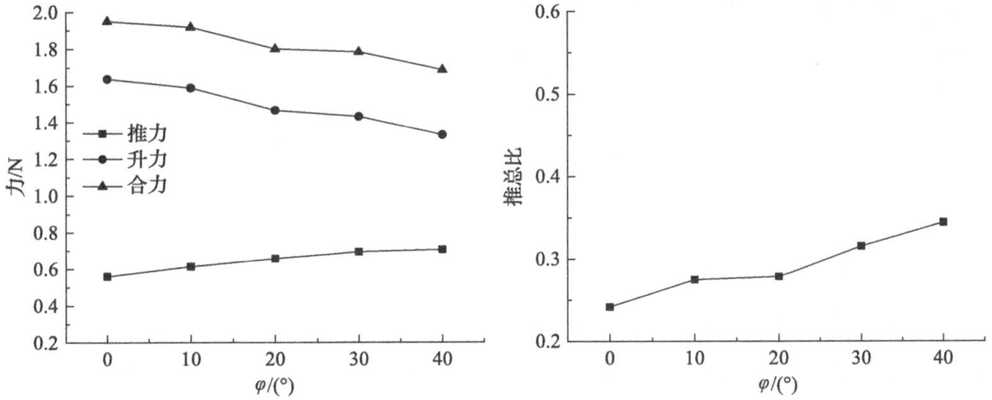

图 4.25　0.1m/s 流速下的胸鳍变相位差拍动力学特性曲线

当流场流速为 0.2m/s、0.3m/s 时，胸鳍变相位差拍动力学特性曲线如图 4.26 所示。结合三种流速下的力学特性曲线，在不同流速下，胸鳍受到的升力与合力几乎处于同一水平，唯有推力因受到流场施加于实验模型的阻力而处于不同的水平，但变化趋势一致。0.2m/s 时，推力的增量为 0.13N，增幅为 32.5%；升力的下降量为 0.35N，降幅为 21.6%；合力的下降量为 0.33N，降幅为 17.3%；推总比由 0.15 上升至 0.26。0.3m/s 时，推力的增量为 0.11N，增幅为 45.8%；升力的下降量为 0.40N，降幅为 24.4%；合力的下降量为 0.41N，降幅为 21.6%；推总比由 0.04 上升至 0.14。

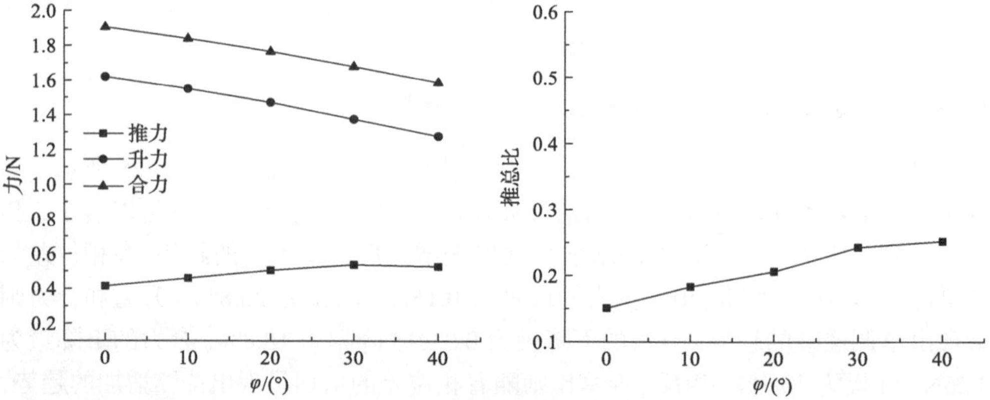

(a) 流速为0.2m/s

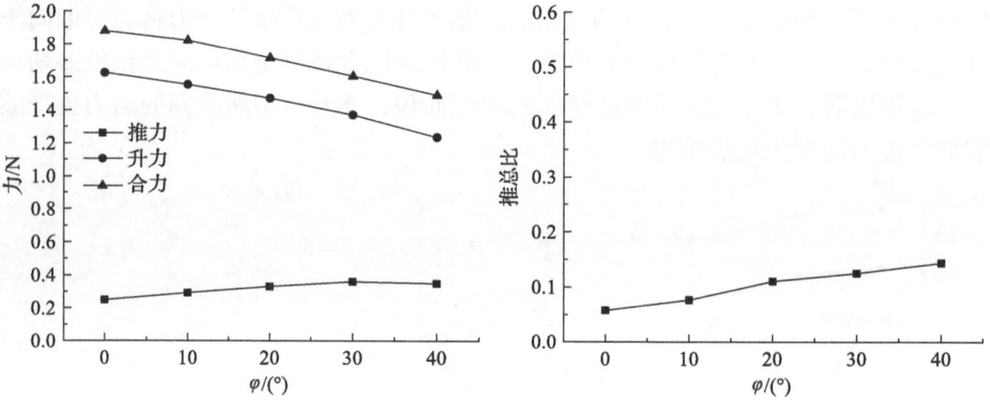

(b) 流速为0.3m/s

图 4.26　0.2m/s、0.3m/s 流速下的胸鳍变相位差拍动力学特性曲线

对比频率、振幅、相位差三者变化时推力增量大小，如图 4.27 所示。可以发现，变频率的推力增量最大，变振幅次之，变相位差最小，因此在仿蝠鲼潜水器执行直线推进任务时，改变胸鳍拍动的频率会更多地影响潜水器的游动速度，改变振幅也能相当程度上影响潜水器的推进性能，相较之下，相位差对潜水器水动力特性的影响较小。

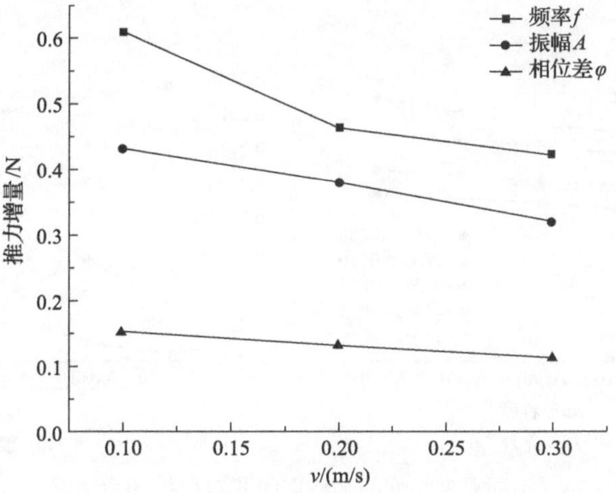

图 4.27　三种流速下变频率、变振幅、变相位差的推力增量对比

4.4.6　非对称振幅拍动对仿生胸鳍水动力特性的影响

不同翼型系列的胸鳍空间非对称拍动力学特性曲线如图 4.28 所示。从图中可以看出，在非对称振幅的作用下，不同 NACA 翼型的胸鳍所受到的推力变化量较小，推力变化量不超过 0.05N，总体呈现出较为平稳的趋势。在非对称度为零，即对称拍动时，胸鳍所受到的升力绝对值的平均值最高，在上拍多或者下拍多时，升力均有一定程度的下降，然而变化量不超过 0.1N。在非对称振幅变化时，合力的大小没有表现出显著的变化。推总比在截面翼型较薄时，下拍多上拍少的非对称拍动较大；当截面翼型较厚时，上拍多下拍少的运动方式会使推总比增大。后者与生物的运动方式类似，说明上移拍动对称轴线在一定程度上可以提升推进效率。此时，周期内的升力均值不再为零，即会有向上的运动趋势，如图 4.29 所示。因此，非对称振幅的拍动方式适用于仿蝠鲼潜水器执行快速俯仰、上行下潜等航行任务。

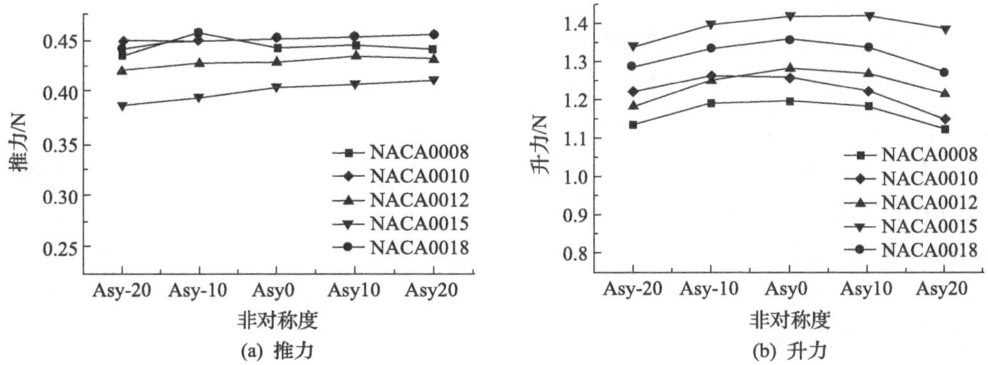

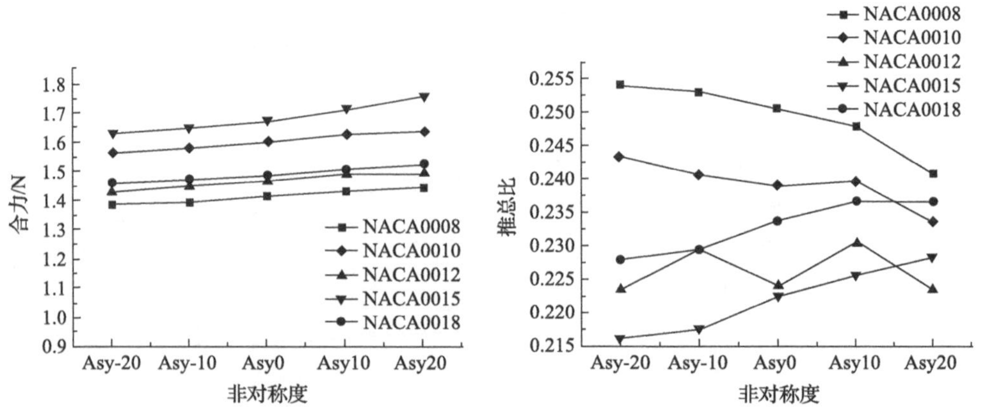

(c) 合力　　(d) 推总比

图 4.28　不同翼型系列的胸鳍空间非对称拍动力学特性曲线

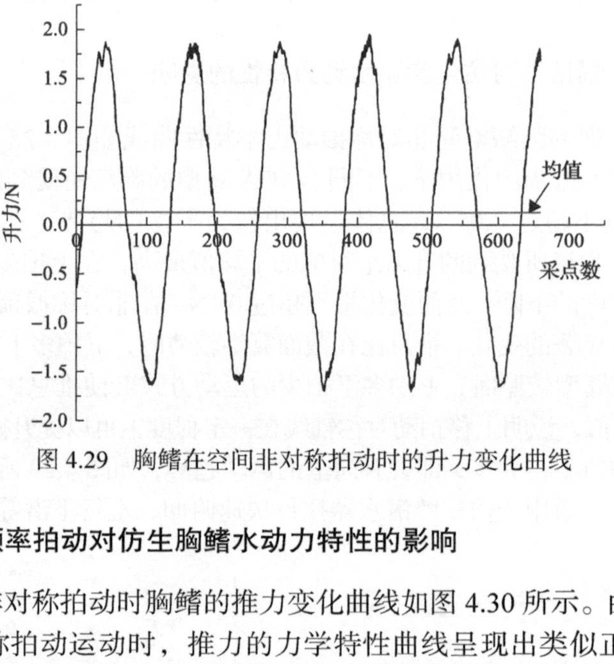

图 4.29　胸鳍在空间非对称拍动时的升力变化曲线

4.4.7　非对称频率拍动对仿生胸鳍水动力特性的影响

不同时间非对称拍动时胸鳍的推力变化曲线如图 4.30 所示。由图可知，当胸鳍处于时间对称拍动运动时，推力的力学特性曲线呈现出类似正弦函数的变化趋势，且推力极值在数值上处于中等水平。当胸鳍处于时间非对称拍动时，推力的力学特性曲线与对称拍动时具有较显著的区别。当处于 u0.48d0.8 工况下时，胸鳍上下拍冲程内的推力具有显著的双峰，且两者数值均处于较低水平。当处于 u0.5d0.75、u0.6d0.6、u0.75d0.5 三种工况下时，胸鳍上下拍冲程内推力的双峰不再显著，各自峰值在数值上依次增大。当处于 u0.8d0.48 工况下时，与 u0.48d0.8 工况类似，此时的推力曲线呈现出更为明显的双峰，且上拍时的峰值在所有工况的上下拍中处于最高。综合分析推力的变化曲线可以得出，随着非对称频率的改变，胸鳍拍动周期内的上拍冲程具有更为显著的变化趋势，即胸鳍运动时上拍时段的推力随着频率的增加显著增加，而下拍时段的推力则无显著的变化趋势。

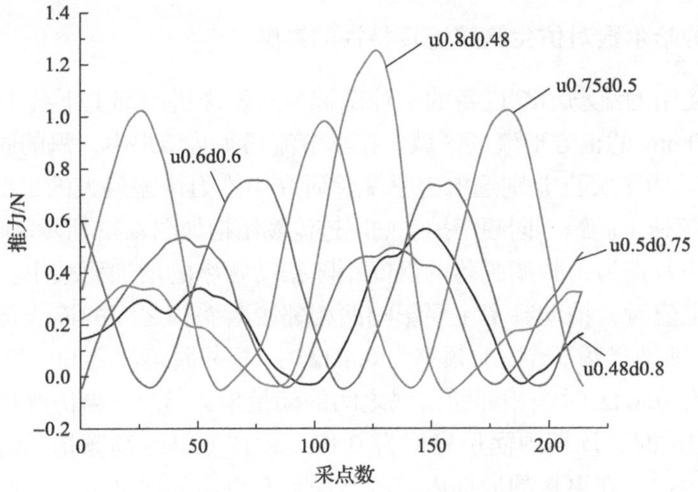

图 4.30　不同时间非对称拍动时胸鳍的推力变化曲线

推力、升力、合力以及推总比随着非对称频率变化的变化趋势如图 4.31 所示。由图可知，随着胸鳍由慢上快下的非对称拍动逐渐地改变为快上慢下的非对称拍动，所有的力学特性都呈现出先增加后减小的变化趋势，并在 u0.75d0.5 的工况下达到峰值，推总比在胸鳍对称拍动时达到峰值。推力的增量为 0.22N，增幅为 105%；升力的增量为 0.50N，增幅为 61.0%；合力的增量为 0.31N，增幅为 44.3%。因此，在本节的时间非对称拍动的工况设置下，上拍速度略快于下拍速度，有利于提升胸鳍的推进特性。

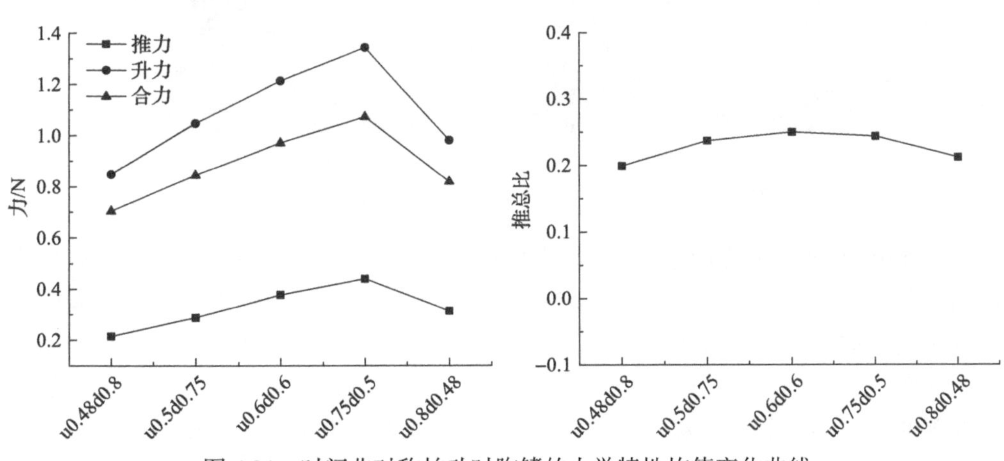

图 4.31　时间非对称拍动时胸鳍的力学特性均值变化曲线

4.5　仿生胸鳍流场特性实验测试与分析

4.5.1　斯特劳哈尔数对仿生胸鳍流场特性的影响

本节所使用的流场示踪设备的示踪区域为实验样机尾部上下各 150mm、向下游距离为 300mm 的正方形流场区域。在本节流场实验结果中，涡的脱落模式均为 2S 脱落方式，为了突出差别选取力学实验研究中推力极差最大的工况进行展示。

0.15m/s 流速下胸鳍不同频率拍动的尾迹流场结构如图 4.32 所示。两个工况 PIV 结果最明显的差别为，胸鳍脱落的涡间距随拍动频率的增加而减小。当流速与拍动振幅为固定值时，拍动频率主要影响两相邻脱落涡核之间的连线与所在平面纵向轴的夹角，即动量角。当拍动频率为 0.4Hz 时，相邻脱落涡之间的动量角为 48°；当拍动频率为 0.8Hz 时，相邻脱落涡之间的动量角为 35°。当仿蝠鲼柔性胸鳍在 0.4Hz 低频拍动时，周期内涡量峰值为 $0.13s^{-1}$；在 0.8Hz 高频拍动时，周期内涡量峰值为 $0.19s^{-1}$。在更短的周期内，脱落涡具有更高的涡量水平，增加拍动频率不仅可以在单次拍动时提升脱落涡的涡量，还可以在单位时间内增加脱落涡的数量，因此从胸鳍释放的动量更多，这解释了改变胸鳍拍动频率会最为显著地改变其水动力特性的现象。

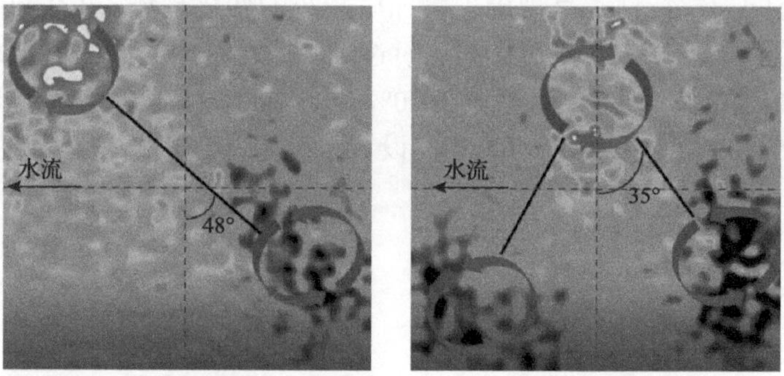

(a) 0.4Hz频率　　(b) 0.8Hz频率

图 4.32　0.15m/s 流速下胸鳍不同频率拍动的尾迹流场结构

0.15m/s 流速下胸鳍不同振幅拍动的尾迹流场结构如图 4.33 所示。当流场流速与胸鳍拍动频率固定不变时，胸鳍拍动的振幅将主要影响脱落涡演化发展后与流场主流方向的夹角，即射流角。当拍动振幅为 30°时，射流角为 20°；当拍动振幅为 50°时，射流角为 33°。由图可以看出，当振幅稍大时，下方的涡旋已有部分不在观测区域内，相比于频率主要影响涡核之间的横向间距，拍动振幅则主要影响涡核之间的纵向间距。拍动振幅为 30°时，周期内涡量峰值为 $0.12s^{-1}$；拍动振幅为50°时，周期内涡量峰值为0.18s^{-1}。

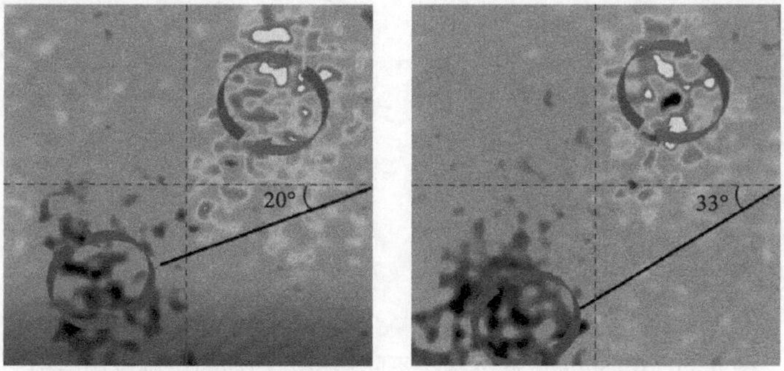

(a) 30°振幅　(b) 50°振幅

图 4.33　0.15m/s 流速下胸鳍不同振幅拍动的尾迹流场结构

综合以上分析，拍动频率与拍动振幅各自改变时，其共同组成的斯特劳哈尔数发生变化，流经胸鳍的流体微团会获得来自胸鳍的不同动量输出，导致胸鳍受到的推进特性发生显著变化。

4.5.2　摆旋运动攻角对仿生胸鳍流场特性的影响

图 4.34 为 0.15m/s 流速下胸鳍不同相位差拍动的尾迹流场结构。由图可知，攻角不同时，胸鳍拍动导致的尾迹流场结构在形式上无较大差别。0°攻角拍动时，胸鳍做单独的升沉运动，若考虑胸鳍为刚性，则其产生的流体动力主要体现在升力方向。然而，由于胸鳍材料的柔性作用，在胸鳍拍动时，鳍面受到上下方流场的作用而发生动弯曲变形，胸鳍传导的动量也能向实验模型后方流场传递，产生的作用力在推进方向的分量增大。因此，即使做0°攻角纯升沉运动，柔性胸鳍也能获得比刚性胸鳍更大的推力。在本节的 PIV 实验结果中，当0°相位差拍动时，周期内涡量峰值为0.19s^{-1}；当40°相位差拍动时，周期内涡量峰值为0.14s^{-1}。然而，从力学数值上看，推力随着相位差的增大先增大后减小或不变，40°相位差拍动时对应的所有柔性胸鳍受到的推力均显著大于0°相位差拍动时对应的推力。此外，由 PIV 实验结果可知，0°相位差的涡场结构与背景流场的区分度小于40°相位差的。因此，可以推知，胸鳍在无攻角情况下拍动时，虽然总体输出的动量较大，但是流场的涡结构较为分散，难以形成有效的推力。在攻角处于合适区间时，即使胸鳍总体输出的动量较小，也会形成更理想的大涡结构，提升推进性能。这也可以解释在力学实验研究中，随着相位差的增大，推进性能的推总比持续增大的现象。因此，使胸鳍在拍动过程中处于合适的升沉角与俯仰角之间的相位差，对于提升胸鳍的推进性能具有重要的意义。

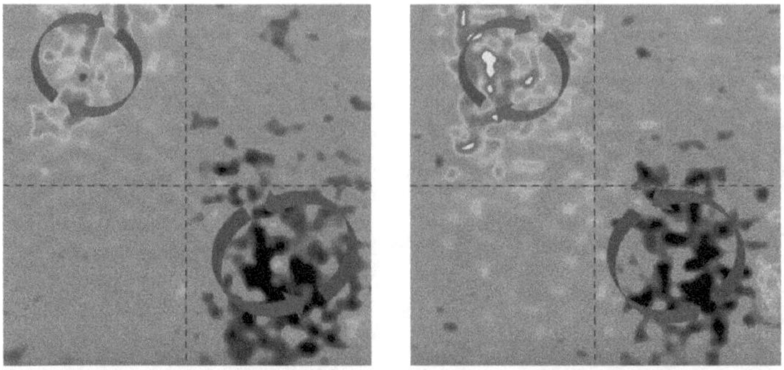

(a) 0°相位差　　(b) 40°相位差

图 4.34　0.15m/s 流速下胸鳍不同相位差拍动的尾迹流场结构

4.5.3　非对称振幅拍动对仿生胸鳍流场特性的影响

0.15m/s 流速下两种胸鳍空间非对称拍动的尾迹流场结构如图 4.35 所示。相比两种流场结构可以发现，涡的脱落位置较前面对称拍动实验时发生了竖直方向的偏移。当拍动对称轴线上移 20°时，空间非对称度为 0.5，脱落并向后发展的正负涡旋均向上移动了一定距离。这是由于当向上非对称拍动时，胸鳍拍动速度最快的空间位置也向上偏移，涡的脱落时刻也会发生一定的改变。同理向下非对称拍动时，胸鳍拍动速度最快位置及流体动力处于峰值时刻，胸鳍的位置也相应地向下移动。在周围流场环境流速与主流方向不变的情况下，涡的脱落位置会影响后续涡的演化发展，这解释了非对称振幅拍动的力学实验中升力中心基线的现象。图 4.35(a)的周期内涡量峰值为 $0.14s^{-1}$，图 4.35(b)的周期内涡量峰值为 $0.13s^{-1}$，此时两种运动工况下的涡量峰值均小于对称拍动时的同频率同振幅行程工况下的涡量峰值 $0.16s^{-1}$。这是由于当拍动的对称轴线不在水平线上时，胸鳍处于零位时的升沉角发生变化，从而影响胸鳍实际的攻角水平。由前面研究结论可知，适宜

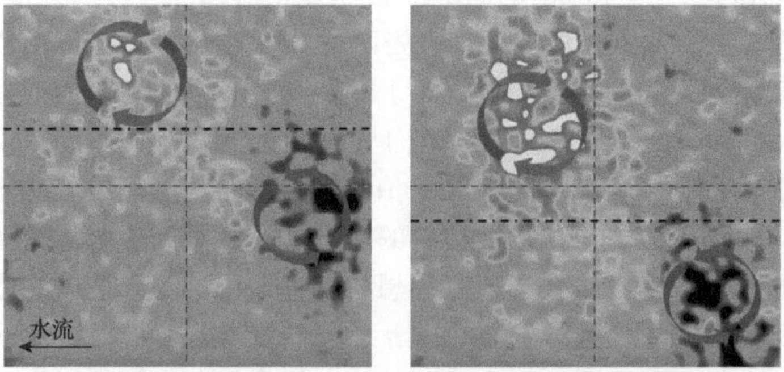

(a) 对称轴线为20°　　(b) 对称轴线为−20°

图 4.35　0.15m/s 流速下两种胸鳍空间非对称拍动的尾迹流场结构

攻角范围可以增加胸鳍的推进效率。结合力学实验研究中非对称振幅拍动对于推力曲线的变化，可以得出非对称振幅拍动对于推进特性影响较小的结论。因此，当潜水器需要纵方向的非对称升力时，如上浮、下潜等，可以采用航行效率更高的非对称振幅拍动。

4.5.4　非对称频率拍动对仿生胸鳍流场特性的影响

0.15m/s 流速下两种胸鳍时间非对称拍动的尾迹流场结构如图 4.36 所示。两种流场结构呈现出一大一小涡核的显著特征，图 4.36(a)为快上慢下的时间非对称拍动，图 4.36(b)为快下慢上的时间非对称拍动。当上拍快于下拍时，旋转运动的流体微团组成的大涡核内部的运动一致性较强，表现为涡核较为致密；当上拍慢于下拍时，正向与反向涡旋内部受到周围流场的影响较为松散，因此推进特性上快上慢下应优于慢下快上。结合 4.5.3 节中空间非对称拍动的力学实验研究可以得出，无论是周期内推力变化的实时曲线峰值，还是推力周期内的均值，胸鳍拍动快上慢下都显著大于快下慢上。u0.8d0.48 工况快上慢下拍动时，一个周期内胸鳍尾迹流场的涡量峰值为 0.14s^{-1}；u0.48d0.8 工况快下慢上拍动时，一个周期内胸鳍尾迹流场涡量峰值为 0.17s^{-1}。因此，也说明了快上慢下拍动时，胸鳍的推力转化效率更好。结合以上所有的 PIV 实验结果可以得出，仅分析流场的涡结构及涡场数据，无法完全还原胸鳍在连续运动时的运动情况，须结合力学数据进行全面的分析。

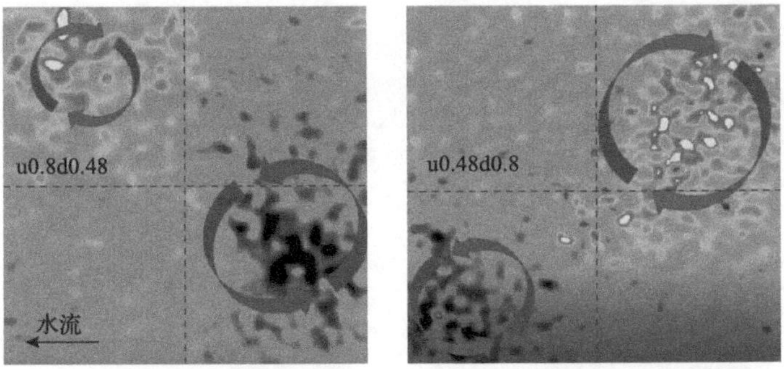

(a) 快上慢下的时间非对称拍动　(b) 快下慢上的时间非对称拍动

图 4.36　0.15m/s 流速下两种胸鳍时间非对称拍动的尾迹流场结构

4.6　本章小结

本章讨论了仿蝠鲼柔性胸鳍整体的结构参数、运动参数对水动力特性的影响。采用力学实验与 PIV 实验相结合，分析了斯特劳哈尔数、摆旋运动攻角、非对称振幅拍动，以及非对称频率拍动对仿蝠鲼柔性胸鳍的影响。

在进行周期性往复运动的力学场景内，斯特劳哈尔数起决定性的作用，本章将斯特劳哈尔数定义为胸鳍拍动的振幅、频率及周围流场的流速。流速主要影响模型受到的阻力，因此主要讨论胸鳍拍动的振幅及频率的影响。研究结果表明：①频率、振幅对水动力特性的影响较为一致，均呈现出显著的线性特征，相较之下，频率的影响更甚；②舵机的相位差不同会导致胸鳍运动时具有不同的攻角，随着攻角的增加，胸鳍受到的推力持续增加至不变或缓慢下降，呈现出负二次曲线的趋势；③非对称振幅拍动时，对推力的影响较小，对升力的影响较大。在胸鳍的截面翼型较厚时，非对称振幅拍动可以提升推进效率。非对称频率拍动时，上拍冲程会随着频率的改变产生显著的变化，合适的快上慢下的非对称拍动可以获得更好的水动力特性。

通过对胸鳍受到的推力与胸鳍拍动频率、振幅、相位差及流速的数据分析，得到了对应的拟合关系式，从而可以在一定范围内对胸鳍的动力学特性进行预测，为仿蝠鲼潜水器的智能控制提供参考依据。

第 5 章　仿蝠鲼潜水器的动力学建模

5.1　引　言

仿生潜水器利用软组织的被动变形来增强运动性能，对于构建新一代轻便、多功能的潜水器具有极大的潜力。随着仿生潜水器运动系统变得越来越复杂，其数学模型也变得越来越复杂。因此，需要高效的建模工具来帮助仿生潜水器学者进行建模、设计、控制、运动规划(步态生成、过渡机动)等工作。由于动态模型在模拟、设计和控制方面的重要作用，如何建立高效精确的动力学模型引起了相关方向研究人员的极大兴趣，也是水下仿生潜水器领域一个亟待解决的基础科学问题。基于这种情况，本章的目的是将尽可能多的现有运动案例汇集在一个统一、结构化的总体描述中，并为超冗余连续系统或具有顺应性组织的仿生潜水器提供完善的运动学、动力学建模理论框架。

使用由 Poincaré、Arnold 和 Marsden 等引入的几何力学的抽象工具，展示一种适用于大部分仿生潜水器运动描述的几何力学框架，并将这些数学工具应用在仿生潜水器这样一个移动多体系统上。在具体的模型构建中，运用几何直觉和物理洞察力，离散化潜水器的连续结构，同时通过运动拟态尽可能地保持系统实际应用所需的技术重点。本章还涉及这些模型的计算问题。虽然几何拉格朗日图像是建模和分析的强大工具，但是并不适用于复杂多体系统，如当前在潜水器实验室中开发的生物启发型(超冗余、连续、柔性)系统。基于研究人员为生物启发运动所开发的多体系统 NEDA 公式，本章使用(其中一个公式)一个替代拉格朗日建模的统一综合图像，借此推导出高效的计算算法，并将其用于仿生潜水器运动学、动力学的数值求解。

总之，本章介绍一种用于仿生多体系统动力学建模的通用工具，专用于研究仿生潜水器的生物启发式运动。5.2 节从多体系统角度阐述仿蝠鲼潜水器动力学问题的一般性质，绘制运动学、动力学的统一几何图像。5.3 节和 5.4 节从离散移动多体系统(mobile multibody system, MMS)的角度出发，以两种主要的驱动机构为例建立完善的仿蝠鲼潜水器的运动学模型和动力学模型。基于 5.4 节介绍的动力学理论，5.5 节介绍一种基于牛顿-欧拉(Newton-Euler)公式的运动学、动力学数值计算方法，实现这些模型的高效计算并给出初步的计算和分析结果。最后总结仿蝠鲼潜水器动力学建模的要点。

5.2 移动基座的多体系统

本节采用刚性多体系统模型来推导一个通用的统一框架，专门用于仿生潜水器运动学的建模，多体系统是由一组有限刚体通过内部关节相互连接组成的系统。从潜水器建模的角度可以将多体系统分为两类：一类是具有固定基座的传统多体系统(如串联式机械臂)；另一类是移动多体系统[1]。与经典的多体系统相比，移动多体系统的运动不仅包含刚体间的相对运动，还包含刚性的整体运动，即在空间中结构的净位移。目前，移动多体系统可以作为许多潜水器的建模框架，包括完全约束系统(如轮式潜水器)、无人潜水器、欠约束非完整系统(如各类仿生潜水器)。5.3.2 节将介绍仿蝠鲼潜水器的简化多连杆模型，并证明该模型符合移动刚性多体系统的几何特征。

对于经典多体系统(如串联式机械臂)，由于具有固定基座，系统中的各个刚体在空间中的位置仅与内部自由度，即关节位置向量 $\boldsymbol{q}=\left(q_1,q_2,\cdots,q_n\right)^{\mathrm{T}}$ 有关，其运动学模型表现为末端执行器速度与关节速度之间的线性关系。而对于移动多体系统，需要额外描述系统在空间中的整体刚性运动，因此在描述这种系统的几何关系和运动关系时，需要将系统中某一刚体定义为载体。通常潜水器上搭载的传感器模块被选为载体，记为 0 号刚体，其坐标系记为 $\mathcal{F}_0$。例如，仿蝠鲼潜水器的躯干被选为载体，坐标系 $\mathcal{F}_0$ 固定在躯干重心上。系统相对于固定在空间中的伽利略坐标系 $\mathcal{F}_{\mathrm{G}}$ (或世界坐标系)的位置由载体位姿矩阵 $\boldsymbol{g}_0$ 表示(见图 5.1)。载体位姿矩阵定义为

$$\boldsymbol{g}_0=\begin{bmatrix}\boldsymbol{R}_0 & \boldsymbol{P}_0\\ \boldsymbol{0}_{1\times3} & \boldsymbol{I}\end{bmatrix}\in\mathbb{R}^{4\times4} \tag{5.1}$$

式中，$\boldsymbol{R}_0\in\mathbb{R}^{3\times3}$ 为坐标系 $\mathcal{F}_0$ 相对于 $\mathcal{F}_{\mathrm{G}}$ 的旋转矩阵；$\boldsymbol{P}_0\in\mathbb{R}^3$ 为坐标系 $\mathcal{F}_0$ 相对于 $\mathcal{F}_{\mathrm{G}}$ 的位置向量。

随后，为了定义系统余下刚体在空间中的位置，使用刚性变换 $\left({}^{j-1}\boldsymbol{g}_j\right)^k$ 定义相邻刚体间的相对位置。$\left({}^{j-1}\boldsymbol{g}_j\right)^k$ 描述了在 k 号串联机构中 j 号刚体 $\mathcal{F}_j$ 相对于 $j-1$ 号刚体 $\mathcal{F}_{j-1}$ 的位置，由 Denavit-Hartenberg(D-H)参数方法计算得来。因此，j 号刚体的位姿矩阵 $\left(\boldsymbol{g}_j\right)^k$ 可以由一系列刚性变换得到

$$\left(\boldsymbol{g}_j\right)^k=\boldsymbol{g}_0\left({}^{0}\boldsymbol{g}_1\right)^k\left({}^{1}\boldsymbol{g}_2\right)^k\cdots\left({}^{j-1}\boldsymbol{g}_j\right)^k \tag{5.2}$$

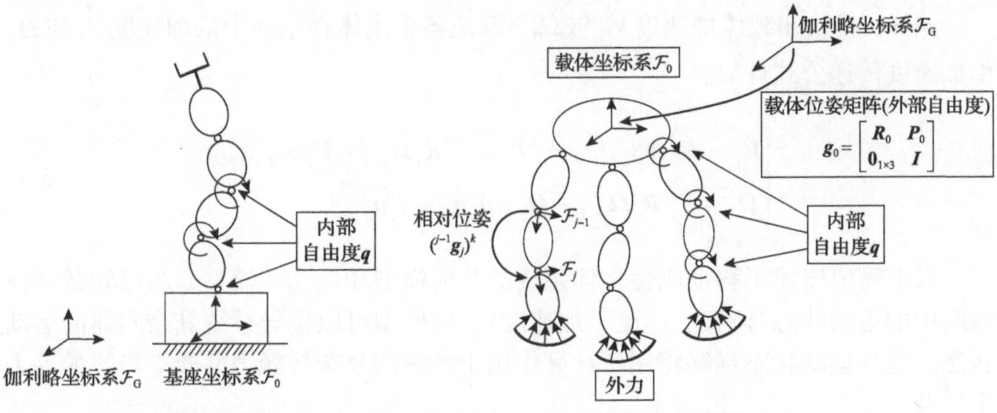

(a) 固定基座　(b) 移动基座

图 5.1　固定基座与移动基座的多体系统

以上过程称为由外部自由度 g_0 及内部自由度 q 共同定义的移动多体系统几何模型。为了描述系统在空间中的刚性运动，需要引入载体相对于世界坐标系 $\mathcal{F}_G$ 的线速度 $V_0 \in \mathbb{R}^3$ 与角速度 $\Omega_0 \in \mathbb{R}^3$。需要注意的是，速度向量均在载体坐标系 $\mathcal{F}_0$ 中表示，在工程中通常由惯性测量单元(inertial measurement unit, IMU)测得。速度向量与载体位姿矩阵存在以下关系：

$$\begin{cases} \dot{P}_0 = R_0 V_0 \\ \dot{R}_0 = R_0 \hat{\Omega}_0 \end{cases} \tag{5.3}$$

式中，操作 $\hat{(\cdot)}$ 表示将 3×1 向量转化为 3×3 逆对称矩阵，即

$$\Omega = (\Omega_1, \Omega_2, \Omega_3)^{\mathrm{T}} \rightarrow \hat{\Omega} = \begin{bmatrix} 0 & -\Omega_3 & \Omega_2 \\ \Omega_3 & 0 & -\Omega_1 \\ -\Omega_2 & \Omega_1 & 0 \end{bmatrix} \tag{5.4}$$

该表达式定义了系统整体刚性运动与载体速度间的关系。随后该速度将传递至系统各个刚体以定义其在空间中的速度。假设内部关节均为单一自由度旋转关节，其速度记为 $\dot{q}_j$，则系统刚体在空间中的运动速度 V_j、Ω_j 由速度传递公式计算：

$$\begin{cases} V_j = {}^{j-1}R_j V_{j-1} + {}^{j-1}P_j \times {}^{j-1}R_j \Omega_{j-1} \\ \Omega_j = {}^{j-1}R_j \Omega_{j-1} + \dot{q}_j a_j \end{cases} \tag{5.5}$$

式中，为了简略表达，忽略代表串联结构的上标 k；a_j 为在刚体自身坐标系中表示的关节旋转轴。

同样，若已知载体加速度$\dot{\boldsymbol{V}}_0$与$\dot{\boldsymbol{\Omega}}_0$，系统各个刚体在空间中的加速度$\dot{\boldsymbol{V}}_j$与$\dot{\boldsymbol{\Omega}}_j$由加速度传递公式计算：

$$\begin{cases}\dot{\boldsymbol{V}}_j = {}^{j-1}\boldsymbol{R}_j\dot{\boldsymbol{V}}_{j-1} + {}^{j-1}\boldsymbol{P}_j \times {}^{j-1}\boldsymbol{R}_j\dot{\boldsymbol{\Omega}}_{j-1} + \boldsymbol{V}_j \times \dot{\boldsymbol{q}}_j\boldsymbol{a}_j \\ \dot{\boldsymbol{\Omega}}_j = {}^{j-1}\boldsymbol{R}_j\dot{\boldsymbol{\Omega}}_{j-1} + \boldsymbol{\Omega}_j \times \dot{\boldsymbol{q}}_j\boldsymbol{a}_j + \ddot{\boldsymbol{q}}_j\boldsymbol{a}_j\end{cases} \tag{5.6}$$

以上简要概述了移动刚性多体系统的几何模型和运动学模型，若已知载体在空间中的运动状态(位置、速度、加速度)，该模型可以推导系统其余刚体的运动状态。这些运动状态最终将用于计算作用于系统的复杂接触力并建立最终的动力学模型。

系统的整体刚性运动通常不由明确的时间定律规定，如轮式平板潜水器在空间中的轮驱运动(轮式运动)，而是由施加到整个系统的外力在任何给定时间产生(图 5.1)。对于仿生多体潜水器，这种外力通常是由其内部自由度以及外部自由度共同决定的。因此，建立多体系统的受力模型，并依此建立内部自由度与外部自由度的对应关系，从而控制系统在空间中的刚性运动，是仿生潜水器研究中的技术重点。这里介绍移动刚性多体系统动力学模型的拉格朗日动力学方程一般形式：

$$\begin{bmatrix}\boldsymbol{\mathcal{M}} & \boldsymbol{M}_{\mathrm{q}} \\ \boldsymbol{M}_{\mathrm{q}}^{\mathrm{T}} & \boldsymbol{M}\end{bmatrix}\begin{bmatrix}\dot{\boldsymbol{\eta}}_0 \\ \ddot{\boldsymbol{q}}\end{bmatrix}+\begin{bmatrix}\boldsymbol{\beta} \\ \boldsymbol{\beta}_{\mathrm{b}}\end{bmatrix}=\begin{bmatrix}\boldsymbol{W} \\ \boldsymbol{w}\end{bmatrix}+\begin{bmatrix}\boldsymbol{0} \\ \boldsymbol{\Gamma}\end{bmatrix} \tag{5.7}$$

其中，向量$\boldsymbol{\eta}_0^{\mathrm{T}}=(\boldsymbol{V}_0^{\mathrm{T}},\boldsymbol{\Omega}_0^{\mathrm{T}})\in\mathbb{R}^6$为载体速度；向量$\dot{\boldsymbol{\eta}}_0$为载体加速度；向量$\boldsymbol{q}\in\mathbb{R}^n$、$\dot{\boldsymbol{q}}\in\mathbb{R}^n$和$\ddot{\boldsymbol{q}}\in\mathbb{R}^n$分别为关节位置、速度和加速度；矩阵$\boldsymbol{\mathcal{M}}(\boldsymbol{q})\in\mathbb{R}^{6\times6}$和$\boldsymbol{M}_{\mathrm{q}}(\boldsymbol{q})\in\mathbb{R}^{6\times n}$分别对应于载体的广义惯性和头部与关节之间的耦合惯性；矩阵$\boldsymbol{M}(\boldsymbol{q})$为载体固定时系统的惯性(相对于具有固定底座的多体系统)；向量$\boldsymbol{\beta}\in\mathbb{R}^6$和$\boldsymbol{\beta}_{\mathrm{b}}\in\mathbb{R}^n$分别为施加在载体上的科里奥利力和投影在关节旋转轴上的离心力，与关节和载体的速度有关；向量$\boldsymbol{W}\in\mathbb{R}^6$为施加在载体的外力总和；向量$\boldsymbol{w}\in\mathbb{R}^n$为外力施加在各个关节转轴的广义力矩；向量$\boldsymbol{\Gamma}\in\mathbb{R}^n$为关节电机施加在转轴上的扭矩。

为了建立移动刚性多体系统动力学模型的拉格朗日一般形式，需要寻找物理量$\left(\boldsymbol{\mathcal{M}},\boldsymbol{M}_{\mathrm{q}},\boldsymbol{\beta},\boldsymbol{\beta}_{\mathrm{b}},\boldsymbol{W},\boldsymbol{w}\right)$关于当前系统已知状态$(\boldsymbol{g}_0,\boldsymbol{\eta}_0,\boldsymbol{q},\dot{\boldsymbol{q}})$的函数。随后将此一般形式用于求解当前系统可能的未知状态$\dot{\boldsymbol{\eta}}_0$、$\ddot{\boldsymbol{q}}$、$\boldsymbol{\Gamma}$。为此发展出了求解拉格朗日动力学方程一般形式的两种方法。首先是拉格朗日法，该方法基于哈密顿原理的拉格朗日方程得出拉格朗日一般形式中物理量的解析式，其缺点在于这些解析式

的复杂度会随着多体系统冗余度的提高不断上升，最终导致计算难度加大、效率变低。因此，研究人员开发了针对高冗余系统的牛顿-欧拉法，该方法基于系统中单个刚体的牛顿-欧拉方程，通过速度和加速度在系统中的传递关系以及力在刚体间的相互作用推导出系统的未知状态，其本质属于一种递归算法。牛顿-欧拉法广泛应用于具有高冗余度和重复机构的系统动力学建模，具有编程简单、计算效率高的优点，5.5 节中仿蝠鲼潜水器的动力学建模采用了这种方法。此外，针对仿蝠鲼潜水器的建模将忽略系统内部自由度产生的惯性效应，从而省略了牛顿-欧拉法中的递归过程，进一步简化了数值运算。

假设物理量$\left(\boldsymbol{\mathcal{M}},\boldsymbol{M}_{\mathrm{q}},\boldsymbol{\beta},\boldsymbol{\beta}_{\mathrm{b}},\boldsymbol{W},\boldsymbol{w}\right)$均已知，该动力学的一般形式表现为具有 $6+n$ 个方程的方程组。上半部分的 6 个方程称为系统的外部动力学模型，表示载体的外部加速度$\dot{\boldsymbol{\eta}}_0$与内部关节轨迹$(\boldsymbol{q},\dot{\boldsymbol{q}},\ddot{\boldsymbol{q}})$的关系；下半部分的 n 个方程称为系统的内部动力学(或扭矩动力学)模型，其形式类似固定基座的多体动力学模型，表示了关节扭矩$\boldsymbol{\Gamma}$与内部关节轨迹$(\boldsymbol{q},\dot{\boldsymbol{q}},\ddot{\boldsymbol{q}})$的关系。在潜水器的仿生学运动研究中，拉格朗日动力学模型的一般求解过程如下：已知某一时刻 t 的关节轨迹$(\boldsymbol{q}(t),\dot{\boldsymbol{q}}(t),\ddot{\boldsymbol{q}}(t))$、载体位姿$\boldsymbol{g}_0(t)$以及载体速度$\boldsymbol{\eta}_0(t)$，通过系统的外部运动学方程组求出当前载体加速度$\dot{\boldsymbol{\eta}}_0(t)$：

$$\dot{\boldsymbol{\eta}}_0=\boldsymbol{\mathcal{M}}^{-1}(-\boldsymbol{M}_{\mathrm{q}}\ddot{\boldsymbol{q}}-\boldsymbol{\beta}+\boldsymbol{W}) \tag{5.8}$$

随后，通过对当前载体速度$\boldsymbol{\eta}_0(t)$及加速度$\dot{\boldsymbol{\eta}}_0(t)$的数值积分，更新下一时刻载体的位置及速度$\boldsymbol{g}_0(t+\Delta t)$、$\boldsymbol{\eta}_0(t+\Delta t)$(见 7.6 节)。当前载体加速度$\dot{\boldsymbol{\eta}}_0(t)$也会用在内部动力学中对关节扭矩$\boldsymbol{\Gamma}$的求解，即

$$\boldsymbol{\Gamma}=\boldsymbol{M}_{\mathrm{q}}^{\mathrm{T}}\dot{\boldsymbol{\eta}}_0+\boldsymbol{M}\ddot{\boldsymbol{q}}+\boldsymbol{\beta}-\boldsymbol{w} \tag{5.9}$$

式中，$\boldsymbol{\Gamma}$为执行当前关节轨迹$(\boldsymbol{q},\dot{\boldsymbol{q}},\ddot{\boldsymbol{q}})$所需的关节扭矩，$\boldsymbol{\Gamma}$的计算可以帮助判断当前设定的潜水器步态的可行性。

以上求解过程也称为多体系统的逆动力学求解。相对地，也存在正动力学求解，即将关节位置$\boldsymbol{q}(t)$、速度$\dot{\boldsymbol{q}}(t)$、载体速度$\boldsymbol{\eta}_0(t)$及关节扭矩$\boldsymbol{\Gamma}(t)$作为输入，求解载体加速度$\dot{\boldsymbol{\eta}}_0(t)$和关节加速度$\ddot{\boldsymbol{q}}(t)$，在此不详细赘述。

建立以关节轨迹$\left(\boldsymbol{q}(t),\dot{\boldsymbol{q}}(t),\ddot{\boldsymbol{q}}(t)\right)$为输入的逆动力学模型，该模型在仿生潜水器的研究中有重要意义。从模型的数值模拟角度来看，通常将(通过直接观察或动作捕捉)得到的生物步态编码作为仿生潜水器的开环关节轨迹。通过对比在同一步态下数值模拟与实验得出的系统刚性运动，可以验证动力学数值模型的精确度。

一旦数值模型的精确度得以验证，即可使用该模型进行大量高效的步态参数实验，并总结仿生潜水器在不同步态下的运动规律。从反馈控制的角度来看，逆动力学的外部动力学模型展现了外部自由度和内部自由度之间的关系。外部动力学模型可以作为非线性受控体，从而设计以关节角度或步态参数为输入、外部运动为输出的基于模型的反馈控制算法。

5.3　仿蝠鲼潜水器机构运动学

5.3.1　样机介绍

仿蝠鲼潜水器主要由主体结构和两侧对称的柔性胸鳍两部分组成。在动力学建模时，主体部分通常当成均质的刚体，即移动的基座。两侧的柔性胸鳍是模型建立的关键，通常根据机构设计的特征进行离散化，再引入适当的假设拟合胸鳍的实际柔性特征。本节首先通过简要介绍三鳍条胸鳍，说明仿蝠鲼潜水器的多刚体特性；然后介绍摆旋胸鳍设计，这种设计的蝠鲼胸鳍不仅由主动机构组成，两侧还连接了用于柔性变形的被动结构，该部分从伪刚体模型引入关节柔性来考虑。值得一提的是，两种假设均适用于 NEDA。相较于三鳍条胸鳍，摆旋胸鳍考虑了内部连杆的惯性效应，增加了关节柔性带来的弹性约束。

5.3.2　运动学分析

三鳍条胸鳍的详细结构和运动学特征已经在第 3 章详细介绍，这里不再进行详细的运动学分析，仅说明三鳍条胸鳍的离散方法以引入多刚体系统假设。

如图 5.2 所示，胸鳍主要由三根朝向一致的驱动鳍条作为主动机构组成。三根驱动鳍条具有运动相位差，以带动鳍条间柔性薄膜产生展向和纵向的波动运动。

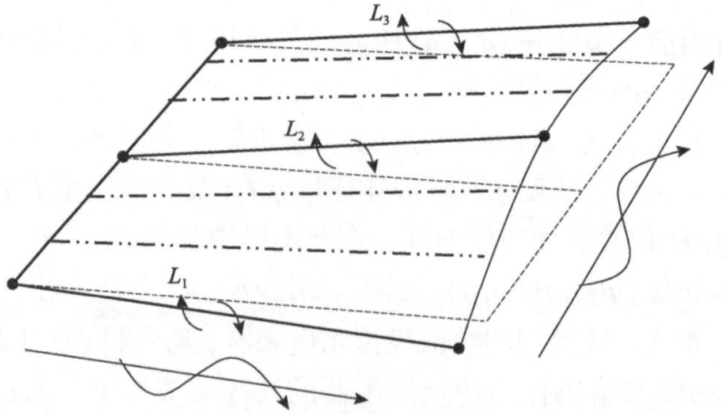

图 5.2　三鳍条胸鳍结构示意图

事实上，将三根鳍条之间的薄膜都看为刚体时，柔性胸鳍可沿展向切割为无数组与三鳍条平行的刚性连杆。整个胸鳍的运动可以看成沿展向排列一系列具有不同相位的连杆机构的刚性运动，具体运动学公式可参照第 3 章内容。

摆旋胸鳍建模时，情况相比三鳍条胸鳍要复杂得多。首先，整个胸鳍由两部分构成，摆旋机构作为主动传动机构，整个胸鳍的大部分鳍面作为被动伪刚体结构，离散为沿展向排列的一系列多段弹簧连杆机构，如图 5.3 所示。在多刚体系统的建模框架中，两根杆(l_1,l_2)的往复运动(α_1,α_2)推动支撑被动鳍的周期性三维运动。根据被动鳍的运动，展向和纵向的波浪运动是由伪刚体系统的被动振动产生的。接下来，本节将介绍摆旋胸鳍从基础坐标系到被动结构局部坐标系的速度变换和加速度变换。

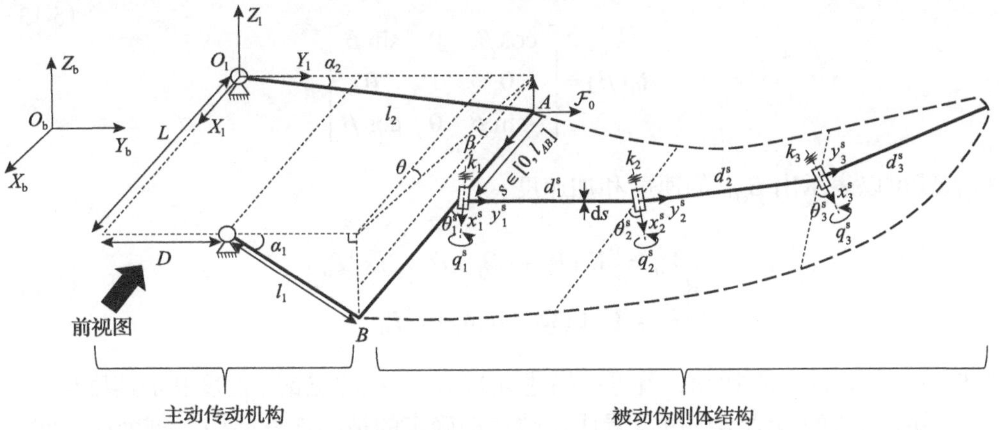

图 5.3　含有柔性关节的摆旋胸鳍

基础坐标系 $\mathcal{F}_\mathrm{b}=O_\mathrm{b}X_\mathrm{b}Y_\mathrm{b}Z_\mathrm{b}$ 固定在仿生潜水器的主体结构重心上。坐标系 $F_1=O_1X_1Y_1Z_1$ 平行于基础坐标系固定在驱动杆的电机上。相对于伽利略坐标系的速度和加速度用 $\boldsymbol{\eta}_\mathrm{b}=(\boldsymbol{V}_\mathrm{b}^\mathrm{T},\boldsymbol{\Omega}_\mathrm{b}^\mathrm{T})^\mathrm{T}$ 和 $\dot{\boldsymbol{\eta}}=(\dot{\boldsymbol{V}}_\mathrm{b}^\mathrm{T},\dot{\boldsymbol{\Omega}}_\mathrm{b}^\mathrm{T})^\mathrm{T}$ 表示。O_1 点的速度 $\boldsymbol{\eta}_1$ 和加速度 $\dot{\boldsymbol{\eta}}_1$ 可以用式(5.10)中物理量表示：

$$\begin{cases}\boldsymbol{V}_1=\boldsymbol{V}_\mathrm{b}+\boldsymbol{\Omega}_\mathrm{b}\times{}^\mathrm{b}\boldsymbol{P}_1\\ \boldsymbol{\Omega}_1=\boldsymbol{\Omega}_\mathrm{b}\\ \dot{\boldsymbol{V}}_1=\dot{\boldsymbol{V}}_\mathrm{b}+\dot{\boldsymbol{\Omega}}_\mathrm{b}\times{}^\mathrm{b}\boldsymbol{P}_1\\ \dot{\boldsymbol{\Omega}}_1=\dot{\boldsymbol{\Omega}}_\mathrm{b}\end{cases}\tag{5.10}$$

式中，${}^\mathrm{b}\boldsymbol{P}_1$ 为参考坐标系 $\mathcal{F}_\mathrm{b}$ 中固定点 O_1 的位置矢量。支撑杆 AB 的位置由固定在 B 上的参考坐标系 $\mathcal{F}_0$ 决定。原点 B 的位置矢量表示为 ${}^1\boldsymbol{P}_0$，由方程(5.11)给出：

$$^{1}\boldsymbol{P}_0 = (0, r_2\cos\alpha_2, r_2\sin\alpha_2)^{\mathrm{T}} \tag{5.11}$$

$^{1}\boldsymbol{R}_0$ 表示由坐标系 $\mathcal{F}_0$ 变换为坐标系 $\mathcal{F}_1$ 的旋转矩阵，由两个欧拉角 θ 和 β 决定。欧拉角是驱动角度 α_1 、α_2 的函数[2]，因此有

$$^{1}\boldsymbol{R}_0 = {}^{1}\boldsymbol{R}_{\bar{0}}(\theta)\,{}^{\bar{0}}\boldsymbol{R}_0(\beta) \tag{5.12}$$

式中，旋转矩阵 $^{1}\boldsymbol{R}_{\bar{0}}(\theta)$ 和 $^{\bar{0}}\boldsymbol{R}_0(\beta)$ 的表达式分别为

$$\begin{aligned} {}^{1}\boldsymbol{R}_{\bar{0}}(\theta) &= \begin{bmatrix} \cos\theta & -\sin\theta & 0 \\ \sin\theta & \cos\theta & 0 \\ 0 & 0 & 1 \end{bmatrix} \\ {}^{\bar{0}}\boldsymbol{R}_0(\beta) &= \begin{bmatrix} \cos\beta & 0 & \sin\beta \\ 0 & 1 & 0 \\ -\sin\beta & 0 & \cos\beta \end{bmatrix} \end{aligned} \tag{5.13}$$

接着就可以表示出 B 点的速度和加速度：

$$\begin{cases} \boldsymbol{V}_0 = {}^{0}\boldsymbol{R}_1\left[\boldsymbol{V}_1 + (\boldsymbol{\Omega}_1 + \dot{\alpha}_2\boldsymbol{a}_{\mathrm{b}}) \times {}^{1}\boldsymbol{P}_0\right] \\ \dot{\boldsymbol{V}}_0 = \dot{\boldsymbol{V}}_1 + (\boldsymbol{\Omega}_1 + \dot{\alpha}_2\boldsymbol{a}_{\mathrm{b}}) \times {}^{1}\boldsymbol{P}_0 \end{cases} \tag{5.14}$$

同时加上给定的 A 点运动，就可以描述 AB 间任一点的位置、速度和加速度信息。

胸鳍右边的被动结构可以看成左端运动确定的被动连杆结构，每个连杆间由等效的柔性关节约束。详细建模过程与 5.2 节中移动基座的多体系统相同。区别是需要引入一个弹性约束力，其大小与关节的等效刚度有关。如图 5.4 所示，关节处的等效刚度由离散几何中的曲率定义。假设将被动结构离散为 n 段，那么第 i 个节点处的离散曲率可以表示为

$$k_i = \frac{1}{R_i} = \frac{2\tan\dfrac{\phi_i}{2}}{\delta l} \tag{5.15}$$

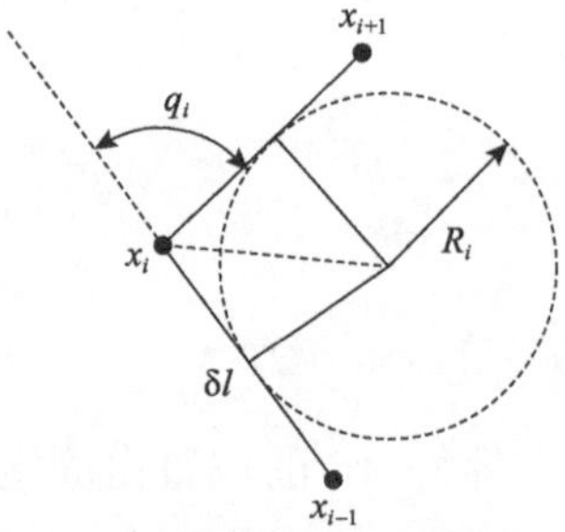

图 5.4　柔性关节的等效刚度示意图

离散后的弯曲弹性能 E_i 为

$$E_i = \frac{1}{2}EI(k_i - \bar{k}_i)^2\delta l \tag{5.16}$$

式中，EI 为潜水器的弯曲刚度；$\bar{k}_i$ 为结构安装时的自然曲率。于是，在第 i 个节点处关节受到的

弯矩可以表示为

$$M_i^{\mathrm{b}} = -\frac{\partial E_i}{\partial \phi_i} \tag{5.17}$$

可以看到，这里假设了被动结构仅具有弯曲自由度，且只考虑沿 X_{b} 方向的最大弯曲方向，忽略了其他方向的微小变形。

本节介绍了三鳍条胸鳍和摆旋胸鳍的运动学建模过程。虽然摆旋胸鳍需要额外考虑被动结构的关节柔性，但是均被离散为一系列连杆，使用多刚体系统动力学在随体坐标下描述。实际上，在进行动力学建模时两种胸鳍具有相同的建模方法。区别是三鳍条胸鳍各连杆的内部自由度运动是确定的，因为忽略了鳍条间薄膜的重量，也无须考虑内部连杆的惯性效应[3]，牛顿-欧拉方程中相应项可以省略。而摆旋胸鳍的被动结构做受迫振动，惯性效应不可忽略，且需要在每个关节处加上如图 5.4 所示的弹性力约束[4]。

5.4　仿蝠鲼潜水器动力学模型

5.4.1　流体动力学分析

1. 莫里森方程的一般形式

绕圆柱体流动是海洋工程中的一个典型问题。对于纯无黏性的稳定流动，任何物体上的力都是零(达朗贝尔原理)。对于非定常无黏性流动，则必须考虑附加质量效应。当然，在实际工程背景下，流体黏性通常对物体的运动有很大的影响，因此除了附加的质量力，还必须考虑分离和边界层摩擦产生的黏性阻力。

考虑一个在不稳定黏性流中的固定物体，作用在其上的流体力可以使用莫里森方程来确定，该方程由惯性项和阻力项两部分构成。使用莫里森方程的一般形式，速度为 $U(t)$ 的非定常流中，物体在 X 方向上所受的力为

$$F_x(t) = D(t) = \rho C_{\mathrm{m}} \forall \dot{U} + \frac{1}{2}\rho C_{\mathrm{d}} A U|U| \tag{5.18}$$

式中，ρ 为水密度；A 为物体的水流朝向截面积。

使用带常系数的莫里森方程获得物体所受流体作用力的粗略估计有利于灵活处理工程问题。假设想获得固定结构上波浪作用力的估计值，一般来说有以下三个步骤。

(1) 选择合适的波浪理论(线性波浪或其他高阶波浪理论)。

(2) 根据雷诺数或其他特殊因素选择合适的 C_m(质量系数) 和 C_d(阻力系数) 参数。

(3) 使用莫里森方程计算。

线性波浪的阻力系数一般为 1.0～1.4，质量系数一般为 2.0。阻力系数受粗糙度和雷诺数影响，一般使用大致的系数粗略估计。实际上这两个参数都会随流量和时间不断变化，甚至可以在一个波浪周期内变化。即使忽略时变参数的影响，也需要考虑很多其他因素来调整莫里森方程的系数。

对于固定在水中的光滑圆柱体，当雷诺数约为 10^5 时，流动由层流转变为湍流。这时阻力系数会发生突变，变化量可以表示为雷诺数的函数。雷诺数较大时阻力系数通常保持不变，阻力系数与雷诺数相互独立。粗糙度在层流和湍流状态下都会对系统产生影响，增加摩擦力从而增大阻力系数。与此同时，边界层的变化会导致质量系数改变，从而影响雷诺数和粗糙度。因此，莫里森方程中的两个系数通常难以精确给出，即使得到某一时刻的精确系数也很快会发生改变。

假设一个垂直圆柱体固定放在水平速度变化的流体中，如图 5.5 所示。流体的速度为 $u(z,t)$ 。在实际的应用场景中，首先在圆柱体的微小截面上使用莫里森方程，然后在深度上积分得到合力：

$$
\begin{aligned}
&\mathrm{d}F(z,t)=C_{\mathrm{m}}\rho\frac{\pi}{4}d^2\dot{u}(z,t)\mathrm{d}z+C_{\mathrm{d}}d\frac{1}{2}\rho u(z,t)\,|\,u(z,t)\,|\,\mathrm{d}z\\
&F(t)=\int_{z=0}^{z=L}\mathrm{d}F(z,t)
\end{aligned}
\tag{5.19}
$$

同样，流体作用的力矩也可通过积分得到

$$
M(t)=\int_{z=0}^{z=L}z\mathrm{d}F(z,t) \tag{5.20}
$$

使用莫里森方程计算积分得到力和力矩需要考虑两个限制条件。其一，积分默认每个截面不对相邻截面的流动产生影响，在相邻截面互相影响的错流 (cross flow) 不满足此积分的使用条件；其二，圆柱体没有跨越介质或自由表面 (free surface)。不同介质之间的流体作用过于复杂，很难通过单纯的积分考虑。在有实验数据的情况下，必须对莫里森方程进行修正以考虑表面穿刺现象 (surface piercing phenomena) 的影响。

2. 移动物体的莫里森方程

假设垂直圆柱体在具有速度 $u(t)$ 的流体中以速度 $v(t)$ 移动，如图 5.6 所示。流体速度与物体速度在一个平面内且具有空间均匀性。可以得到移动物体的莫里森方程：

$$F(t)=\frac{\pi}{4}\rho C_{\mathrm{m}}d^2l\dot{v}(t)-\frac{\pi}{4}\rho\left(C_{\mathrm{m}}-1\right)d^2h\dot{u}(t)+\frac{1}{2}\rho C_{\mathrm{d}}dl(v(t)-u(t))\,|\,v(t)-u(t)\,| \tag{5.21}$$

式中，d 和 l 分别为圆柱体的直径和长度。可以看到，莫里森方程并没有考虑圆柱体运动产生的惯性力。

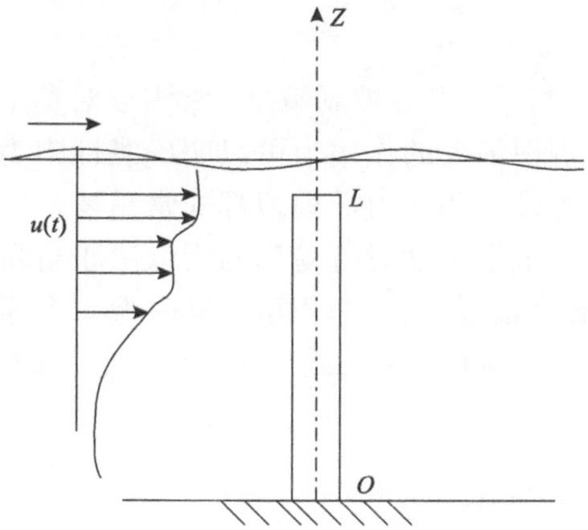

图 5.5　非均匀流中的固定圆柱体

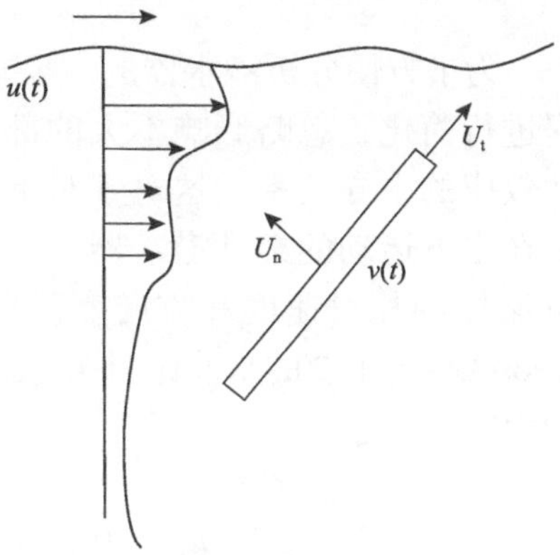

图 5.6　非均匀流中的移动圆柱体

物体与流体的相对速度可以看成速度 $U=v(t)-u(t)$ 。当物体运动方向与流体流动方向不一致时，一般使用以下步骤进行计算：首先将流体速度分解为 U_{n}、U_{t} 两个部分，U_{n} 为垂直于圆柱体的分量，U_{t} 为平行于圆柱体的分量。然后使用莫里森方程

$$\begin{cases}F_{\mathrm{n}}=\dfrac{\pi}{4}\rho C_{\mathrm{m}}d^2\dot{U}_{\mathrm{n}}+\dfrac{1}{2}\rho C_{\mathrm{d}}dU_{\mathrm{n}}\left|U_{\mathrm{n}}\right| \\ F_{\mathrm{t}}=\dfrac{1}{2}\rho\pi C_{\mathrm{f}}dU_{\mathrm{t}}\left|U_{\mathrm{t}}\right|\end{cases} \tag{5.22}$$

可以得到每个单位长度的切向力和法向力。其中，质量系数和阻力系数按照一般形式莫里森方程的方法通过直径和法向速度确定。摩擦系数 C_{f} 只用于切向运动的情况。

对于三维运动的情况，需要将速度矢量 (u,v,w) 分解为垂直于截面和平行于截面的两部分。假设 Z 轴平行于圆柱体的轴向，w 方向的分量就是速度矢量的垂直部分：

$$\begin{cases} U_{\mathrm{n}} = \sqrt{u^2 + v^2} \\ U_{\mathrm{t}} = w \end{cases} \tag{5.23}$$

式中，使用的速度分量(u,v,w)写在Z轴平行于圆柱体轴向的坐标系中，接着使用前面介绍的莫里森方程就可以得到平行于截面和垂直于截面的力分量。最后可以通过简单的几何关系得到全局坐标系下流体产生的合力。莫里森方程对流速与物体之间的倾斜角有一定要求，为了保证精度，倾斜角一般不超过60°。

3. 莫里森方程简化

为了方便分析潜水器的主要动力学特性，设计控制策略，常需要对莫里森方程进行简化，忽略影响不大的部分。辨识最大的作用力可以明确黏性阻力和惯性效应的主导关系，这对于水下结构的设计和动力学模拟都非常重要。针对一个在水下运动的柔性潜水器，其结构在水下运动时所受到的力取决于自身运动与流体的相对速度和方向。因此，潜水器运动的过程可以假设为一个输入是$h\cos(kx-\omega t)/2$的水波作用在潜水器上，在圆柱体中心线上的水平速度和加速度分别为

$$\begin{aligned} u(x=0,z,t) &= \frac{h\omega}{2}\frac{\cosh(k(z+H))}{\sinh(kH)}\cos(\omega t) \\ \frac{\partial u}{\partial t}(0,z,t) &= -a\omega^2\frac{\cosh(k(z+H))}{\sinh(kH)}\sin(\omega t) \end{aligned} \tag{5.24}$$

考虑一个位于水深H处的圆柱体，波长为λ、高度为h的线性波浪在圆柱体上作用的力为

$$F(t) = F_{\mathrm{I}}(t) + F_{\mathrm{D}}(t) \tag{5.25}$$

式中，$F_{\mathrm{I}}(t)$为惯性力(inertial force)项；$F_{\mathrm{D}}(t)$是黏性阻力(viscous drag force)项。惯性力的大小取决于质量系数，通过作用在结构高度方向上的积分来确定。

对于位于水深H的圆柱体，水波相对运动在X方向产生的惯性力为

$$F_{\mathrm{I}}(t) = -\int_{-H}^{0}\frac{\pi}{4}\rho C_{\mathrm{m}}d^2\frac{h\omega^2}{2}\frac{\cosh(k(z+H))}{\sinh(kH)}\sin(\omega t)\mathrm{d}z \tag{5.26}$$

积分后得到惯性力项的大小为

$$F_{\mathrm{I}}(t) = -\frac{\pi}{4}\rho C_{\mathrm{m}}d^2\frac{h\omega^2}{2k}\sin(\omega t) \tag{5.27}$$

同样，根据莫里森方程，可以得到黏性阻力项 $F_{\mathrm{D}}(t)$：

$$\begin{aligned} F_{\mathrm{D}}(t) &= \int_{-H}^{0} \frac{1}{2}\rho C_{\mathrm{d}} d \frac{h^2\omega^2}{4} \frac{\cosh^2(k(z+H))}{\sinh^2(kH)} \cos(\omega t)\,|\cos(\omega t)|\,\mathrm{d}z \\ &= \frac{1}{8}\rho C_{\mathrm{d}} d h^2 \omega^2 \frac{\dfrac{\sinh(2kH)}{4} + \dfrac{kH}{2}}{k\sinh^2(kH)} \cos(\omega t)\,|\cos(\omega t)| \end{aligned} \tag{5.28}$$

为了分析两个力的主导关系，需要引入这两个力的分量在整个加载过程中的最大值。惯性力最大值和黏性阻力最大值分别为

$$\begin{aligned} F_{\mathrm{I_{max}}} &= \frac{\pi}{4}\rho C_{\mathrm{m}} d^2 \omega^2 \frac{h}{2k} \\ F_{\mathrm{D_{max}}} &= \frac{1}{8}\rho C_{\mathrm{d}} d \omega^2 h^2 \frac{\dfrac{\sinh(2kH)}{4} + \dfrac{kH}{2}}{k\sinh^2(kH)} \end{aligned} \tag{5.29}$$

两者的比值为

$$\frac{F_{\mathrm{D_{max}}}}{F_{\mathrm{I_{max}}}} = \frac{C_{\mathrm{d}}}{\pi C_{\mathrm{m}}} \frac{h}{d} \left(\frac{\sinh(2kH)}{4} + \frac{kH}{2} \right) \frac{1}{\sinh^2(kH)} \tag{5.30}$$

取阻力系数和质量系数为最常用的基准值：1.0 和 2.0，比较两者的比值。

当黏性阻力最大值大于惯性力最大值时，有

$$\frac{h}{d} > 2\pi \frac{4\sinh^2(kH)}{\sinh(2kH) + 2kH} = 2\pi \frac{4\sinh^2\left(2\pi \dfrac{H}{\lambda}\right)}{\sinh\left(4\pi \dfrac{H}{\lambda}\right) + 4\pi \dfrac{H}{\lambda}} \tag{5.31}$$

如果结构处于深海中，即 $H \gg \lambda$，有 $\sinh(kH) \simeq \mathrm{e}^{kH}/2$，则对于在深水中快速机动的物体，当黏性阻力最大值大于惯性力最大值时，h/d 临界值为

$$\frac{h}{d} \simeq 4\pi \frac{\mathrm{e}^{4\pi\frac{H}{\lambda}}}{\mathrm{e}^{4\pi\frac{H}{\lambda}} + 8\pi \dfrac{H}{\lambda}} \approx 4\pi \tag{5.32}$$

如果结构处于浅水中，即 H/λ 很小，有 $\sinh(kH) \simeq kH$，则对于在水平面附近机动的物体，当黏性阻力最大值大于惯性力最大值时，h/d 临界值为

$$\frac{h}{d} \simeq 2\pi \frac{4\left(2\pi \dfrac{H}{\lambda}\right)^2}{4\pi \dfrac{H}{\lambda} + 4\pi \dfrac{H}{\lambda}} \approx (2\pi)^2 \frac{H}{\lambda} \tag{5.33}$$

考虑在特定深度 z 机动的水下潜水器时，水平面下黏性阻力和惯性力的最大值分别为

$$\begin{aligned} F_{\mathrm{D_{max}}}(z) &= \frac{1}{8}\rho C_{\mathrm{d}} d h^2 \omega^2 \frac{\cosh^2(k(z+H))}{\sinh^2(kH)} \\ F_{\mathrm{I_{max}}}(z) &= \frac{1}{8}\rho C_{\mathrm{m}} \pi d^2 h \omega^2 \frac{\cosh(k(z+H))}{\sinh(kH)} \end{aligned} \tag{5.34}$$

两者的比值为

$$\frac{F_{\mathrm{D_{max}}}(z)}{F_{\mathrm{I_{max}}}(z)} = \frac{C_{\mathrm{d}}}{\pi C_{\mathrm{m}}} \frac{h}{d} \frac{\cosh(k(z+H))}{\sinh(kH)} \tag{5.35}$$

可以看到，越接近水平面时，黏性阻力在莫里森方程中越占据主导作用。黏性阻力最大值随着水深的增加而减小。考虑阻力系数和质量系数为最常用的基准值：1.0 和 2.0 时，黏性阻力和惯性力的最大值比值为

$$\frac{F_{\mathrm{D_{max}}}(z)}{F_{\mathrm{I_{max}}}(z)} = \frac{1}{2\pi} \frac{h}{d} \mathrm{e}^{kz} \tag{5.36}$$

合力的最大值可以通过高度方向的积分得到，随时间变化的合力公式为

$$\begin{aligned} F(t) &= -\frac{\pi}{4}\rho C_{\mathrm{m}} d^2 \frac{h\omega^2}{2k} \sin(\omega t) \\ &\quad + \frac{1}{8}\rho C_{\mathrm{d}} d h^2 \omega^2 \frac{\dfrac{\sinh(2kH)}{4} + \dfrac{kH}{2}}{k \sinh^2(kH)} \cos(\omega t)\,|\cos(\omega t)| \\ &= -F_{\mathrm{Io}} \sin(\omega t) + F_{\mathrm{Do}} \cos(\omega t)\,|\cos(\omega t)| \end{aligned} \tag{5.37}$$

在潜水器动力学的实际计算过程中，可以根据实际工作环境、材料和结构参数灵活取舍莫里森方程中流体动力的黏性阻力项和惯性力项，以便提取潜水器的主要动力学特性，方便后续制订潜水器的控制策略。

5.4.2 牛顿-欧拉动力学方程

经过机构速度与加速度传递分析和流体动力学分析，得到构建式(5.7)的所有信息。将所有连杆产生的力与力矩通过 5.3.2 节中介绍的旋转矩阵传递到基础坐标系 $\mathcal{F}_\mathrm{b}$ 中，就可以得到系统的最终牛顿-欧拉动力学方程。假设系统的重力与浮力始终平衡，三鳍条仿蝠鲼潜水器在基础坐标系 $\mathcal{F}_\mathrm{b}$ 下建立的牛顿-欧拉动力学方程为

$$\begin{bmatrix} \boldsymbol{F} \\ \boldsymbol{M} \end{bmatrix} = \begin{bmatrix} m\boldsymbol{I} & \boldsymbol{0} \\ \boldsymbol{0} & \boldsymbol{J} \end{bmatrix} \begin{bmatrix} \dot{\boldsymbol{V}}_\mathrm{b} \\ \dot{\boldsymbol{\Omega}}_\mathrm{b} \end{bmatrix} + \begin{bmatrix} \boldsymbol{\Omega}_\mathrm{b} \times m\boldsymbol{V}_\mathrm{b} \\ \boldsymbol{\Omega}_\mathrm{b} \times \boldsymbol{J}\boldsymbol{\Omega}_\mathrm{b} \end{bmatrix} \tag{5.38}$$

式中，力 $\boldsymbol{F}$ 包括左右胸鳍所有流体动力和中心刚体所受流体动力；力矩 $\boldsymbol{M}$ 包括左右胸鳍和中心刚体受流体影响产生的力矩，浮心与重心位置不一致时，还应考虑偏心产生的浮力矩。

5.5 数值计算方法

本节将介绍依据当前蝠鲼模型自由度设计的步态函数，并解释以步态参数为输入的逆动力学模型求解过程。最后，给出基于 NEDA 的数值求解框架。

5.5.1 步态函数设计

潜水器步态是指移动多体潜水器用于移动的特定运动模式或序列，它通常需要涵盖潜水器内部自由度时变函数与外部自由度时变函数间的对应关系。步态的选择会影响潜水器的稳定性、机动性和在不同环境中的导航能力。对潜水器步态进行优化，是移动潜水器控制的重要前期工作。

目前蝠鲼模型具有六个由舵机主动控制的自由度，分别是左右四根一级鳍条与鳍框架间的铰链 (q_1, q_2, q_4, q_5) 和左右鳍框架与载体连接处的偏转铰链 (q_3, q_6)。每根一级鳍条与一根二级鳍条通过铰链连接。此处假设二级鳍条的转动角度 $(q_i')_{i=1,2,4,5}$ 由一级鳍条通过一个四连杆机构被动控制，即当一级鳍条运动确定时，二级鳍条运动可通过几何关系求得。这种假设的好处是蝠鲼步态可直接设置为时间函数，无须使用 CPG 额外协调两根鳍条间的运动。

蝠鲼的推进是通过结合侧鳍波动运动和柔性表面的振荡来实现的。因此，左右鳍一级鳍条的运动方程设置为

$$\begin{cases} q_1 = A_1 \sin(\omega_1 t + \Delta\varphi_1) \\ q_2 = A_1 \sin(\omega_1 t) \\ q_4 = A_r \sin(\omega_r t + \Delta\varphi_r) \\ q_5 = A_r \sin(\omega_r t) \end{cases} \tag{5.39}$$

式中，A_1、A_r分别为左、右鳍条振动幅度，简化起见，在本节中设定为定值；ω_1、ω_r分别为左、右鳍的拍动幅度；$\Delta\varphi_1$、$\Delta\varphi_r$分别为左、右侧单个对称鳍前鳍条与后鳍条的相位差。当相位差为正时，鳍条运动呈现从头部传递到尾部的波动，带动流体动量向后传递并在身体末端释放，从而产生向前推力；反之，当β为负时，产生向后推力。总之，蝠鲼左右鳍条运动步态由相位差和拍动幅度两个自由参数决定。

为提高蝠鲼波动游泳在三维空间中的机动性，除鳍的内部扑动运动外增加了两个额外自由度，即鳍的整体相对于躯干的偏转(q_3, q_6)。这里将该自由度设置为正弦函数以控制躯干的俯仰：

$$\begin{cases} q_3 = A_3 \sin(\omega_3 t + \beta_3) \\ q_4 = A_4 \sin(\omega_4 t + \beta_4) \end{cases} \tag{5.40}$$

式中，A_3、A_4为偏转幅度；ω_3、ω_4为偏转频率，通常与该侧鳍的扑动频率相等，即$\omega_3 = \omega_1$、$\omega_4 = \omega_r$；β_3、β_4为周期偏转的相位，该参数在控制躯干俯仰中起到至关重要的作用，因为它将与鳍的周期性扑动产生相位差，从而改变扑动上下冲程相对于躯干的时空分布，以达到产生俯仰力矩的目的。总之，左右鳍的总体偏转运动将偏转幅度A和相位β作为自由参数。

5.5.2　逆动力学模拟

潜水器的逆动力学模拟是一种模拟潜水器在给定控制输入下的运动和力学行为的过程。对于移动多体系统，逆动力学的数值模拟用于确定潜水器关节的轨迹、电机扭矩和潜水器躯干在空间中的运动状态。这里，以三鳍条胸鳍的样机为例，介绍逆动力学数值仿真的流程，如图 5.7 所示。

为了根据潜水器步态模拟仿蝠鲼潜水器在三维空间中的运动，首先需要明确以下假设。

(1)由于潜水器侧鳍的二连杆由设计的连杆机构操纵，步态直接设置为时间函数，不需要使用 CPG 额外协调。

(2)所有设定的关节轨迹可以由伺服电机产生，即跟随误差为零，则在求解逆动力学时可忽略其扭矩动力学，只求解外部动力学模型[5]。

(3)潜水器在空间中的位置与速度可以由一组状态$\boldsymbol{x}$表示，并且根据潜水器的运动学模型和动力学模型得出该状态的一阶微分方程组 $\dot{\boldsymbol{x}} = f(t, \boldsymbol{x})$。

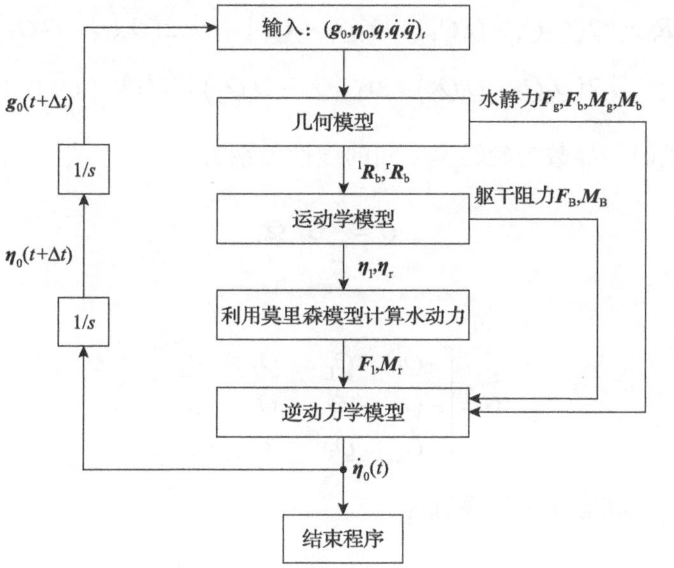

图 5.7　逆动力学数值仿真的流程

在明确了这三种假设后，逆动力学数值仿真的具体流程如下。

(1) 在一个时刻 t，系统的外部运动(或刚性运动)状态 $\boldsymbol{g}_0$、$\boldsymbol{\eta}_0$ 和关节轨迹状态 $\boldsymbol{q}$、$\dot{\boldsymbol{q}}$、$\ddot{\boldsymbol{q}}$ 作为算法的输入。已知载体位姿矩阵 $\boldsymbol{g}_0$ 和关节向量 $\boldsymbol{q}$，可以确定鳍条相对于潜水器躯干及相对于伽利略坐标系的位置(即几何模型)。同时已知几何模型，可以计算出作用在潜水器上的水静力(即重力+浮力)。

(2) 运用 5.2 节中的速度及加速度传递公式，计算鳍条相对于伽利略坐标系的运动速度(运动学模型)，该速度用于莫里森模型中以计算水动力。水动力的计算涉及沿鳍横向的空间积分，可以用高斯积分使用较少的节点快速计算。此外，潜水器躯干速度 $\boldsymbol{\eta}_0$ 用于计算躯干受到的流体阻力[6]。

(3) 通过躯干的牛顿-欧拉动力学方程(5.38)，求解当前时刻的躯干加速度 $\dot{\boldsymbol{\eta}}_0$。依据假设(2)，无须额外计算电机需要提供的扭矩。

随后，根据假设(3)，需要建立系统的运动状态 $\boldsymbol{x}$ 并解决形如 $\dot{\boldsymbol{x}} = f(t, \boldsymbol{x})$ 方程组的初值问题，以确定潜水器在下一时刻 $t+\Delta t$ 的状态。

对于潜水器在世界坐标系中的位置，可以使用旋转矩阵 $\boldsymbol{R}_0$ 和位置向量 $\boldsymbol{P}_0$ 进行描述。然而，使用旋转矩阵描述朝向需求解 9 个未知数，并存在 3 个限制条件(即矩阵 3 个列向量两两正交)，不便于积分。因此，选择使用归一化的四元数描述旋转(描述四元数的基本概念)。旋转矩阵 $\boldsymbol{R}_0$ 与四元数的转换关系为

$$\boldsymbol{R}_0=\begin{bmatrix}2\left(Q_1^2+Q_2^2\right)-1 & 2\left(Q_2Q_3-Q_1Q_4\right) & 2\left(Q_2Q_4+Q_1Q_3\right)\\ 2\left(Q_2Q_3+Q_1Q_4\right) & 2\left(Q_1^2+Q_3^2\right)-1 & 2\left(Q_3Q_4-Q_1Q_2\right)\\ 2\left(Q_2Q_4-Q_1Q_3\right) & 2\left(Q_3Q_4+Q_1Q_2\right) & 2\left(Q_1^2+Q_4^2\right)-1\end{bmatrix} \tag{5.41}$$

四元数的时间导数与旋转速度间的线性关系为

$$\dot{\boldsymbol{Q}}=\frac{1}{2}\boldsymbol{G}^{\mathrm{T}}\boldsymbol{\Omega}_0 \tag{5.42}$$

式中，

$$\boldsymbol{G}=\begin{bmatrix}-Q_2 & Q_1 & Q_4 & -Q_3\\ -Q_3 & -Q_4 & Q_1 & Q_2\\ -Q_4 & Q_3 & -Q_2 & Q_1\end{bmatrix} \tag{5.43}$$

因此，运动状态 $\boldsymbol{x}$ 可以设置为

$$\boldsymbol{x}=\left(\boldsymbol{P}_0^{\mathrm{T}},\boldsymbol{Q}^{\mathrm{T}},\boldsymbol{V}_0,\boldsymbol{\Omega}_0\right)^{\mathrm{T}}\in\mathbb{R}^{13} \tag{5.44}$$

并且一阶微分方程组 $\dot{\boldsymbol{x}}=f(t,\boldsymbol{x})$ 设置为

$$\begin{pmatrix}\dot{\boldsymbol{P}}_0\\ \dot{\boldsymbol{Q}}\\ \dot{\boldsymbol{V}}_0\\ \dot{\boldsymbol{\Omega}}_0\end{pmatrix}=\begin{pmatrix}\boldsymbol{R}_0\boldsymbol{V}_0\\ \dfrac{1}{2}\boldsymbol{G}^{\mathrm{T}}\boldsymbol{\Omega}_0\\ (\boldsymbol{F}-\boldsymbol{\Omega}_{\mathrm{b}}\times m\boldsymbol{V}_{\mathrm{b}})/m\\ \boldsymbol{J}^{-1}(\boldsymbol{M}-\boldsymbol{\Omega}_{\mathrm{b}}\times\boldsymbol{J}\boldsymbol{\Omega}_{\mathrm{b}})\end{pmatrix} \tag{5.45}$$

通常，使用四阶龙格-库塔法求解该微分方程组。

5.6 仿真结果与分析

为了验证动力学模型能否捕捉仿蝠鲼潜水器系统的动力学主要特征，本节进行一系列的数值仿真，测试使用莫里森方程计算的流体动力以及由动力学模型设计的仿蝠鲼潜水器运动步态。

图 5.8 展示了驱动振幅恒定时，在不同的左右胸鳍相位差 $\Delta\varphi$ 下，系统所受流体力与驱动力矩随驱动频率的变化规律。整个测试过程仿蝠鲼潜水器的鳍条运动频率线性提升。可以看到，在驱动频率 $\omega_{\mathrm{b},1}$ 小于 2.0rad/s 时，系统的力与驱动力矩基本与驱动频率保持线性关系。当运动速度随驱动频率不断增加，即鳍条高速运动时，驱动力矩先缓慢上升后逐渐下降，说明驱动频率与驱动力矩不是线

性关系。当左右胸鳍相位差不变时，在 $\omega_{b,1}$ 小于 2.0rad/s 时，系统所受侧向力随着驱动频率的增加逐渐减小；在 $\omega_{b,1}$ 大于 2.0rad/s 时，系统所受侧向力随着驱动频率的增加不断增大并改变方向。值得一提的是，系统所受前向力与左右胸鳍相位差关系不大，不同左右胸鳍相位差的前向力大小基本保持一致。观察图中不同左右胸鳍相位差下驱动力矩的大小变化可以发现，较大的左右胸鳍相位差不一定产生更大的驱动力矩。在低速下，较大的左右胸鳍相位差确实产生更大的驱动力矩。但是随着频率的不断升高，高左右胸鳍相位差下所受力矩随着驱动频率的上升出现下降趋势，在驱动频率超过 3.1rad/s 时，左右胸鳍相位差为–60°时产生的驱动力矩甚至小于左右胸鳍相位差为–20°时的力矩。这说明存在一组最合适的驱动频率和左右胸鳍相位差，使得仿蝠鲼潜水器的偏航工作效率达到最高。

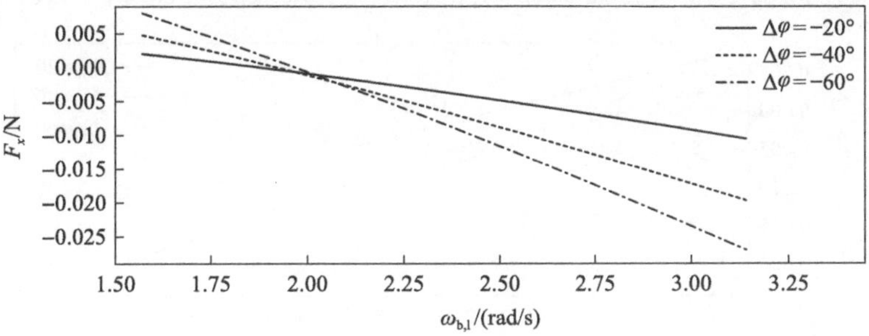

(a) 侧向力

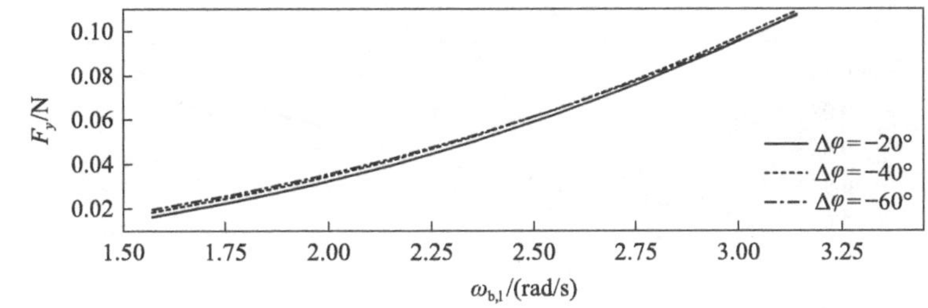

(b) 前向力

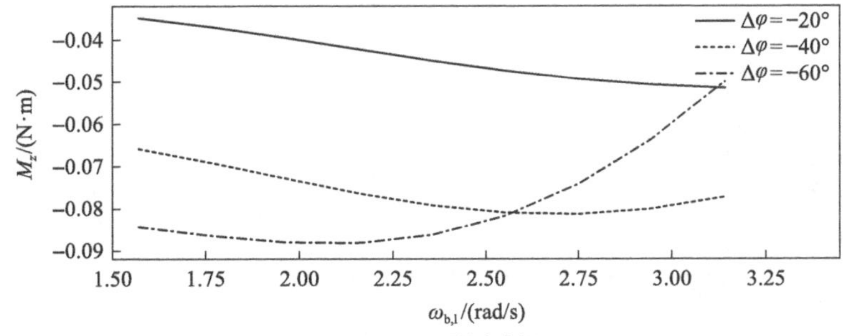

(c) 驱动力矩

图 5.8　驱动振幅恒定时不同左右胸鳍相位差下流体力与驱动力矩随驱动频率的变化规律

图 5.9 展示了左右胸鳍相位差恒定时，在不同驱动振幅 $A_{z1,1}$ 下，系统所受的流体力和驱动力矩随驱动频率的变化规律。由图 5.9 可以看到，仅就前向运动而言，较大的驱动振幅与较小的驱动振幅产生的前向力相差不大，这可能是由仿蝠鲼潜水器的特殊胸鳍结构和波动运动方式导致的；当驱动振幅从 20°增长到 40°时，低驱动频率下较低的驱动振幅甚至产生了更大的前向力，这说明驱动振幅与前向力之间也不具备线性关系；相较前向力而言，驱动振幅增加对驱动力矩的影响更大。观察驱动振幅为 20°和 40°的情况，系统的驱动力矩基本保持恒定的差值，持续增加驱动频率并不会增大这个差值；而当驱动振幅增长为 60°时，可以明显看到驱动力矩的大小在驱动频率大于 2.0rad/s 后有一个明显突升，这说明当左右胸鳍相位差恒定时，高速运动状态快速偏航需要大幅度增加驱动振幅。然而高速运动时，仿蝠鲼潜水器转弯需要在侧向克服一个较大的离心力，因此高速状态的

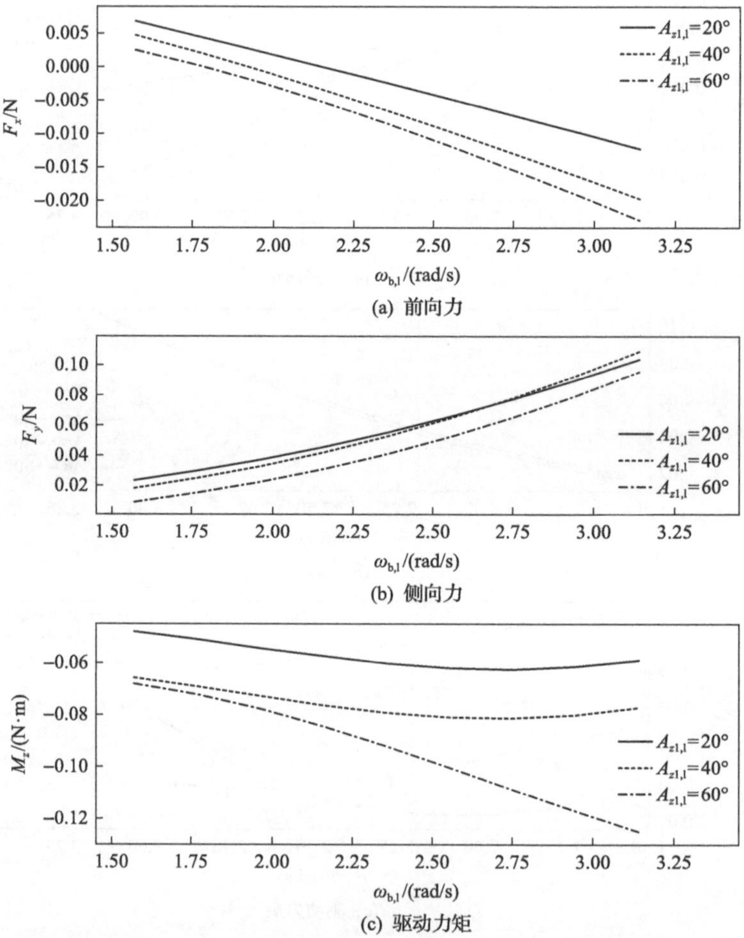

图 5.9　左右胸鳍相位差恒定时不同驱动振幅下流体力与驱动力矩随驱动频率的变化规律

偏航运动将是仿蝠鲼潜水器研究的一个难点。这个现象也出现在车辆的高速转弯动力学中。从图中还可以看出，侧向力基本随驱动频率线性增加。由于离心力与系统切向运动速度呈平方关系，因此当驱动频率不断增加时，仿蝠鲼潜水器想顺利做偏航运动势必要降低运动速度。

本节通过数值计算为仿蝠鲼潜水器设计了两个基础的运动步态以进行验证，分别为前向运动步态和偏航运动步态。图 5.10 展示了在左右胸鳍相位差为零、驱动频率 $\omega_{b,1}$ 为 π 时，不同驱动振幅下系统的前向运动速度 V_x 随运动时间的变化规律。由图 5.10 可以看到，由于仿蝠鲼潜水器的驱动方式影响，系统的前向运动速度呈现在振荡中不断增大的趋势；在驱动振幅不断增加时，系统的前向运动速度也展现了很好的等比例增大趋势。

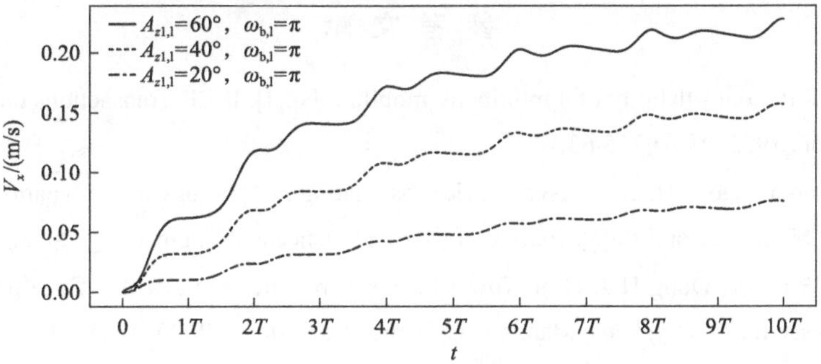

图 5.10　左右胸鳍相位差为零时驱动振幅大小对仿蝠鲼潜水器前向运动速度的影响

在偏航步态时，仿蝠鲼潜水器通过改变左右胸鳍相位差来转弯。相反的左右胸鳍相位差产生了对称的偏航轨迹，这是因为仿蝠鲼潜水器的胸鳍具有对称性；在恒定驱动振幅与驱动频率下增大左右胸鳍相位差，偏航角度的增大速率也展现了很好的线性增加趋势，如图 5.11 所示。

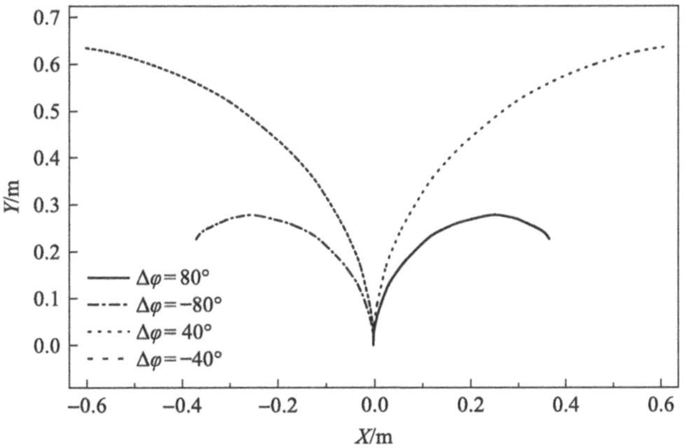

图 5.11　驱动振幅与驱动频率恒定时左右胸鳍相位差变化引起的偏航运动

5.7 本章小结

本章首先探讨了移动基座多体系统的最基本建模方法，着重讨论了柔性胸鳍的两种典型假设，即纯刚体假设和具有被动变形结构的柔性关节假设，并提供了一个通用的建模框架；然后将所得的动力学模型与莫里森方程相结合，在相同的牛顿-欧拉框架下进行了数值求解；最后通过几个经典的数值示例展示了模型假设和数值方法的有效性。本章所提出的基本模型假设和莫里森方程的应用条件在水下潜水器领域具有普适性和通用性，读者还可以将它应用于构建其他刚性或柔性水下潜水器的动力学模型。

参考文献

[1] Laumond J P. Controllability of a multibody mobile robot[J]. IEEE Transactions on Robotics and Automation, 1993, 9(6): 755-63.

[2] Xing C, Cao Y, Cao Y H, et al. Asymmetrical oscillating morphology hydrodynamic performance of a novel bionic pectoral fin[J]. Journal of Marine Science and Engineering, 2022, 10(2): 289.

[3] Meng Y, Wu Z X, Dong H J, et al. Toward a novel robotic manta with unique pectoral fins[J]. IEEE Transactions on Systems, Man, and Cybernetics: Systems, 2020, 52(3): 1663-1673.

[4] Huang W C, Huang X N, Majidi C, et al. Dynamic simulation of articulated soft robots[J]. Nature Communications, 2020, 11(1): 2233.

[5] Boyer F, Porez M. Multibody system dynamics for bio-inspired locomotion: From geometric structures to computational aspects[J]. Bioinspiration & Biomimetics, 2015, 10(2): 025007.

[6] Herault J. A geometrically exact approach for floating slender bodies with finite deformations[J]. Applied Ocean Research, 2020, 101: 102220.

第 6 章　仿蝠鲼潜水器单体运动控制

6.1　引　　言

1911 年，Brown 阐述了两种节律运动产生的原理：一种认为节律运动是链反射产生的，需要感觉反馈参与其中；另一种是 Brown 自己提出的，认为节律信号集中产生，不需要感觉神经元等感觉反馈参与。研究发现，在脊髓动物体内，CPG 位于低级神经中枢脊髓内，在无需高级神经中枢和反馈信息的情况下，可生成节律信号。科学家陆续在火蜥蜴、七鳃鳗等动物体内证实了 CPG 的存在。七鳃鳗的脊髓约有 100 个单元，但仅需 1～2 个单元即可产生节律信号。

研究还发现，感觉神经系统虽然不参与 CPG 产生节律信号，但是会辅助动物体运动的协调性。科学家通过外部感官刺激来验证外部输入对 CPG 产生节律信号的影响。通过人为摇动七鳃鳗的尾巴，发现 CPG 产生节律信号频率与人为摇动频率一致；此外，将摘除大脑的猫放在运行着的跑步机上，CPG 能自行产生行走所需的节律信号。这些研究结果表明，CPG 与感觉反馈信号之间的耦合，相当于构成闭环控制回路，加强了动物体的适应性。

传统的基于正弦插值的控制方法存在当振幅、相位、频率等控制参数变化时输出信号发生跳变的问题，如图 6.1 所示，这会对机械结构和驱动电机造成巨大冲击，从而损坏结构，甚至发生危险。但是，CPG 控制能克服这一困难，相对于其他传统的控制方式，CPG 控制由于存在极限环，可以快速恢复稳定输出。此外，CPG 控制仅需少量输入就可实现复杂控制，很适合集成反馈控制信号，与潜水器的运动状态紧密耦合，展现出卓越的环境适应性。这一控制方式还为后续的参数优化提供了便捷的平台，使得对 CPG 网络的调整与优化变得高效而灵活。针对仿蝠鲼潜水器多驱动结构的特点，CPG 是较为理想的控制算法选择。在此基础上，通过外部信息反馈，利用模糊控制等智能算法实现闭环运动控制，并对多模态运动的相似度进行优化。

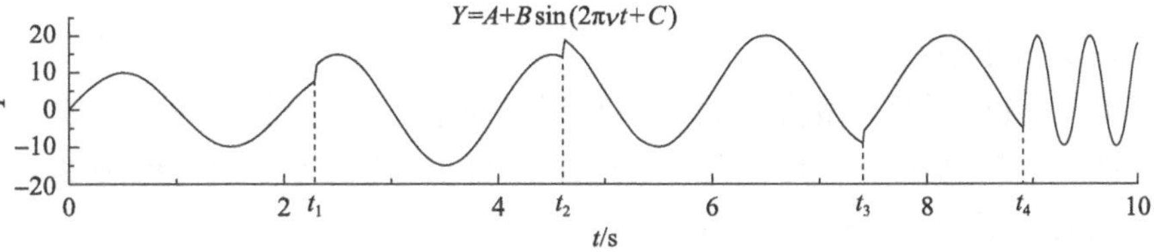

图 6.1　正弦函数输出跳变示意图

6.2 CPG 相位振荡器

CPG 是一种神经网络控制，这种网络的基本组成部分是一个个相互连接的神经元。在潜水器控制中，通常采用振荡器模型来实现神经元的功能，通过模型间的相互连接构成 CPG 控制网络，从而实现对生物体控制的仿生模拟。

6.2.1 相位振荡器模型构建

应用于潜水器控制的 CPG 振荡器模型主要有递归振荡器模型、Hopf 振荡器模型和相位振荡器模型[1]。相位振荡器模型具有相位差、振幅、频率等意义明确的参数，比较适合仿蝠鲼潜水器运动学仿生控制。因此，本节选取相位振荡器模型构建仿蝠鲼潜水器的控制系统。

相位振荡器模型起源于 Cohen 等提出的一种基于七鳃鳗的神经元网络，后经简化得到基于七鳃鳗的相位振荡器模型。随后，瑞士科学家 Ijspeert 将输出幅值引入方程中，形成基于振幅控制的相位振荡器模型，该模型主要由相位方程、振幅方程和输出方程构成[2]。

相位方程表示为

$$\dot{\phi}_i = 2\pi\nu_i + \sum_j w_{ij}\sin(\phi_j - \phi_i - \Delta\varphi_{ij}) \tag{6.1}$$

式中，ϕ_i 为第 i 个单元的相位；ν_i 为固有频率；w_{ij} 为第 j 个单元对第 i 个单元的耦合权重；$\Delta\varphi_{ij}$ 为期望相位差。

振幅方程表示为

$$\ddot{r}_i = a_i\left[\frac{a_i}{4}(R_i - r_i) - \dot{r}_i\right] \tag{6.2}$$

式中，r_i 为振幅；a_i 为控制振幅收敛速度的正常数；R_i 为期望振幅。

输出方程表示为

$$\theta_i = r_i(1+\cos\phi_i) \tag{6.3}$$

式中，θ_i 为输出值。

经 Ijspeert 改进后的相位振荡器模型形式简单，而且控制参数的物理意义很明确，既能独立控制输出幅值，又能控制各单元间的相位差，很好地满足了潜水器应用方面的需求。

蝠鲼运动学分析证实蝠鲼胸鳍拍动具有时间非对称性特征和空间非对称性特

征。改进的相位振荡器方程具有时间非对称性特征[3]。

1)时间非对称性特征表达

时间非对称性特征的定义为蝠鲼胸鳍上拍行程时间与下拍行程时间不相等，即上拍频率与下拍频率不同。通过胸鳍摆动速度的正负判断胸鳍是上拍行程还是下拍行程。然后，设定不同的上拍频率和下拍频率，从而达到时间非对称性拍动的目的，其数学表达形式为

$$\begin{cases} \nu_i = \nu_{i\_\mathrm{up}}, & \dot{\theta}_i \geqslant 0 \\ \nu_i = \nu_{i\_\mathrm{down}}, & \dot{\theta}_i < 0 \end{cases} \tag{6.4}$$

式中，ν_{i_up} 为上拍频率；ν_{i_down} 为下拍频率；$\dot{\theta}_i$ 为鳍条舵机角速度，$\dot{\theta}_i$ 大于或等于零时，表示鳍条上拍，$\dot{\theta}_i$ 小于零时，表示鳍条下拍。

为了更形象地表达蝠鲼胸鳍拍动过程中的时间非对称性特征，引入时间非对称性拍动系数 β_i，其定义为鳍条下拍行程时间与拍动周期的比值。这样频率的表达式可以表示为

$$\begin{cases} \nu_i = \nu_{i\_\mathrm{up}} = \dfrac{1}{2(1-\beta_i)T_i}, & \dot{\theta}_i \geqslant 0 \\ \nu_i = \nu_{i\_\mathrm{down}} = \dfrac{1}{2\beta_i T_i}, & \dot{\theta}_i < 0 \end{cases} \tag{6.5}$$

式中，T_i 为拍动周期；$(1-\beta_i)T_i$ 为上拍行程时间；$\beta_i T_i$ 为下拍行程时间。

但是，由于频率 ν_i 分段赋值，频率的跳跃突变会引起相位的跳跃突变，进而引起输出信号的跳跃突变。这种突变会导致运动的不顺滑，甚至损坏机械结构。为了避免输出信号的突变，引入频率连续性方程，其数学形式为

$$\nu_i = (\nu_{i\_\mathrm{up}} - \nu_{i\_\mathrm{down}})\frac{1}{1+\mathrm{e}^{-k_{\nu i}\dot{\theta}_i}} + \nu_{i\_\mathrm{down}} = \left[\frac{2\beta_i - 1}{2\beta_i(1-\beta_i)(1+\mathrm{e}^{-k_{\nu i}\dot{\theta}_i})} + \frac{1}{2\beta_i}\right]\frac{1}{T_i} \tag{6.6}$$

式中，$k_{\nu i}$ 为正常数，用于控制上拍频率与下拍频率之间转换的光滑程度。

引入频率连续性方程后的仿真结果如图 6.2 所示，其中时间非对称性拍动系数 β_i 为 0.7，拍动周期 T_i 为 2s，输出方程表示为

$$\theta_i = 20\sin\left(\int_0^t 2\pi\nu_i \mathrm{d}t\right) \tag{6.7}$$

仿真结果表明，$k_{\nu i}$ 越大，频率过渡时间越短，但越来越逼近阶跃信号；输出

值 θ_i 呈现时间非对称性特征，且不同 $k_{\nu i}$ 下保持较好的一致性。$k_{\nu i}$ 越小，过渡越光滑，但过渡时间越长。当 $k_{\nu i}$ 小到一定程度时，频率 ν_i 无法短时间内达到期望值，从而影响拍动周期的准确性，如 $k_{\nu i}$ 为 0.1 和 0.01 时，输出值 θ_i 的运动周期 T_i 明显小于 2s。因此，只要选取合理的常数 $k_{\nu i}$，通过频率连续性方程即可实现蝠鲼胸鳍拍动的时间非对称性特征，具体通过调节时间非对称性拍动系数 β_i 和拍动周期 T_i 实现时间非对称性拍动控制。根据实际潜水器的应用需求，并结合仿真分析，选取常数 $k_{\nu i}$ 为 1。

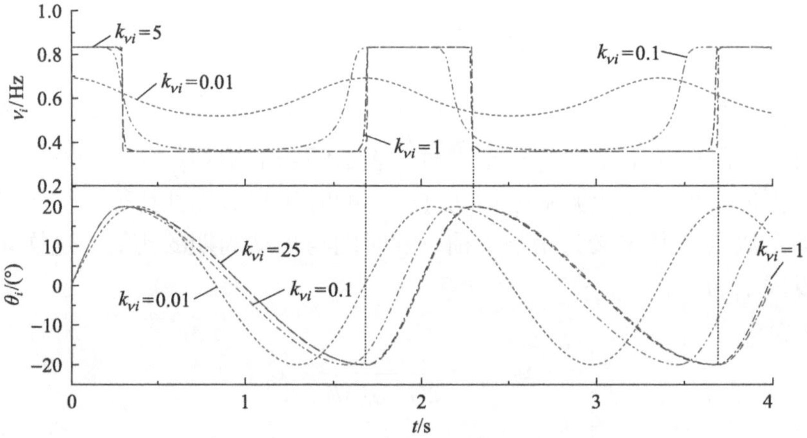

图 6.2　引入频率连续性方程后的仿真结果

2)空间非对称性特征表达

空间非对称性特征的定义为胸鳍 Z 轴最大位移与最小位移的绝对值不相等。现有的相位振荡器方程只能输出大于零的余弦信号，无法实现空间非对称性特征，因此需要改进相位振荡器方程。在相位振荡器方程组中，振幅受振幅方程独立控制，且振幅方程保证了振幅的光滑变化特性。空间非对称性特征可以通过振幅偏置来实现，且振幅偏置也需要具备光滑的变化特性。因此，本节先研究振幅方程的特性。

首先，将式(6.2)进行拉氏变换得到

$$r_i(s)=\frac{a_i^2}{4s^2+4a_is+a_i^2}R_i(s) \tag{6.8}$$

通常期望振幅 R_i 为阶跃输入，那么得到 $r_i(s)$ 为

$$r_i(s)=\frac{a_i^2}{4s^2+4a_is+a_i^2}\cdot\frac{R_{ik}}{s} \tag{6.9}$$

式中，R_{ik} 为期望振幅 R_i 的阶跃输入常数。

然后，利用拉氏反变换进行时域分析，得到 $r_i(t)$ 为

$$r_i(t)=R_{ik}\left[1-\left(1+\frac{a_i}{2}t\right)\mathrm{e}^{-\frac{a_i}{2}t}\right] \tag{6.10}$$

时域分析法结果表明，振幅的阶跃响应为从零光滑趋近于 R_{ik} 的过程，其稳态误差为零，超调为零，调节时间由常数 a_i 控制。针对不同的 a_i 仿真得到不同调节时间的阶跃响应，如图 6.3 所示。其中，常数 a_i 分别为 40、20、10，选取+5%误差带时，调节时间分别为 0.25s、0.47s、0.94s。仿真分析表明，常数 a_i 越大，响应越迅速，同时振幅变化过程平滑度降低；反之，平滑度提高，但响应速度变慢。因此，只有选取合理的常数 a_i，才能保证响应速度和平滑度均满足蝠鲼运动控制需求。根据实际潜水器的应用需求，并结合仿真分析，选取常数 a_i 为 20。此外，仿真分析结果还表明，振幅阶跃响应起始阶段的平滑度比结束阶段的低，构建控制系统时需要注意此问题可能带来的不良影响。

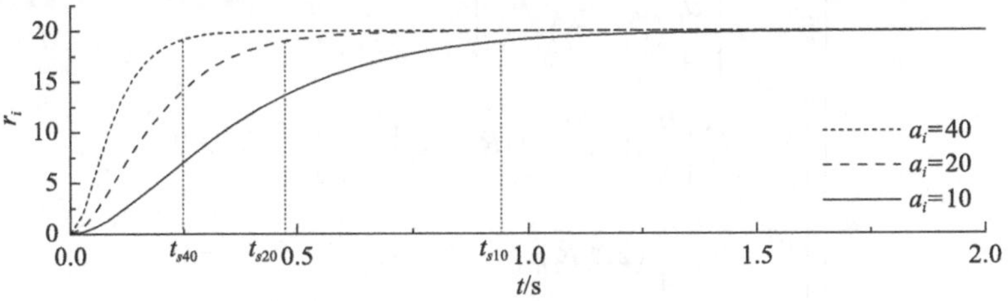

图 6.3　振幅方程仿真分析结果

在研究振幅方程的光滑过渡特性后，借鉴振幅方程建立振幅偏置方程，从而满足蝠鲼仿生运动学控制的空间非对称性需求，其表达式为

$$\ddot{x}_i=b_i\left[\frac{b_i}{4}(X_i-x_i)-\dot{x}_i\right] \tag{6.11}$$

式中，x_i 为振幅偏置；b_i 为控制振幅偏置收敛速度的正常数；X_i 为期望振幅偏置。

相应的输出方程表示为

$$\theta_i=x_i+r_i\sin\phi_i \tag{6.12}$$

由于胸鳍拍动起始位置舵机角度为零，输出方程由余弦形式变为正弦形式。为了更好地描述蝠鲼空间非对称性特征，本节引入空间非对称性拍动系数 α_i，当期望振幅 R_i 不为零时，其定义为鳍条 Z 轴最大位移与整个下拍(或上拍)行程的比值；当 R_i 为零时，其定义为鳍条期望振幅偏置与最大下拍(或上拍)行程的比值。空间

非对称性拍动系数表示为

$$\alpha_i=\begin{cases}\dfrac{R_i+X_i}{2R_i}, & R_i\neq 0\\ \dfrac{X_i}{2R_{i\max}}, & R_i=0\end{cases} \tag{6.13}$$

式中，$2R_i$为下拍(或上拍)行程；$2R_{i\max}$为最大拍动行程。当R_i不为零时，通过α_i控制空间非对称性特征；当R_i为零时，表示胸鳍和尾鳍无周期性拍动，通过α_i控制振幅偏置大小，从而实现胸鳍和尾鳍的定量角度偏转。

最终，改进后的相位振荡器模型表示为

$$\begin{cases}\nu_i=\left[\dfrac{2\beta_i-1}{2\beta_i(1-\beta_i)(1+\mathrm{e}^{-k_{\nu i}\dot{\theta}_i})}+\dfrac{1}{2\beta_i}\right]\dfrac{1}{T_i}\\ \dot{\phi}_i=2\pi\nu_i+\sum\limits_j w_{ij}\sin(\phi_j-\phi_i-\Delta\varphi_{ij})\\ \ddot{r}_i=a_i\left[\dfrac{a_i}{4}(R_i-r_i)-\dot{r}_i\right]\\ \begin{cases}\ddot{x}_i=b_i\left\{\dfrac{b_i}{4}\left[(2\alpha_i-1)R_i-x_i\right]-\dot{x}_i\right\}, & R_i\neq 0\\ \ddot{x}_i=b_i\left[\dfrac{b_i}{4}(2\alpha_iR_{i\max}-x_i)-\dot{x}_i\right], & R_i=0\end{cases}\\ \theta_i=x_i+r_i\sin\phi_i\end{cases} \tag{6.14}$$

针对改进后的相位振荡器建立仿真模型。模型主要包括空间非对称性方程、振幅偏置方程、振幅方程、频率方程、相位方程和输出方程。空间非对称性方程有两个输入，分别为空间非对称性拍动系数α_i和期望振幅R_i。频率方程有三个输入，分别为时间非对称性拍动系数β_i、拍动周期T_i、鳍条舵机角速度$\dot{\theta}_i$。相位方程有四个输入，分别为频率ν_i、耦合权重w_{ij}、相位ϕ_j、期望相位差$\Delta\varphi_{ij}$。输出方程有三个输入，分别为振幅偏置x_i、振幅r_i、相位ϕ_i。以期望振幅R_i、拍动周期T_i、空间非对称性拍动系数α_i和时间非对称性拍动系数β_i为输入，相位方程中与其他单元的耦合项设为零。

从独立单元相位振荡器的仿真模型得到仿真分析结果，如图 6.4 所示。常数$k_{\nu i}$、a_i、b_i分别为 5、20、20，初始变量R、T、α、β分别为 10°、2s、0.5、0.5。开始时，输出变量的波形呈现时间对称性拍动和空间对称性拍动，上下拍动频率均为 0.5Hz，最大输出为 10°，最小输出为−10°；然后β从 0.5 变为 0.3，时间非对称性特征出现，下拍频率变为 0.87Hz，上拍频率变为 0.36Hz；接着 α 从 0.5 变为 0.7，空间非对称性特征出现，最大输出为 14°，最小输出为−6°。仿真分析表明，通过调整空间非对称性拍动系数 α 和时间非对称性拍动系数 β，实现了牛鼻鲼胸鳍拍动过程中的非对称性特征。此外，仿真分析结果也证实了从对称性拍动到非对称性拍动的过渡光滑且响应迅速。

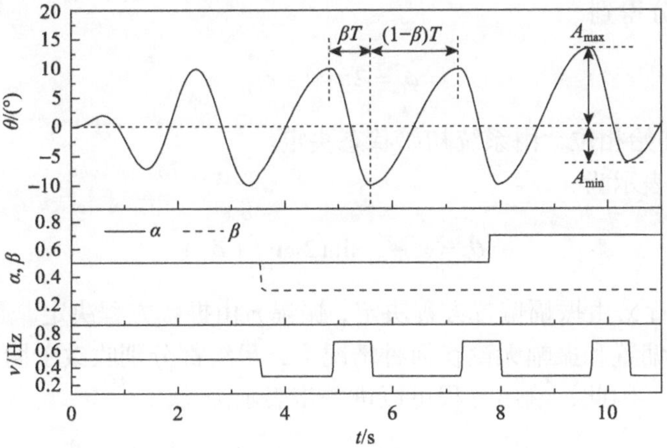

图 6.4 相位振荡器模型时间空间非对称性特征仿真

6.2.2 稳态振动特性分析

6.2.1 节主要涉及相位振荡器模型空间和时间非对称性特征的实现，本节主要研究 CPG 控制最重要的极限环特性。极限环的定义为：在一类特殊的振动系统中，其运动微分方程的解在相平面上所确定的相轨迹是一条孤立的封闭曲线，它所对应的周期运动由系统的物理参数唯一确定，与初始运动状态无关，这种孤立的封闭相轨迹称为极限环[1]。极限环特性能保证相位振荡器模型在受到外界干扰的情况下，依然能够最终收敛到稳定振动状态，这个稳定状态是收敛到极限环情况下的振动状态。

改进后的相位振荡器模型主要包含频率方程、相位方程、振幅方程、振幅偏置方程和输出方程。频率方程主要起到上拍频率与下拍频率之间的自然过渡作用。相位方程是振荡器呈现极限环特征的核心，它通过其中的耦合项建立与其他振荡器之间的联系，耦合项之和 c 表示为

$$c = \sum_j w_{ij} \sin(\phi_j - \phi_i - \Delta\varphi_{ij}) \tag{6.15}$$

式中，ϕ_j 为第 j 个单元的相位；ϕ_i 为第 i 个单元的相位；w_{ij} 为第 j 个单元对第 i

个单元的耦合权重；$\Delta\varphi_{ij}$ 为第 j 个单元对第 i 个单元的期望相位差。

为了简化问题，本节先考虑在没有耦合项影响存在的情况下，振荡器呈现什么特征。于是，先假设耦合项之和恒为零，那么相位方程表示为

$$\dot{\phi}_i = 2\pi\nu_i \tag{6.16}$$

对式(6.16)积分得到

$$\phi_i = 2\pi\nu_i t + \phi_{i0} \tag{6.17}$$

式中，ϕ_{i0} 为初始相位，由系统初始状态决定。

输出方程表示为

$$\theta_i = x_i + r_i \sin(2\pi\nu_i t + \phi_{i0}) \tag{6.18}$$

式中，振幅偏置 x_i 由振幅偏置方程决定；振幅 r_i 由振幅方程决定。通过 6.2.1 节分析可知，振幅偏置和振幅无论在何种情况下，最终都分别收敛于期望振幅偏置 X_i 和期望振幅 R_i。因此，输出方程可以进一步表示为

$$\theta_i = X_i + R_i \sin(2\pi\nu_i t + \phi_{i0}) \tag{6.19}$$

现在可知，在耦合项之和为零的情况下，输出的稳定振动状态为具有偏置特征的正弦信号。加之频率方程的作用，输出为同时具有空间非对称性特征和时间非对称性特征的类正弦信号，这将是潜水器胸鳍拍动控制需要的信号输出。

设定无耦合项存在，独立单元相位振荡器的极限环特性分析如图 6.5 所示。振动系统初始状态为(0,0)，当空间非对称性拍动系数 α 和时间非对称性拍动系数 β 均为 0.5 时，即为时间对称性振动和空间对称性振动，输出稳定态为正弦信号，相轨迹逐渐收敛于极限环，极限环为封闭椭圆，振动系统开始稳定周期振动。

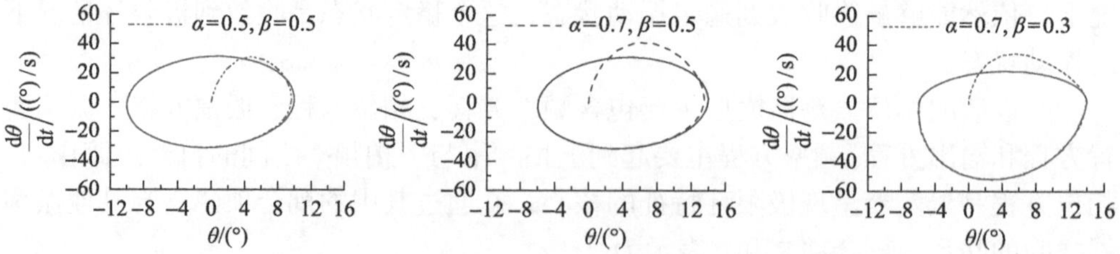

图 6.5　独立单元相位振荡器的极限环特性分析

接着，进一步分析在空间非对称性特征和时间非对称性特征下，振动系统是否依然存在极限环及其对极限环的影响。首先，将 α 由 0.5 变为 0.7，输出稳定态为偏置正弦信号，极限环依然存在且形状不变，只是沿 X 轴正向平移；其次，将 β

由 0.5 变为 0.3，时间非对称性特征导致上下拍频率发生改变，极限环依然存在，但是极限环沿 X 轴不再对称，呈现上侧曲率半径大、下侧曲率半径小的特征。

综上所述，当耦合项之和为零时，相位振荡器极限环存在，且空间非对称性拍动系数和时间非对称性拍动系数与极限环存在与否无关。

理论和仿真分析均验证了在耦合项之和为零的情况下，相位振荡器模型存在极限环。基于此，进一步探讨当单元间存在耦合项时，耦合项之和恒为零需要满足的条件，此条件等价为

$$\phi_j - \phi_i - \Delta\varphi_{ij} \equiv \pm n\pi, \quad n = 0,1,\cdots \tag{6.20}$$

式中，n 为整数，$j \neq i$，对任意存在相互耦合关系的两振动单元均成立。实际周期振动中，当相位相差 2π 的整数倍时，周期运动重合，可以视为同一信号。因此，式(6.20)可以简化为

$$\phi_j - \phi_i - \Delta\varphi_{ij} \equiv 0 \text{ 或 } \pi \tag{6.21}$$

如果对任意存在相互耦合关系的两振动单元式(6.21)均成立，那么第 i 个单元对第 j 个单元存在的耦合关系可以表示为

$$\phi_i - \phi_j - \Delta\varphi_{ji} \equiv 0 \text{ 或 } \pi \tag{6.22}$$

结合式(6.20)和式(6.22)，可以推导出

$$\Delta\varphi_{ij} = -\Delta\varphi_{ji} \tag{6.23}$$

此条件即为满足耦合项之和恒为零的充分条件。

下一步，证明在满足式(6.23)的条件下，两个振动单元之间存在同步稳态振动特征，且相互间的稳态振动相位差由期望相位差 $\Delta\varphi_{ij}$ 决定。两个振动单元可以分别表示为

$$\begin{cases} \nu_1 = \left[\dfrac{2\beta_1 - 1}{2\beta_1(1-\beta_1)(1+\mathrm{e}^{-k_{\nu 1}\dot{\theta}_1})} + \dfrac{1}{2\beta_1} \right] \dfrac{1}{T_1} \\ \dot{\phi}_1 = 2\pi\nu_1 + w_{12}\sin(\phi_2 - \phi_1 - \Delta\varphi_{12}) \\ \ddot{r}_1 = a_1\left[\dfrac{a_1}{4}(R_1 - r_1) - \dot{r}_1 \right] \\ \ddot{x}_1 = b_1\left\{ \dfrac{b_1}{4}\left[(2\alpha_1 - 1)R_1 - x_1\right] - \dot{x}_1 \right\}, \quad R_1 \neq 0 \\ \theta_1 = x_1 + r_1\sin\phi_1 \end{cases} \tag{6.24}$$

$$\begin{cases} \nu_2 = \left[\dfrac{2\beta_2 - 1}{2\beta_2(1-\beta_2)(1+\mathrm{e}^{-k_{\nu 2}\dot{\theta}_2})} + \dfrac{1}{2\beta_2} \right] \dfrac{1}{T_2} \\ \dot{\phi}_2 = 2\pi\nu_2 + w_{21}\sin(\phi_1 - \phi_2 - \Delta\varphi_{21}) \\ \ddot{r}_2 = a_2\left[\dfrac{a_2}{4}(R_2 - r_2) - \dot{r}_2\right] \\ \ddot{x}_2 = b_2\left\{\dfrac{b_2}{4}[(2\alpha_2 - 1)R_2 - x_2] - \dot{x}_2\right\}, \quad R_2 \neq 0 \\ \theta_2 = x_2 + r_2\sin\phi_2 \end{cases} \tag{6.25}$$

式中，$\Delta\varphi_{12} = -\Delta\varphi_{21}$；振幅偏置 x_1、x_2 和振幅 r_1、r_2 无论在何种情况下，最终都分别收敛于期望振幅偏置 X_1、X_2 和期望振幅 R_1、R_2。

进一步推导，相位差的微分可以表示为

$$\Delta\dot{\phi}_{12} = \dot{\phi}_2 - \dot{\phi}_1 = 2\pi(\nu_2 - \nu_1) - (w_{21} + w_{12})\sin(\Delta\phi_{12} - \Delta\varphi_{12}) \tag{6.26}$$

式中，相位差 $\Delta\phi_{12} = \phi_2 - \phi_1$。

为了保证两个振动单元最终同步振动，在无穷大时刻，相位差必须恒定，那么相位差的微分为

$$\Delta\dot{\phi}_{12} = \dot{\phi}_2 - \dot{\phi}_1 = 0 \tag{6.27}$$

联立式(6.26)和式(6.27)，推导出

$$\Delta\phi_{12\infty} = \arcsin\left[\frac{2\pi(\nu_2 - \nu_1)}{w_{21} + w_{12}}\right] + \Delta\varphi_{12} \tag{6.28}$$

式中，$\Delta\phi_{12\infty}$ 为时间趋于无穷大时刻的相位差。

当 $\nu_1 = \nu_2$ 时，式(6.28)存在唯一解：

$$\Delta\phi_{12\infty} = \Delta\varphi_{12} \tag{6.29}$$

通过相位差的二阶导数判断解的稳定性，对式(6.26)求偏导数为

$$\frac{\partial\Delta\dot{\phi}_{12}}{\partial\Delta\phi_{12}} = -(w_{21} + w_{12})\cos(\Delta\phi_{12\infty} - \Delta\varphi_{12}) = -(w_{21} + w_{12}) < 0 \tag{6.30}$$

从而判定式(6.29)对应的解是稳定的。

因此，本节得出的两相位振动单元同步振动的条件为

$$\begin{cases} \Delta\varphi_{12} = -\Delta\varphi_{21} \\ \nu_2 = \nu_1 \end{cases} \tag{6.31}$$

为了保证$\nu_1=\nu_2$，需要满足

$$\nu=\nu_2=\nu_1=\left[\frac{2\beta-1}{2\beta(1-\beta)(1+\mathrm{e}^{-k_\nu\dot{\theta}})}+\frac{1}{2\beta}\right]\frac{1}{T} \tag{6.32}$$

式中，$T=T_i$，$\beta=\beta_i$，$k_\nu=k_{\nu i}$，$\dot{\theta}=\dot{\theta}_i$，即两个相位振荡器单元的周期、时间非对称性拍动系数、频率常数均相等；上下拍动的分界点由单元 1 输出的一阶导数$\dot{\theta}$确定。

最终，得到两个相位振荡器单元的稳定同步振动状态为

$$\begin{cases}\theta_1=X_1+R_1\sin(2\pi\nu t+\phi_{10})\\ \theta_2=X_2+R_2\sin(2\pi\nu t+\phi_{10}+\Delta\varphi_{12})\end{cases} \tag{6.33}$$

式中，ϕ_{10}为相位振荡器单元 1 的初始相位，由系统初始条件确定；相位振荡器单元 2 和 1 之间的相位差为期望相位差$\Delta\varphi_{12}$，即在稳态振动情况下，通过期望相位差可实现对振动单元间实际相位差的控制。

下面进行两单元相位振荡器模型的仿真分析，主要包括统一的频率方程、一个振幅偏置方程(两单元共用)、一个振幅方程(两单元共用)、两个相位方程和两个输出方程。频率方程有三个输入，分别为时间非对称性拍动系数$\beta=0.5$、周期T=2s、输出微分$\dot{\theta}_1$。振幅偏置方程输入为空间非对称性拍动系数$\alpha=0.5$和期望振幅R=10°。振幅方程输入也为期望振幅R=10°。相位方程 1 有四个输入，分别为频率ν、耦合权重$w_{12}=2$、相位ϕ_2、期望相位差$\Delta\varphi_{12}$；相位方程 2 有四个输入，分别为频率ν、耦合权重$w_{21}=2$、相位ϕ_1、期望相位差$\Delta\varphi_{21}$。输出方程有三个输入，分别为振幅偏置x_i、振幅r_i、相位ϕ_i。

仿真结果如图 6.6 所示，先设定期望相位差$\Delta\varphi_{12}=-30°$、$\Delta\varphi_{21}=30°$，相位振荡器单元 1 和 2 很快达到相位差为–30°的同步振动；在 3s 时刻，期望相位差变为$\Delta\varphi_{12}=30°$、$\Delta\varphi_{21}=-30°$，在 1s(半个周期 T)时间内，相位振荡器单元 1 和 2 达到相位差为 30°的同步振动。

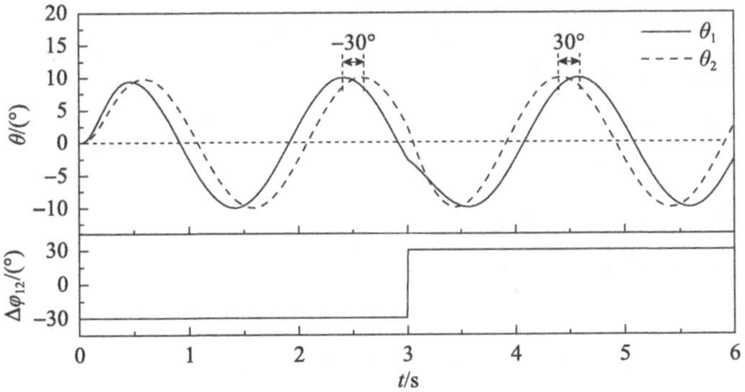

图 6.6 两单元相位振荡器同步振动仿真分析

至此，本节已经推导出相互耦合的两个单元获得稳定同步振动需要满足的条件。针对多个单元相互耦合的情况，可以采取同样的推导方式，最终可获得同步振动的条件为

$$\begin{cases} \Delta\varphi_{ij} = -\Delta\varphi_{ji} \\ \nu_i = \nu = \left[\dfrac{2\beta - 1}{2\beta(1-\beta)(1+\mathrm{e}^{-k_\nu\dot{\theta}})} + \dfrac{1}{2\beta}\right]\dfrac{1}{T} \end{cases} \tag{6.34}$$

式中，T=T_i，$\beta = \beta_i$，$k_i = k_{\nu i}$，$\dot{\theta} = \dot{\theta}_i$，即所有相位振荡器单元的周期、时间非对称性拍动系数、频率常数均相等；且上下拍动的分界点必须由同一单元来判定，本节选取单元 1 输出的一阶导数作为统一判定参考。

6.2.3 CPG 控制拓扑网络构建

1. 拓扑网络连接形式分析

仿蝠鲼潜水器一共包含 8 个驱动舵机，分别对应 6 根胸鳍鳍条和 2 根尾鳍鳍条。通过第 2 章的蝠鲼运动学分析，发现尾鳍通常只在俯仰姿态中发挥作用，大部分游动姿态均只需要胸鳍的参与即可完成。因此，本节先研究只有胸鳍参与的运动姿态控制，然后单独讨论涉及尾鳍参与的姿态。

仿蝠鲼潜水器左侧胸鳍包含 3 个舵机，分别命名为舵机 1、2、3，右侧胸鳍舵机命名为舵机 4、5、6，尾鳍舵机命名为舵机 7 和 8。每个舵机由 1 个相位振荡器模型控制，舵机间的相互联系通过耦合项实现。因此，本节需要构建 1 个 8 单元的 CPG 控制拓扑网络。为了简化问题，本节先忽略尾鳍与胸鳍间的耦合关系，仅讨论 6 个胸鳍相位振荡器单元(简称 CPG 单元)之间的拓扑网络结构。

常见的拓扑网络连接形式有：①全连接形式，如图 6.7(a)所示，每个 CPG 单元均与其他 5 个 CPG 单元相互连接；②最近邻连接形式，如图 6.7(b)所示，每个 CPG 单元与其他最近邻的 CPG 单元连接；③最简化连接形式，即保证每个 CPG 单元与其他 5 个单元存在直接或间接联系的最少连接数目的形式，如图 6.7(c)～(h)所示。图 6.7(c)和(d)通过胸鳍起始单元 1 和 4 建立左右侧胸鳍之间的联系，图 6.7(e)和(f)通过胸鳍末端单元 3 和 6 建立左右侧胸鳍之间的联系，图 6.7(g)通过胸鳍中间单元 2 和 5 建立左右侧胸鳍之间的联系，图 6.7(h)以单元 1 作为总控制单元与其他 5 个单元直接连接。

三种常见的拓扑连接形式各有优缺点，具体如下：

(1)通过图 6.7 发现，全连接形式的连接数目最多，网络最复杂，但每个 CPG 单元间均存在直接耦合关系。这种连接形式完全对称，比较适合每个 CPG 单元在网络中作用均等的情况；其缺点是网络连接复杂，实时控制时计算量较大。

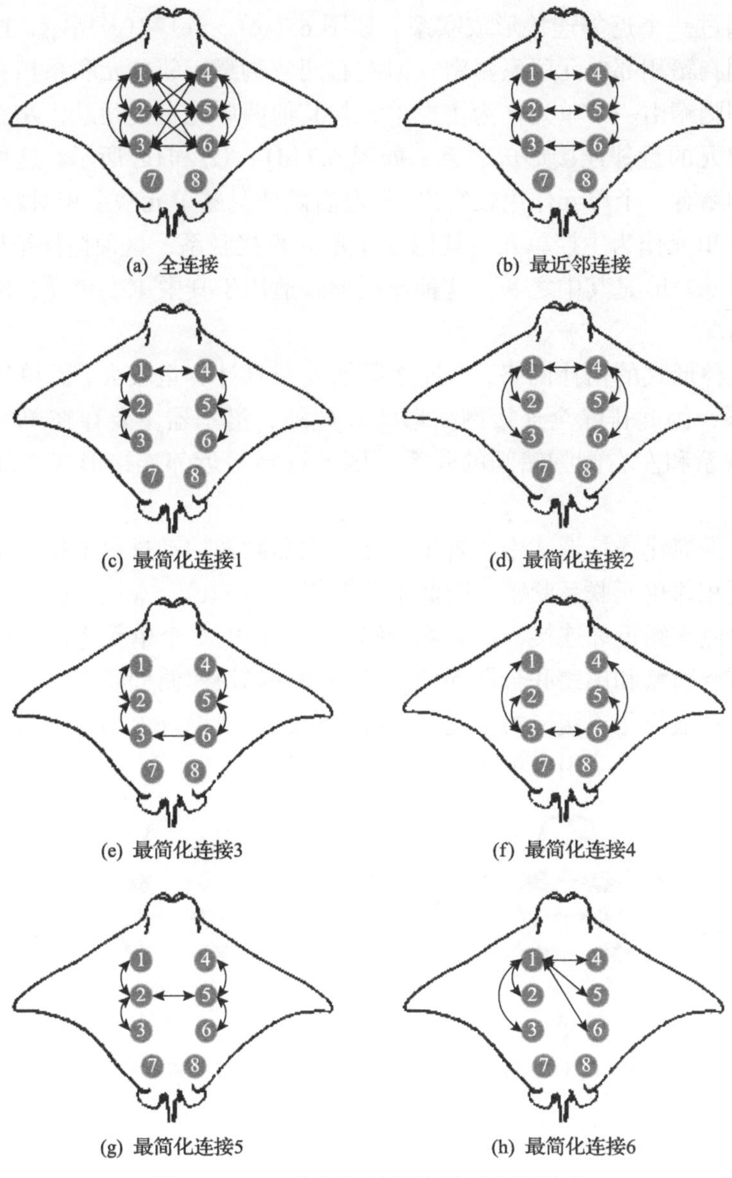

(a) 全连接　(b) 最近邻连接

(c) 最简化连接1　(d) 最简化连接2

(e) 最简化连接3　(f) 最简化连接4

(g) 最简化连接5　(h) 最简化连接6

图 6.7　CPG 控制拓扑网络常见连接形式

(2)最近邻连接形式的连接数目和网络复杂度都居中，保证了相邻单元存在直接耦合关系。这种连接形式左右对称、上下对称，比较适合相邻 CPG 单元联系紧密的情况，其网络复杂度和计算量均居中。

(3)最简化连接形式的连接数目最少，网络最简单，计算量最小，但网络对称性也最低。最简化连接形式又存在多种拓扑网络结构：①单侧胸鳍近邻连接，左右侧胸鳍通过一个近邻连接形成联系，如图 6.7(c)、(e)和(g)所示，这种连接形式适合单侧胸鳍相邻单元联系紧密，但左右两侧胸鳍相邻单元联系相对较弱的情况。②单侧胸鳍由一个单元作为主控单元与其他两单元直接联系，左右侧胸鳍通过两主控单元的近邻连接形成联系，如图 6.7(d)、(f)和(g)所示，这种连接形式适合单侧胸鳍有 1 个单元作用较突出，且左右两侧胸鳍单元联系相对较弱的情况。③选择 1 个单元作为主控单元与其他 5 个单元直接联系，这种拓扑结构一共有 6 种形式，图 6.7(h)是其中之一，这种连接形式适用于其中 1 个单元在网络中起主要作用的情况。

针对各种形式的拓扑网络，全连接网络复杂且计算量较大，而单片机系统计算速度有限，因此排除全连接网络形式。此外，潜水器主要存在单侧胸鳍相邻单元间的联系和左右侧胸鳍间的联系，因此选择最近邻连接形式或最简化连接形式。

在多种最简化连接形式中，各单元在潜水器胸鳍拍动过程中作用基本均等，且单侧胸鳍相邻单元联系紧密，因此主要选择图 6.7(c)、(e)、(g)中的拓扑网络形式，即单侧胸鳍近邻连接，左右侧胸鳍通过对应的 2 个单元连接。

针对需要胸鳍和尾鳍联合摆动的游动姿态，如快速俯仰姿态，本节采用最近邻连接形式和最简化连接形式构建 CPG 拓扑网络，如图 6.8 所示。其余只需要胸鳍周期运动的情形，采用 6 单元的 CPG 拓扑网络。

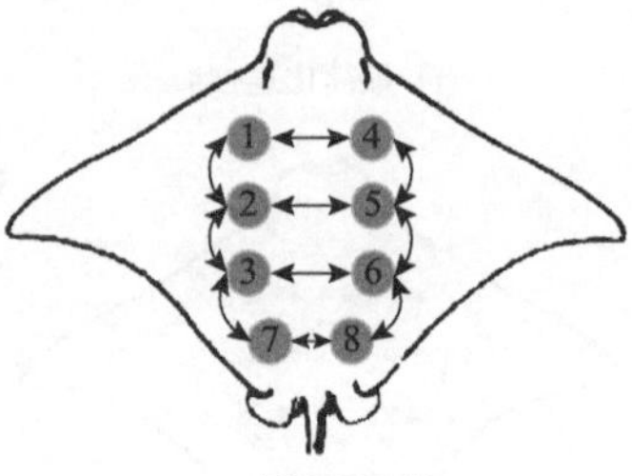

(a) 最近邻连接

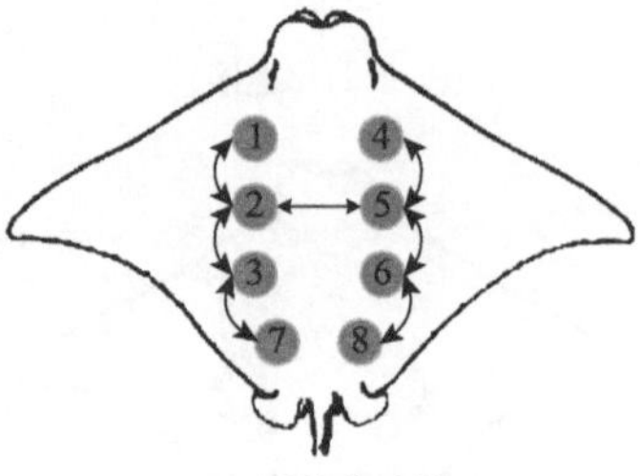

(b) 最简化连接

图 6.8 胸尾鳍的 CPG 拓扑网络

2. 拓扑网络仿真模型构建

前面主要确定了 CPG 控制拓扑网络的连接形式，在此基础上，本节首先对 CPG 网络参数进行分析；然后构建 8 单元最近邻连接形式和最简化连接形式的 CPG 网络仿真模型[4]。

1) CPG 控制拓扑网络参数分析

首先，选取 CPG 拓扑网络各常数值，如表 6.1 所示；其次，确定 CPG 拓扑网络控制参数，如表 6.2 所示。

表 6.1　CPG 拓扑网络常数表

名称	缩写与数值
频率过渡系数	$k_{vi}=1$
期望相位差增益	$c_{ij}=40$
振幅增益	$a_i=20$
振幅偏置增益	$b_i=20$

表 6.2　CPG 拓扑网络控制参数表

名称	缩写与数值
时间非对称性拍动系数	$\beta_i=\beta\in(0,1)$
拍动周期/s	$T_i=T\in[1.25,+\infty)$
期望相位差/(°)	$\Delta\varphi$
耦合权重	w
空间非对称性拍动系数	$\alpha_i\in[0,1]$
期望振幅/(°)	R_i
最大期望振幅/(°)	$R_{i\max}$

为了保证所有 CPG 单元同步振动，所有时间非对称性拍动系数和拍动周期必须一致，分别设定为 β 和 T。根据时间非对称性拍动系数的定义，β 取值区间为 $(0,1)$；β 为 0.5 时，对应时间对称拍动。仿蝠鲼潜水器舵机驱动能力有限，拍动周期过小会导致驱动力不足，因此拍动周期取值区间为 $[1.25,+\infty)$，对应频率范围为 0～0.08Hz。

空间非对称性拍动系数 α_i 由运动学分析结果确定，取值区间为 $[0,1]$；α_i 为 0.5 时，表示空间对称拍动。期望振幅 R_i 由运动学分析结果确定，但由于机械限位，期望振幅 R_i 必须小于最大期望振幅 $R_{i\max}$。最大期望振幅取值由机械结构和控制需求确定，分别设为 $R_{1\max}=R_{2\max}=R_{4\max}=R_{5\max}=15°$、$R_{3\max}=R_{6\max}=22°$、$R_{7\max}=R_{8\max}=40°$。

与 CPG 拓扑网络连接形式相关的参数是期望相位差矩阵 $\boldsymbol{\Delta\varphi}$ 和耦合权重矩阵 $\boldsymbol{w}$。对于图 6.8(a) 中最近邻连接形式的 CPG 网络，其 $\boldsymbol{\Delta\varphi}$ 表示为

$$
\Delta\boldsymbol{\varphi}=\begin{bmatrix}
0 & \Delta\varphi_{12} & 0 & \Delta\varphi_{14} & 0 & 0 & 0 & 0 \\
\Delta\varphi_{21} & 0 & \Delta\varphi_{23} & 0 & \Delta\varphi_{25} & 0 & 0 & 0 \\
0 & \Delta\varphi_{32} & 0 & 0 & 0 & \Delta\varphi_{36} & \Delta\varphi_{37} & 0 \\
\Delta\varphi_{41} & 0 & 0 & 0 & \Delta\varphi_{45} & 0 & 0 & 0 \\
0 & \Delta\varphi_{52} & 0 & \Delta\varphi_{54} & 0 & \Delta\varphi_{56} & 0 & 0 \\
0 & 0 & \Delta\varphi_{63} & 0 & \Delta\varphi_{65} & 0 & 0 & \Delta\varphi_{68} \\
0 & 0 & \Delta\varphi_{73} & 0 & 0 & 0 & 0 & \Delta\varphi_{78} \\
0 & 0 & 0 & 0 & 0 & \Delta\varphi_{86} & \Delta\varphi_{87} & 0
\end{bmatrix} \tag{6.35}
$$

式中，$\Delta\varphi_{ij}=-\Delta\varphi_{ji}$，以满足 CPG 单元间同步振动的条件。当游动姿态不涉及胸尾鳍之间的联合拍动时，期望相位差$\Delta\varphi_{37}$、$\Delta\varphi_{73}$、$\Delta\varphi_{68}$、$\Delta\varphi_{86}$、$\Delta\varphi_{78}$和$\Delta\varphi_{87}$均为零。

在 CPG 网络中，一个连接闭环内所有的期望相位差之和为零，结合条件$\Delta\varphi_{ij}=-\Delta\varphi_{ji}$，可以推导出

$$
\begin{cases}
\Delta\varphi_{14}=\Delta\varphi_{12}+\Delta\varphi_{25}+\Delta\varphi_{54} \\
\Delta\varphi_{36}=\Delta\varphi_{32}+\Delta\varphi_{25}+\Delta\varphi_{56} \\
\Delta\varphi_{68}=\Delta\varphi_{63}+\Delta\varphi_{36}+\Delta\varphi_{68}
\end{cases} \tag{6.36}
$$

因此，在期望相位差矩阵$\Delta\boldsymbol{\varphi}$中的 20 个期望相位差中，只有 7 个独立变量，本节选取$\Delta\varphi_{25}$、$\Delta\varphi_{12}$、$\Delta\varphi_{23}$、$\Delta\varphi_{45}$、$\Delta\varphi_{56}$、$\Delta\varphi_{37}$和$\Delta\varphi_{68}$作为控制变量。当只考虑胸鳍间的相位关系时，期望相位差控制变量为 5 个，此时$\Delta\varphi_{37}$和$\Delta\varphi_{68}$均为零。

这 7 个独立变量正好构成最简化连接形式下的期望相位差矩阵，对于图 6.7 中最简化连接形式的 CPG 网络，其$\Delta\boldsymbol{\varphi}$可以表示为

$$
\Delta\boldsymbol{\varphi}=\begin{bmatrix}
0 & \Delta\varphi_{12} & 0 & 0 & 0 & 0 & 0 & 0 \\
\Delta\varphi_{21} & 0 & \Delta\varphi_{23} & 0 & \Delta\varphi_{25} & 0 & 0 & 0 \\
0 & \Delta\varphi_{32} & 0 & 0 & 0 & 0 & \Delta\varphi_{37} & 0 \\
0 & 0 & 0 & 0 & \Delta\varphi_{45} & 0 & 0 & 0 \\
0 & \Delta\varphi_{52} & 0 & \Delta\varphi_{54} & 0 & \Delta\varphi_{56} & 0 & 0 \\
0 & 0 & 0 & 0 & \Delta\varphi_{65} & 0 & 0 & \Delta\varphi_{68} \\
0 & 0 & \Delta\varphi_{73} & 0 & 0 & 0 & 0 & 0 \\
0 & 0 & 0 & 0 & 0 & \Delta\varphi_{86} & 0 & 0
\end{bmatrix} \tag{6.37}
$$

耦合权重矩阵$\boldsymbol{w}$确定 CPG 网络的拓扑连接形式，对于图 6.7 中最近邻连接形式的 CPG 网络，其$\boldsymbol{w}$表示为

$$
\boldsymbol{w}=\begin{bmatrix}
0 & w_{12} & 0 & w_{14} & 0 & 0 & 0 & 0\\
w_{21} & 0 & w_{23} & 0 & w_{25} & 0 & 0 & 0\\
0 & w_{32} & 0 & 0 & 0 & w_{36} & w_{37} & 0\\
w_{41} & 0 & 0 & 0 & w_{45} & 0 & 0 & 0\\
0 & w_{52} & 0 & w_{54} & 0 & w_{56} & 0 & 0\\
0 & 0 & w_{63} & 0 & w_{65} & 0 & 0 & w_{68}\\
0 & 0 & w_{73} & 0 & 0 & 0 & 0 & w_{78}\\
0 & 0 & 0 & 0 & 0 & w_{86} & w_{87} & 0
\end{bmatrix} \tag{6.38}
$$

式中，当游动姿态不涉及胸尾鳍之间的联合拍动时，耦合权重 w_{37}、w_{73}、w_{68}、w_{86}、w_{78} 和 w_{87} 均为零，表示尾鳍单元 7 和尾鳍单元 8 与胸鳍单元间无耦合关系。

对于图 6.8(b)中最简化连接形式的 CPG 网络，其 $\boldsymbol{w}$ 表示为

$$
\boldsymbol{w}=\begin{bmatrix}
0 & w_{12} & 0 & 0 & 0 & 0 & 0 & 0\\
w_{21} & 0 & w_{23} & 0 & w_{25} & 0 & 0 & 0\\
0 & w_{32} & 0 & 0 & 0 & 0 & w_{37} & 0\\
0 & 0 & 0 & 0 & w_{45} & 0 & 0 & 0\\
0 & w_{52} & 0 & w_{54} & 0 & w_{56} & 0 & 0\\
0 & 0 & 0 & 0 & w_{65} & 0 & 0 & w_{68}\\
0 & 0 & w_{73} & 0 & 0 & 0 & 0 & 0\\
0 & 0 & 0 & 0 & 0 & w_{86} & 0 & 0
\end{bmatrix} \tag{6.39}
$$

式中，当游动姿态不涉及胸尾鳍之间的联合拍动时，耦合权重 w_{37}、w_{73}、w_{68} 和 w_{86} 均为零。

由于潜水器中各驱动单元的作用基本对等，并结合仿真分析，设定耦合权重矩阵 $\boldsymbol{w}$ 中的非零项 w_{ij} 均为 w，其值取 4。

以上是对于整个 CPG 网络参数的分析，研究发现不同的拓扑网络结构由期望相位差矩阵 $\Delta\boldsymbol{\varphi}$ 和耦合权重矩阵 $\boldsymbol{w}$ 确定，最简化连接形式少了 3 组单元间的相互连接关系，因此少了 6 个期望相位差控制参数和 6 个耦合权重系数。下面将针对最近邻连接形式和最简化连接形式，分别构建 CPG 网络仿真模型，并评判二者的优缺点。

2）CPG 控制拓扑网络仿真模型构建

首先，本节需要构建满足 8 单元最近邻连接形式和最简化连接形式的 CPG 振荡器单元。图 6.8 中的 CPG 网络，一个 CPG 单元最多与其他 3 个单元存在耦合关系。因此，需要构建三连接形式的 CPG 单元。单元一共包括 13 个输入，分别为空间非对称性拍动系数 α_i、期望振幅 R_i、最大期望振幅 $R_{i\max}$、实时频率 ν，以

及三组耦合关系对应的 9 个输入，每组分别对应耦合权重 w_{ij}、单元 j 的实时相位 ϕ_j 和期望相位差 $\Delta\varphi_{ij}$。单元还包括 2 个输出，分别为 CPG 单元输出值 θ_i 和实时相位 ϕ_i，ϕ_j 需要作为其他 CPG 单元的输入。本节继续构建最近邻连接形式的 8 单元 CPG 拓扑网络，如图 6.9 所示。从下至上，模型主要包括输入、8 单元网络主体和输出三部分。

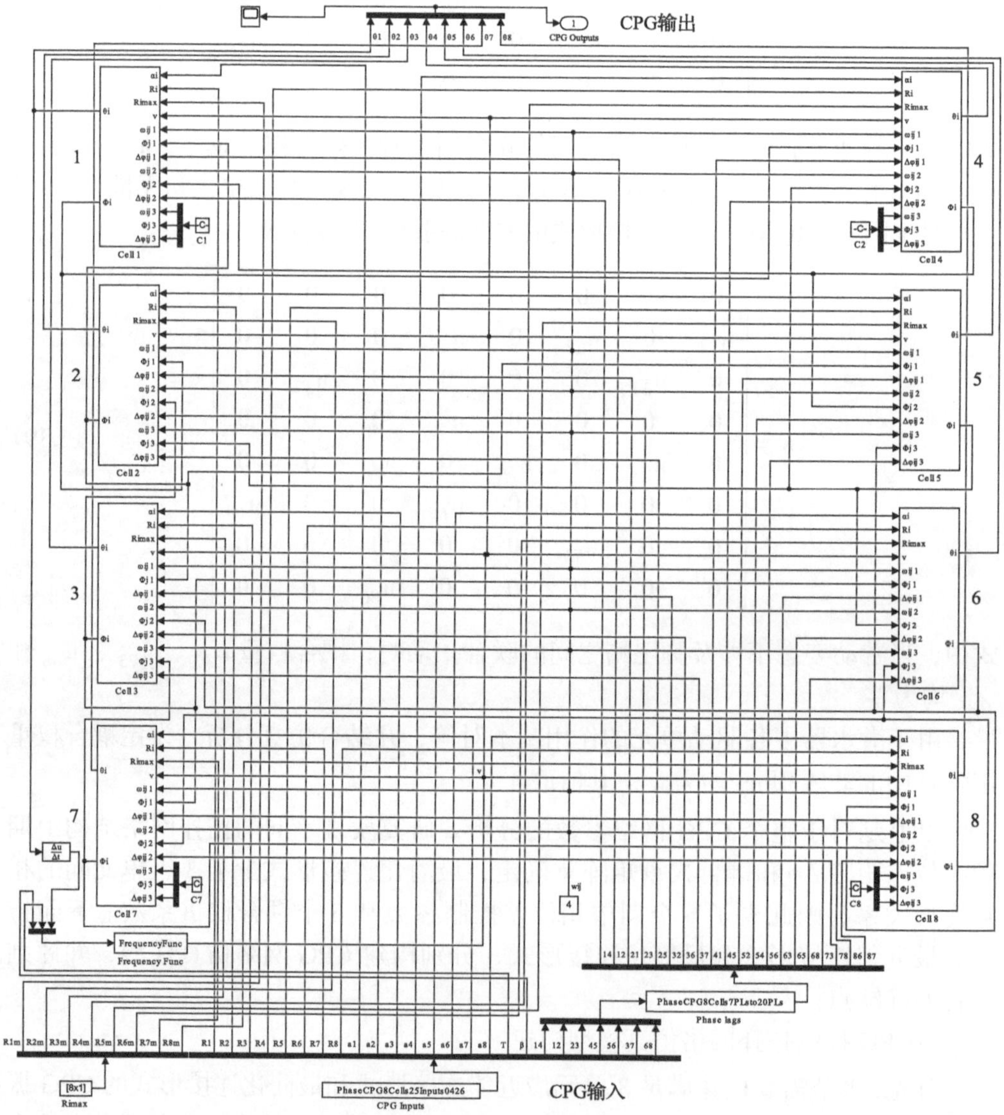

图 6.9　单元最近邻连接 CPG 拓扑网络仿真模型

输入部分如图 6.9 底部所示，从左至右依次为 8 个最大期望振幅 $R_{i\max}$、8 个

期望振幅 R_i、8 个空间非对称性拍动系数 α_i、拍动周期 T、时间非对称性拍动系数 β、7 个独立期望相位差 $\Delta\varphi_{25}$、$\Delta\varphi_{12}$、$\Delta\varphi_{23}$、$\Delta\varphi_{45}$、$\Delta\varphi_{56}$、$\Delta\varphi_{37}$、$\Delta\varphi_{68}$ 和统一的耦合权重 w，共 34 个输入。其中，8 个最大期望振幅 $R_{i\max}$ 和统一的耦合权重 w 以常数形式为输入，另外 25 个输入参数通过 S 函数进行控制。拍动周期 T、时间非对称性拍动系数 β 和 CPG 单元 2 的输出微分 $\dot{\theta}_2$ 作为频率函数的输入，经频率函数转化为 8 个 CPG 单元统一的实时频率输入。本节选取 CPG 单元 2 作为判断胸鳍上拍和下拍的依据，因为 $\dot{\theta}_2$ 对应左侧胸鳍尖端摆动速度，是胸鳍运动特征体现的最典型特征点。此外，7 个独立期望相位差输入经 S 函数转化为 20 个期望相位差，作为 8 个 CPG 单元的期望相位差输入。

当仿蝠鲼潜水器只涉及胸鳍单元输出时，可以通过设定相应的耦合权重为零来解除胸鳍与尾鳍单元之间的联系；或者通过设定尾鳍单元相应的控制参数为零来达到此目的，如设定 R_7、R_8、$\Delta\varphi_{37}$、$\Delta\varphi_{68}$ 均为零，尾鳍单元将不会周期摆动，且尾鳍单元不会影响与其连接的胸鳍单元。为了不改变仿真过程中 CPG 的拓扑网络结构，采用第二种方式来控制尾鳍是否发挥作用的情况。

此外，最简化连接形式的 CPG 拓扑网络仿真模型，只需在如图 6.9 所示的模型基础上，将耦合权重 w_{14}、w_{41}、w_{36}、w_{63}、w_{78} 和 w_{87} 的输入均设为零，就可以构成左右侧胸鳍通过单元 2 和 5 连接的最简化连接形式 CPG 拓扑网络。

本节主要构建 8 单元最近邻连接形式和最简化连接形式的 CPG 拓扑网络仿真模型，这为实现潜水器游动姿态仿生控制提供了前提。

6.2.4　游动姿态仿生控制

第 2 章主要分析了蝠鲼的前游、偏航、俯仰和滑翔姿态。本节利用基于相位振荡器模型的 CPG 拓扑网络，逐个实现这些游动姿态。

1. 前游姿态仿生控制

首先，选取潜水器前游姿态的 CPG 控制参数：

$$\begin{cases}\theta_1 = 0.99\theta, \quad \theta_2 = \theta, \quad \theta_3 = 1.44\theta \\ \alpha_1 = 0.63, \quad \alpha_2 = 0.72, \quad \alpha_3 = 0.76 \\ T = 2.11\text{s}, \quad \beta = 0.41 \\ \Delta\varphi_{12} = -30°, \quad \Delta\varphi_{23} = -19° \end{cases} \tag{6.40}$$

式中，θ_i 为舵机 i 转角的大小；θ 为舵机转角统一度量单位，用于表述不同舵机转角间的比例关系。

由式(6.40)可以得出：第一，前游姿态中，舵机 1 与舵机 2 摆动的期望振幅基本一致，舵机 3 的期望振幅约为这二者的 1.5 倍；第二，胸鳍拍动的空间非对称性特征和时间非对称性特征比较明显；第三，鳍条间的相位依次滞后，表现为胸鳍上的波动从鱼体头部向尾部传递，从而产生反向的推进力，如图 6.10 所示。

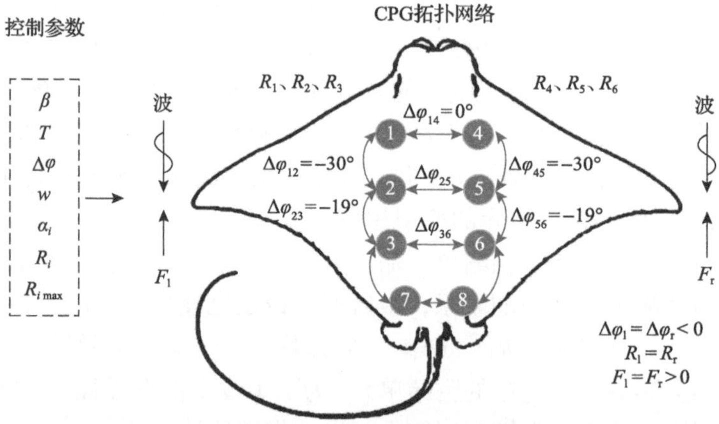

图 6.10　前游姿态 CPG 仿生控制原理

根据第 2 章运动学分析结果，本节利用仿蝠鲼潜水器模拟牛鼻鲼前游姿态。CPG 仿生控制原理如图 6.10 所示，通过输入控制参数，保证左右两侧胸鳍参数对称相等，即期望相位差和期望振幅左右对称相等；左右两侧胸鳍产生的推力 F_l 和 F_r 相等，形成合力共同推进潜水器前进。由运动学分析结果计算所得的控制参数如表 6.3 所示，选取统一的耦合权重 w 为 4，左侧胸鳍期望振幅 R_l 与右侧 R_r 相等，均为 10°。后面若无特别说明，舵机 1 和 2 的期望振幅相等，用左侧胸鳍振幅 R_l 表示，舵机 3 的期望振幅是舵机 1 和 2 的 1.5 倍，用 $1.5R_l$ 表示；右侧胸鳍舵机 4、5 和 6 的期望振幅与 R_r 存在同样的比例关系。左侧胸鳍期望相位差 $\Delta\varphi_{12}$ 是 $\Delta\varphi_{23}$ 的 1.5 倍，统一用参数 $\Delta\varphi_l$ 表示；右侧胸鳍存在同样的比例关系，用 $\Delta\varphi_r$ 表示。

表 6.3　前游姿态 CPG 控制参数表

名称	缩写与数值
时间非对称性拍动系数	$\beta_i = \beta = 0.41$
拍动周期	$T_i = T = 2.11\text{s}$
期望相位差	$\Delta\varphi_{25} = 0°$，　$\Delta\varphi_l = -20°$，　$\Delta\varphi_{12} = 1.5\Delta\varphi_l$，　$\Delta\varphi_{23} = \Delta\varphi_l$ $\Delta\varphi_r = -20°$，　$\Delta\varphi_{45} = 1.5\Delta\varphi_r$，　$\Delta\varphi_{56} = \Delta\varphi_r$
统一的耦合权重	$w = 4$
空间非对称性拍动系数	$\alpha_1 = \alpha_4 = 0.63$，　$\alpha_2 = \alpha_5 = 0.72$，　$\alpha_3 = \alpha_6 = 0.76$
期望振幅	$R_1 = R_2 = R_l$，　$R_3 = 1.5R_l$，　$R_4 = R_5 = R_r$，　$R_6 = 1.5R_r$，　$R_l = R_r = 10°$

利用这些参数进行仿真分析，仿真模型采用最近邻连接 CPG 拓扑网络，结果如图 6.11 所示，右侧胸鳍与左侧胸鳍仿真结果一致，因此仅显示左侧胸鳍仿真结果。仿真初始状态为停止姿态，经过约 1.5s 达到稳定时间对称性拍动姿态和空间对称性拍动姿态；随后分别改变空间非对称性拍动系数和时间非对称性拍动系数，实现时间非对称性拍动和空间非对称性拍动的游动姿态。仿真结果表明，蝠鲼胸鳍拍动的鳍条间相位差特征、空间非对称性特征和时间非对称性特征均达到了实际控制需求，从而证实了本节采用的 CPG 拓扑网络仿生控制的有效性。

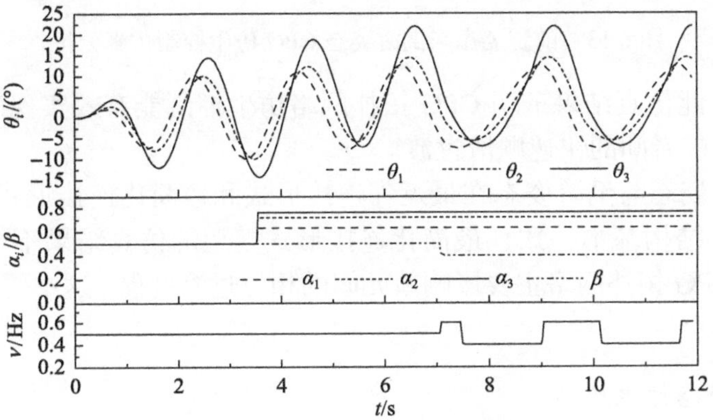

图 6.11　前游姿态 CPG 仿生控制仿真分析

此外，倒游姿态控制原理与前游姿态基本一致，不同的是改变胸鳍上波动传递的方向，从而改变推力的方向，通过将单侧胸鳍 CPG 单元间的期望相位差由负变为正来实现，如图 6.12 所示。这个过程的仿真分析如图 6.13 所示，开始阶段为前游姿态，在 3s 时刻通过对期望相位差取反，快速顺滑地过渡到倒游姿态，过渡

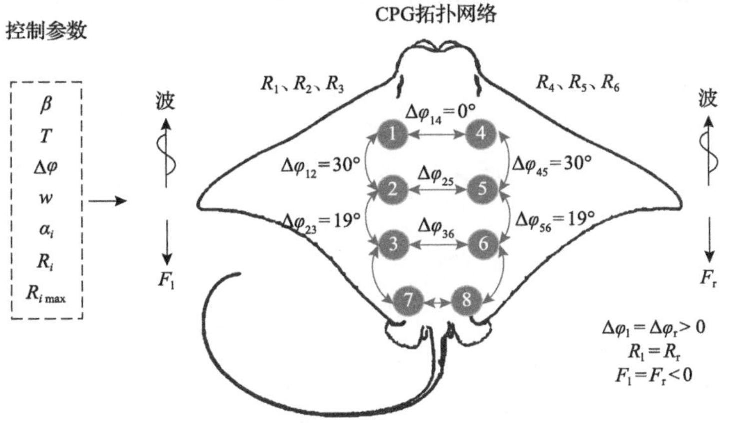

图 6.12　倒游姿态 CPG 仿生控制原理

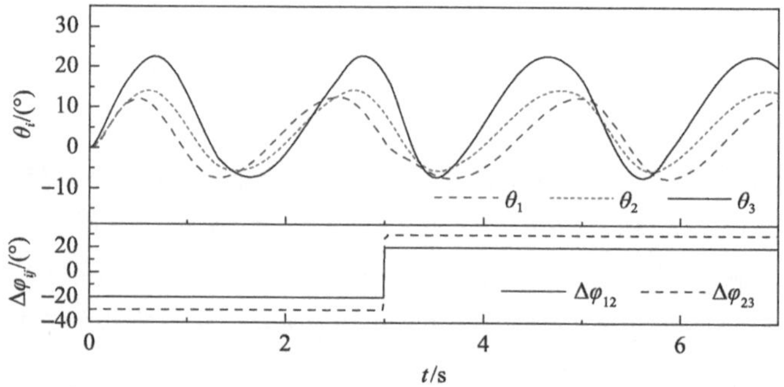

图 6.13　前游姿态与倒游姿态 CPG 仿生控制仿真分析

时间约为 1s。此仿真结果证明 CPG 拓扑网络仿生控制能有效实现前游姿态和倒游姿态，以及二者间的快速顺滑过渡。

由于前游姿态与倒游姿态在最近邻连接形式和最简化连接形式的 CPG 拓扑网络中，仿真结构基本一致，最简化连接形式模型的仿真结果不再列出。不同连接形式的 CPG 拓扑网络主要影响单元间的相位过渡过程，这主要涉及偏航姿态的转换。

2. 偏航姿态仿生控制

在第 2 章的蝠鲼运动学分析中，归纳了基于两侧胸鳍非对称振幅和非对称相位差这两种偏航姿态，此部分内容主要涉及利用潜水器实现这两种偏航姿态。

1)基于非对称振幅的偏航姿态

基于非对称振幅的偏航姿态 CPG 仿生控制原理如图 6.14 所示，其实现方式主要是利用两侧胸鳍不同的期望振幅产生不同的前向推力，即左侧胸鳍推力 F_l 不等于右侧胸鳍推力 F_r，从而产生前向推进合力和转弯力矩。这种偏航方式无法抵

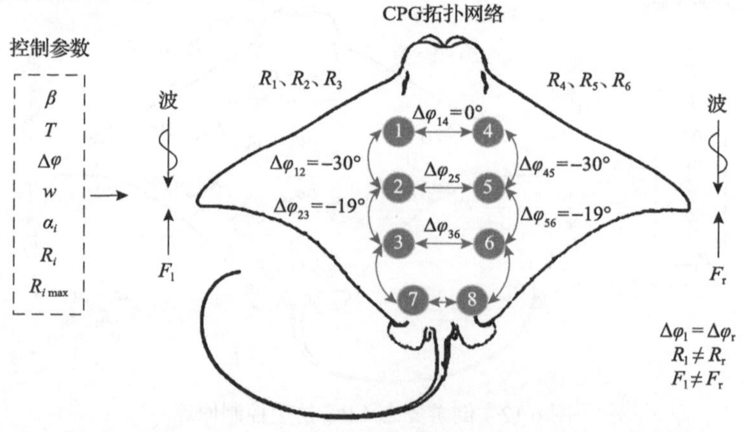

图 6.14　基于非对称振幅的偏航姿态 CPG 仿生控制原理

消前向推进力，因此主要应用于需要快速前进同时偏航的情形，不适于小半径快速转弯的情形。此外，当两侧胸鳍振幅不对称时，胸鳍产生的升力也会不对称，在转弯过程中会导致翻滚稳定性下降。

基于非对称振幅的偏航姿态 CPG 仿生控制仿真分析如图 6.15 所示，潜水器启动后为前游姿态，两侧胸鳍对称拍动；在 3s 时刻，左侧期望振幅 R_l 保持 10°不变，右侧期望振幅 R_r 变为 5°，潜水器右转；在 6s 时刻，R_l 变为 0°，R_r 变为 10°，潜水器左转。此外，当 R_l 变为 0°时，左侧胸鳍单元偏置由空间非对称性拍动系数 α_i 和最大期望振幅 $R_{i\max}$ 确定，α_i 均大于 0.5，因此左侧胸鳍为固定向上弯曲姿态，即滑翔姿态。在基于振幅的偏航姿态转换中，CPG 拓扑网络控制表现出较好的快速顺滑过渡特性，本质为振幅的良好过渡特性。

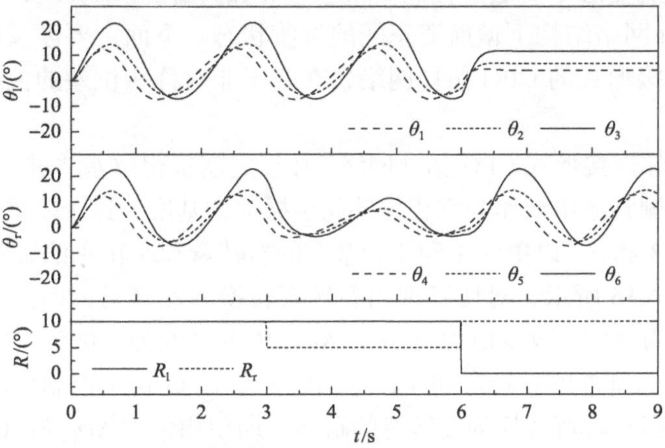

图 6.15 基于非对称振幅的偏航姿态 CPG 仿生控制仿真分析

2) 基于非对称相位差的偏航姿态

选用最近邻连接形式 CPG 拓扑网络，基于非对称相位差的偏航姿态仿生控制原理如图 6.16 所示，其实现方式主要是利用两侧胸鳍不同的期望相位差产生不同大小的前向推力，甚至是反向的推力，从而产生转弯力矩。当两侧胸鳍期望相位差同号时，期望相位差大的一侧通常获得较大的推力，此时的转弯模式与基于非对称振幅的偏航姿态原理类似；当期望相位差异号时，两侧胸鳍获得反向的推力，此时潜水器的推进合力很小，而转弯扭矩较大，适宜小转弯半径快速转弯情形。因此，基于非对称相位差的偏航姿态在具备基于非对称振幅偏航姿态功能的同时，也具备小转弯半径快速转弯的功能。此外，基于非对称相位差的偏航姿态不会引起两侧胸鳍升力的严重不对等，在转弯过程中具备更好的滚转稳定性。综上所述，基于非对称相位差的偏航姿态更具有优势，下面的研究主要采用此种偏航姿态模式。

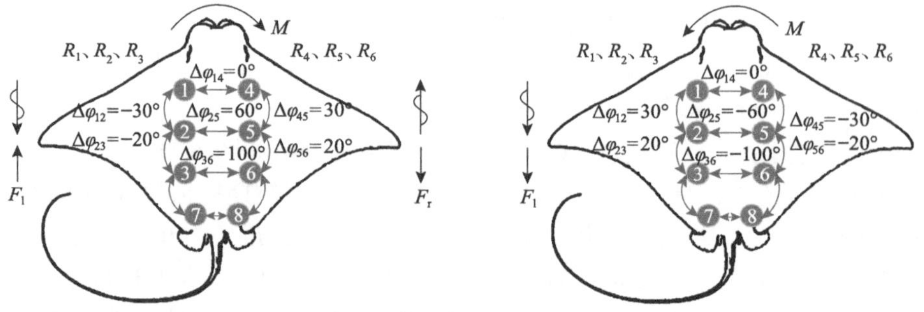

图 6.16　以单元 1 和 4 为基准的右转弯和左转弯偏航姿态 CPG 仿生控制原理

不同的 CPG 拓扑网络对于单元间相位差的过渡存在较大影响，而基于非对称相位差的偏航姿态主要通过控制 CPG 单元间的相位差来实现，因此需要探讨不同 CPG 拓扑网络结构下偏航姿态间的过渡状态。下面主要涉及最近邻连接形式和最简化连接形式的 CPG 拓扑网络，在基于非对称相位差的偏航姿态中对比仿真分析。

选用最近邻连接形式 CPG 拓扑网络，在设定期望相位差的过程中，需要探讨以哪一组左右侧胸鳍单元作为零相位差同步振动的基准，这个基准可以是单元 1 和 4、2 和 5、3 和 6。以单元 1 和 4 为基准的右转弯和左转弯偏航姿态 CPG 仿生控制原理如图 6.16 所示，对比发现当右转弯转换为左转弯的瞬间，期望相位差 $\Delta\varphi_{25}$ 从 60°变为−60°，改变值为−120°；$\Delta\varphi_{36}$ 从 100°变为−100°，改变值为−200°。以单元 2 和 5 为基准的右转弯和左转弯偏航姿态 CPG 仿生控制原理如图 6.17 所示，对比发现当右转弯转换为左转弯的瞬间，期望相位差 $\Delta\varphi_{14}$ 从−60°变为 60°，改变值为 120°，$\Delta\varphi_{36}$ 从 40°变为−40°，改变值为−80°。

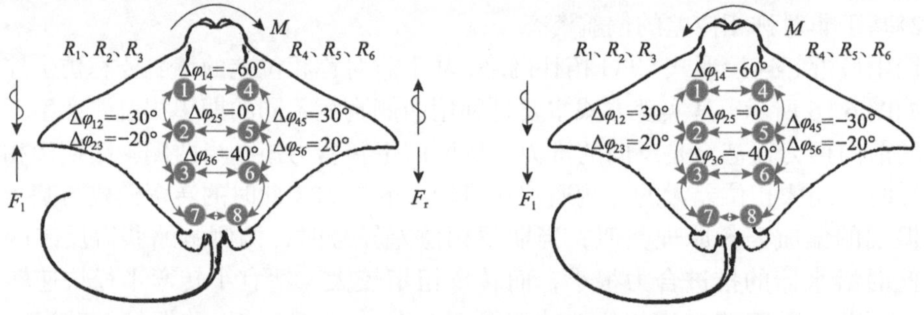

图 6.17　以单元 2 和 5 为基准的右转弯和左转弯偏航姿态 CPG 仿生控制原理

因此，可以得出结论：当以单元 2 和 5 为零相位差基准时(图 6.18)，其他 4 个单元需要改变的相位小于以单元 1 和 4 为基准的情况(图 6.19)。小的相位差可以缩短姿态间的过渡时间，因此本节采用单元 2 和 5 为零相位差基准。

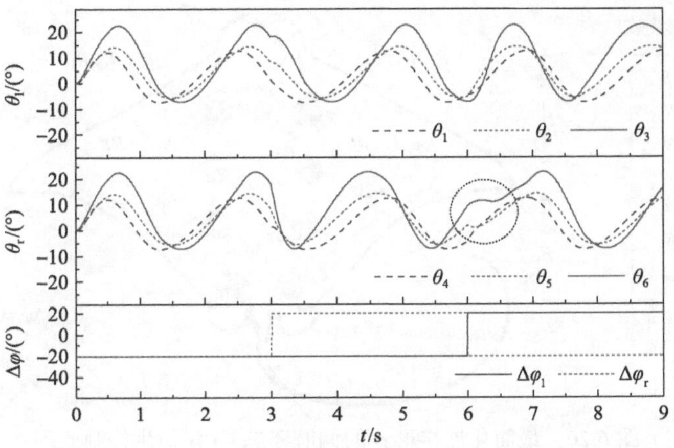

图 6.18 以单元 2 和 5 为基准的偏航姿态切换 CPG 仿生控制仿真分析

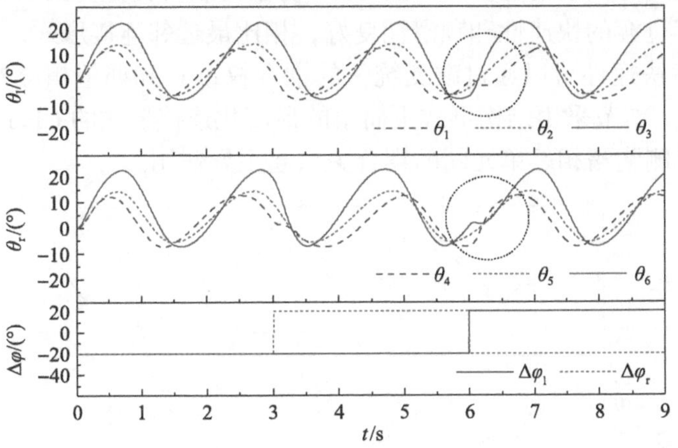

图 6.19 以单元 1 和 4 为基准的偏航姿态切换 CPG 仿生控制仿真分析

根据上面的理论和仿真分析，为了缩短基于相位差偏航姿态的过渡时间，最简化连接形式的 CPG 拓扑网络也采用单元 2 和 5 作为零相位差基准，同时作为左右两侧胸鳍连接的唯一桥梁，其控制原理如图 6.20 所示。通过对比，最近邻连接形式的 CPG 拓扑网络每个单元至少存在 2 组耦合关系；而最简化连接形式的 CPG 网络除单元 2 和 5 外，只存在 1 组耦合关系。因此，前者相对后者具备更强的耦合作用，但同时前者结构更复杂。在未建立期望相位差过渡方程之前，通过增大统一的耦合权重 w 来提升过渡速度时，往往导致过渡顺滑度降低。此时，通过多项耦合关系共同作用可以降低过渡时间。期望相位差过渡方程的引入，实现了最简化连接形式的 CPG 拓扑网络参数快速且顺滑的过渡。

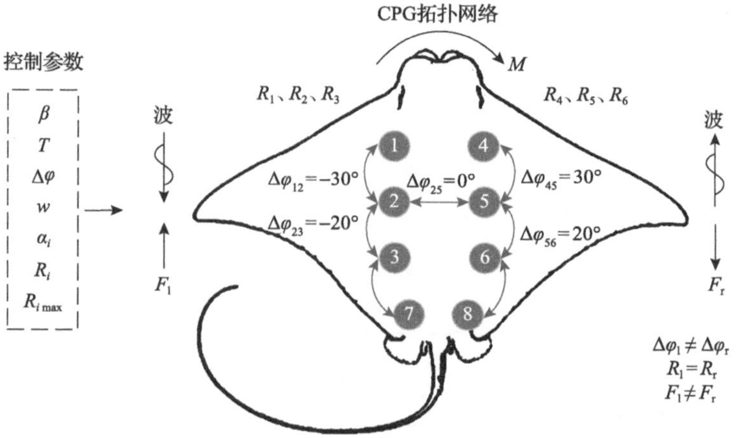

图 6.20 最简化连接形式的偏航姿态 CPG 仿生控制原理

最简化连接形式的偏航姿态切换 CPG 仿生控制仿真分析如图 6.21 所示，仿真结果表明其过渡的快速性和顺滑性良好，相比最近邻连接形式，其快速性差距不明显，过渡快速性可以通过改变统一的耦合权重 w 和期望相位差过渡常数 c_{ij} 来调节。因此，本节采用结构形式更简单的最简化连接形式的 CPG 拓扑网络，这样也保证了单侧胸鳍相邻单元间的耦合关系起主导作用。

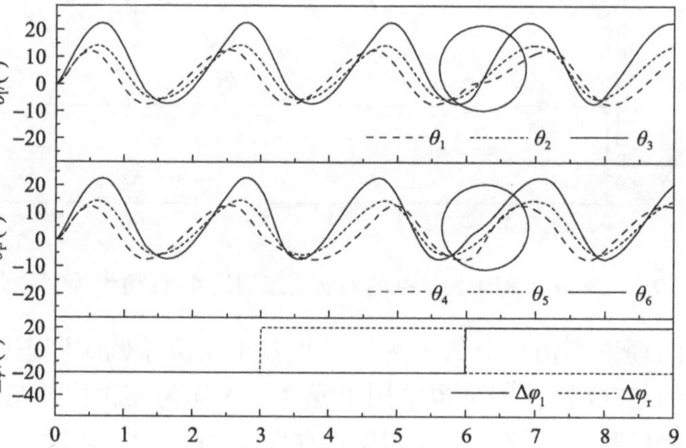

图 6.21 最简化连接形式的偏航姿态切换 CPG 仿生控制仿真分析

3. 俯仰姿态仿生控制

在第 2 章的蝠鲼运动学分析中，分别归纳了基于尾鳍偏转的俯仰姿态和基于胸尾鳍联合拍动的快速俯仰姿态，此部分内容主要涉及利用潜水器实现这两种俯仰姿态。

1) 基于尾鳍偏转的俯仰姿态

在仿蝠鲼潜水器具有前游速度或倒游速度时，尾鳍偏转与相对来流形成反作用力，从而实现俯仰姿态。因此，这种俯仰方式只适用于潜水器与流体具备一定相对流动速度的情况。此外，潜水器前游或倒游不影响其俯仰运动的方向。

基于尾鳍偏转的俯仰姿态 CPG 仿生控制原理如图 6.22 所示，尾鳍的偏转主要通过偏置方程实现，偏置主要由空间非对称性拍动系数 α_7、α_8 和最大期望振幅 $R_{7\max}$、$R_{8\max}$ 等参数控制。当期望振幅 R_7、R_8 为零时，期望偏置为 $(2\alpha_i-1)R_{i\max}$。因此，当 α_7、α_8 大于 0.5 时，尾鳍向 Z 轴正向偏转，潜水器呈现爬升姿态；反之，向 Z 轴负向偏转，潜水器呈现俯冲姿态。

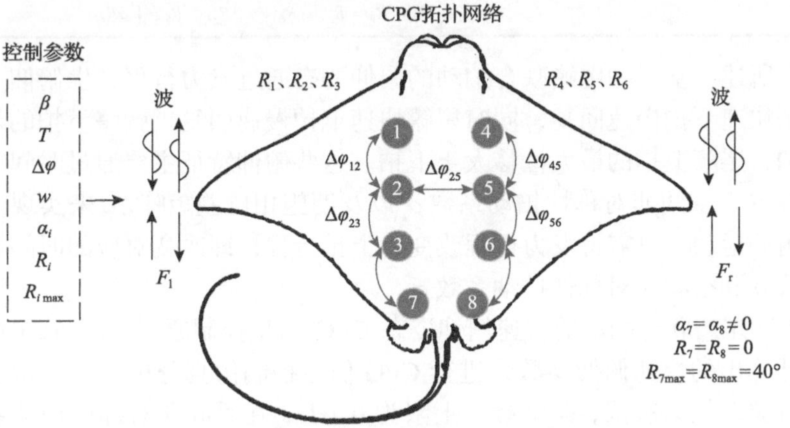

图 6.22　基于尾鳍偏转的俯仰姿态 CPG 仿生控制原理

2) 基于胸尾鳍联合拍动的快速俯仰姿态

从第 2 章的蝠鲼快速爬升姿态运动学分析得知，胸鳍快速下拍是发力行程，慢速上拍是回复行程，因此发力行程更能体现爬升过程中的运动学特征。在主要参考下拍运动学方程的基础上，计算快速爬升姿态的 CPG 控制参数，如表 6.4 所示。第一，相比前游姿态，快速爬升姿态体现出更强烈的时间非对称性特征，β 进一步减小，表明胸鳍下拍速度远大于上拍速度。第二，空间非对称性拍动系数由大于 0.5 变为小于 0.5，即拍动振幅极小值的绝对值大于极大值，这也反映出下拍行程为发力行程。第三，胸鳍后部相位差大于前部相位差，这是因为下拍行程发力，柔性较大的胸鳍后部相位差特征更显著。第四，尾鳍的拍动在快速爬升姿态中发挥较大作用，从胸尾鳍的相位差特征可以发现尾鳍拍动与胸鳍拍动基本反向，即胸鳍发力下拍时，尾鳍发力上拍，正好形成爬升力矩；尾鳍呈现显著的上偏置拍动特征，这表明尾鳍上拍为发力行程。

表 6.4　快速爬升姿态的 CPG 控制参数表

名称	缩写与数值
时间非对称性拍动系数	$\beta_i = \beta = 0.34$
拍动周期	$T_i = T = 1.19\text{s}$
期望相位差	$\Delta\varphi_{25} = 0°$，$\Delta\varphi_l = -30°$，$\Delta\varphi_{12} = \Delta\varphi_l$，$\Delta\varphi_{23} = 1.5\Delta\varphi_l$，$\Delta\varphi_{37} = 2.5\Delta\varphi_l$ $\Delta\varphi_r = -30°$，$\Delta\varphi_{45} = \Delta\varphi_r$，$\Delta\varphi_{56} = 1.5\Delta\varphi_r$，$\Delta\varphi_{68} = 2.5\Delta\varphi_r$
统一的耦合权重	$w = 4$
空间非对称性拍动系数	$\alpha_1 = \alpha_4 = 0.35$，$\alpha_2 = \alpha_5 = 0.35$，$\alpha_3 = \alpha_6 = 0$，$\alpha_7 = \alpha_8 = 0.81$
期望振幅	$R_l = R_r = 10°$，$R_1 = R_2 = R_l$，$R_3 = 1.2R_l$，$R_7 = 1.8R_l$ $R_4 = R_5 = R_r$，$R_6 = 1.2R_r$，$R_8 = 1.8R_r$

综上所述，基于胸尾鳍联合拍动的俯仰姿态通过发力行程产生俯仰力矩，体现为胸鳍快速下拍慢速回复，同时尾鳍快速上拍慢速回复，胸鳍下拍的最大位移大于上拍，尾鳍上拍的最大位移大于下拍。这些俯仰特征主要通过时间非对称性拍动系数 β、空间非对称性拍动系数 α_i 以及期望相位差矩阵 $\boldsymbol{\Delta\varphi}$ 来实现。若要实现快速俯冲运动，只需将发力行程改变为上拍行程，即改变对应的时间非对称性拍动系数 β 和空间非对称性拍动系数 α_i。

基于胸尾鳍联合拍动的快速俯仰姿态 CPG 仿生控制原理如图 6.23 所示，利用已经计算出的快速俯仰参数，进行 CPG 仿生控制仿真分析。由于仿蝠鲼潜水器的舵机驱动能力有限，驱动频率上限为 0.7Hz，在时间非对称性拍动系数 β 为 0.34 的情况下，拍动周期 T 最小约为 2s。因此，仿真过程将 T 改为 2s，其他参数不变。仿真分析结果如图 6.24 所示，左右两侧胸鳍对称拍动，因此仅显示左侧胸

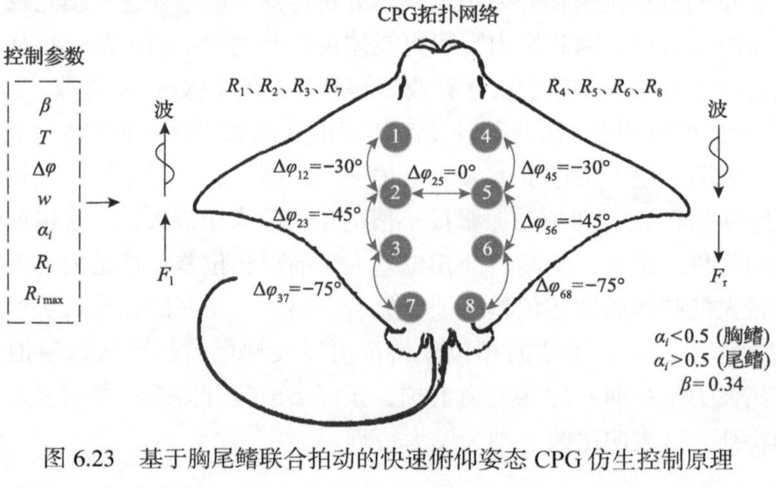

图 6.23　基于胸尾鳍联合拍动的快速俯仰姿态 CPG 仿生控制原理

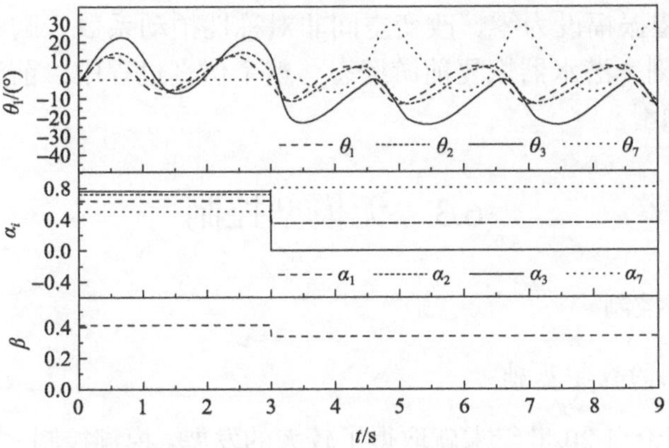

图 6.24　快速爬升姿态 CPG 仿生控制仿真分析

鳍单元仿真结果。仿真分析起始游动姿态为前游姿态，在 3s 时刻变为快速爬升姿态，对应的时间非对称性拍动系数、空间非对称性拍动系数、期望相位差发生相应改变，尾鳍单元 7、8 的期望振幅由 0°变为 18°，最终实现胸尾鳍单元联合拍动的快速爬升姿态，且从前游姿态到快速爬升姿态的过渡快速、顺滑。

4. 滑翔姿态仿生控制

滑翔姿态是蝠鲼游动姿态中很重要的组成部分。蝠鲼通过滑翔姿态可以借助流场获得前进的动力，从而提高游动效率。滑翔姿态主要通过胸鳍维持向上弯曲姿态来实现，本节通过引入 CPG 偏置方程和空间非对称性拍动系数，成功解决了周期性动态运动与非周期性静态运动之间的转化。当胸鳍单元的期望振幅为零时，通过控制空间非对称性拍动系数可实现胸鳍固定角度的弯曲姿态，原理同尾鳍偏转一致；当需要胸鳍再次周期性拍动时，调节期望振幅使其不为零即可。

滑翔姿态 CPG 仿生控制仿真分析如图 6.25 所示，起始姿态为前游姿态，在

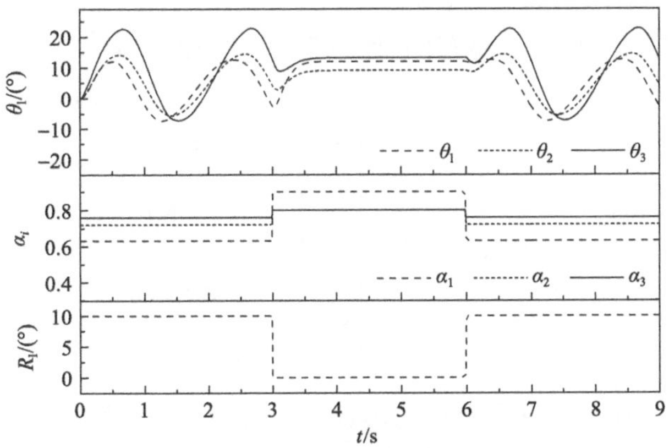

图 6.25　滑翔姿态 CPG 仿生控制仿真分析

3s 时刻，将期望振幅设为零，改变空间非对称性拍动系数，胸鳍维持向上弯曲姿态；在 6s 时刻，潜水器恢复前游姿态。整个仿真过程中，前游姿态与滑翔姿态的切换快速顺滑。

6.3 无模型控制

6.3.1 模糊闭环控制

1. 模糊控制的数学基础

模糊控制理论自 20 世纪末就取得了较大的发展。模糊控制之所以能获得越来越多的应用，主要是由于其自身特点而决定的。模糊控制最主要的特点是不需要知道实际被控对象的数学模型，易于通过计算机实现，即使被控对象比较复杂，也能取得较好的控制效果。

1) 模糊集合

模糊集合的概念是由扎德提出的，扎德认为一个事物属于某个集合的范围可以是区间内的任何值，一个事物并不是简单地属于或不属于某个集合，也就是取值不是 0 或 1，并对模糊集合进行了定义[2]。

在模糊集合 $\tilde{A}$ 涉及的数值范围，即论域 U 上，给定一个映射 $\mu_{\tilde{A}}(x)$，则有

$$\tilde{A}: U \to [0,1], \quad x \mapsto \mu_{\tilde{A}}(x) \tag{6.41}$$

式中，$\tilde{A}$ 为模糊集合；$\mu_{\tilde{A}}(x)$ 为元素 x 的隶属函数。

2) 隶属函数

隶属函数称为“模糊分布”，是模糊集合的核心。通常，给出一个模糊集合时，必须有一个唯一的隶属函数与之对应，同样，给出一个隶属函数，能且仅能表述一个模糊集合。

常用的标准隶属函数主要有两种，即三角形和高斯型。其中，三角形表达式为

$$f(x,a,b,c)=\begin{cases}0, & x \leqslant a \\ \dfrac{x-a}{b-a}, & a < x \leqslant b \\ \dfrac{c-x}{c-b}, & b < x < c \\ 0, & x \geqslant c\end{cases} \tag{6.42}$$

式中，a、b、c 均为决定曲线形状的参数，参数 a 和 c 对应三角形下部的左右两个顶点，参数 b 对应三角形上部的顶点，并有 $a \leqslant b \leqslant c$。

高斯型表达式为

$$f(x,\sigma,c)=\mathrm{e}^{-\frac{(x-c)^2}{2\sigma^2}} \tag{6.43}$$

式中，c 为决定函数中心位置的参数；σ 为决定函数曲线宽度的参数。

考虑到实际使用场景不同，而且个人主观性一般差别较大，隶属函数的选取没有确定的标准，一般根据实际使用需求进行选取。但在实际应用中，考虑到计算的简洁性，通常选用三角形隶属函数。

3）模糊关系

现实生活中，很多模糊事物或概念需要多个模糊子集才能恰当表达，这就涉及模糊子集之间的关系。如同经典关系，模糊关系之间也有一些运算，只有这样才能用数字语言表达模糊子集的关系。

将经典关系的直积（×）运算应用到模糊关系运算中，对模糊关系进行定义：设 R 是 $A\times B$ 上的一个模糊子集，简称 F 集，它的隶属函数为

$$R(x,y):A\times B\to[0,1] \tag{6.44}$$

确定了 A 中元素 x 跟 B 中元素 y 的相关程度。

有了模糊关系的定义，就可以进行模糊关系之间的合成运算，如两个 F 关系："甲比乙高"和"乙比丙高"，将它们进行合成，就可以得出"甲比丙高得多"这个新的 F 关系。将经典关系中的合成推广到 F 关系中，F 关系的合成记为 $P\circ Q$，P、Q 为 F 集合，对于合成关系的运算，通常有两种方法：取大-取小合成法（∨-∧法）和取大-相乘合成法（∨-∗法）。通过这两种常用方法进行 F 关系的合成运算，就可以从两个已知的模糊关系中求出新的模糊关系。

2. 模糊控制器构建

仿蝠鲼潜水器本身难以建立动力学模型，并且水下干扰具有很大的随机性。因此，本节基于模糊控制方法构建仿蝠鲼潜水器的深度控制器和航向控制器。

深度和航向的物理论域不同，但只需要改变量化因子，即可将不同的物理论域转换到同一个模糊论域中。因此，本节要建立一个定型的模糊控制器，对于模糊深度控制和模糊航向控制采用同一个模糊控制器，这样只需要使用不同的量化因子和比例因子就可以分别完成深度和航向的模糊闭环控制。即使对于不同深度和航向的物理论域，也是同样适用的。下面首先构建双输入-单输出型模糊控制器，并进行仿真。

航向物理论域 $E=[-180,180]$，$\mathrm{EC}=[-60,60]$，单位为（°）。深度物理论域 $E=[-60,60]$，$\mathrm{EC}=[-20,20]$，单位为 cm。偏差 e、偏差变化率 ec 经过量化因

子变换后作为模糊控制器的两个输入，记为 E、EC，模糊控制器的输出记为 U。输入、输出模糊论域都为离散型，且两个输入的模糊论域 $E=[-6,-5,-4,-3,-2,-1,0,1,2,3,4,5,6]$，$\mathrm{EC}=[-6,-5,-4,-3,-2,-1,0,1,2,3,4,5,6]$，输出的模糊论域 $U=[-6,-5,-4,-3,-2,-1,0,1,2,3,4,5,6]$。用 7 个模糊子集涵盖偏差 E：正大(PB)、正中(PM)、正小(PS)、零(O)、负小(NS)、负中(NM)、负大(NB)，用 7 个模糊子集涵盖偏差变化率 EC：正大(PB)、正中(PM)、正小(PS)、零(O)、负小(NS)、负中(NM)、负大(NB)，用 7 个模糊子集涵盖输出 U：正大(PB)、正中(PM)、正小(PS)、零(O)、负小(NS)、负中(NM)、负大(NB)。隶属函数选择标准函数中的三角形函数，偏差隶属函数分布如图 6.26 所示。偏差变化率隶属函数分布如图 6.27 所示。输出隶属函数分布如图 6.28 所示。

定义输入、输出变量的模糊分布，建立模糊规则，模糊规则是模糊推理的基础，根据前期实验观测及对实验数据的总结，总结出以下模糊规则：

(1)若偏差是负大且偏差变化率是负大，则输出为正大；

(2)若偏差是负大且偏差变化率是负中，则输出为正大；

(3)若偏差是负大且偏差变化率是负小，则输出为正大；

(4)若偏差是负大且偏差变化率是零，则输出为正中；

(5)若偏差是负大且偏差变化率是正小，则输出为正中；

(6)若偏差是负大且偏差变化率是正中，则输出为正小；

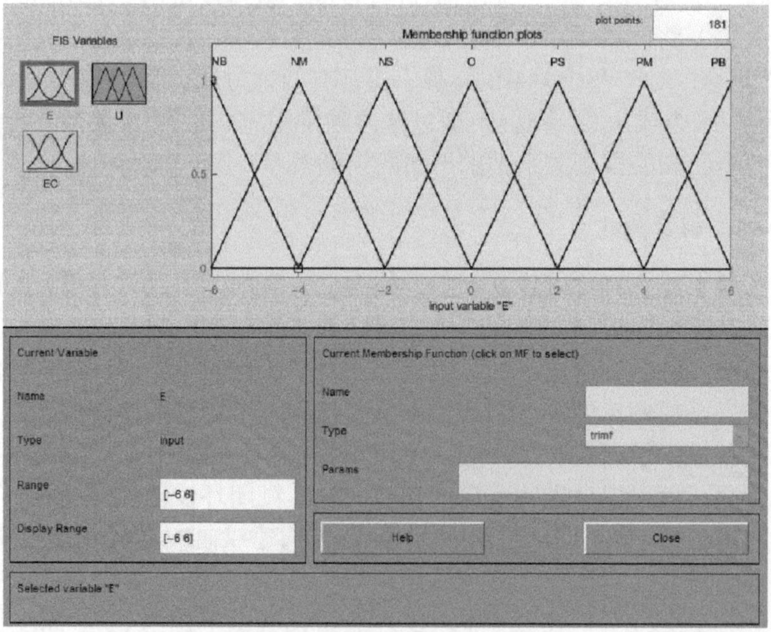

图 6.26　偏差隶属函数分布

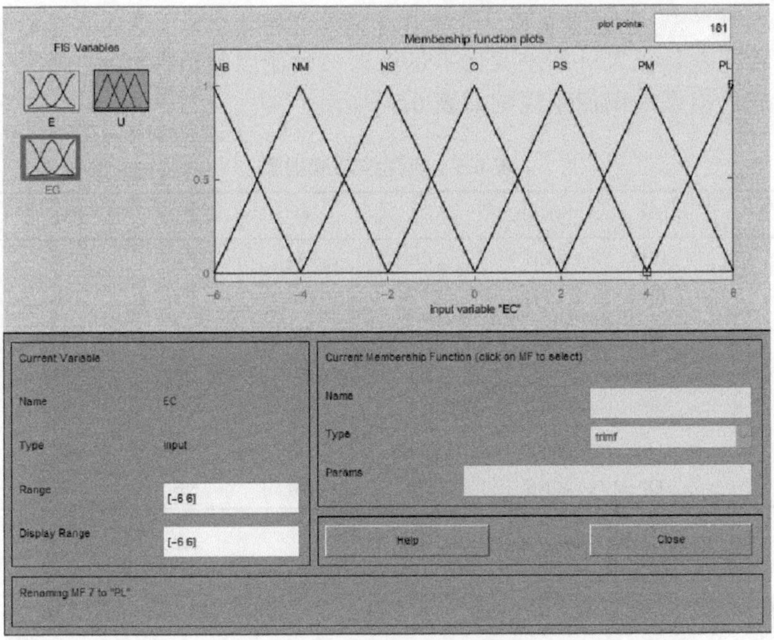

图 6.27　偏差变化率隶属函数分布

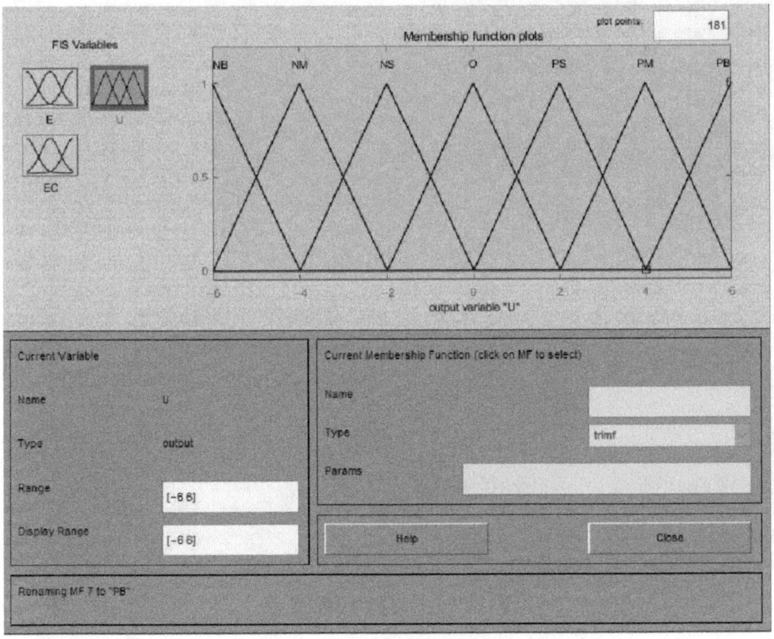

图 6.28　输出隶属函数分布

(7)若偏差是负大且偏差变化率是正大，则输出为零；

…

(49)若偏差是正大且偏差变化率是正大，则输出为负大。

总结成表格型模糊控制规则如表 6.5 所示。

表 6.5　模糊控制规则表

模糊子集	NB	NM	NS	O	PS	PM	PB
NB	PB	PB	PB	PM	PM	PS	O
NM	PB	PB	PM	PM	PS	PS	O
NS	PB	PM	PM	PS	PS	O	NS
O	PM	PM	PS	O	NS	NM	NM
PS	PS	O	NS	NS	NM	NM	NB
PM	O	NS	NS	NM	NM	NB	NB
PB	O	NS	NM	NM	NB	NB	NB

编辑模糊规则如图 6.29 所示。

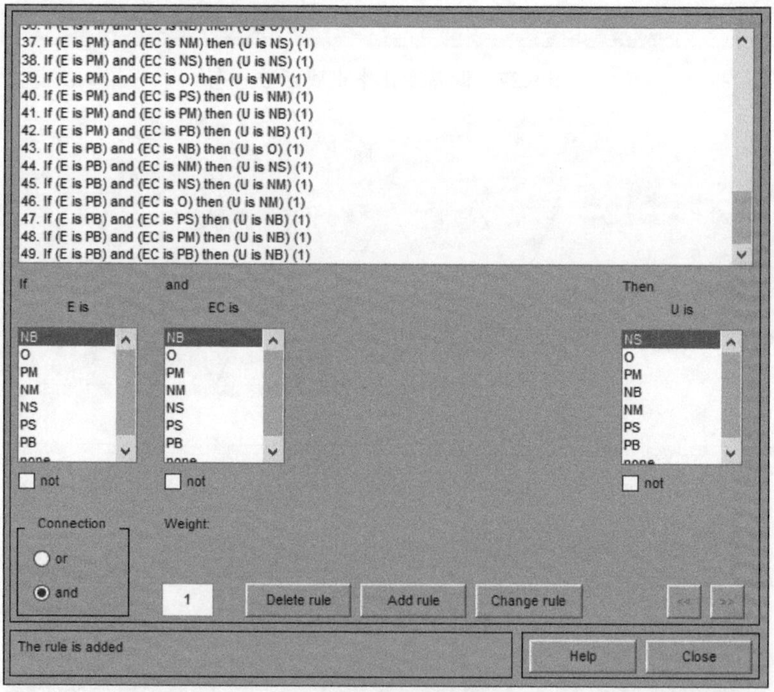

图 6.29　编辑模糊规则

建立仿真模型，生成离线模糊控制查询表，如表 6.6 所示。

表 6.6　离线模糊控制查询表

项目	–6	–5	–4	–3	–2	–1	0	1	2	3	4	5	6
–6	5	5	5	5	5	4	4	4	4	3	2	1	0
–5	5	5	5	4	4	4	4	3	3	3	2	1	0
–4	5	5	5	4	4	4	4	3	2	2	2	1	0
–3	5	4	4	4	4	3	3	3	2	1	1	0	–1
–2	5	4	4	4	4	3	2	2	2	1	0	–1	–2
–1	4	4	4	3	3	2	1	0	–1	0	–2	–2	–3
0	4	4	4	3	2	1	0	–1	–2	–3	–4	–4	–4
1	3	2	2	1	0	0	–1	–2	–3	–3	–4	–4	–4
2	2	1	0	1	–2	–2	–2	–3	–4	–4	–4	–4	–5
3	1	0	0	–1	–2	–3	–3	–3	–4	–4	–4	–4	–5
4	0	–1	–2	–2	–2	–3	–4	–4	–4	–4	–5	–5	–5
5	0	–1	–2	–3	–3	–3	–4	–4	–4	–4	–5	–5	–5
6	0	–1	–2	–3	–4	–4	–4	–4	–5	–5	–5	–5	–5

6.3.2　运动相似优化控制

基于 CPG 控制模型的仿蝠鲼水下潜水器可以满足仿真实蝠鲼多模态的运动控制，具有良好的稳定性和调节性。但目前 CPG 网络中存在大量参数，采用人工试凑或实验法来调整，工作量大且具有很大的偶然性，所以参数如何整定是一个亟待解决的问题。本节针对仿蝠鲼潜水器运动姿态问题和过渡的顺滑性及快速性问题，采用遗传粒子群优化算法(genetic algorithm-particle swarm optimization, GAPSO)对 CPG 网络进行优化，对比标准遗传算法(genetic algorithm, GA)和粒子群优化算法(particle swarm optimization, PSO)，结果表明使用 GAPSO 可以有效实现 CPG 控制的参数优化，且仿蝠鲼潜水器的多模态运动姿态更贴合真实蝠鲼。

1. GAPSO 原理

PSO 算法是通过模拟鸟群觅食行为发展起来的一种基于群体智能理论的全局优化算法。PSO 算法由社会心理学家 Kennedy 和 Eberhart 博士于 1995 年联合提出。与其他智能优化算法相比，PSO 算法具有参数简单、计算简单、收敛速度快等优点，因此广泛应用于交通、电力、潜水器等多个领域，取得了显著的成果。

PSO 算法将搜索空间中的一只鸟作为模型，将其作为“粒子”，以此来构建一系列有效的优化方案。每个粒子都具有能够适应环境变化的特性。调整粒子的运动轨迹，可以使其保持一个固定的速度和方向。然后粒子就追随当前的最优粒子在解空间中搜索。在求解优化问题时，该算法将所需优化的参数作为粒子，每个粒子都有自己的位置和速度。在一个 d 维空间中，每个粒子的位置坐标为 $\boldsymbol{X}_i=(x_{i1},x_{i2},\cdots,x_{id})$，每个粒子的飞行速度为 $\boldsymbol{V}_i=(v_{i1},v_{i2},\cdots,v_{id})$，$i=1,2,\cdots,N$，每个粒子都有一个由优化目标函数决定的适应值(fitness value)。对于第 i 个粒子，其所经过的历史最好位置记为 pbest_i，称为个体极值；到目前为止整个群体中所有粒子发现的最好位置记为 gbest_g，每个粒子记住并跟随当前最优粒子，通过不断地搜索和迭代，可获得最佳的粒子。迭代并非完全偶然，而是有规律可循的。若能够发现更优的结果，就可以利用这些结果探索出更优的解决方案。

$$v_{ij}(k+1)=\omega v_{ij}(k)+c_1r_1(\text{pbest}_{ij}(k)-x_{ij}(k))+c_2r_2(\text{gbest}_{gj}(k)-x_{ij}(k)) \tag{6.45}$$

$$x_{ij}(k+1)=x_{ij}(k)+v_{ij}(k+1) \tag{6.46}$$

式中，k 为 PSO 算法当前的迭代次数，k=1,2,⋯,K，K 为最大迭代次数；$v_{ij}(k)$ 为第 k 次迭代 j 维的粒子 i 的速度，$v_{ij}(k)\in[v_{\min},v_{\max}]$；$\omega$ 为惯性权重系数，ω 的大小表示粒子对目前速度继承的多少，并且会影响粒子的全局与局部的搜索能力，其取值范围通常为[0.4,0.9]；$x_{ij}(k)$ 为第 k 次迭代 j 维的粒子 i 的位置，$x_{ij}(k)\in[x_{\min},x_{\max}]$；$c_1$ 为自我学习因子，c_2 为社会学习因子，其值会影响粒子获取信息的能力，通常为 $c_1=c_2=2$；r_1、r_2 为[0,1]范围内的随机数。速度更新公式(6.45)包含粒子对前一代速度继承 $\omega v_{ij}(k)$、个体认知 $c_1r_1(\text{pbest}_{ij}(k)-x_{ij}(k))$ 与社会认知 $c_2r_2(\text{gbest}_{gj}(k)-x_{ij}(k))$ 三部分。

当迭代满足终止条件，即设定误差或迭代次数时，PSO 算法所输出的值为最优控制参数[3]。采用 PSO 算法优化 CPG 控制参数流程如图 6.30 所示。

标准的 PSO 算法通过追寻个体最优值 pbest_i 和群体最优值 gbest_g 来完成寻优，操作简单且收敛速度较快。但随着迭代次数的不断增加，各粒子也越来越相似，易陷入局部最优无法跳出。本节研究 GAPSO，在 PSO 算法中引入 GA，在 PSO 算法寻得个体最优值、群体最优值后，再采用 GA 中的交叉、变异步骤，得到更优的下一代群体。GAPSO 既保留了 PSO 算法原有的位置转移能力，又融合了 GA 强大的全局搜索能力，使得寻优过程更有效率，不易陷入局部最优，得到的解精度更高。

GAPSO 可分为提高、交叉、变异三部分，其基本步骤如下。

(1)参数初始化。PSO 算法中的 c_1、c_2、r_1、r_2、ω 都要确定，同时确定初始化 GA 中的交叉率和变异率。在标准 PSO 算法中，惯性权重系数 ω 为[0.4,0.9]内的常数，较大的 ω 有利于全局搜索，而较小的 ω 有利于局部搜索，为了更好地平衡算法的搜索能力，将 ω 动态化，按式(6.47)进行设置：

$$\omega(k)=\omega_{\text{start}}-(\omega_{\text{start}}-\omega_{\text{end}})\left(\frac{k}{T_{\max}}\right)^2 \tag{6.47}$$

式中，ω_{start} 为初始状态时的惯性权重系数；ω_{end} 为迭代到最大代数的惯性权重系数；k 为此刻的迭代次数；$T_{\max}$ 为设定的最大迭代次数。

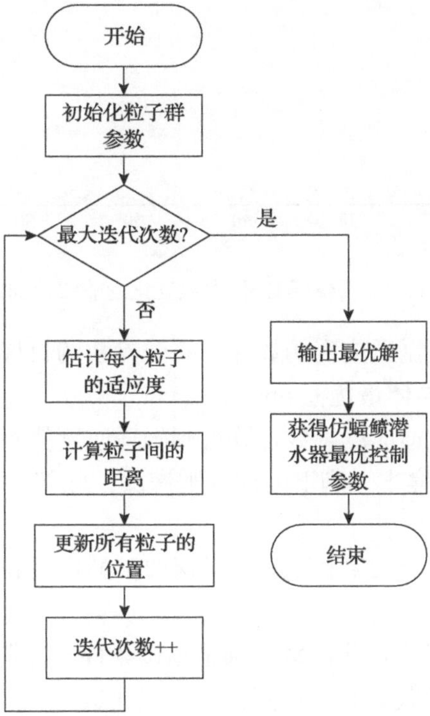

图 6.30　采用 PSO 算法优化 CPG 控制参数流程

假设 PSO 算法最大迭代次数为 100，根据式(6.47)可得惯性权重系数 $\omega(k)$ 随迭代次数变化的非线性曲线如图 6.31 所示。从图中可以看出采用迭代次数控制惯性权重系数的变化：在迭代初期递减速度较线性而言比较缓慢，有利于粒子在初期以较大的速度进行全局搜索；在迭代后期，惯性权重系数缓慢减小，有利于粒子稳定进行局部搜索。

粒子速度及位置的初始化可根据所改进的惯性权重系数得到，粒子 i 的速度更新方式如式(6.48)所示，粒子 i 的位置更新方式则按照标准 PSO 算法中式(6.46)进行更新。

$$v_{ij}(k+1)=\omega(k)v_{ij}(k)+c_1r_1(\text{pbest}_{ij}(k)-x_{ij}(k))+c_2r_2(\text{gbest}_{gj}(k)-x_{ij}(k)) \tag{6.48}$$

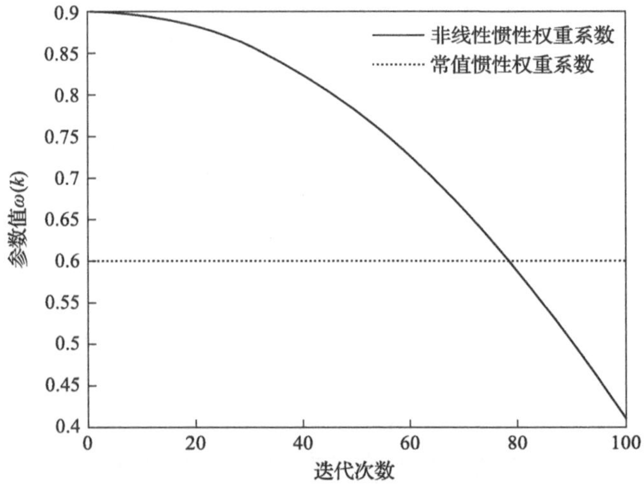

图 6.31　$\omega(k)$ 随迭代次数变化的非线性曲线

(2)适应度计算。根据适应度函数计算每个参数的目标函数值，得到每个粒子的个体最优值 pbest_i 和群体最优值 gbest_g。

(3)粒子保留。通过适应度函数计算得到的适应度值对粒子进行排序，并按一定比例保留适应度高的样本，剩下的样本则淘汰，此部分为提高。对粒子的速度和位置进行更新。

(4)交叉和变异。按交叉率和变异率对保留下的优秀粒子进行交叉和变异，以得到剩余下一代个体。

(5)判断是否达到最大迭代次数或满足预设条件，若满足，则停止迭代；若不满足，则跳到(2)继续迭代，直至达到最大迭代次数。

2. 基于运动姿态相似度的 CPG 控制参数优化方法

为了方便评估仿蝠鲼潜水器特征点运动轨迹沿 Z 轴的位移曲线与蝠鲼特征点运动轨迹沿 Z 轴的位移曲线之间的相似性，引入绝对误差的概念[4]：

$$\mathrm{Ers}=\frac{\sum_{i=1}^{N}|\,\mathrm{error}\,|}{\sum_{i=1}^{N}|\,S(t)\,|} \tag{6.49}$$

式中，error 为仿蝠鲼潜水器特征点及蝠鲼特征点随时间运动的轨迹曲线的差值，$\mathrm{error}=S'(t)-S(t)$。

绝对误差定义示意图如图 6.32 所示。

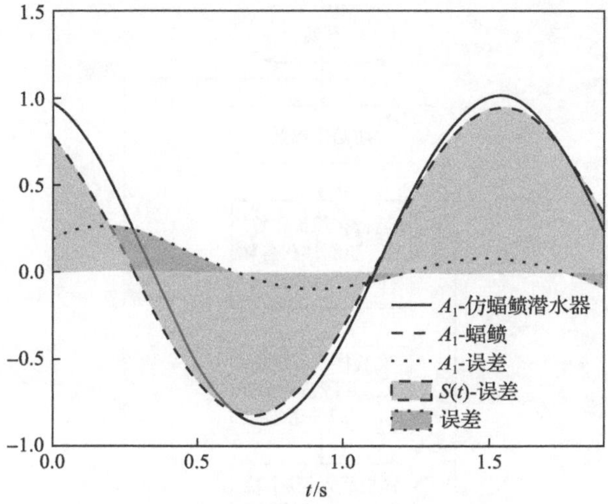

图 6.32　绝对误差定义示意图

利用绝对误差将仿蝠鲼潜水器特征点运动轨迹与蝠鲼特征点运动轨迹的差异进行量化，对仿蝠鲼潜水器与蝠鲼的运动姿态进行相似度评价：

$$\eta_i(\boldsymbol{P}_i,\boldsymbol{Q}_i)=1-\mathrm{Ers}_i \tag{6.50}$$

蝠鲼特征点随时间运动的轨迹坐标点可用向量 $\boldsymbol{P}_i=(p_{i1},p_{i2},\cdots,p_{in})(i=1,2,3)$ 表示，仿蝠鲼潜水器特征点随时间运动的轨迹坐标点可用向量 $\boldsymbol{Q}_i=(q_{i1},q_{i2},\cdots,q_{in})$ $(i=1,2,3)$ 表示。基于绝对误差的仿蝠鲼潜水器多模态运动相似度评价模型为

$$\eta(\boldsymbol{P}_i,\boldsymbol{Q}_i)=\frac{1}{3}\sum_{i=1}^{3}\eta_i(\boldsymbol{P}_i,\boldsymbol{Q}_i) \tag{6.51}$$

本节采用对应特征点的运动轨迹关系来评价真实仿蝠鲼潜水器和蝠鲼的运动姿态相似度，通过比较分析仿蝠鲼潜水器与蝠鲼的运动轨迹之间的差异，有效评估仿蝠鲼潜水器的运动姿态相似度。基于此，建立的适应度函数为

$$\mathrm{fit}=\min\left\{S(\boldsymbol{P}_i,\boldsymbol{Q}_i)\right\} \tag{6.52}$$

式中，$S(\boldsymbol{P}_i,\boldsymbol{Q}_i)$ 为向量 $\boldsymbol{P}_i$ 与 $\boldsymbol{Q}_i$ 的相似度。

本节采用在游动实验中进行优化的方法，通过动作捕捉系统获取实验样机的实时游动姿态信息，并将实验样机标记点运动数据反馈至优化算法，在有限的水池环境中，将优化算法计算出的参数组合载入下位机，用该组参数进行游动，并用适应度值评价结果的好坏，再将该值反馈到优化算法，然后产生下

一组参数继续进行游动实验。运动优化算法流程如图 6.33 所示。

图 6.33　运动优化算法流程

由于蝠鲼在扑动时具有空间非对称性特征，本节选取 CPG 各单元中空间非对称性拍动系数 α_i、期望振幅 R_i(单位为(°))、期望相位差 $\Delta\varphi_{ij}$、拍动周期 T(单位为 s)进行优化，得到最优适应度值。基于单个 CPG 单元进行优化，形成优化算法的参数搜索范围如表 6.7 所示。PSO 算法的参数设置如表 6.8 所示。

表 6.7　扑动前游模态时 CPG 优化算法的参数搜索范围

参数	范围	参数	范围	参数	范围
α_1	[0.65,0.8]	α_2	[0.65,0.8]	α_3	[0.3,0.5]
R_1	[40,60]	R_2	[30,50]	R_3	[20,40]
$\Delta\varphi_{12}$	$[-\frac{\pi}{4},0]$	$\Delta\varphi_{23}$	$[-\frac{\pi}{4},0]$	T	[1.5,2.5]

表 6.8　PSO 算法的参数设置

参数	初始值	参数	初始值
惯性因子	0.6	最大迭代次数	100
学习因子 c_1、c_2	2	最小适合度值	0.01
维数	10	速度范围	[−1,1]
粒子群规模	30		

对仿蝠鲼潜水器的扑动前游模态进行优化仿真时，可采用 PSO 算法进行优化，获得的最优适应度值的变化情况如图 6.34 所示，各参数优化曲线如图 6.35 所示，最优参数如表 6.9 所示。

将得到的扑动前游模态 CPG 最优参数代入仿蝠鲼潜水器的 CPG 网络中。由扑动前游模态CPG相位振荡器输出信号与真实蝠鲼特征点轨迹对比(图6.36)可以看出，仿蝠鲼潜水器扑动时误差主要产生在 A_3 点处。进行具体的扑动姿态相似度计算可以得出，优化后 A_1 点扑动姿态的相似度为 77.41%，A_2 点的相似度为 67.91%，A_3 点的相似度为 16.78%，因此扑动姿态的相似度为 54.03%。

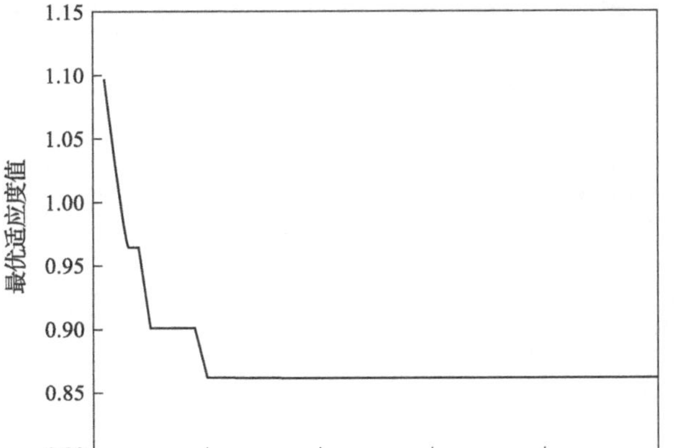

图 6.34　扑动前游模态时 PSO 算法的最优适应度值变化情况

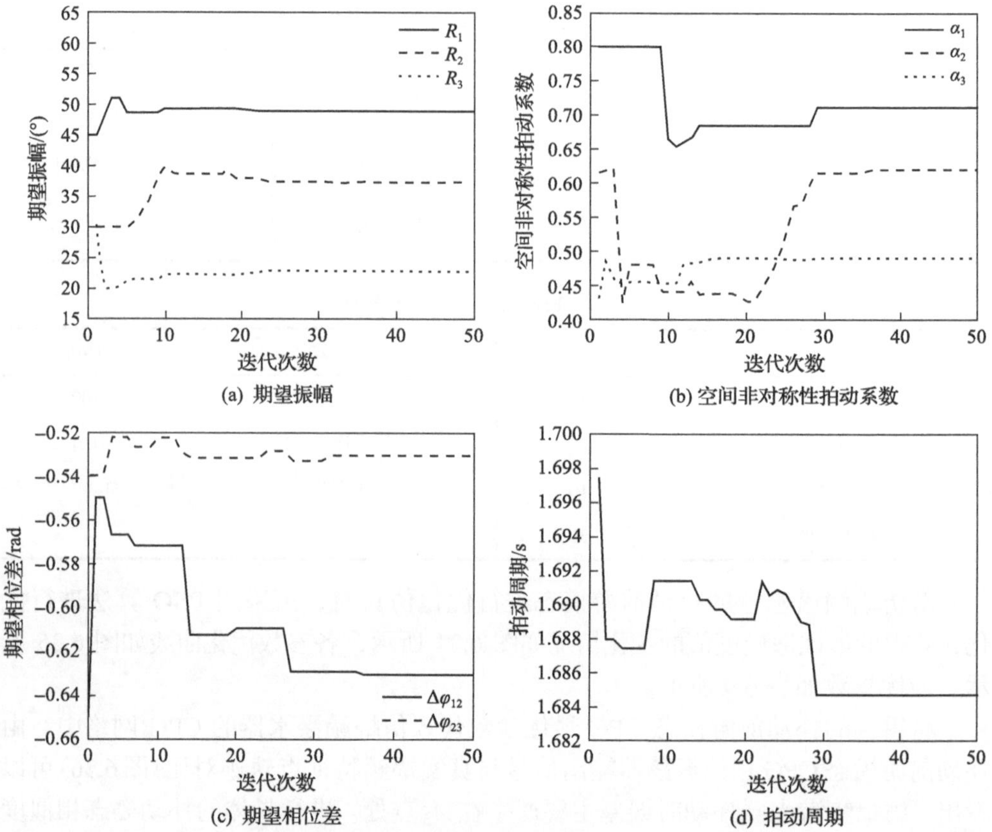

(a) 期望振幅　(b) 空间非对称性拍动系数　(c) 期望相位差　(d) 拍动周期

图 6.35　扑动前游模态时 PSO 算法的参数优化曲线

表 6.9　扑动前游模态时 PSO 算法的最优参数

α_1	α_2	α_3	R_1	R_2	R_3	$\Delta\varphi_{12}$	$\Delta\varphi_{23}$	T
0.73	0.62	0.49	48.93	37.43	22.74	−0.63	−0.53	1.68

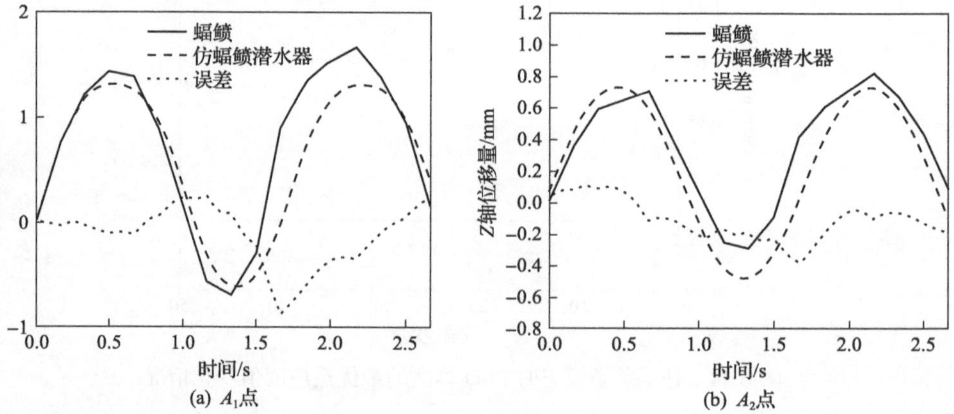

(a) A_1点　(b) A_2点

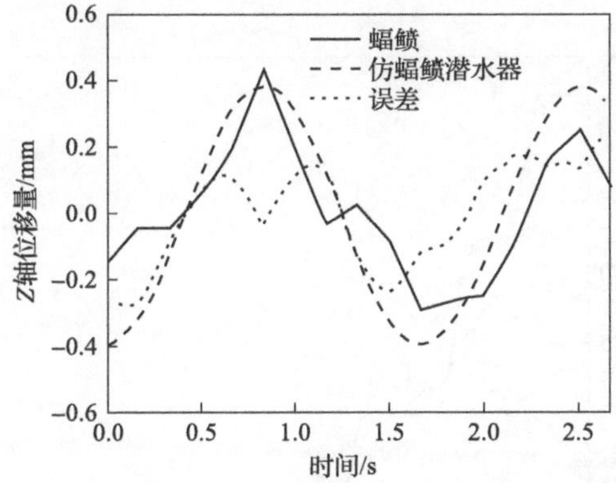

(c) A_3点

图 6.36　扑动前游模态时 CPG 相位振荡器输出信号与真实蝠鲼特征点轨迹对比

蝠鲼在扑动时的空间非对称性拍动系数小于 0.5，即下拍行程明显大于上拍行程，且扑动频率相较于扑动前游模态明显减缓，以上两点是和扑动前游模态差异最大的地方。仿蝠鲼潜水器的滑翔时间与真实蝠鲼保持相同，设定为 1s。因此，在对仿蝠鲼潜水器滑扑一体前游模态进行优化仿真时，选取的 CPG 各单元优化参数相同，但其滑扑一体前游模态的胸鳍运动特征与扑动前游模态迥异，因此其参数优化范围相比于扑动前游模态需要调整，从而使仿蝠鲼潜水器游动姿态尽可能地与真实蝠鲼相似。基于上述原则，形成 CPG 优化算法的参数搜索范围如表 6.10 所示。

表 6.10　滑扑一体前游模态时 CPG 优化算法的参数搜索范围

参数	范围	参数	范围	参数	范围
α_1	[0.4,0.6]	α_2	[0.4,0.6]	α_3	[0.2,0.4]
R_1	[40,60]	R_2	[35,55]	R_3	[20,40]
$\Delta\varphi_{12}$	$[-\frac{\pi}{4},0]$	$\Delta\varphi_{23}$	$[-\frac{\pi}{4},0]$	T	[2.5,4]

对仿蝠鲼潜水器的滑扑一体前游模态进行优化仿真时，可采用 PSO 算法进行优化，算法参数设置与表 6.8 相同，得到的最优适应度值的变化情况如图 6.37 所示，各参数优化曲线如图 6.38 所示，最优参数如表 6.11 所示。

表 6.11　滑扑一体前游模态时 PSO 算法的最优参数

α_1	α_2	α_3	R_1	R_2	R_3	$\Delta\varphi_{12}$	$\Delta\varphi_{23}$	T
0.53	0.44	0.35	47.92	44.19	27.20	−0.40	−0.16	3.34

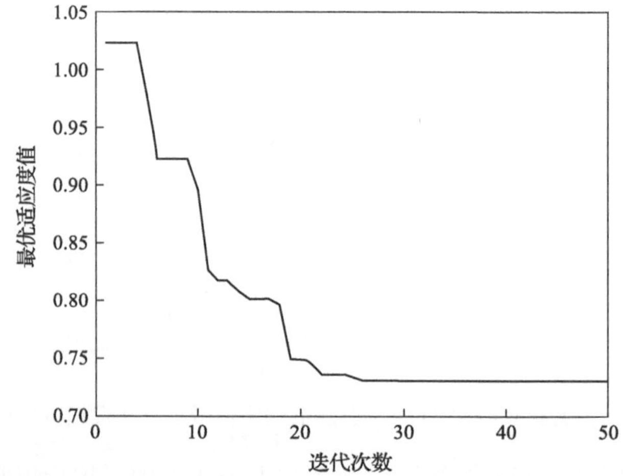

图 6.37　滑扑一体前游模态时 PSO 算法的最优适应度值变化情况

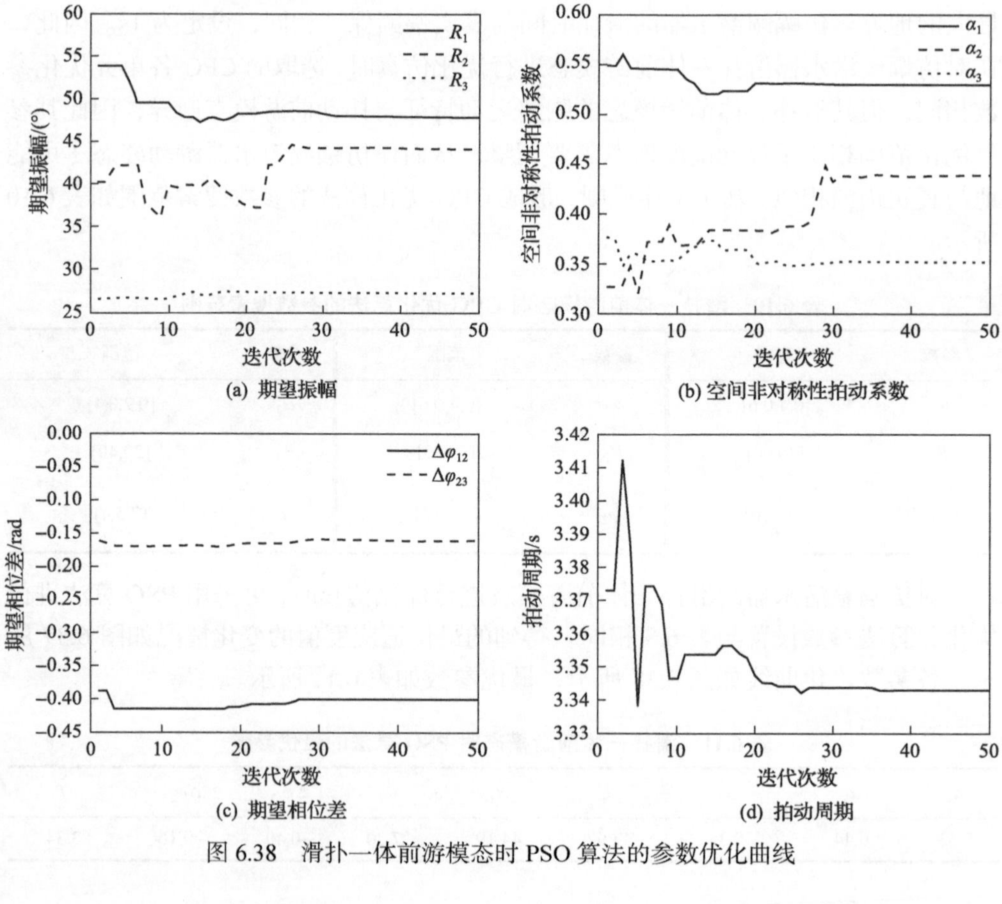

图 6.38　滑扑一体前游模态时 PSO 算法的参数优化曲线

6.4　基于模型的控制

6.4.1　关节空间控制

在潜水器系统中，通常有一个或多个关节机构，关节空间是这些关节的状态空间。在潜水器执行各种任务时，每个关节到达一个特定的关节角度或位置，关节空间控制是指在这些关节的状态空间中进行控制。在关节空间中求解逆动力学问题，可以确定使末端执行器或移动基座达到目标位姿所需的关节角度。可以知道，精确动力学模型的关节空间控制允许建立关节(内部自由度)与位姿的直接关系。以此为基础确立的控制目标分为两类，即调节控制和轨迹跟踪。轨迹跟踪要求潜水器在工作空间内达到指定的随时间变化的关节参考轨迹，且轨迹所需关节速度和加速度符合系统的最大限度与最小精度限制。当所需的加速度和速度都为零时，轨迹跟踪就退化为一般的调节问题。

通常意义上的潜水器关节空间控制设计是简单地在驱动关节上调整比例微分(proportional-derivative, PD)控制器。PD 控制是一种位置和速度反馈，可以看作附加在潜水器上的弹簧和阻尼器，减小潜水器的运动振荡。从这个角度来说，一个含有 n 个关节的机械臂可以看作 n 个独立的双积分器(double integrator)链。根据具体系统需求还可以采用 PD 控制、比例积分微分(proportional-integral-derivative, PID)控制和带重力补偿的 PD 控制等不同的控制方法，以解决调节问题。实际上，现实中的潜水器动力学比简单解耦的二阶线性系统复杂得多。仿蝠鲼潜水器包括如重力、科里奥力、离心力以及流体动力等耦合项和非线性项，是一个移动多体系统，这个系统的控制目标是建立内部自由度和移动基座位姿的对应关系。这类跟踪控制问题一般参考三类控制方案来解决，即逆动力学控制、李雅普诺夫控制和被动性控制。针对仿蝠鲼潜水器系统，首先要建立内部自由度与多体系统所受广义外力的对应关系，寻找可靠的运动模态拟合所需输入量。建立对应关系后，按照经典关节控制方法中的逆动力学控制思路就可以建立仿蝠鲼潜水器的轨迹跟踪控制策略。

6.4.2　逆动力学控制

在关节空间的跟踪控制问题包括跟随给定的随时间变化的 $\boldsymbol{q}(t)$ 及其连续导数 $\dot{\boldsymbol{q}}(t)$ 和 $\ddot{\boldsymbol{q}}(t)$，它们描述了所需要的速度和加速度。为了实现这个目标，本节使用逆动力学控制，也称计算力矩控制以线性化和解耦潜水器的动力学方程。具体的做法是将科里奥力、离心力等非线性项添加到控制输入中来简单地补偿。考虑机械关节和连杆的柔性时，这种反馈线性化控制器将变得非常复杂，本节继续采用

第 5 章中的多刚体系统假设以规避柔性问题。

以经典的潜水器系统为例，一个含有控制反馈项的动力学系统，其动力学方程具有式(6.53)的形式：

$$\boldsymbol{H}(\boldsymbol{q})\ddot{\boldsymbol{q}}+\boldsymbol{C}(\boldsymbol{q},\dot{\boldsymbol{q}})\dot{\boldsymbol{q}}+\boldsymbol{g}(\boldsymbol{q})=\boldsymbol{u} \tag{6.53}$$

式中，$\boldsymbol{H}(\boldsymbol{q})$ 为 $n\times n$ 的惯性矩阵；$\boldsymbol{g}(\boldsymbol{q})$ 为 $n\times 1$ 的重力向量；$\boldsymbol{C}(\boldsymbol{q},\dot{\boldsymbol{q}})$ 为 $n\times 1$ 的科里奥力和离心力；$\boldsymbol{u}$ 为 $n\times 1$ 的控制输入向量。因为基于莫里森方程确定的流体动力仅与 $\dot{\boldsymbol{q}}$ 线性相关，水下潜水器的流体动力项也可以写入其中。为了消除非线性项，让动力学系统完全解耦，可以假定系统的控制输入具有式(6.54)的逆动力学形式：

$$\boldsymbol{u}=\boldsymbol{H}(\boldsymbol{q})\boldsymbol{u}_0+\boldsymbol{C}(\boldsymbol{q},\dot{\boldsymbol{q}})\dot{\boldsymbol{q}}+\boldsymbol{g}(\boldsymbol{q}) \tag{6.54}$$

由于惯性矩阵的正则性，将控制输入代入潜水器动力学方程后，可以得到一组解耦的线性系统：

$$\ddot{\boldsymbol{q}}=\boldsymbol{u}_0 \tag{6.55}$$

式中，$\boldsymbol{u}_0$ 为要设计的辅助控制输入项。通常 $\boldsymbol{u}_0$ 的形式为

$$\boldsymbol{u}_0=\ddot{\boldsymbol{q}}_{\mathrm{d}}+\boldsymbol{K}_{\mathbf{D}}(\dot{\boldsymbol{q}}_{\mathrm{d}}-\dot{\boldsymbol{q}})+\boldsymbol{K}_{\mathbf{P}}(\boldsymbol{q}_{\mathrm{d}}-\boldsymbol{q}) \tag{6.56}$$

这里，下标 d 表示期望跟踪的位姿。辅助控制输入项也可以加上一个积分项：

$$\boldsymbol{u}_0=\ddot{\boldsymbol{q}}_{\mathrm{d}}+\boldsymbol{K}_{\mathbf{D}}(\dot{\boldsymbol{q}}_{\mathrm{d}}-\dot{\boldsymbol{q}})+\boldsymbol{K}_{\mathbf{P}}(\boldsymbol{q}_{\mathrm{d}}-\boldsymbol{q})+\boldsymbol{K}_{\mathbf{I}}\int_0^t(\boldsymbol{q}_{\mathrm{d}}-\boldsymbol{q})\mathrm{d}\tau \tag{6.57}$$

这就是经典的 PD 控制和 PID 控制。同时，采用两种方法所产生的误差方程分别为

$$\begin{gathered}\ddot{\tilde{\boldsymbol{q}}}+\boldsymbol{K}_{\mathbf{D}}\dot{\tilde{\boldsymbol{q}}}+\boldsymbol{K}_{\mathbf{P}}\boldsymbol{q}=0\\ \tilde{\boldsymbol{q}}^{(3)}+\boldsymbol{K}_{\mathbf{D}}\ddot{\tilde{\boldsymbol{q}}}+\boldsymbol{K}_{\mathbf{P}}\dot{\tilde{\boldsymbol{q}}}+\boldsymbol{K}_{\mathbf{I}}\tilde{\boldsymbol{q}}=0\end{gathered} \tag{6.58}$$

扩展到含有流体动力的水下潜水器系统，根据第 5 章讨论的流体动力学方程，具有反馈项的动力学系统控制方程可以写为

$$\begin{aligned}&\mathcal{M}\dot{\boldsymbol{\eta}}=\boldsymbol{F}+\boldsymbol{F}_{\mathrm{f}}\\ &\boldsymbol{F}_{\mathrm{f}}=\boldsymbol{u}=-\boldsymbol{F}-\mathcal{M}\boldsymbol{K}_{\mathbf{D}}(\boldsymbol{\eta}_{\mathrm{d}}-\boldsymbol{\eta})-\boldsymbol{K}_{\mathbf{P}}(\boldsymbol{d}_{\mathrm{d}}-\boldsymbol{d})\end{aligned} \tag{6.59}$$

式中，$\boldsymbol{F}$ 和 $\boldsymbol{F}_{\mathrm{f}}$ 分别为外力和水动力；$\boldsymbol{\eta}_{\mathrm{d}}$ 与 $\boldsymbol{d}_{\mathrm{d}}$ 为系统期望跟踪的速度和位姿；$\boldsymbol{\eta}$ 和 $\boldsymbol{d}$ 分别为潜水器此刻的速度和位姿，由潜水器携带的传感器观测得到。

由式(6.59)可以得到仿蝠鲼潜水器逆动力学形式的标准 PD 控制方程：

$$\mathcal{M}\dot{\boldsymbol{\eta}}=-\mathcal{M}\boldsymbol{K}_{\mathbf{D}}(\boldsymbol{\eta}_{\mathrm{d}}-\boldsymbol{\eta})-\boldsymbol{K}_{\mathbf{P}}(\boldsymbol{d}_{\mathrm{d}}-\boldsymbol{d}) \tag{6.60}$$

此时，水动力完全被当成一组控制输入写入系统控制方程。可以证明，适当选取 $\boldsymbol{K}_{\mathrm{D}}$、$\boldsymbol{K}_{\mathrm{P}}$ 及 $\boldsymbol{K}_{\mathrm{I}}$ 时，使用两种方法得到的误差方程具有指数稳定性。简而言之，需要考虑动力学方程的状态空间形式，即 $\dot{\boldsymbol{x}}=\boldsymbol{A}\boldsymbol{x}$。容易证明，通过适当选取 $\boldsymbol{K}_{\mathrm{D}}$、$\boldsymbol{K}_{\mathrm{P}}$ 及 $\boldsymbol{K}_{\mathrm{I}}$，矩阵 $\boldsymbol{A}$ 可以是可逆矩阵。因此，可以找到一组对称正定矩阵 $\boldsymbol{Q}$，存在一个对称正定矩阵 $\boldsymbol{P}$，使得 $\boldsymbol{A}^{\mathrm{T}}\boldsymbol{P}+\boldsymbol{P}\boldsymbol{A}=-\boldsymbol{Q}$。系统具有全局渐进李雅普诺夫稳定性。对于任意初始位置，跟踪误差将渐进地收敛到零[5]。

然而，对于实际的仿蝠鲼潜水器，水动力不可以直接用于控制输入。这是因为潜水器系统所受水动力由潜水器内部自由度参数确定。仿蝠鲼潜水器的内部自由度参数具有最大限度和最小精度限制，实际需要的水动力向量不能被完全取到，即系统不具备全局可控性。6.4.3 节中将使用适当的拟合方法建立系统内部自由度参数与水动力的映射关系，给出轨迹跟踪的完整实现方案，并通过相关计算案例证明，即使系统不具备全局可控性，潜水器仍能实现具体工作所需的大部分运动路径，采用逆动力学方法可以达到预期控制目标。

6.4.3　轨迹跟踪

6.4.2 节中已经确定了逆动力学控制的目标，即输入特定关节内部自由度参数给出一组流体动力，使得潜水器按照预定的速度跟踪确定一组轨迹，并且通过假定的 PD 控制方法，已经确定了系统具有全局渐进李雅普诺夫稳定性。接下来，本节将介绍如何使用适当的拟合方法，给出潜水器关节参数与流体动力之间的线性关系。

需要明确的是，仿蝠鲼潜水器具有多个可动的内部自由度参数，在产生流体动力时受到多个参数的共同影响，且其动力学是一个典型的非线性系统。本节引入多变量线性回归的拟合方法给出仿蝠鲼潜水器关节参数和流体动力之间的关系，以确定一种线性的控制输入策略。多变量线性回归是一种统计分析方法，用于研究多个自变量与一个因变量之间的关系。在这种回归分析中，实验或仿真的数据将用于建立一个线性方程，以预测或解释因变量的变化，而这个方程包含多个自变量。

1. 位姿误差 $\boldsymbol{d}_{\mathrm{d}}-\boldsymbol{d}$ 的定义

对于机械臂的 PD 控制，位置误差是期望关节坐标 $\boldsymbol{q}_{\mathrm{d}}$ 与当前关节坐标 $\boldsymbol{q}$ 的差，然而对于移动系统的轨迹追踪，需要分别对潜水器位置和朝向的误差进行定义。根据第 5 章对潜水器几何模型的介绍，潜水器在空间中的朝向和位置由旋转矩阵 $\boldsymbol{R}_0$ 与位置向量 $\boldsymbol{P}_0$ 描述。使用期望旋转矩阵 $\boldsymbol{R}_{0,\mathrm{d}}$ 与期望位置向量 $\boldsymbol{P}_{0,\mathrm{d}}$ 描述潜水器的期望轨迹。6.4.2 节中提出的反馈控制信号需要根据这些物理量定义一个位姿误差

$(\boldsymbol{d}_{\mathrm{d}}-\boldsymbol{d})\in\mathbb{R}^6$。

对于位置误差，由于潜水器运动方程中的物理量均在其随体坐标系中表示，而位置向量 $\boldsymbol{P}_0$、期望位置向量 $\boldsymbol{P}_{0,\mathrm{d}}$ 均在世界坐标系中表示，因此需要将位置误差通过旋转矩阵 $\boldsymbol{R}_0$ 投影至随体坐标系中，即位置误差为 $\boldsymbol{R}_0(\boldsymbol{P}_{0,\mathrm{d}}-\boldsymbol{P}_0)$。

对于朝向误差，无法直接通过 3×3 旋转矩阵描述潜水器的 3×1 三维朝向误差。因此，与第 5 章中数值模拟方法相同，应当使用单位四元数参数化朝向误差。设期望旋转矩阵 $\boldsymbol{R}_{0,\mathrm{d}}$ 与真实旋转矩阵 $\boldsymbol{R}_0$ 分别对应四元数 $\boldsymbol{Q}_{\mathrm{d}}=(\mu_{\mathrm{d}},\epsilon_{\mathrm{d}})$，$\boldsymbol{Q}=(\mu,\epsilon)$。存在相对旋转矩阵 $\tilde{\boldsymbol{R}}$，表示当前潜水器相对于期望轨迹的朝向，即

$$\boldsymbol{R}_{0,\mathrm{d}}=\boldsymbol{R}_0\tilde{\boldsymbol{R}} \tag{6.61}$$

式中，相对旋转矩阵 $\tilde{\boldsymbol{R}}$ 对应的四元数 $\tilde{\boldsymbol{Q}}=(\tilde{\mu},\tilde{\epsilon})$ 可由式(6.62)求得

$$\begin{cases}\tilde{\mu}=\mu\mu_{\mathrm{d}}+\boldsymbol{\epsilon}^{\mathrm{T}}\boldsymbol{\epsilon}_{\mathrm{d}}\\ \tilde{\boldsymbol{\epsilon}}=\mu\boldsymbol{\epsilon}_{\mathrm{d}}-\mu_{\mathrm{d}}\boldsymbol{\epsilon}+\boldsymbol{\epsilon}_{\mathrm{d}}\times\boldsymbol{\epsilon}\end{cases} \tag{6.62}$$

与 $\tilde{\boldsymbol{R}}=\boldsymbol{I}_{3\times3}$（即朝向无误差的情况）关联的四元数为 $\tilde{\boldsymbol{Q}}=(1,\boldsymbol{0}_3)$，因此 3×1 向量 $\tilde{\boldsymbol{\epsilon}}$ 可以度量朝向误差[6]。位姿误差 $\boldsymbol{d}_{\mathrm{d}}-\boldsymbol{d}$ 由式(6.63)定义：

$$\boldsymbol{d}_{\mathrm{d}}-\boldsymbol{d}=\begin{bmatrix}\boldsymbol{R}_0(\boldsymbol{P}_{0,\mathrm{d}}-\boldsymbol{P}_0)\\ \tilde{\boldsymbol{\epsilon}}\end{bmatrix} \tag{6.63}$$

2. 水动力拟合方法

根据 2.4 节中的水动力数值模拟结果显示，水动力在 XOY 平面中的分量 F_x、F_y 以及 M_z 在低游泳速度情况下与游泳参数 $A_{z1,1}$、ϕ 和 $\omega_{\mathrm{b},1}$ 近似线性相关。因此，水动力的多变量线性回归方程可以写为

$$\begin{aligned}F_x&=a_0+a_1V_y+a_2A_{z1,1}+a_3\phi+a_4\omega_{\mathrm{b},1}\\ F_y&=b_0+b_1V_y+b_2A_{z1,1}+b_3\phi+b_4\omega_{\mathrm{b},1}\\ M_z&=c_0+c_1V_y+c_2A_{z1,1}+c_3\phi+c_4\omega_{\mathrm{b},1}\end{aligned} \tag{6.64}$$

式中，V_y 为潜水器的前向速度。已知当参数 $A_{z1,1}$、ϕ、$\omega_{\mathrm{b},1}$ 为零时鳍不提供水动力，因此可以得知系数 a_0、b_0、c_0 为零。对于剩余系数 $a_{1,2,3,4}$、$b_{1,2,3,4}$、$c_{1,2,3,4}$ 的取值，则需要使用线性回归算法确定。以侧向力 F_x 为例，其线性回归方程的矩阵形式为 $F_x=\boldsymbol{a}^{\mathrm{T}}\boldsymbol{X}$，其中 $\boldsymbol{a}=(a_1,a_2,a_3,a_4)^{\mathrm{T}}$ 为回归方程系数向量，$\boldsymbol{X}=(V_y,A_{z1,1},\phi,\omega_{\mathrm{b},1})^{\mathrm{T}}$ 为游泳参数向量。将通过数值模拟得到的侧向力作为拟合的目标值，记为 $\bar{F}_x$。线性

拟合的目的是最小化目标值 $\overline{F}_x$ 与其预测值 $\boldsymbol{a}^{\mathrm{T}}\boldsymbol{X}$ 的差。运用最小二乘法的基本原理，可以通过最小化成本函数 $J(\boldsymbol{a})$ 寻找回归系数的最佳匹配，即

$$\begin{aligned}&\min J(\boldsymbol{a})\\&J(\boldsymbol{a})=\frac{1}{2m}\sum_{i=1}^{m}\left(\boldsymbol{a}^{\mathrm{T}}\boldsymbol{X}^{(i)}-\overline{F}_x{}^{(i)}\right)^2\end{aligned}\tag{6.65}$$

式中，m 为样本数量；$\boldsymbol{X}^{(i)}$ 和 $\overline{F}_x{}^{(i)}$ 分别为第 i 组游泳参数和使用相应参数计算的侧向力。

通过最小二乘法最小化成本函数，需要计算成本函数关于系数 $\boldsymbol{a}$ 的偏导：

$$\frac{\partial J(\boldsymbol{a})}{\partial a_k}=\frac{1}{m}\sum_{i=1}^{m}\left(\boldsymbol{a}^{\mathrm{T}}\boldsymbol{X}^{(i)}-\overline{F}_x{}^{(i)}\right)X_k^{(i)},\quad k=1,2,3,4\tag{6.66}$$

式中，$X_k^{(i)}$ 为第 i 组对应系数 a_k 的游泳参数。当成本函数关于系数 $\boldsymbol{a}$ 的偏导数为零时，其对应的系数 $\boldsymbol{a}$ 表示成本函数的局部极值点，即回归方程的最佳系数。根据等式(6.65)，最佳回归系数 $\boldsymbol{a}$ 可通过式(6.67)求解：

$$\sum_{i=1}^{m}\overline{F}_x{}^{(i)}X_k^{(i)}=\sum_{i=1}^{m}\left(\sum_{j=1}^{4}X_j^{(i)}X_k^{(i)}a_k\right),\quad k=1,2,3,4\tag{6.67}$$

将式(6.67)向量化可得出回归方程系数 $\boldsymbol{a}$ 的表达式[8]：

$$\boldsymbol{a}=(\mathcal{X}^{\mathrm{T}}\mathcal{X})^{-1}\mathcal{X}^{\mathrm{T}}\mathcal{Y}\tag{6.68}$$

式中，矩阵 $\mathcal{X}\in\mathbb{R}^{n\times4}$ 包含 n 组样本的游泳参数；向量 $\mathcal{Y}\in\mathbb{R}^{n}$ 包含 n 组与之对应的水动力。最小二乘法属于一种直接计算方法，可能存在矩阵 $\mathcal{X}^{\mathrm{T}}\mathcal{X}$ 不可逆的情况。在该情况下直接最小二乘法不再适用，可以应用其他迭代算法使得成本函数最小，如梯度下降法。最终通过线性回归方法拟合游泳参数与水动力间的线性映射关系：

$$\begin{bmatrix}A_{z1,1}\\\phi\\\omega_{\mathrm{b},1}\end{bmatrix}=\begin{bmatrix}a_2&a_3&a_4\\b_2&b_3&b_4\\c_2&c_3&c_4\end{bmatrix}^{-1}\begin{pmatrix}F_x-a_1V_y\\F_y-b_1V_y\\M_z-c_1V_y\end{pmatrix}\tag{6.69}$$

至此，基于逆动力学控制的轨迹追踪所需的数学工具均已确定，平面轨迹追踪的控制流程如图 6.39 所示。

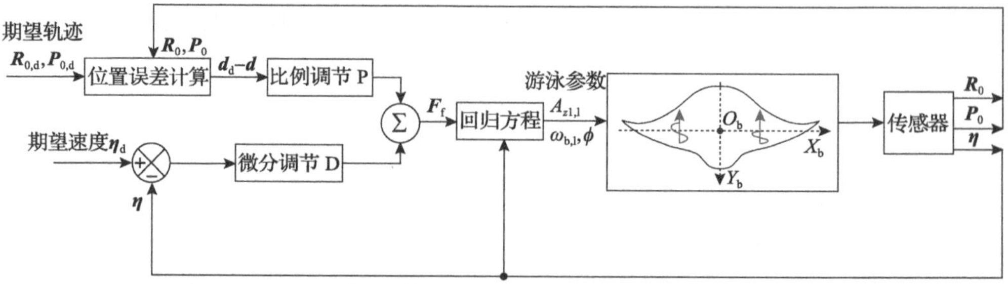

图 6.39　仿蝠鲼潜水器平面轨迹追踪的控制流程

6.4.4　数值结果

为了验证设计控制算法的可靠性，选定一个如图 6.40 所示的圆形轨迹，且规定轨迹每个位置的瞬时速度。该轨迹包含两个阶段：第一阶段是直线加速阶段，在 2s 内潜水器由静止加速至 0.2m/s，第二阶段是潜水器以 0.2m/s 的固定线速度和 10rad/s 的固定角速度追踪一半径约为 1.145m 的圆形轨迹。通过 6.4.2 节中介绍的 PD 控制算法，使用 6.4.3 节介绍的拟合方法，给出实际轨迹跟踪过程中输入控制参数，即胸鳍的运动频率 F 和左右胸鳍相位差 ϕ 在 35s 内的变化，如图 6.41 所示。由于潜水器的运动被限制在随体坐标系的 XOY 平面内，式(6.60)中的比例增益和微分增益矩阵分别设置为

$$
\begin{aligned}
\boldsymbol{K}_{\mathrm{P}} &= \operatorname{diag}(0.6, 0.6, 0, 0, 0, 3) \\
\boldsymbol{K}_{\mathrm{D}} &= \operatorname{diag}(0.3, 0.3, 0, 0, 0, 1.5)
\end{aligned}
\tag{6.70}
$$

式中，diag( )表示对角矩阵。

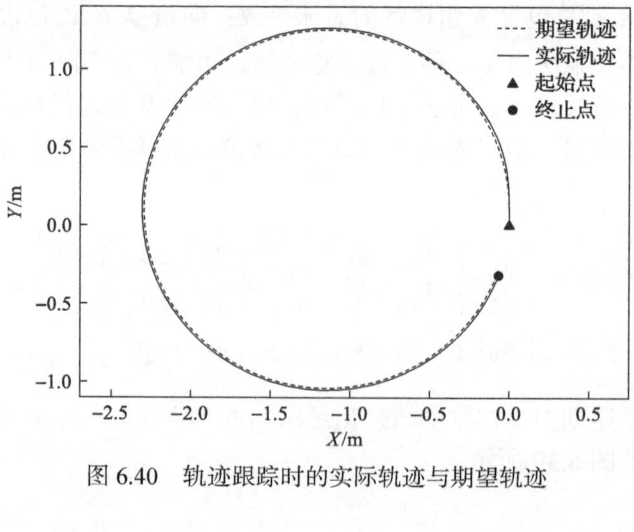

图 6.40　轨迹跟踪时的实际轨迹与期望轨迹

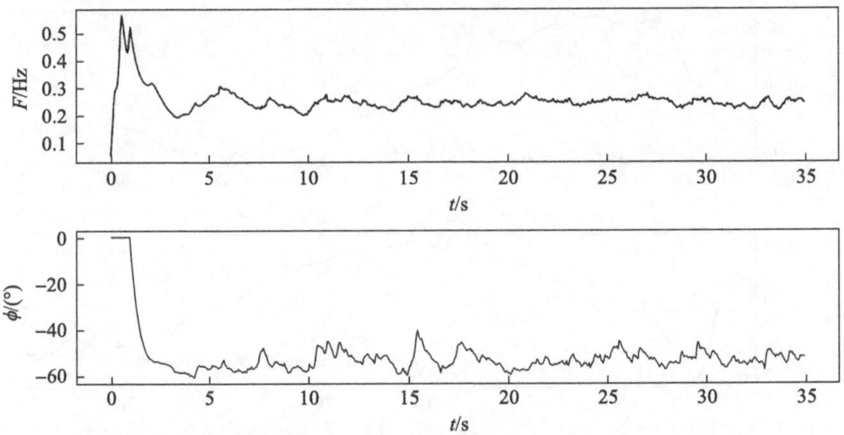

图 6.41 胸鳍的运动频率 F 及左右胸鳍相位差 ϕ 在 35s 内的变化

由图 6.41 可以观察到，胸鳍的运动频率 F 在加速阶段内快速增加到约 0.55Hz，随后在进入圆形轨迹后快速减小并最终稳定在大约 0.25Hz。对于左右胸鳍相位差 ϕ，其取值在直线加速阶段始终为零，在进入圆形轨迹后逐渐增大并大致稳定在 $-50°$，这验证了水动力线性回归的正确性。此外，在 5～35s 观察到游泳参数在一固定值附近以高于游泳频率的频率振荡。在现实应用中，此类振荡会产生类似电机输出信号跳变的问题。关注整个运动历程可以看到，当仿蝠鲼潜水器抵达跟踪起点时，能较快地输入控制参数，迅速进入预定运动状态。跟踪轨迹进行角度变化时，左右胸鳍相位差 ϕ 振荡较大，这是由控制参数与流体动力之间映射的非线性产生的。为了产生连续稳定变化的流体动力，左右胸鳍相位差需要频繁地调整。

将位姿误差 $\boldsymbol{d}_{\mathrm{d}}-\boldsymbol{d}$ 定义为向量 $(\tilde{p}_x,\tilde{p}_y,\tilde{p}_z,\tilde{\epsilon}_1,\tilde{\epsilon}_2,\tilde{\epsilon}_3)^{\mathrm{T}}$。图 6.42 展示了误差的三个分量 $(\tilde{p}_x,\tilde{p}_y,\tilde{\epsilon}_3)$ 在 35s 内的变化情况。由误差估计可以知道，使用 PD 控制方法进行逆动力学控制，逆动力学控制所产生的 X 方向的位置误差 $\Delta\tilde{p}_x$ 与 Y 方向的位置误差 $\Delta\tilde{p}_y$，其值最大不超过 0.02m，与轨迹的半径相差两个数量级，相对于 1m 的运动半径和仿蝠鲼潜水器的尺寸，基本可以忽略不计。对于朝向误差，由于使用单位四元数描述旋转且分量 $(\tilde{\epsilon}_1,\tilde{\epsilon}_2)$ 均为零，误差四元数的实数部分 $\tilde{\mu}=\sqrt{1-(\tilde{\epsilon}_3)^2}$ 约等于 1。根据 6.4.3 节的分析，该结果表明朝向误差非常小。可以观察到，在直线加速阶段的末尾，误差 $\tilde{p}_y$ 的值为负，证明潜水器超过了预期的位置，这表明 PD 控制存在一定的超调效应。今后要研究如何将 CPG 相位振荡器整合到基于模型的反馈控制中，以产生连续平稳的输出信号[9]。

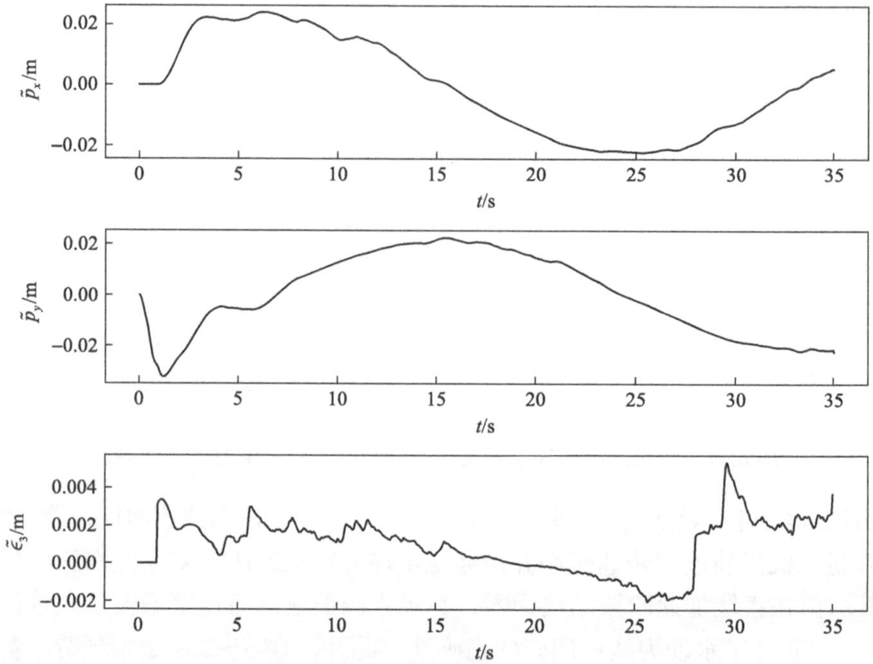

图 6.42　轨迹追踪的非零误差在 35s 内的变化情况

6.5 本 章 小 结

运动控制是实现仿蝠鲼潜水器多模态游动的关键，本章首先构建了具备时间非对称性特征和空间非对称性特征的相位振荡器模型，分别针对前游、偏航、俯仰、滑翔等姿态进行了 CPG 参数规划；其次利用智能控制算法，实现了潜水器多模态运动的闭环控制，并优化了潜水器的运动姿态；最后开发了逆动力学控制方法，通过多目标优化方法结合动力学模型进行了路径跟踪仿真。在基于模型的控制方面，本章采用关节空间控制的思路，初步开发了水下潜水器的逆动力学控制方法；分析并确定了 PD 和 PID 等基本控制率的稳定性；通过多目标优化方法给出了路径跟踪仿真结果。

参 考 文 献

[1] 刘延柱, 陈立群. 非线性振动[M]. 北京: 高等教育出版社, 2001.

[2] Ijspeert A J, Crespi A, Ryczko D, et al. From swimming to walking with a salamander robot driven by a spinal cord model[J]. Science, 2007, 315(5817): 1416-1420.

[3] Cao Y, Bi S S, Cai Y R, et al. Applying central pattern generators to control the robofish with oscillating pectoral fins[J]. Industrial Robot, 2015, 42(5): 392-405.

[4] Cao Y, Lu Y, Cai Y R, et al. CPG-fuzzy-based control of a cownose-ray-like fish robot[J]. Industrial Robot, 2019, 46(6): 779-791.

[5] Wit C C D, Bastin G, Siciliano B. Theory of Robot Control[M]. Berlin: Spring Science & Business Media, 2012.

[6] Antonelli G, Chiaverini S, Sarkar N, et al. Adaptive control of an autonomous underwater vehicle: Experimental results on ODIN[J]. IEEE Transactions on Control Systems Technology, 2001, 9(5): 756-765.

[7] Antonelli G, Caccavale F, Chiaverini S, et al. A novel adaptive control law for underwater vehicles[J]. IEEE Transactions on Control Systems Technology, 2003, 11(2): 221-232.

[8] Alexopoulos E C. Introduction to multivariate regression analysis[J]. Hippokratia, 2010, 14(Suppl 1): 23-28.

[9] Boyer F, Porez M, Leroyer A. Poincaré-Cosserat equations for the Lighthill three-dimensional large amplitude elongated body theory: Application to robotics[J]. Journal of Nonlinear Science, 2010, 20(1): 47-79.

第 7 章　仿蝠鲼潜水器的能源系统设计及能源管控技术

7.1　引　　言

针对仿蝠鲼潜水器的性能要求及工作环境，本书设计潜水器可搭载的多种储能供能设备。对于布置在仿蝠鲼潜水器背部的太阳能俘能系统，通过使用其内部的重心调整系统可保证太阳能板上表面不浸没于水，以此获得较高的辐射能量。在仿蝠鲼潜水器弓形滑翔模态下，根据温差热机工作流程，通过下潜与上浮交替运动来完成温差热机驱动滑翔。为高效利用潜水器内部空间，在两侧扑翼机构上搭载可弯折柔性锂电池，结合柔性锂电池与常规锂电池，实现了多源俘能能量的分布式存储。使用模型预测控制(model predictive control, MPC)，根据潜水器未来时刻的功率需求，优化分布式储能模块的功率分配序列。为了避免由于动力电池组在热、电、力等多物理场影响下的性能劣化而造成的单体电池之间的不一致性，同时为了消除电池组过充过放内短路及热失控等安全隐患，采用分布式主动均衡策略对电池内部不一致性进行均衡。针对力学、电学和热学三个领域建立了多物理场故障检测模型，并通过综合故障处理软件，利用接收到的电池组信息，实现了常规故障与滥用故障诊断、内短路诊断与热失控预警、电池组安全状态动态评估等功能。

7.2　自主俘能系统设计

7.2.1　太阳能俘能技术

1. 太阳能光伏发电原理

太阳能一般指太阳光的辐射能量，通常用作光伏发电。太阳能是各种可再生能源中最重要的基本能源。

太阳能光伏发电原理如图 7.1 所示，太阳能电池的核心是由 P 型半导体和 N 型半导体结合而成的 PN 结。PN 结是一种半导体器件，P 型半导体中的电子数量比空穴数量少，而 N 型半导体中的电子数量比空穴数量多。当 P 型半导体与 N 型半导体相结合时，由于它们之间存在载流子浓度梯度，电子从 N 区到 P 区、空穴从 P 区到 N 区的扩散运动在 PN 结界面附近形成空间电荷区，空间电荷区中产生内建电场，使得 PN 结两侧存在接触电势差。

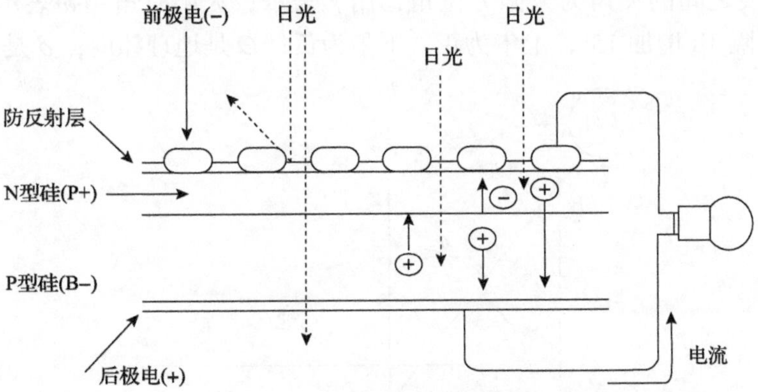

图 7.1　光伏发电原理图

当阳光照射在太阳能电池上时，光子能量被吸收并转化成电子能量，从而使得电子从 N 型半导体内流向 P 型半导体，太阳能电池内部就会产生非平衡的电子空穴对，非平衡电子在内电场的作用下分别流向 N 区和 P 区，在外接电路时，就会形成电流。

2. 太阳能俘能系统

针对仿蝠鲼潜水器的性能要求及工作环境，设计搭载太阳能俘能系统。依靠太阳能俘能系统俘能充电，仿蝠鲼潜水器能够延长自持时间，增加连续航程。

在进行太阳能俘能系统硬件设计制造前，进行太阳能电池搭载数学模型的建立，通过数学模型计算太阳能电池获得的太阳辐射能，为后续光伏系统容量设计提供可靠数据。太阳能电池搭载在仿蝠鲼潜水器的鱼身背部，如图7.2 所示。当仿蝠鲼潜水器浮上水面充电时，其内部的重心调整系统会自动将潜水器姿态调整到水平状态，保证太阳能板上表面不浸没于水，以此来获得较高的辐射能量。根据到达等面积水平面上的太阳辐射能量，可以等效分析出仿蝠鲼潜水器上搭载的太阳能俘能系统俘获的太阳能辐射能量。

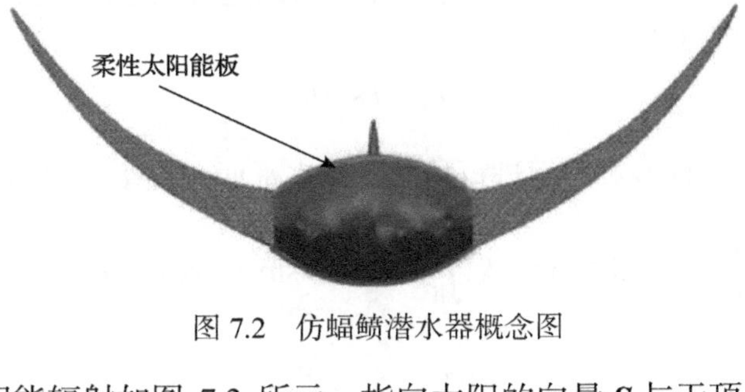

图 7.2　仿蝠鲼潜水器概念图

水平面太阳能辐射如图 7.3 所示，指向太阳的向量 $\boldsymbol{S}$ 与天顶 $\boldsymbol{Z}$ 的夹角定义为天顶角θ；向量$\boldsymbol{S}$与地平面的夹角定义为太阳高度角h；$\boldsymbol{S}$在地平面上的投影线与南北方向线之间的夹角为太阳方位角，用γ表示；太阳时角用ω表示，正午时$\omega=0$，每隔 1h 增加 15°，上午为正，下午为负；Θ是地理纬度；δ是赤纬角。

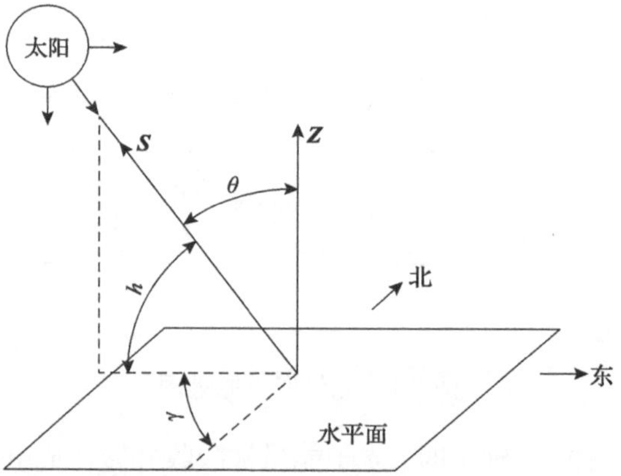

图 7.3　水平面太阳能辐射示意图

太阳高度角和一天中可能的日照时间分别为

$$\sin h=\sin\Theta\sin\delta+\cos\Theta\cos\delta\cos\omega \tag{7.1}$$

$$N=\frac{2}{15}\arccos(-\tan\Theta\tan\delta) \tag{7.2}$$

根据 Bouguer-Lambert 定律，太阳辐射通过大气层的强度为

$$\begin{gathered}I=I_{\mathrm{sc}}P^{m}\\ m=\frac{1}{\sin h}\cdot\frac{P}{P_0}\end{gathered} \tag{7.3}$$

式中，I_{sc}为太阳常数，$I_{\mathrm{sc}}=1367\,\mathrm{W/m^2}$；$P$为大气透明度；$m$为大气质量；$P_0$为标准大气压。式(7.3)中的$I$为垂直于太阳光线的地表面上的直接辐射强度，水平面上的太阳辐射强度为

$$I_{\mathrm{p}}=I\sin h \tag{7.4}$$

将式(7.4)从日出至日落对时间进行积分，则水平面上直接太阳辐射通量为

$$H_{\mathrm{p}}=\int_0^i I_{\mathrm{sc}}P^m\sin h\,\mathrm{d}t=I_{\mathrm{sc}}\int_0^i P^m(\sin\Theta\sin\delta+\cos\Theta\cos\delta\cos\omega)\,\mathrm{d}t \tag{7.5}$$

若 dt 用时角表示，$\mathrm{d}t=\dfrac{T}{2\pi}\mathrm{d}\omega$，则式(7.5)变为

$$H_{\mathrm{p}}=\frac{T}{2\pi}I_{\mathrm{sc}}\int_{-\omega_0}^{\omega_0}P^m(\sin\Theta\sin\delta+\cos\Theta\cos\delta\cos\omega)\mathrm{d}\omega \tag{7.6}$$

式中，T=24h；$\pm\omega_0$ 为日出日落角。

完成太阳能俘能系统的数学模型建立后，需要确定太阳能电池的类型。太阳能电池的主要功能是将光能转换成电能。目前在光伏系统领域中，比较实用的太阳能电池有单晶硅太阳能电池、多晶硅太阳能电池、非晶硅太阳能电池，如图 7.4 所示。

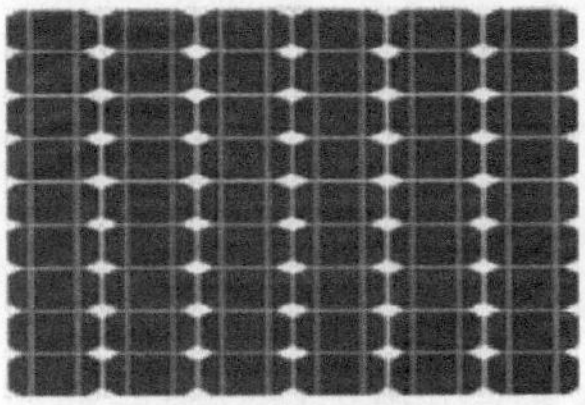
(a) 单晶硅太阳能电池

(b) 多晶硅太阳能电池

(c) 非晶硅太阳能电池

图 7.4　太阳能电池

仿蝠鲼潜水器的储能过程是在水面进行的，周围环境变化对其充电效果影响较大，因此要求太阳能电池同时对不同光线都能保持良好的转换效率。通过大量实验验证，仿蝠鲼潜水器最终使用砷化镓太阳能薄膜电池。相较于单晶硅与多晶硅太阳能电池，砷化镓太阳能电池由薄膜材料制作而成，厚度达微米级，所以重量轻、成本低，最重要的是弱光条件下也有较高的能量转换效率。图 7.5 为砷化镓太阳能电池结构示意图，电池下电极使用 Au 电极，上电极采用银浆电极。采用银浆电极有利于节约电极制作时间。砷化镓太阳能电池制备流程要求首先在 N 型砷化镓基底上沉积一层 200nm 的 SiO_2 并预留出窗口层的位置，随后将用化学气相沉积法（chemical vapor deposition, CVD）生长制备的石墨烯转移至窗口层，在石墨烯表面用银浆制备出电极，最后在砷化镓的背面制备出 Au 电极。

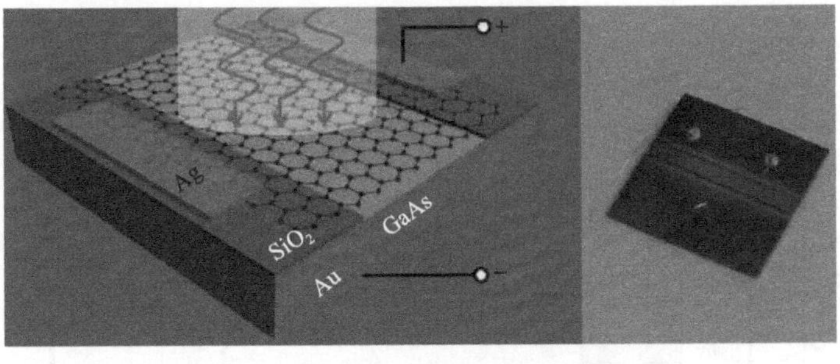

图 7.5　砷化镓太阳能电池结构示意图

砷化镓太阳能电池的核心是一个由砷化镓和镓组成的 PN 结。当光线照射到 PN 结上时，光子能量被吸收并转化为电子能量，从而使得电子从 N 型半导体内流向 P 型半导体，形成电流。

3. 太阳能俘能技术应用成果

仿蝠鲼潜水器上设计使用的太阳能俘能装置的俘能综合发电功率至少为 300W，能够支撑潜水器自持时间至少 30 天。在仿蝠鲼潜水器上应用太阳能俘能技术，显著提升了潜水器的续航能力，使得潜水器可以完成更长时间、更高效率以及更大工作量的海洋水文信息采集任务，从而为海洋碳中和监测、水生物养殖等作业提供有力的支持。

7.2.2 温差能浮力驱动技术

1. 温差能浮力驱动原理

海水温差能是一种可再生、对环境不产生污染的海洋能，且储量丰富。目前，海水温差能应用的主要方式是海水温差能发电，即利用海洋表层的温海水（表层海水接受的太阳辐射能大部分转化为热能，从而形成 24～29℃的热水层）与深层冷海水（海水的热传导率低，表层的热量难以传到深层，水温终年维持在 4～7℃）的温差来实现热力循环发电。

对于仿蝠鲼潜水器，在其弓形滑翔模态下，温差能是比较理想的驱动能源，因为温差能可靠性高，只要有适当的温差就能产生温差能，而且温差是海洋表层水与深层水之间的显著差别之一。因此，将温差能作为动力来源的仿蝠鲼潜水器具有工作寿命长、构造简单、成本低、无噪声等特点。温差能浮力驱动技术在仿蝠鲼潜水器上的运用，对于海洋环境观测和水下军事侦察等都有重要应用价值。

图 7.6 为温差热机的工作原理示意图。温差热机装置主要由耐压壳体内的内皮囊、蓄能器以及壳体外的外皮囊和换热器通过管件连接而成。温差热机依靠俘获的海洋温差能改变仿蝠鲼潜水器的浮力，进而驱动潜水器完成滑翔运动，其工作流程如表 7.1 所示。

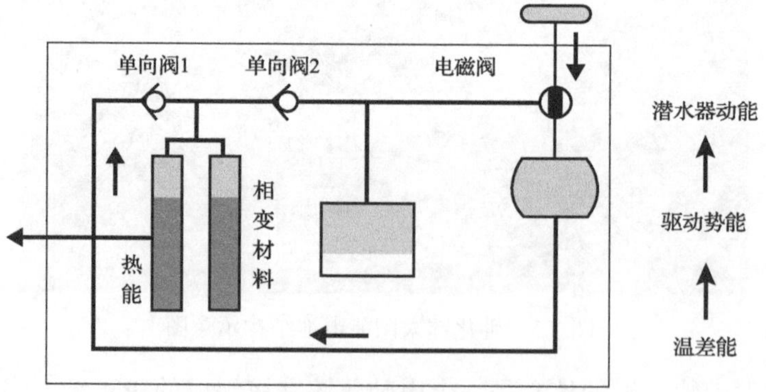

图 7.6 温差热机的工作原理

表 7.1　温差热机工作流程

工作阶段	工作状态
①海面等待滑翔	内皮囊收缩，外皮囊膨胀，温敏材料膨胀，蓄能器氮气收缩
②下潜滑翔阶段	油液流入内皮囊，温敏材料收缩时，内皮囊油液流入换热器
③下潜转上浮	三通阀开启，蓄能器油液流入外皮囊
④上浮滑翔阶段	温敏材料膨胀，换热器油液流入蓄能器
⑤水面等待阶段	对蓄能器继续充能，达到工作状态①

2. 温差能浮力驱动系统

仿蝠鲼潜水器在弓形滑翔模态下，主要依靠温差能驱动滑翔，完成广域海洋的监测工作。图 7.7 和图 7.8 分别为仿蝠鲼潜水器的温差能驱动系统结构图和温差能驱动系统样机实物图。根据温差热机工作流程，仿蝠鲼潜水器通过下潜与上浮交替运动来完成温差热机驱动滑翔。

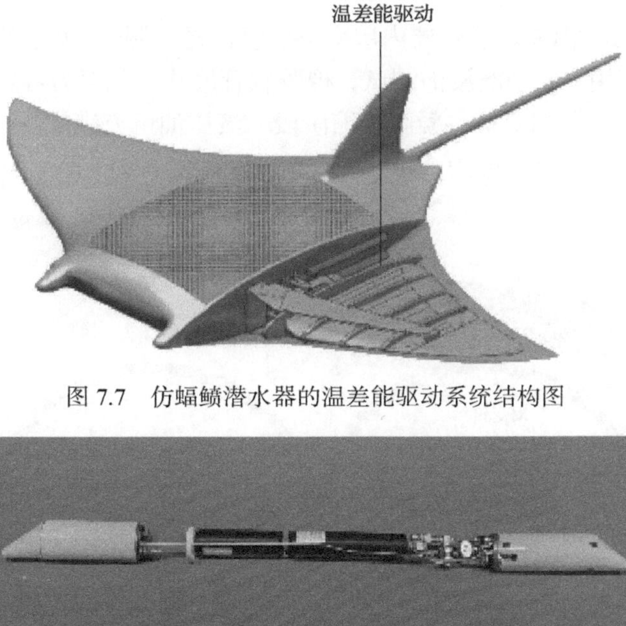

图 7.7　仿蝠鲼潜水器的温差能驱动系统结构图

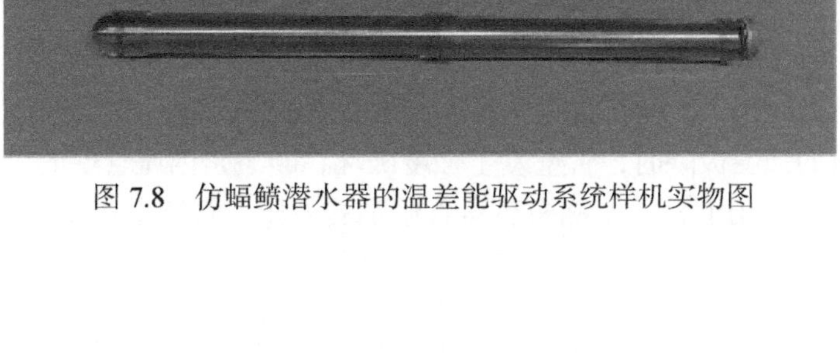
图 7.8　仿蝠鲼潜水器的温差能驱动系统样机实物图

温差能换热器是仿蝠鲼潜水器的温差能浮力驱动系统的核心装置。温差能换热器内部装有相变材料与液压油，在仿蝠鲼潜水器的热循环过程中，随着海水温度的变化，相变材料周期性地熔化膨胀、凝固收缩，同时换热器周期性地排出液压油、吸收液压油。温差能换热器内的相变材料与液压油有互溶性，当两种材料相互接触时，温差能换热器将失效。因此，温差能换热器结构设计的关键是实现相变材料与液压油的隔离。温差能换热器的结构方案有液体隔离方案、活塞隔离方案及双管隔离方案。表7.2 为温差能换热器结构隔离方案的比较。根据仿蝠鲼潜水器实际工况需要，经过比较选用双管隔离方案。

表 7.2　温差能换热器结构隔离方案的比较

方案	优点	缺点
液体隔离方案	接触海水面积大、导热性好、结构简单	隔离可靠性低、夹套结构承压能力差
活塞隔离方案	隔离可靠性高	结构复杂、活塞轴向移动阻力较大、加工精度要求高
双管隔离方案	结构质量轻、隔离可靠性高	相变材料在周向分布不均匀

如图7.9 所示，温差能换热器内层变形软管由橡胶制成，可长期在相变材料与液压油中浸泡使用。经 70h 浸泡测试，橡胶软管尺寸变化率为–12%～+5%；软管具有较好的弹性，在相变材料凝固收缩阶段，液压油可充满软管。软管两端与金属封头硫化连接，剥离强度为 2MPa，保证了软管在高压工况下的密封性。

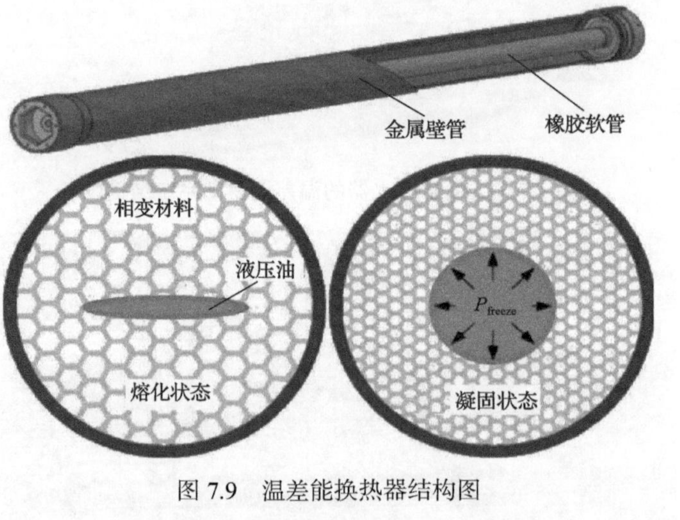

图 7.9　温差能换热器结构图

在内部压力作用下，温差能换热器管壁承受内压，管壁上产生环向拉应力，当拉应力超过材料的强度极限时，管壁发生强度破坏，断裂是内压管壁的主要失效形式。在外部海水压力作用下，温差能换热器管壁承受外压，管壁上产生环向压应力，当压应力尚未超过材料的比例极限时，容器突然失去原有形状，被压瘪或发生褶皱，管壁的圆环截面一瞬间变成了曲波形。这种在外压作用下，管壁突然失去原有形状的现象称为弹性失稳。弹性失稳是外压管壁的主要失效形式。换热器与水下滑翔机的最大工作水深均为1000m。取1.5倍安全系数，温差能换热器的设计外压 P_{cr} 为 15MPa。如式(7.7)所示，管壁厚度应选取外部压力作用与内部压力作用的最大计算值：

$$\delta_t = \max\left\{\frac{D_i}{\sqrt[3]{\frac{2E}{P_{cr}(1-\mu^2)}}-2}, \frac{p_c D_i}{2[\sigma]-p_c}\right\} \tag{7.7}$$

由式(7.7)可以求解换热器金属管壁厚度 δ_t 与设计内压 p_c 、金属管壁内径 D_i 的关系，如图 7.10 所示。由图可知，在相同设计内压条件下，金属管壁内径与换热器金属管壁厚度呈线性关系。当内部、外部压力作用壁厚计算值相同时，设计内压 p_c 存在最优解 p_c^* ：

$$\frac{1}{\sqrt[3]{\frac{2E}{P_{cr}(1-\mu^2)}}-2} = \frac{p_c}{2[\sigma]-p_c} \tag{7.8}$$

$$p_c^* = \frac{2[\sigma]}{\sqrt[3]{\frac{2E}{P_{cr}(1-\mu^2)}}-1} \tag{7.9}$$

最优解 p_c^* 由设计外压与金属材料的力学特性决定。温差能换热器金属管壁选用金属钛制成，设计内压(设计充能压力)最优值为 17.7MPa。

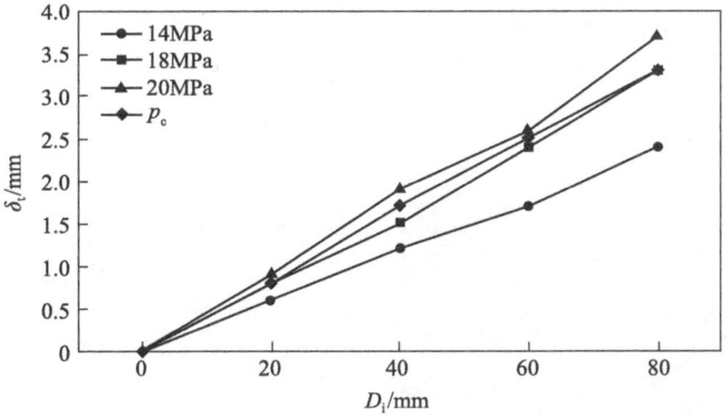

图 7.10　换热器金属管壁厚度 δ_t 与设计内压 p_c、金属管壁内径 D_i 的关系

因温差能换热器长期浸泡在海水中，材料选用应具备较强的耐腐蚀性与综合

力学性能，故选用无人潜水器领域广泛使用的金属铝合金 6061-T6、纯钛 TA2M 制造换热器金属管壁。在相变储能领域，石蜡类相变材料被广泛使用，它具有物理与化学性质稳定、无毒、无腐蚀性、无液化分离现象、成本低等优点。最重要的是，相变过程中石蜡类相变材料的体积变化率相比其他种类相变材料更大，其理论体积变化率可达 10%，符合温差能换热器依靠材料在相变过程中通过体积变化实现浮力驱动的需求。在石蜡类相变材料中，正十五烷 $C_{15}H_{32}$ 与正十六烷 $C_{16}H_{34}$ 的熔点在海洋表面温水与深层冷水之间，可用于俘获海洋温差能。金属材料与相变材料的物理性质参数理论值(常压条件下)分别如表 7.3 和表 7.4 所示。

表 7.3　金属材料参数表

金属材料	σ_b/MPa	$[\sigma]$/MPa	K_{MS}/(W/(m·K))	E/MPa	μ
6061-T6	240	120	166.90	6.9×10^4	0.33
TA2M	440	213	21.79	10.5×10^4	0.33

注：K_{MS} 为金属壁管导热系数。

表 7.4　相变材料参数表

相变材料	T_0/℃	L_{PCM}/(kJ/kg)	K_{PCM}/(W/(m·K))	v_{PCM}/(cm³/g)	c_{PCM}/(kJ/(kg·K))	α_{PCM}理论值/%
$C_{15}H_{32}$	10.0	207	0.17 固体熔点	1.29 固体 1.38 液体	1.61 固体 2.21 液体	6.74
$C_{16}H_{34}$	18.2	238	0.21 固体熔点	1.16 固体 1.29 液体	1.64 固体 2.09 液体	11.77

注：L_{PCM} 为相变材料相变潜热；K_{PCM} 为相变材料导热系数；c_{PCM} 为相变材料比热容；α_{PCM} 为相变材料体积变化率；v_{PCM} 为相变材料比密度，它与材料密度 ρ_{PCM} 呈倒数关系。

3. 温差能浮力驱动技术应用成果

仿蝠鲼潜水器在弓形滑翔模态下，使用温差能浮力驱动系统实现滑翔，其运动模态如图 7.11 所示。它搭载了温差能供能驱动系统，大幅提升了对电能的利用率，在续航能力和在位工作时间上表现出更明显的优势。在弓形滑翔模态、温度

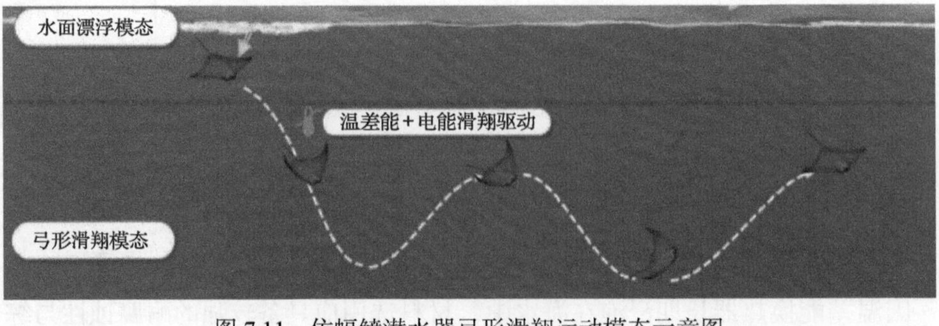

图 7.11　仿蝠鲼潜水器弓形滑翔运动模态示意图

范围为–5～+42℃的广阔海域，仿蝠鲼潜水器完成最大下潜深度 1000m，最大连续航程 800km。此项技术的成功应用提高了仿蝠鲼潜水器在海洋环境监测、海洋资源开发以及海洋生态方面的使用价值。

7.2.3　仿蝠鲼潜水器的多模态运动与俘能协同匹配技术

在复杂的海洋环境中，存在丰富的潜在能源来源，然而捕获和利用这些可再生环境能源涉及多个能量转换阶段，其中包括多个子器件参数的复杂关联过程。仿蝠鲼潜水器在多模态工作过程中需要在水面、水中和水底的不同空间中进行移动，并进行漂浮、滑翔和底栖多种运动状态切换，因此能源捕获的匹配和协同变得更加复杂。目前，一些学者已经开始研究和优化潜水器在稳定航行过程中的单一能源捕获过程，为环境能源驱动的滑翔器和水面船只的整体设计提供了理论指导。然而，目前研究涉及“多源俘能”输入与“多模态运动”输出的问题。

自主俘能多模态仿蝠鲼潜水器突破了传统的潜水器使用方式，它借鉴了蝠鲼的生物结构和行为特点，结合了海洋能源的自主俘能技术，可以应用于多种任务，包括水面漂浮能源捕获中继、弓形滑翔广域监测、扑翼机动高精探测以及底栖驻留定点侦测等。其中，多模态下的自主俘能-柔性储能系统设计是关键技术之一。该技术通过研究仿生鱼类的多模态运动和多源俘能的协同匹配，优化能源系统任务剖面，以支持广域多潜水器能源协同和长期自持。

为了在不同模态下最大限度地提高自主俘能效率，本节研究太阳能、温差能等多源能源捕获对俘能效率的影响规律，并建立多源俘能耦合能量输出模型，从而确定最优的能源捕获形式与仿蝠鲼潜水器多模态运动相互匹配的组合策略。多模态运动与多源俘能协同匹配示意图如图 7.12 所示。

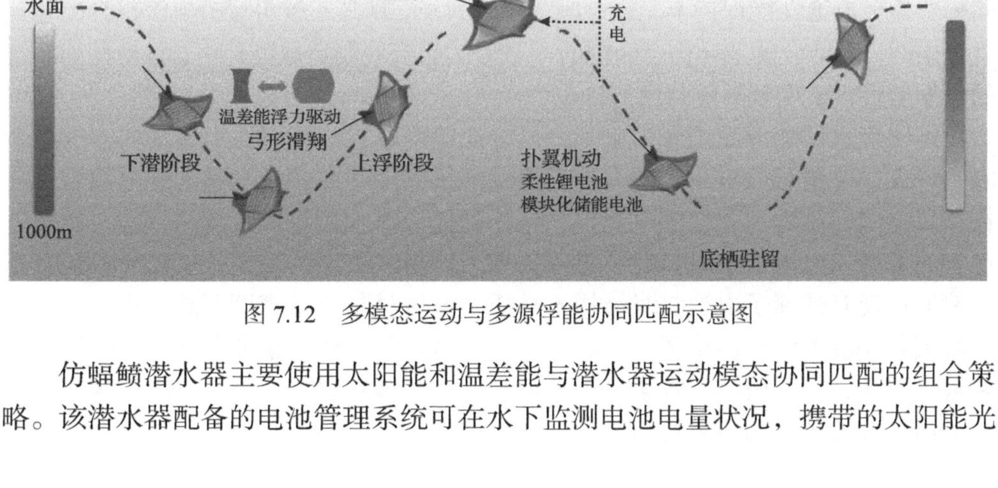

图 7.12　多模态运动与多源俘能协同匹配示意图

仿蝠鲼潜水器主要使用太阳能和温差能与潜水器运动模态协同匹配的组合策略。该潜水器配备的电池管理系统可在水下监测电池电量状况，携带的太阳能光伏发电系统可在需要时浮出水面自主俘能。在水面漂浮模态下，利用太阳能发电系统为潜水器内蓄电池充电，将太阳能转化成电能存储到柔性储能系统中，以确保完成任务。此外，仿蝠鲼潜水器还配备了温差能换热器，可以在水中弓形滑翔模态下利用水表层和深水层的温度差产生的温差能来驱动滑翔器运动，通过温差热机将温差能转化为机械能，从而实现持续的电力供应，支持长期的水下任务。

仿蝠鲼潜水器的多模态运动与俘能协同匹配技术作为多源自主俘能-柔性储能一体化的关键技术之一，在潜水器能源系统中起着至关重要的作用：①提升能量利用率，即匹配技术可以确保潜水器的太阳能电池、温差能换热器和储能系统容量及性能与任务需求相匹配，最大化能源捕获和存储，以满足能源需求；②提高系统可靠性，即匹配技术协调各组件之间的工作，减少系统故障和不稳定性，提高系统的可靠性，降低维护成本；③降低能源成本，即多潜水器协同工作可降低能源成本，更经济地满足能源需求；④减少能源波动性，即正确的多模态运动与俘能协同匹配技术能够更快速地响应能源需求，降低能源波动性，增强能源自给自足性。

因此，仿蝠鲼潜水器的多模态运动与俘能协同匹配技术在最大限度利用可再生能源、提高能源系统效率和降低环境影响方面发挥关键作用。通过正确匹配这两个关键组件，可以建立可持续、经济高效和可靠的自主俘能-储能系统。

7.3 柔性储能系统设计

7.3.1 高性能柔性电极材料制备

仿蝠鲼潜水器在深海环境下工作会面临巨大的海洋压力，且扑翼复杂异构空间的柔性锂电池将会随仿蝠鲼潜水器扑翼的正常摆动频繁发生弯折。因此，在深海环境下工作的仿蝠鲼潜水器所装载的柔性锂电池，应当具备自身结构承压和在长时间高频弯折下电池性能保持不变或衰减缓慢的特点，且其三维可弯折电极材料要保持良好柔性，以结合复杂异构空间内的可赋形储能模块制造成型技术，保证储能系统的可靠运行，实现其高效利用与排布。

传统潜水器能源系统较为单一，以电池舱内的常规锂电池组成为主，受空间限制较大，电量难以进一步提升。仿蝠鲼潜水器除了在腹中设置常规电池组，还在扑翼空间内添加了柔性锂电池组，以达到提升潜水器整体效能的目的。然而，现有的柔性锂电池电极材料在反复弯折下内部易产生结构缺陷，从而导致能量密度偏低；现有锂离子电池自身结构不承压，电极材料能量密度不高且在深海多物理场耦合环境下的性能机理研究匮乏，无法满足仿蝠鲼潜水器在深海执行任务的要求。因此，需要研制一种柔性锂电池高比能电极材料，在扑翼长时高频弯折条件下仍然具备较高的能量特性。

1. 正极材料制备

目前耐压型锂离子电池发展缓慢，主要是因为正极材料等电极材料在深海高压、低温等多物理场耦合环境下性能机理研究匮乏，无法为它提供理论指导。氮氧自由基正极材料因其电化学活性稳定和电子传输率高等优点可媲美磷酸铁锂等无机正极材料，为提升耐压型锂电池性能提供了新思路。经过对传统氮氧自由基聚合物有机正极在深海多物理场耦合环境下的储锂特性研究，设计并制备对多物理场耦合作用自适应的新型结构氮氧自由基正极材料，研究氮氧自由基在不同三维骨架上进行富集化生长的稳定工艺，制备出具有高比容量的新型结构氮氧自由基正极。下面介绍两种高性能柔性正极材料的制备。

1) 新型功能化石墨烯有机正极材料 NO-g-rGO 的制备

在低温条件下向天然鳞片石墨中依次加入浓 H_2SO_4、浓 HNO_3 和 $NaNO_3$，在圆底烧瓶中连续搅拌一段时间；接着在一定温度下，缓慢加入适量高锰酸钾，连续搅拌后，获得氧化石墨悬浮液，然后向黏稠溶液中缓慢加入去离子水，在冰浴下高速搅拌，待溶液反应温度降至室温后，加去离子水将溶液稀释，并剧烈搅拌使其分散均匀后再缓慢加入 H_2O_2 直至溶液变成亮黄色。用 HCl 对所得溶液进行稀释，在去离子水中透析两周，将溶液超声得到氧化石墨烯分散液，离心后得到氧化石墨烯。

在干燥的圆底烧瓶中加入氧化石墨烯分散液，再加入二氯亚砜和无水二甲基甲酰胺(DMF)，在冷凝回流条件下搅拌。反应结束后，用有机相过滤膜过滤，并用无水四氢呋喃(THF)洗涤，再置于真空烘箱中干燥，得到氧化石墨烯酰氯化物。然后在三颈瓶中的氮气保护下加入适当四氢呋喃、4-羟基-2,2,6,6-四甲基哌啶-1-氧基(HTEMPO)、二甲基氨基吡啶(DMAP)和三乙胺(Et_3N)，混合液反应一定时间。向反应后的混合液中加入适量氧化石墨烯酰氯化物，在适当温度下搅拌，经过升温回流反应一段时间后，反应液由棕黄色逐渐变为黑色。最后将悬浮液用过滤膜过滤，再将过滤后的悬浮液用四氢呋喃和去离子水洗涤后，将产物在真空中干燥适当时间，得到产物 NO-g-rGO。

2) 新型空心碳球氮氧自由基有机正极材料 TEMPO-HCS 的制备

(1) 中空碳球(HCS)的制备。

在典型的合成程序中，通过改良的 Stöber 方法合成了粒径约为 200nm 的单分散二氧化硅球。首先，在真空下蒸馏四乙氧基硅烷(TEOS)，并将一定量的 TEOS 与无水乙醇混合，在室温下搅拌一段时间以制备溶液 A；通过混合适量的氨水溶液(NH_4OH)、乙醇和去离子水来制备溶液 B，将溶液 B 在室温下以正常速度搅拌适当时间，随后高速搅拌；然后将溶液 A 快速添加到溶液 B 中，通过离心(用去离子水三次，用无水乙醇两次)收集，最后在适当温度下真空干燥一段时间。将一定量的 2-氨基-2-羟甲基丙烷-1,3-二醇(Tris)，三嵌段共聚物 PEO-PPO-PEO(P123)和 200nm 单分散二氧化硅球溶解在去离子水中，在室温下剧烈搅拌适当时间。接着，将适量多巴胺盐酸盐分散在混合溶液中，并在室温下搅拌一段时间。通过离心分离颗粒，用水洗涤数次，并用乙醇洗涤数次；然后在一定温度下真空干燥适当时间；将干燥后的颗粒在 Ar 气氛中以 400℃(通过施加 1℃/min 的加热速率达到)加热适当时间，然后在 800℃(通过施加 5℃/min 的加热速率达到)进行进一步煅烧；最后，将所得粉末浸入一定浓度的 HF 溶液中，并在一定温度下进行蚀刻。通过离心收集(用去离子水洗涤三次，用无水乙醇洗涤两次)并在适当温度下进行真空干燥，得到的 HCS 为最终产物。

(2)羧化空心碳球(COOH-HCS)的制备。

首先将一定量的 HCS 加入冷凝的 H_2SO_4(98%(质量分数))中，再添加适量高锰酸钾，使用密封膜防止 H_2SO_4 与空气中的水分接触，并将悬浮液机械搅拌数天，以确保与 H_2SO_4 完全反应；然后每 5min 添加一次去离子水，并将温度升至适当温度；最后，短时间后 H_2SO_4 的浓度小于 70%(质量分数)，因此添加适量去离子水以停止氧化并避免 H_2SO_4 失去其氧化能力，将悬浮液连续搅拌，直到温度降低到一定温度。加入适量 H_2O_2(30%(质量分数))，进行低速离心，并用去离子水洗涤，得到干净的 COOH-HCS。

(3)氮氧自由基空心碳球(TEMPO-HCS)的制备。

为了制备 TEMPO-HCS，将适量 COOH-HCS 分散液添加到干燥的圆底烧瓶中；加入适量的亚硫酰氯($SOCl_2$)和 DMF，并将混合物搅拌适当时间。反应完成后，将反应混合物通过有机相过滤膜过滤，用 THF 洗涤，并在适当温度的真空烘箱中干燥以获得COCl-HCS。然后，加入适量 THF、HTEMPO、DMAP 和 Et_3N，并在确保反应温度适当的同时将所得反应混合物保持在氮气下。加入 COCl-HCS 后，将混合物搅拌数小时，经过加热、回流后，观察到反应溶液的颜色由棕色逐渐变为黑色。最后，将所得的悬浮液通过 0.22μm 的过滤膜过滤，并用 THF 洗涤数次，用去离子水洗涤数次，在适当温度下真空干燥一段时间，获得 TEMPO-HCS。

已经合成的新型功能化石墨烯有机正极材料 NO-g-rGO 和新型空心碳球氮氧自由基有机正极材料 TEMPO-HCS，在电化学性能测试中都表现优异。其中，NO-g-rGO 具有表现优异的导电性，在经过 200 次循环后仍具有 256mA·h/g 的高容量，容量保持率达到 82%，平台容量在 3.6V 的保持率高达 93.8%；NO-g-rGO 表现出出色的库仑效率，NO-g-rGO 的电荷转移速率也极佳，此外在低频范围内经过200 次循环后，NO-g-rGO 的阻抗斜率低于初始阻抗的斜率，反映了循环后锂离子迁移率的减弱，这可能与充电和放电过程中 NO-g-rGO 表面 NO 自由基的活性部位变化有关。同样，使用 TEMPO-HCS 作为钠电池的正极材料也表现出良好的性能，在 200 次循环后，以 0.5C 的速度可以达到 229mA·h/g。这两种正极材料都能很好地满足了仿蝠鲼潜水器在深海高压下工作的需求。

现有柔性锂电池正极材料在反复弯折下易存在结构缺陷，而本节方法制备的高比能柔性有机正极材料具有更为优越的能量特性，可为仿蝠鲼潜水器在扑翼长时高频弯折条件下的效能表现提供保障。

2. 负极材料制备

针对现有柔性锂电池负极材料因在反复弯折下内部易产生结构变形而导致电导率快速下降的问题，采用碳纳米管-石墨烯复合材料的形式，优化负极活性材料对锂离子嵌入脱出的能力，进而提高负极材料在高频弯折下的导电性能。这为仿蝠鲼潜水器在扑翼长时高频弯折条件下的机动性能提供了更可靠的保障。下面介绍一种仿蝠鲼潜水器柔性锂电池高电导率负极材料的制备方法。

首先将单臂碳纳米管与适当层数的薄层石墨烯两者按一定比例混合，向单臂碳纳米管与薄层石墨烯混合物中加入其质量 2～2.5 倍的去离子水，反复进行超声与静置处理；接着使用磁力搅拌器搅拌一段时间，将搅拌后的溶液再反复进行离心与静置处理；然后使用适当配比的丙酮和无水乙醇混合溶液进行多次清洗，使用真空干燥箱烘干 24h 得到粉末，再将粉末在惰性气体中高温煅烧适当时间，其中惰性气体要包含氩气或氦气；将煅烧后的粉末研磨得到柔性碳基负极材料，将柔性碳基负极材料、导电炭黑和聚偏氟乙烯混合溶液按照一定配比混合，其中聚偏氟乙烯混合溶液为质量比一定的聚偏氟乙烯和 N-甲基吡咯烷酮(NMP)，制成负极混合浆料；将得到的混合浆料涂敷于铜箔上，使用真空干燥箱烘烤24h，最后经反复辊压直至负极片厚度达到 8～12μm。

现有柔性锂电池负极材料在反复弯折下因结构变形容易导致电导率快速下降，相比之下，高电导率柔性碳基负极材料具有更为优越的导电特性，在高频弯折条件下，依然保持良好的电导率，为仿蝠鲼潜水器在扑翼长时高频弯折条件下的机动性能提供更可靠的保障。

7.3.2　柔性锂电池结构设计及优化

因为仿蝠鲼潜水器在深海工作时将会面临巨大的海洋压力，而搭载在扑翼异构空间内的锂电池需要随扑翼摆动发生弯折，所以搭载在扑翼上的锂电池必须具有柔性。由于没有可承压外壳进行保护，需要一种柔性锂电池能够在扑翼长时高频弯折条件下具备良好的抗应力特性。波浪抗应力结构柔性锂电池制造方法如下。

首先将有机正极混合浆料涂覆于铝箔上，反复辊压制备成抗长时高频弯折的柔性有机正极片并裁切，再将碳基负极混合浆料涂覆于铜箔上，反复辊压制备成抗长时高频弯折的柔性碳基负极片并裁切成适当大小的形状，将隔膜与铝塑膜也裁切成适当大小的形状，使用超声波焊接机将极耳固定在正极和负极上。对铝塑膜进行冲压，形成波浪形凹槽，然后将柔性锂电池各部件组装，冲压成波浪形结构后放入凹槽，使用热封机对柔性锂电池进行热压封装，再在真空手套箱中注入电解液，使用真空预封机将柔性锂电池完全密封，将柔性锂电池放入恒温箱中静置一段时间后取出，检测并记录电池内阻，使用热压化成机对柔性锂电池进行激活，再次测量激活后的柔性锂电池内阻，与之前的测量值对比并判断电池状态，随后将化成后的柔性锂电池放入二次真空终封机中，排出气体并与多余电解液重新密封，裁剪多余的铝塑膜，完成波浪抗应力结构柔性锂电池制备。

其他条件相同，仅在对铝塑膜进行冲压成型时移除波浪抗应力结构，经抗长时高频弯折柔性锂电池力学性能测试对比(图 7.13)实验证明，在厚度一致且弯折角度相同的情况下，波浪抗应力结构柔性锂电池相比于未使用波浪抗应力结构柔性锂电池产生的应力降低 20%～25%，具有更为出色的抗应力性能。

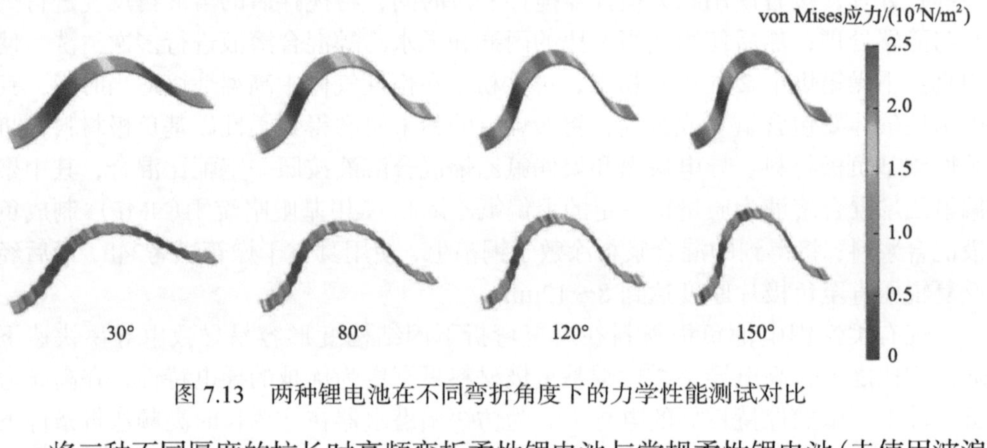

图 7.13　两种锂电池在不同弯折角度下的力学性能测试对比

将三种不同厚度的抗长时高频弯折柔性锂电池与常规柔性锂电池(未使用波浪抗应力结构与抗长时高频弯折柔性电极材料)进行力学性能测试对比，如图 7.14 所示。经比较，在弯折角度相同的情况下，抗长时高频弯折柔性锂电池比常规柔性锂电池产生的应力降低 30%～35%，具有更为出色的抗应力性能。

波浪抗应力结构柔性锂电池可以进行大幅度弯折，如图 7.15 所示。通过对仿蝠鲼潜水器样机的设计与测试，波浪抗应力结构柔性锂电池样机尺寸为 26mm×183mm×2.8mm，质量比能量为 2.74W·h/kg，可以实现连续 6000 次弯折后仍然可以正常工作的目标，且工作容量不低于原来的 85%，具有较好的稳定性。

因此，仿蝠鲼潜水器应采用波浪抗应力结构柔性锂电池。这种锂电池具有抗

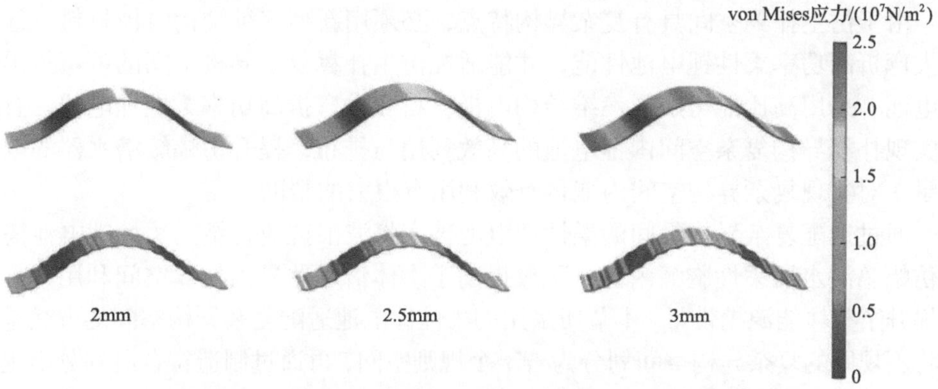

图 7.14　两种锂电池在不同厚度下的力学性能测试对比

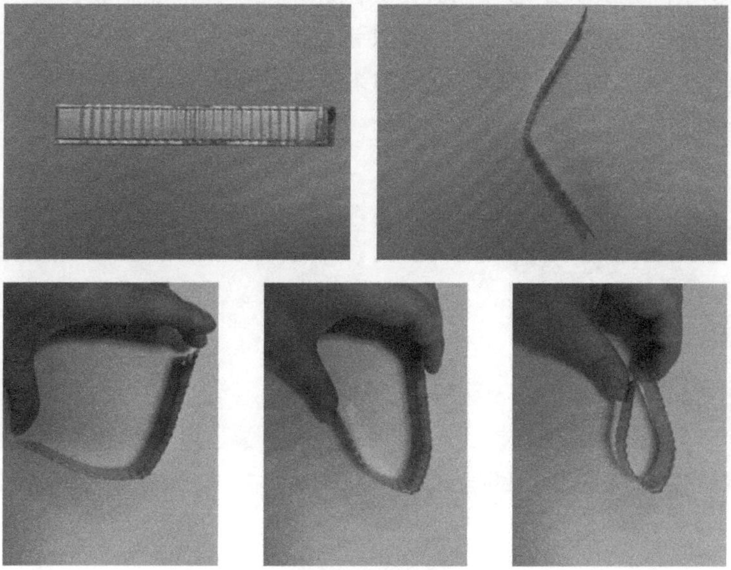

图 7.15　柔性锂电池弯折变化

长时高频弯折的柔性有机正极，在高频弯折下依旧能保持良好的电导率与比能量；采用波浪抗应力结构，能大幅降低弯折条件下的应力，可为仿蝠鲼潜水器在扑翼长时高频弯折条件下的机动性能与整体效能提供更可靠的保障。

7.3.3　适配复杂异构空间的柔性锂电池技术

有别于传统潜水器的规则包络空间，仿蝠鲼潜水器采用翼身融合外形与扑动的胸鳍结构，腔体内可用规则装载空间显著减小，成熟的集中式电池组无法满足需求，因此必须利用仿蝠鲼潜水器的内部复杂异构空间与柔性蒙皮表面布置储能系统。

由于仿生扑翼空间具有复杂异构特点，必须用新型三维结构电极材料，且具备大弯折高功率柔性锂电池性能，才能适配仿生扑翼复杂异构空间的可弯折柔性锂电池。采用高比能可赋形三维结构电极材料和大弯折高功率柔性锂电池，有助于实现扑翼异构复杂空间内锂电池的高效利用与排布，提升仿蝠鲼潜水器的电量储量，对实现复杂异构空间内能量有效利用有很大的帮助。

通过适配复杂异构空间的柔性锂电池技术将波浪抗应力结构柔性锂电池搭载到仿蝠鲼潜水器柔性胸鳍内部，不仅提高了柔体潜水器异构扑翼空间利用率，而且提升了整体能源携带量。本节所采用的柔性锂电池适配复杂异构空间的方法是通过将不规则的复杂异构空间划分为若干个规则空间，再通过制造符合所划分出规则空间的柔性锂电池以填充不规则复杂异构空间。显然，仿蝠鲼潜水器柔性胸鳍对应的三角形异构空间划分为矩形较为方便，因此将柔性锂电池制成长条状(图 7.16)。为方便固定柔性锂电池，可将长条状柔性锂电池与扑翼内鳍条进行绑定(图 7.17)，最后用蒙皮封装扑翼。扑翼空间内抗应力柔性锂电池的搭载区域如图 7.18 所示，最终展示效果如图 7.19 所示。

图 7.16　仿蝠鲼潜水器抗应力柔性锂电池

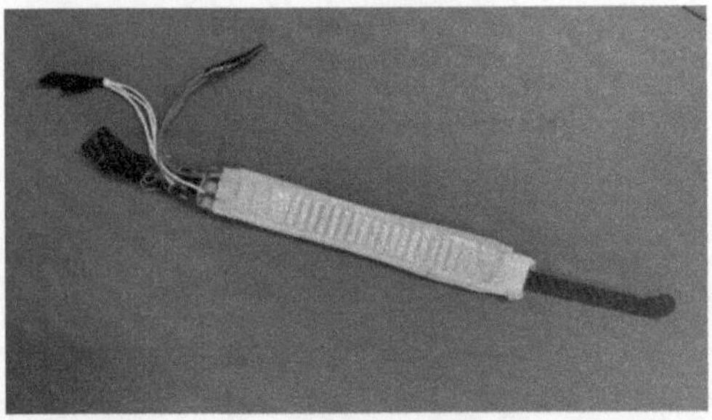

图 7.17　柔性锂电池在鳍条上的位置

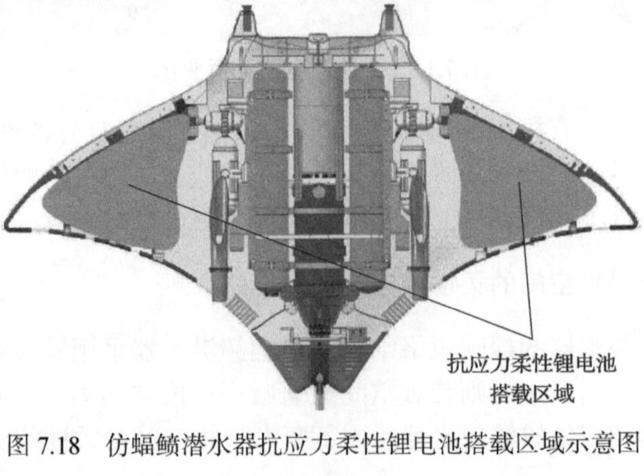

图 7.18　仿蝠鲼潜水器抗应力柔性锂电池搭载区域示意图

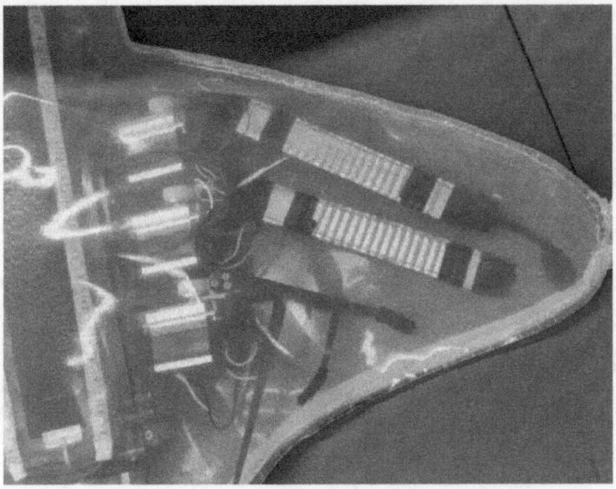

图 7.19　仿蝠鲼潜水器样机扑翼

7.4　潜水器长时自持能源管理策略

7.4.1　多源能量分布式存储技术

太阳能、温差能等分布式能源的输出具有间歇性、随机性和波动性等特点，俘能后带来的诸多影响限制了其转化储能的容量。将分布式能量存储系统与分布式能源相结合，建立多源能量俘获和异构空间高性能柔性储能体系，可显著改善分布式电源的运行特性，抑制其功率波动并增强其可调度性。将储能与分布式能源加以有效集成为一个统一的系统，可以在一定的时间尺度上(分钟-小时级)实现输出功率的平滑，从根本上改变太阳能、温差能这类分布式能源的功率输出特征。对可再生能源输出功率进行频谱分析，需要针对储能补偿的特定频段，考虑储能效率、荷电状态等约束，确定所需储能的最小容量。采用不同的电能存储设备组成混合储能系统，针对太阳能、温差能输出功率波动的不同频段进行补偿，并采用储能 SOC 限值管理等控制方法，可有效提高平滑效果，并提高电能存储设备的使用寿命[1]。

由于潜水器工作环境复杂，对分布式存储技术的需求也会更加多样化。任何储能技术都很难完全兼顾安全可靠、高功率/能量密度、高效率、长寿命、低成本等多个方面。因此，采用分布式存储技术，将不同性能的储能系统进行组合，充分发挥不同储能技术的优势，以满足功率和能量等多方面的需求。

自输入端，设计多源同步储电、多源隔离、交-直流逆变等储能系统构架，提升俘能-储能阶段的综合转化效率。分布式储能系统连接在多源俘能系统逆变侧直流端，通过与多源俘能系统经过升压斩波电路公共连接点并联，共同作用实现多源俘能系统逆变侧直流端输出直流电压的稳定。基于分布式储能的俘能-储能系统的工作过程为：采用多源同步储电，将俘获的多源能量进行隔离，通过不同的算法减少能量损耗。光伏阵列通过最大功率点跟踪(maximum power point tracking, MPPT)算法实现光伏阵列的最大功率输出[2]；采用基于动态粒子群优化(discrete particle swarm optimization, DPSO)算法的 MPPT 算法，实现动态温差环境下温差发电的最大功率点跟踪。DPSO 算法通过多阈值检测和群体定向淘汰，避免算法频繁重启，减小了能量损失，提升了多峰值 MPPT 算法的动态性能，提高了温差发电器的发电效率[3]。通过 DC/DC 升压斩波电路和 DC/AC 逆变电路实现多源俘能系统的功率输出；储能系统经过 DC/DC 双向斩波电路与 DC/AC 逆变器直流侧的多源俘能系统直流侧输出端并联。在多源俘能系统功率直流侧引入分布式储能系统，通过相关控制监测手段和控制手段调节多源俘能系统输出的功率波动与频率波动，实现光伏发电系统的平滑并网。

自输出端，开展底层器件及子级系统能耗准确估算，构建能源总体分配策略；建立分布式能量存储系统构架，匹配功率层、容量层及各标称电压等级。构建基于潜水器底层器件能耗水平与俘能能力分析的能源供需预测模型，开发低功耗的储能系统状态在线监测技术，配备储能系统应急切换功能及策略，实现储能分布式节点的容量足额利用、安全高效输出。潜水器的实际工况复杂多变，系统中给负载的功率也随之变化。此时确保供电与用电之间的平衡是功率分配的首要原则。其次还要根据不同工况和时间的用电需求，合理调度柔性电池组与常规锂电池组的输出功率，使得供电能够满足负载的需求，避免电力过剩或不足的情况。合理配置储能设备，可以在低负荷时段存储电能，在高负荷时段释放电能，配合锂电池为负载进行供电，通过“削峰填谷”提高系统输出的电能质量，减少潜水器的能量损耗，保证负载效率的最大化。

结合潜水器多源俘能输入、多模态过程下长期微弱功耗、浮力驱动短时高功率输出、多等级标称电压并存的充放电特点，本节设计多种锂电池组充电模式，将柔性锂电池与常规锂电池相组合，从而实现多源俘能能量的分布式存储。

7.4.2　俘能-储能系统能量自适应输出策略

俘能-储能系统具有多个能量源，确定某时刻应激活或关闭哪个能量源起至关重要的作用。能量管理系统(energy management system, EMS)就扮演着这样的角色，它被视为主源和辅助源之间能量的功率分配器，负责控制能量源以供给电机，是整个复合能源系统的核心。

针对潜水器的不同工况，本节提出全工作周期下自主俘能-柔性储能能源管理策略，以实现多种能量间协同俘能效率和能量储存的最大化。

1. 基于 MPC 的能量控制策略

基于 MPC 的能量控制策略是指，在实时辨识潜水器动态优化参数的基础上，将多潜水器协同工作整体能耗经济性的全局最优控制转变为预测情况下的局部最优控制，利用预测模型在预测时域内对潜水器的需求功率进行预测，采用智能算法对柔性锂电池组与常规锂电池组的功率分配比进行优化，获得多源协同耦合自主俘能系统较高的能耗经济性。该策略具有基于模型的预测、滚动优化和反馈校正的特点，这些特点使得它可以更好地处理多目标、多约束、非线性等更复杂多变的问题，对多潜水器协同能源管理策略的优化具有很好的适用性。

1) 潜水器动力系统能源运行模式

结合潜水器具备弓形滑翔、底栖停留、扑翼机动等多种运动模态的特点，按照潜水器在不同运行工况下的功率需求，将潜水器的动力源优化组合为多种运行模式。7.4.1 节提到，为实现能量的分布式存储，设计了多种锂电池组充电模式，包括柔性锂电池与常规锂电池两种动力源。根据不同运动模态下的能源使用情况将潜水器动力系统能源运行模式分为三种：模块化电池单独供电模式、柔性电池单独供电模式和混合供电模式。如图 7.20 所示，同时制定分布存储-低电先充能源管理策略，以降低柔性锂电池俘能-储能过程损耗。

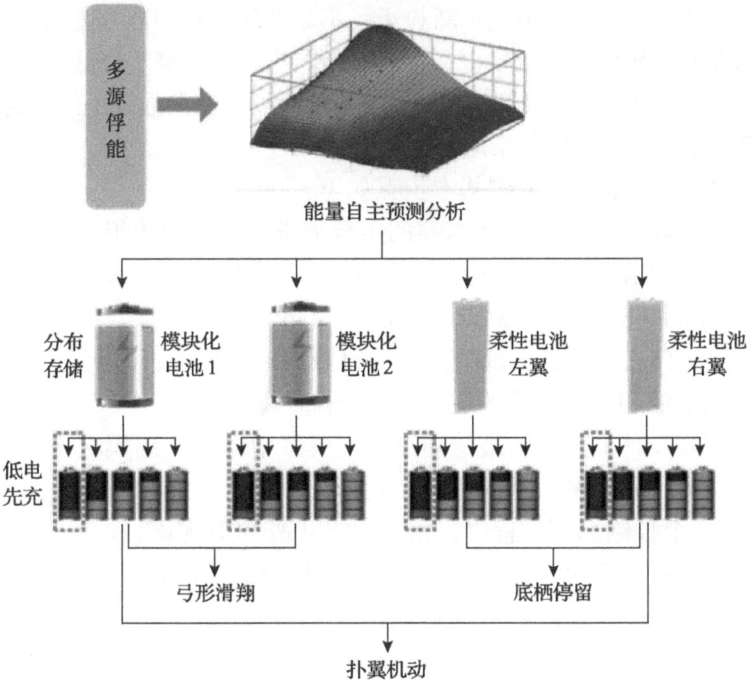

图 7.20　能源管理策略

当潜水器处于弓形滑翔运动模态时，采用模块化电池单独供电。当潜水器处于底栖停留运动模态时，柔性电池单独工作来满足潜水器的负载功率需求。在潜水器负载功率需求较大，即处于扑翼机动运动模态的情况下，需要模块化电池和柔性电池混合供电，维持潜水器航行。这种运行模式既能保证潜水器的动力需求，又可以达到减少能耗的目标。

2)基于 MPC 的能量控制策略原理

MPC 可视为一种控制器，它将被控系统的当前状态作为初始状态，通过预测模型预测未来一段时间(预测时域)内的潜水器需求功率，并通过优化算法得到该预测时域内最佳柔性电池和模块化电池的功率分配控制序列，然后将第一组柔性电池和模块化电池的功率分配值用于潜水器，在下一时刻重复上述过程。MPC 的基本原理可以归结为模型预测、滚动优化(区别于传统最优控制的根本点)和反馈校正三个主要部分[4]。

基于 MPC 的能量控制优化的目标是：在预测时域内使系统的总能耗最少。优化的原理如下：首先需要建立系统的优化函数，优化函数是将所有模块的损失功率进行相加，优化过程可以看成寻找优化函数的最小值，其中优化函数的自变量为各模块的控制参数。采用 PSO 算法将优化问题的最优解作为种群寻找的目标，种群中每一个粒子都是优化问题的一种解。将随机初始化的粒子(解)代入适应度函数计算适应度，结合个体最优和全局最优更新粒子，不断迭代，直到适应度达到期望值。随着函数值的降低，相应的自变量也在不断更新。当函数值降至最低时，将保持这个值不变，也就是系统达到了最低的损失功率。此时的控制参数就是最优的控制策略。

3)基于 MPC 的能量控制策略基本步骤

基于 MPC 的能量控制策略基本步骤如下：

(1)获取当前时刻(k 时刻)潜水器的负载需求功率和电池组的 SOC 值。

(2)在当前时刻根据预测模型预测在 $k \sim k+t$ 时域内的潜水器负载需求功率，每隔时间 Δt 预测一次，其中 Δt 与控制周期相同。

(3)用 PSO 算法计算目标函数在预测时域内的最优值，由此得到在 $k \sim k+t$ 时域内的模块化电池和柔性电池的最佳功率分配解集。

(4)将第(3)步计算得出的最佳功率分配解集中的第 1 组模块化电池功率和柔性电池功率作为控制变量发送给相应控制器。

(5)在下一个控制循环过程中，重复以上步骤向前优化。

由上述步骤可以看出，基于 MPC 的能量控制策略结合了 PSO 算法的最优控制策略，在 k 时刻仅计算 $k \sim k+t$ 时域内模块化电池和柔性电池的最佳功率分配解集，到 $k+1$ 时刻同样只计算 $k+1 \sim k+1+t$ 时域内模块化电池和柔性电池的最佳功率分配解集，如此向前滚动优化，这样可以使得每次计算区域远小于整个航行区域，大大降低了 PSO 算法的计算量，提高了效率。

2. 基于电池不一致性的控制策略

潜水器在应对全周期多模态工况时，同时具备快速响应特点和长续航能力。但因为储能电池单元的制造工艺受限，无法保证每块电池各方面都完全一致，所以不同单元体之间的化学特性和物理特性都会存在一些细微的差异。当潜水器需要快速机动时，动力电池要经常进行大倍率深度放电，导致单元体之间的不平衡现象加剧，电池性能逐渐衰退，电池组整体的容量大打折扣，严重影响了潜水器的续航能力和可靠性。此外，动力电池还存在过充、过放的风险，因此对存在不平衡现象的电池单元进行均衡控制，能够保证潜水器稳定运行以及提高其续航能力。

根据混合功率脉冲特性(hybrid pulse characterization, HPPC)实验获取 SOC 对应的开路电压 OCV，通过插值可以获取电池 SOC-OCV 曲线图，如图 7.21 所示。

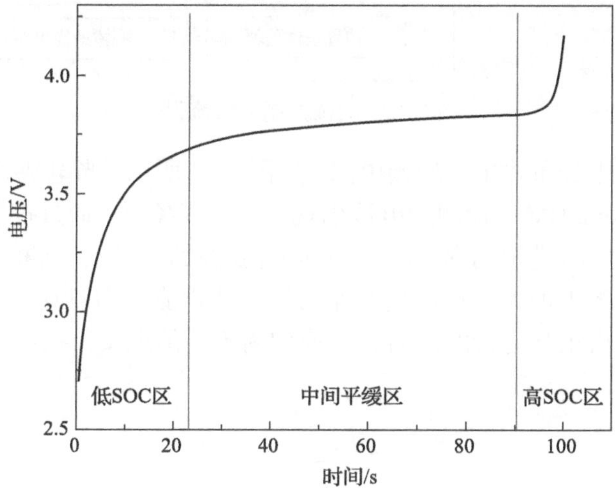

图 7.21 SOC-OCV 曲线图

从图 7.21 中可以发现，整个曲线分为三个部分：高 SOC 区域、低 SOC 区域和中间的平缓区域。在曲线两端的高 SOC 区域和低 SOC 区域，电压随着电池 SOC 的变化发生剧烈变化，SOC 的微小变化就可以引起电压的大幅改变，所以即使电池单体之间的 SOC 达到了平衡范围，电压依然存在相当大的差异。然而，在中间平缓区域，电压对 SOC 的变化并不敏感，所以在此区域即使电池单体的电压达到了平衡范围，其 SOC 仍然存在差异。因此，针对 SOC-OCV 曲线，采用电池电压和 SOC 复合指标作为均衡标准。在高 SOC 区域、低 SOC 区域使用电池电压作为均衡指标，在中间区域使用电池 SOC 作为均衡指标，均衡控制策略流程如图 7.22 所示。

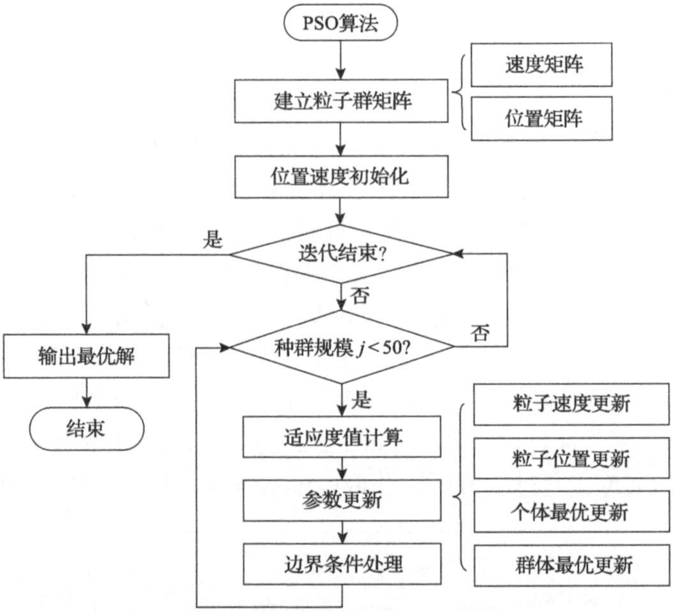

图 7.22　均衡控制策略流程

均衡电路采用分布式主动均衡电路，如图 7.23 所示。当电池管理系统(battery management system, BMS)检测到电池出现不平衡现象时，通过控制开关的通断开启均衡电路，对电池进行均衡。根据当前电池的状态参数，判断具体使用哪个均衡指标。将电池组中最大的均衡变量作为均衡截止值，均衡其他低于此标准的电池。在保证电池组正常运行的同时，快速均衡不平衡现象，提高工作效率。

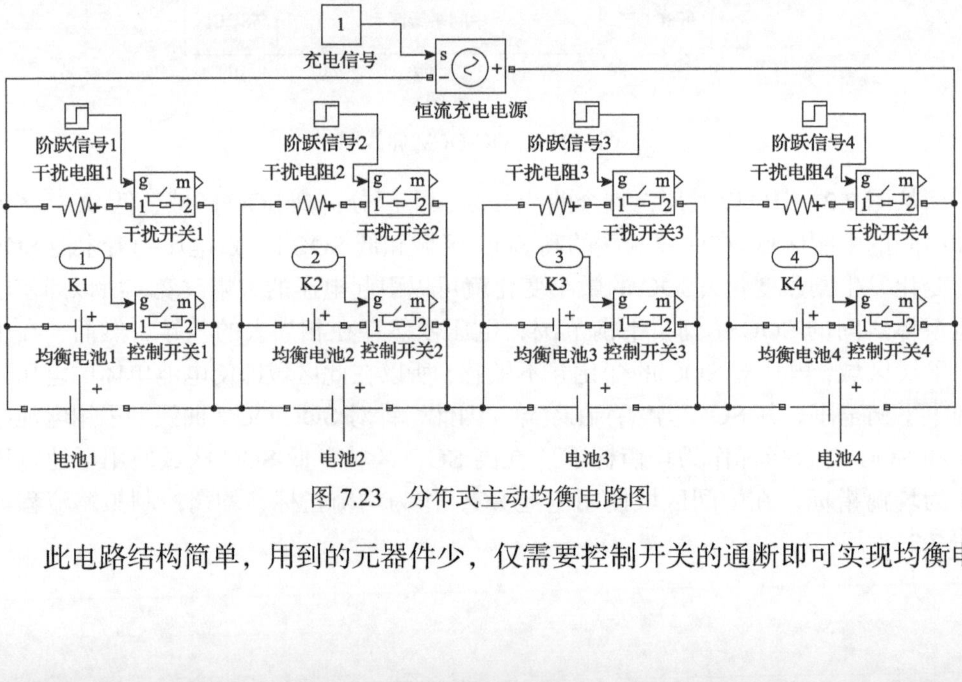

图 7.23　分布式主动均衡电路图

此电路结构简单，用到的元器件少，仅需要控制开关的通断即可实现均衡电路的控制，所以均衡电路的可靠性高，具备操作容易、响应迅速的特点。但是随着电池单元数目的增加，开关的动作组合成倍增加。如果此时依然使用普通的逻辑控制，很容易遗漏部分情况，所以采用 PSO-PID 控制。使用 PID 的比例、积分、微分环节实现自动控制，使控制对象和期望值保持一致，再基于 PSO 算法，对 PID 的三个控制参数进行优化，找到三个参数的最优值。

均衡控制效果如图 7.24～图 7.26 所示。通过上述的均衡控制策略描述，对充电过程中的不一致性电池单元进行主动均衡。从图 7.24～图 7.26 中可以看到，电池单元在初始状态时就存在不一致性，均衡电路开启后，不一致性快速减小。在之

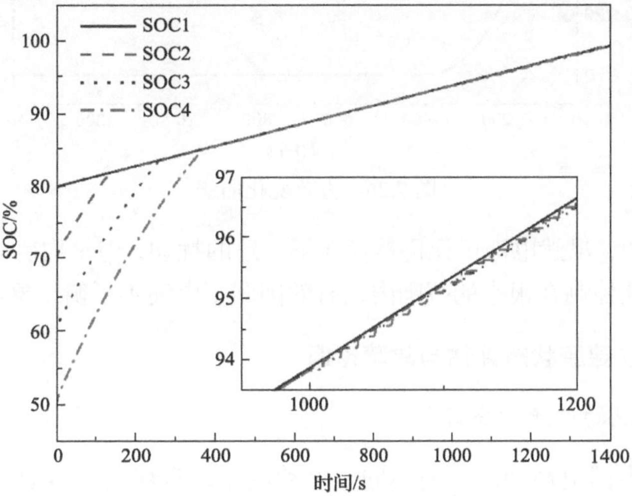

图 7.24　SOC 变化曲线

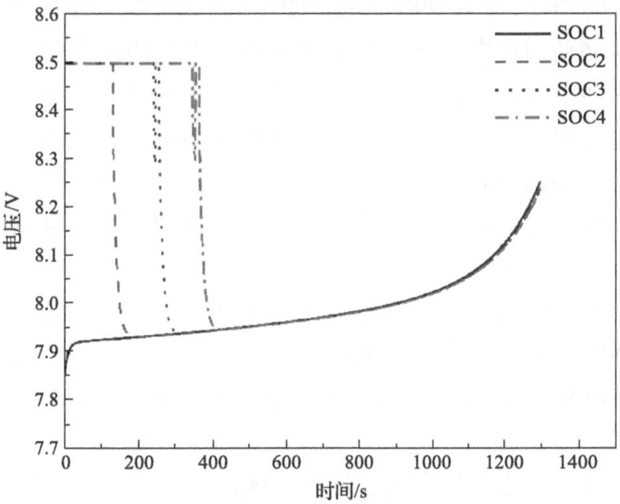

图 7.25　电压变化曲线

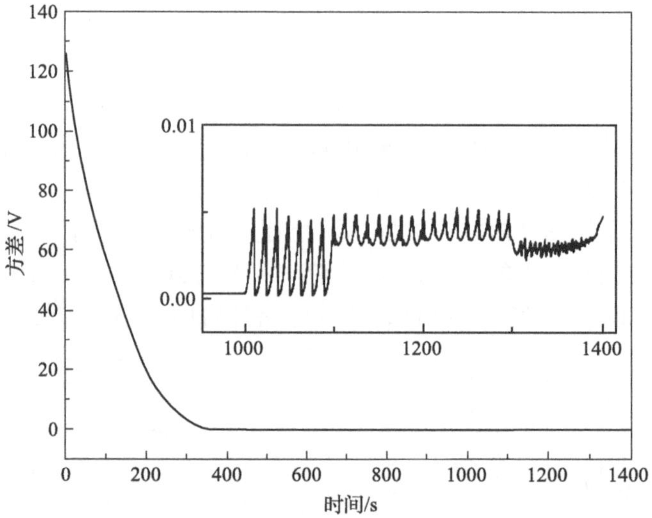

图 7.26　方差变化曲线

后的充电过程中，虽然电池单元仍然存在不一致的扰动，但是均衡电路持续进行工作可将不一致性控制在很小的范围内，有效削弱了电池不平衡现象造成的影响。

7.4.3　能源系统健康状态评估与故障诊断

1. 能源系统的健康状态评估

潜水器动力锂电池使用环境不同于电动汽车，常规潜水器动力锂电池都储存在电池舱内由耐压壳体保护，在这种密闭受限的空间下如果使用不当，会对电池本体造成不可逆的损坏，导致锂电池组在使用过程中性能衰减并且频繁出现故障。研究发现，潜水器动力锂电池出现性能衰减和频繁故障的本质原因是，锂电池组在热、电、力等多物理场耦合条件下内部结构或组分材料发生变化，性能出现劣化，同时在密闭受限空间内工作会进一步加剧单体电池之间的不一致性，出现过充、过放等现象，并且随着工作时间的积累易引发内短路，造成热失控等安全隐患。因此，对潜水器动力锂电池组状态精准预估成为延缓锂电池组性能衰减和提升整体工作能效的重要研究途径。

潜水器锂电池组的状态预估主要包括荷电状态(SOC)、健康状态(SOH)及电池功率状态(SOP)的预估。其中，SOC 显示了当前时刻潜水器动力锂电池组的剩余电量，准确的 SOC 预估可以有效避免电池的过充和过放，对整个电池状态起到监测和保护作用；SOH 体现了电池的存储能力和老化程度，依照国标规定，当电池 SOH 低于 80%时，就应替换电池防止出现热失控等安全事故；SOP 代表了电池在当前时刻能承受的充放电峰值功率，也就是潜水器可达到的最大航速，它也是电池管理系统的关键指标。通过对电池状态的估计判断出潜水器动力锂电池组内部单体电池之间的状态不一致性，从而对电池充电、放电等采取更有效精准的管理调控措施，有效 SOC、SOH、SOP 可以降低故障发生和安全隐患的频率。因此，潜水器动力锂电池组的 SOC、SOH、SOP 等状态的精准预估是保障潜水器高安全、长寿命和强续航力等性能的关键。

构建 BMS，需要对电池的 SOC、SOH、SOP 等状态进行准确估计。锂电池的膨胀力对 SOC 的敏感优于电压，且受动态电流工况的影响较少，故先利用最小二乘支持向量机(least squares support vector machine, LSSVM)模型对膨胀力进行预测。LSSVM 模型作为自适应无迹卡尔曼滤波(adptive unscented Kaiman filter, AUKF)的测量方程，其观测误差可以实时更新，因此它可以提高 SOC 估计的精度。本节采用叠片式工艺制备氮氧自由基软包电池样机，搭建测试夹具，测试在常压不同温度下氮氧自由基充放电内部膨胀力的变化；建立热模型，计算常压下不同温度对电池内部膨胀力的影响；模拟深海压力下电池承压环境，找出电池外部应力和内部应力同时耦合变化时与温度场的关系。

LSSVM 模型是在支持向量机(support vector machine, SVM)的基础上被提出的，具有较好的优化效率和泛化性能。电池的测量参数——电流和膨胀力被认为是影响 SOC 的最直接因素，因此选择电池的膨胀力作为模型的输出向量，SOC 和电流作为模型的输入向量。在模型训练过程中，为了充分利用数据训练模型，本节提出采用移动窗口法训练模型，定义如式(7.10)所示：

$$\beta(k)=\begin{cases}1, & 1<m<N\\ 0, & \text{其他}\end{cases} \tag{7.10}$$

式中，$\beta(k)$为窗口系数。在数据集中，每个窗口中均包括电流、SOC 以及上一时刻测量的膨胀力。假设移动窗口的宽度定义为 m，该窗口用于获取整个样本时间序列，从而获得相应的输入向量和输出向量。

利用安时积分法可以获得电池的 SOC 计算值，定义如下：

$$\text{SOC}=\text{SOC}_0-\frac{\int_0^k \eta i_{(\theta)}\mathrm{d}\theta}{Q} \tag{7.11}$$

式中，SOC_0 为电池的初始荷电状态；η 为电池的充放电效率；$i_{(\theta)}$ 为 k 时刻电流的测量值；Q 为电池的可用容量。

不同于传统的建模方法，为了获得更好的 SOC 估计精度，项目中利用 LSSVM 模型不依赖电池内部参数的优点，并结合 AUKF 修正结果的特性，提出了 LSSVM 和 AUKF 的联合估计算法。

首先将安时积分方程离散化作为 AUKF 的状态方程，然后将训练好的 LSSVM 模型作为观测方程。除此之外，电池的外部参数在测量过程中可能会出现测量误差，因此在状态方程和观测方程中分别加入系统噪声 $\boldsymbol{r}_k$ 和测量噪声 $\boldsymbol{v}_k$。基于此，所提的 SOC 估计算法如下：

$$\begin{aligned}\boldsymbol{x}_{k+1} &= f\left(\boldsymbol{x}_k, i_k\right) = \boldsymbol{x}_k - \frac{\eta}{\boldsymbol{Q}}\Delta t \cdot i_k + \boldsymbol{r}_k \\ \boldsymbol{y}_k &= h\left(\boldsymbol{x}_k, i_k\right) = \sum_{i=1}^{N}\alpha_k K\left(\boldsymbol{x}_k, i_k\right) + \boldsymbol{b} + \boldsymbol{v}_k\end{aligned} \tag{7.12}$$

式中，$\boldsymbol{Q}$ 和 $\boldsymbol{y}_k$ 分别为 k 时刻的状态向量和观测向量。$\boldsymbol{r}_k$ 和 $\boldsymbol{v}_k$ 的协方差矩阵分别定义为

$$\begin{aligned}\boldsymbol{R}_k &= E\left(\boldsymbol{r}_k \boldsymbol{r}_k^{\mathrm{T}}\right) \\ \boldsymbol{V}_k &= E\left(\boldsymbol{v}_k \boldsymbol{v}_k^{\mathrm{T}}\right)\end{aligned} \tag{7.13}$$

因此，SOC 估计的算法流程如图 7.27 所示。

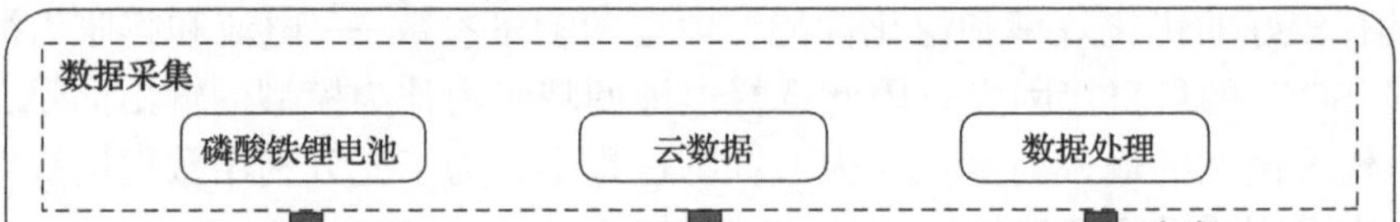

图 7.27　SOC 估计的算法流程

采用粒子滤波方法实时估计 SOH、SOP 和老化参数。事实上，模型中存在不确定性，测量中存在未知噪声。由于模型和测量的随机性，估计的状态被视为随

机变量，每个状态都由一个粒子集表示。这些粒子是通过从后验概率密度函数中提取样本来获得的。后验概率密度函数是由上一个时间步的状态估计概率派生而来的。与粒子结合，一组对应的权重也通过利用输出测量的可能性递归传播。提出的粒子滤波器有几种类型，其中顺序重要性采样是最广泛使用的形式之一。

2. 故障诊断与安全预警策略

建立电池安全诊断和预警策略，可确保电池组的安全高效运行(图 7.28)。总结锂电池组可能出现的常规故障与突发滥用故障，基于实验获取故障特征阈值，可实现电池组故障诊断。针对锂电池的潜在内短路故障诊断难点，采用分级诊断算法与热失控预警模型。开发锂电池组的安全预警及管控设备，实现锂电池组的故障诊断与溯源、热失控预警和安全状态动态反馈。

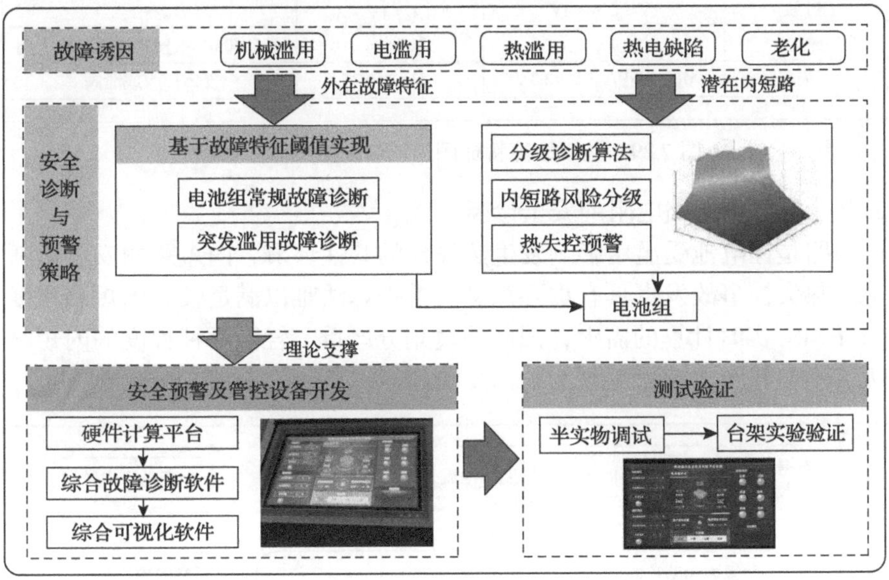

图 7.28　锂电池组存储/使用过程的安全诊断与预警技术方案

1) 基于故障特征阈值的安全诊断

锂电池组在存储和使用过程中会出现电压、电流、温度及其一致性等超出安全使用边界，产生机械、电、热滥用的现象。将锂电池组存在的安全隐患归纳为常规故障与突发滥用故障。针对常规故障，参考国标及产品手册的电池正常使用边界阈值，并结合热特性测试实验，获取电池热安全温度边界，以进行安全管理。

针对可能出现的高温、过放、过充、外短路等突发滥用故障，基于严重程度定义各故障等级，选取滥用失效特征阈值，实现对突发滥用故障的诊断。图 7.29 为锂电池组突发滥用故障诊断实现流程。

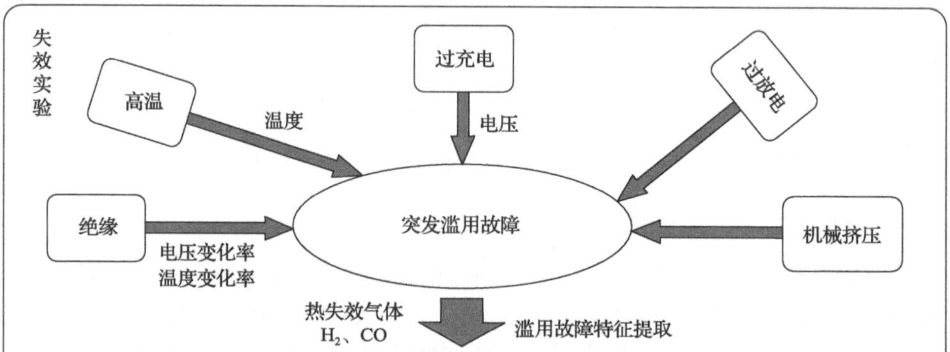

故障类型	一级故障	二级故障	三级故障
高温	70℃<T≤97℃	97℃<T≤120℃	T>120℃或泄阀
过充	3.7V<U≤4.4V	4.4V<U≤4.9V	U>4.9V且dU>0.3V/s或泄阀
过放	1V≤U<2.4V	U<1V	—
绝缘	—	—	dU>0.6V/s且dT>10℃/s或泄阀
机械挤压	dU>0.6V/s或U<2.3V	U<2.0V	U<1.0V或泄阀

图 7.29　基于故障特征阈值的突发滥用故障诊断

2）基于等效内短路电阻的安全诊断

内短路是锂电池受滥用影响发生热失控的共性环节，内短路的安全诊断对预防电池组热失控事故发生具有重要意义。单一算法难以满足较大内短路程度差异诊断与 BMS 实时计算的需求，因此通过划分严重、轻微两种程度的内短路，进行分级诊断，如图 7.30 所示。

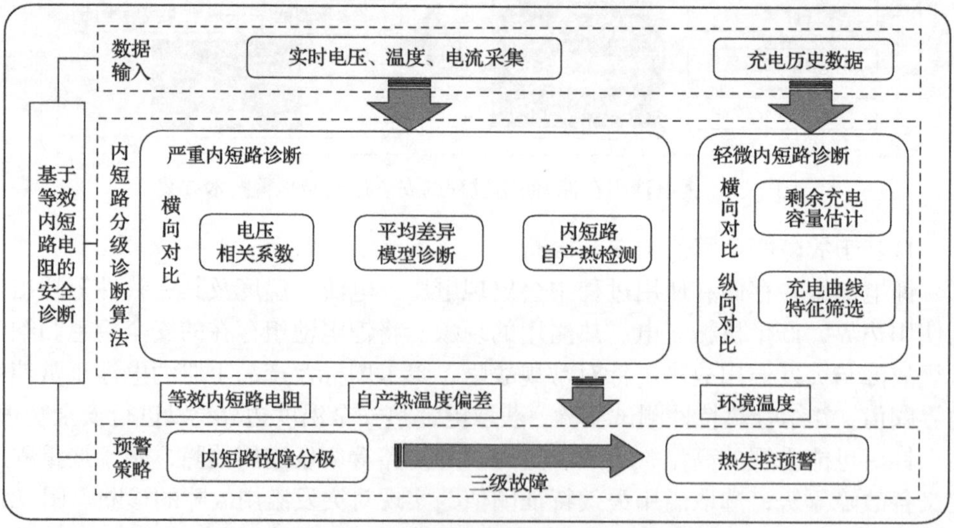

图 7.30　锂电池内短路分级诊断方案

对于轻微内短路的诊断，需要在长时间的累积效应后放大内短路的特性来检测。可采用双角度联合诊断，即同组电池间横向诊断，根据多次充电间剩余充电容量差异量化内短路程度；对同一单体进行纵向诊断，提取历史充电数据特征，使用离群点检测算法检测内短路电池，及早发现微短路电池，以避免潜在微短路恶化引发的热失控及使用效能影响。

3)基于等效内短路电阻的分级预警

针对锂电池内短路故障，结合仿真与实验研究多因素对锂电池内短路触发热失控过程的影响。等效内短路电阻主导了内短路热失控时长；高温环境是导致内短路热失控提前触发的主要原因；高初始 SOC、充电增加了热失控风险；项目中小倍率放电工况对热失控进程基本无影响，强散热条件能够有效延缓甚至阻止热失控。

在此基础上建立以内短路电阻为主要判据、以自产热温差为辅助判据的锂电池内短路热失控风险分级机制，如图 7.31 所示。对于具有热失控高风险的三级故障，预警热失控时间短。

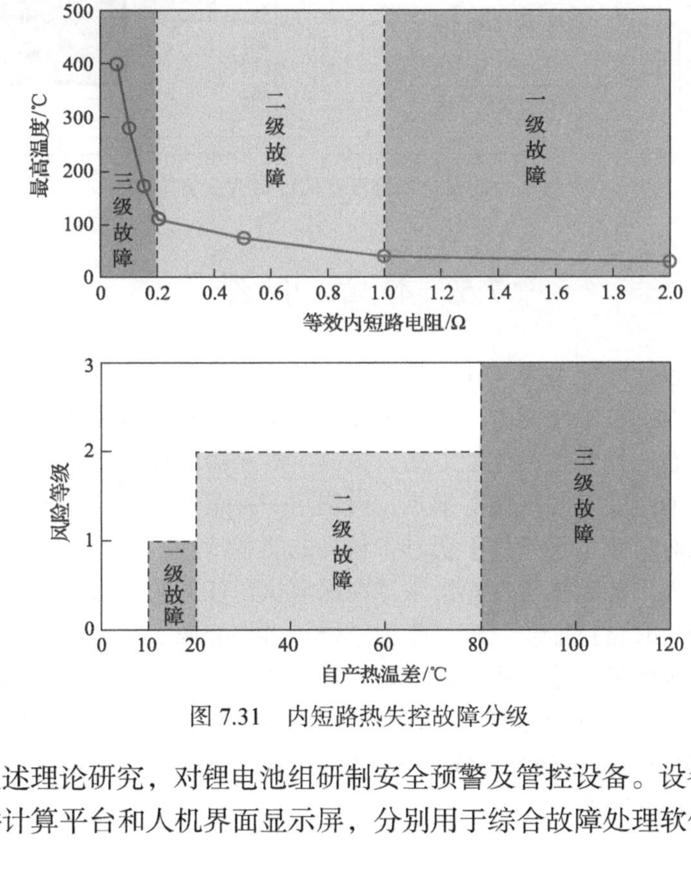

图 7.31　内短路热失控故障分级

基于上述理论研究，对锂电池组研制安全预警及管控设备。设备硬件平台主要包含软件计算平台和人机界面显示屏，分别用于综合故障处理软件的运行计算与电池组故障状态可视化显示，如图 7.32 所示。其中，综合故障处理软件利用接收到的电池组信息，实现常规故障与滥用故障诊断、内短路诊断与热失控预警、电池组安全状态动态评估。

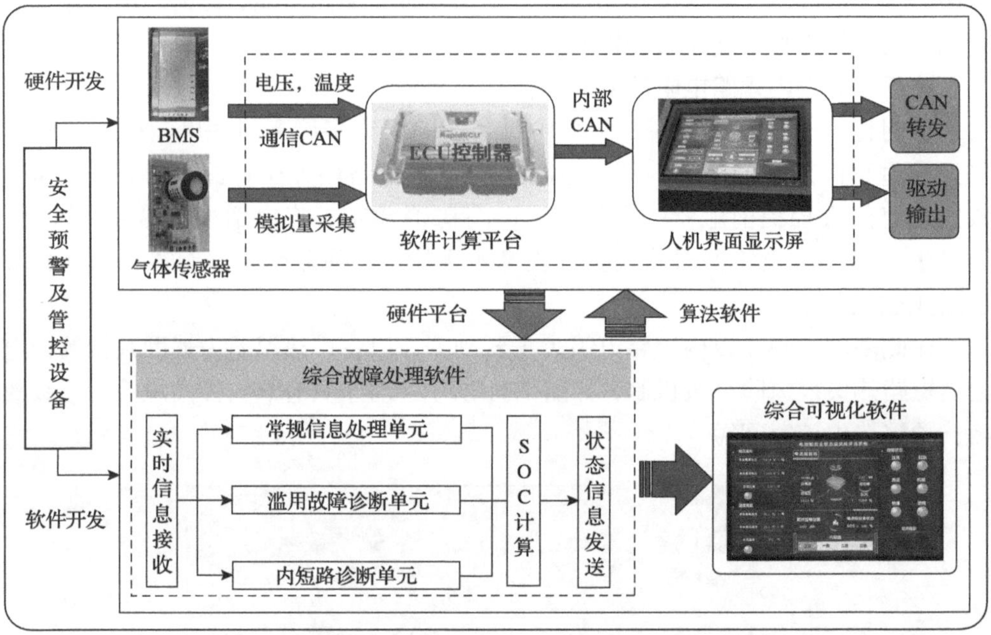

图 7.32　安全预警及管控设备开发方案

7.5　本 章 小 结

本章主要包括俘能系统、储能系统和能源管理策略三部分内容。首先，介绍了太阳能和温差能自主俘能的原理，搭建了数学模型并进行比较分析，结合仿蝠鲼不同运动姿态选择合适的俘能方式，提高了潜水器的性能和续航能力。然后，针对常规锂电池组受空间限制等缺点，研制了一种柔性锂电池高比能电极材料；使它在扑翼长时高频弯折条件下仍具备较高的能量特性，在深海多物理场耦合环境下的性能机理仍能满足仿蝠鲼潜水器在深海执行任务的要求。最后，介绍了仿蝠鲼潜水器的长时自持能源管理策略，结合可再生能源、柔性锂电池与常规锂电池，实现了多源能量的分布式存储；利用基于 MPC 的能量管理策略实现了能量自适应输出；同时，基于电池不一致性采用均衡策略，提高了电池使用寿命；构建了 BMS，对电池的 SOC、SOH、SOP 等进行了准确估计；根据不同的故障类型设置了故障诊断策略。

参 考 文 献

[1] 王成山, 武震, 李鹏. 分布式电能存储技术的应用前景与挑战[J]. 电力系统自动化, 2014, 38(16): 1-8, 73.

[2] 孔剑虹, 李平, 黄未, 等. 基于分布式储能的光伏并网系统调频策略研究[J]. 电力电子技术, 2020, 54(4): 80-83, 96.

[3] 陈逸峰, 朱文超, 谢长君, 等. 基于动态温变特性的全局温差发电 MPPT 方法[J]. 电源技术, 2023, 47(3): 377-381.

[4] 高迪驹, 张伟, 王旭阳, 等. 基于模型预测控制的混合动力船舶能量控制策略[J]. 上海海事大学学报, 2018, 39(2): 60-65.

第 8 章　仿蝠鲼潜水器样机总体设计与实验

8.1　引　　言

仿蝠鲼潜水器样机总体设计是开展仿蝠鲼潜水器研制的基础，主要包含流体外形系统设计、仿生扑翼推进系统设计、控制系统设计等各分系统的设计和配合，结合了仿生学原理以及工程学、控制学、力学等学科的交叉研究。本章首先介绍仿蝠鲼潜水器样机的总体设计技术，主要对前面未涉及的分系统开展设计并进行总体设计；接着，通过样机平台、仿真实验平台及水池实物实验平台，对仿蝠鲼潜水器开展游动姿态仿生实验和三维运动闭环控制实验；基于前面的仿生推进系统设计及控制系统设计，验证仿生推进系统的机动性和控制系统的有效性，通过实验结果验证并优化前述设计环节，对仿蝠鲼潜水器各项参数性能进行评估。

8.2　仿蝠鲼潜水器样机总体设计技术

8.2.1　样机总体设计技术简述

仿蝠鲼潜水器总体设计采用系统模块化设计方法，每个分系统都能够单独进行设计并修改。仿蝠鲼潜水器总体设计涉及仿蝠鲼潜水器各分系统的设计和样机总体系统集成，样机系统包括仿生扑翼推进系统、仿生运动控制系统、先进能源系统、仿生流体外形系统、重浮力调节系统、质心调节系统、载荷系统等。在完成上述各分系统设计后进行样机总体系统集成，完成样机的设计及制造，如图 8.1 所示。

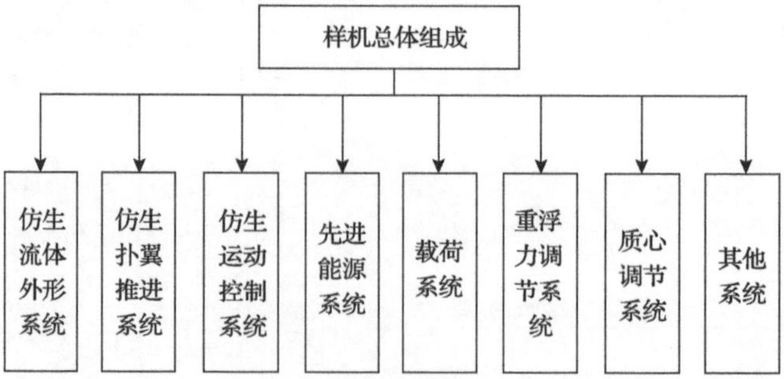

图 8.1　总体设计图

仿生扑翼推进系统(第 3、4 章)、仿生运动控制系统(第 5、6 章)、先进能源系统(第 7 章)均已进行了详细的说明，本节不再赘述。下面对仿生流体外形系统设计、重浮力调节系统设计和质心调节系统进行详细的说明。

8.2.2　仿生流体外形设计技术

1. 仿生外形设计

生物学研究是仿生科研工作的基础，对于仿蝠鲼样机的设计工作，需要开展对真实蝠鲼的生物学研究。蝠鲼作为典型的 MPF 推进方式的鱼类，采用胸鳍机动扑动和低能耗滑翔运动，具有优异的游动能力。蝠鲼属于国家保护物种，牛鼻鲼与蝠鲼具有高度相似的流体动力外形，同时牛鼻鲼体型大小适中，适合作为潜水器的仿生原型，因此在仿生样机的外形设计过程中选取牛鼻鲼作为仿生原型开展生物学研究的有关工作。

针对牛鼻鲼的生物学研究，可以从两方面出发进行科研工作：一方面观测其在水中运动时的外形变化；另一方面研究其胸鳍结构在运动过程中的柔性变形。选择具有成熟观测条件的海洋生物馆开展牛鼻鲼真实游动的科研观测工作，利用高速摄像技术、速度数字成像技术(DPIV)等高性能观测手段，对活体牛鼻鲼的真实游动进行实地观测，记录牛鼻鲼在游动过程中的运动学参数及流场参数，并通过专业运动分析软件对其不同游动状态下胸鳍的运动模式进行记录和统计学分析。对数据进行系统的、理论的分析研究，可为建立蝠鲼的外形及运动学模型、揭示其游动机理做好准备。

研究牛鼻鲼生物内部结构在运动过程中的柔性变形，采用 3D 扫描、CT 扫描等方式获取蝠鲼生物骨骼形态、肌肉分布等信息。当牛鼻鲼的胸鳍扑动时，其背展肌和腹展肌轮流收缩伸展驱动桡骨转动，从而形成整个胸鳍的扑动。研究牛鼻鲼生物学运动可为仿生样机研制具备滑扑一体、主被动变形能力的仿生胸鳍奠定重要的基础。

蝠鲼的大尺寸柔性身躯及其生物学行为证明了仿蝠鲼潜水器不仅能够携带较重的载荷低速前进或保持静止，而且可以通过柔性胸鳍实现高机动、低能耗的游动，非常适合作为柔体潜水器的仿生对象。因此，选取蝠鲼作为仿生潜水器的仿生对象，在样机的设计过程中尽可能地捕捉蝠鲼的外形、结构特征等生物特性，提升仿生样机的仿生性能，同时对于蝠鲼的一些非主要特征进行合理的简化或改进；在仿生外形的设计过程中，充分考虑未来仿生样机的实际加工制造难度，合理忽略了蝠鲼的头鳍、眼睑和眼鳃结构。

仿生样机的胸鳍设计占据整个样机外形设计工作的绝大部分。蝠鲼生物是一种左右高度对称的生物，所以仿生胸鳍的设计工作将简化为对蝠鲼生物单侧胸鳍的仿生三维设计。蝠鲼单侧胸鳍的外形轮廓在俯视下呈三角形，厚度从靠近躯体的一侧到鳍尖逐渐减小，且较为光顺。将胸鳍沿其展向按照一定步长进行分段，

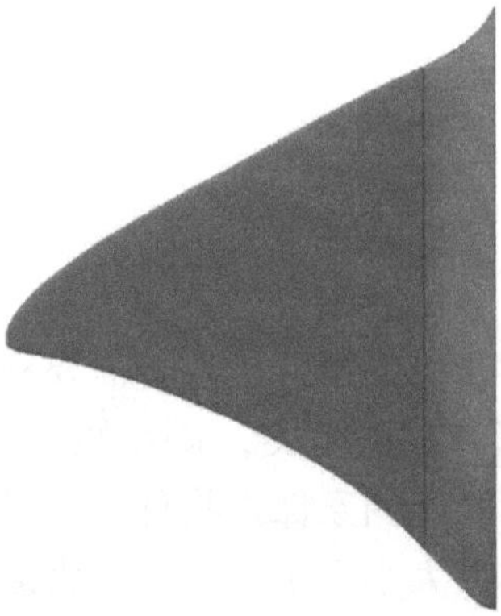

图 8.2　插入样机的胸鳍三维模型

对各个分段截面的弦向轮廓进行侧向投影，发现投影曲线与 NACA 翼型系列高度相似，并且 NACA 翼型是广泛应用的翼型设计，具有较高的最大升力系数与较低的阻力系数，流体动力性能突出。因此，在仿生样机的胸鳍设计过程中采用类比的设计思想，参考真实蝠鲼胸鳍在不同展向截面中的轮廓曲线，合理地选取 NACA 系列翼型作为样机胸鳍不同展向截面的外形轮廓，并且通过不断地优化迭代做到和真实蝠鲼的胸鳍截面轮廓高度一致。不同的样机设计选取不同的 NACA 翼型，在确定某种样机胸鳍截面轮廓的CAD数据后，利用三维建模软件进行胸鳍三维模型的设计，得到样机的胸鳍模型，如图 8.2 所示。

仿生样机的胸鳍设计完成后，将所设计胸鳍的外形数据作为依据，同时考虑样机的实际载荷与所需排水量，进行仿生样机的主舱设计。主舱是仿生样机中各种电子器件和驱动结构的安装载体，通常为左右对称的空腔结构，采用流线外形的设计，整体呈扁平状。主舱的整体外形要最大限度地做到与真实蝠鲼生物的躯体外形相似，并且保证主舱与两侧仿生胸鳍之间为光顺过渡，如图 8.3 所示。主舱材料是按照样机设计的载荷及功能选取，具有一定的硬度和刚度，能够保证其结构满足样机的气密性和耐压性等需求。蝠鲼尾鳍在游动过程中主要起机动作用，仿生样机的尾鳍同样具备此功能。在设计过程中简化了真实蝠鲼生物的尾鞭，依据仿生主舱和两侧胸鳍的结构，按照保形的思想对样机尾鳍进行设计，即尾鳍的设计外形需要保证整个样机外形的完整，不同的结构之间轮廓曲线平滑过渡，使得整个样机外形呈光顺的流线，与真实蝠鲼生物的外形高度相似。

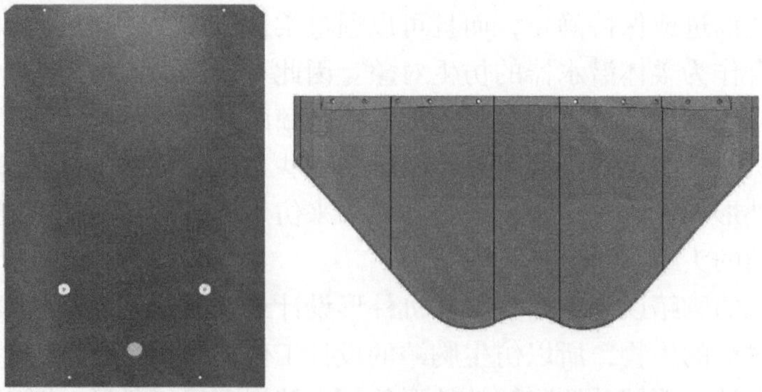

图 8.3　仿生样机主舱与胸鳍光顺过渡结构示意图

2. 流体外形优化设计

样机的剖面形状、展弦比、柔性分布、游动及滑翔姿态等因素对其流体性能具有较大的影响。其中，样机的剖面形状和展弦比与外形设计密切相关，柔性分布与样机的内部结构和材料属性息息相关，样机的游动及滑翔姿态与控制系统和驱动结构紧密相连。因此，样机的流体性能优化是一个软硬件系统全面优化的过程。样机流体性能的优化提升是一项复杂的工作，在性能优化的过程中，不仅需要在样机的整体外形结构方面进行调整优化，而且还需要对样机内部结构、选用材料属性、系统控制方法等方面进行优化改进，做到各个设计系统之间互相配合、全方面改进优化，从而提高整体样机的流体性能。

对于样机的流体外形优化设计工作，一方面是针对样机的仿生胸鳍进行优化设计；另一方面是针对样机整体进行优化设计。仿生胸鳍是沿其展向不同位置剖面形状的轮廓曲线进行三维放样设计的 CAD 模型，基于胸鳍的设计原理，对仿生胸鳍的流体外形优化可以从其剖面的轮廓曲线出发。首先，可以利用计算流体力学的方法，通过成熟的商业流体计算软件或者自编程的技术进行仿生胸鳍的流体仿真计算。计算在不同流速、攻角情况下仿生胸鳍不同位置截面轮廓曲线的升力系数、阻力系数以及流场变化情况等水动力参数。利用专业软件进一步分析流体仿真计算得到的各种水动力参数、流体仿真云图等计算数据，按照流体力学、流体动力学等学科的基本理论，优化截面轮廓曲线。同时，利用自编程的手段实现整个仿生胸鳍优化设计过程的自动迭代改进，最终确定出流体性能优越截面轮廓曲线的数据坐标，通过三维建模软件进行数据坐标的三维放样设计，完成三维仿生胸鳍的模型优化。

针对样机整体进行优化设计，需要综合考虑样机的仿生胸鳍、尾鳍、头部及主舱结构等影响因素。因为样机在不同航速和姿态下运动时的流体动力参数以及对流场的作用情况不同，其运动的流体性能也就不尽相同，所以在优化设计的工作中还需要针对整体样机的三维模型进行流体仿真计算，分析其流体水动力计算数据。同时考虑到设计样机的材料属性不同也会对其流体性能产生一定的影响，因此加入流固耦合的仿真计算方法，确定流体与样机之间的相互作用情况。最后，综合分析所有关于样机的流体仿真计算数据，按照相应的理论方法反复迭代，以优化改进样机的整体外形，提升样机的整体流体性能。

8.2.3　多模态滑翔及泵喷推进系统设计

1. 滑翔推进重浮力调节机构设计

在航行的过程中，仿蝠鲼潜水器虽然可以通过胸鳍扑动配合尾鳍的方式来改变自身深度，但是该方式功耗较大且效率较低。

为此，本节创新性地提出一种基于仿生胸鳍的多模态运动策略，即结合蝠鲼生物胸鳍扑动运动的高机动性、灵活性和水下重浮力滑翔机的低功耗、长航程的特点，用于研制以仿生胸鳍为主要推进机构的多模态仿生推进系统。在进行高精度、高机动性作业要求时，仿蝠鲼潜水器采用胸鳍扑动推进模态，满足高机动性运动的动作要求；在进行低功耗、长距离运动作业时，采用重浮力滑翔模态，实现长距离、低功耗滑翔。

仿蝠鲼潜水器在滑翔模态下通过调节自身重浮力完成锯齿状水下连续滑翔运动。基于水下滑翔机的滑翔推进技术，对仿蝠鲼潜水器样机进行滑翔推进重浮力调节机构设计。重浮力调节系统的主要功能是通过改变自身浮力实现潜水器的上浮、下潜、定深等功能。整个系统利用内部活塞和外部油囊来改变潜水器自身净浮力，内部活塞安装在潜水器密封舱内；外部油囊安装在舱外，与海水接触，外部油囊由于接触海水，体积变化时会改变潜水器的排水体积，内部活塞则不会。因此，整个潜水器净浮力会因为内部活塞和外部油囊的液压油分布情况而改变，具体的重浮力调节系统工作原理如图 8.4 所示。

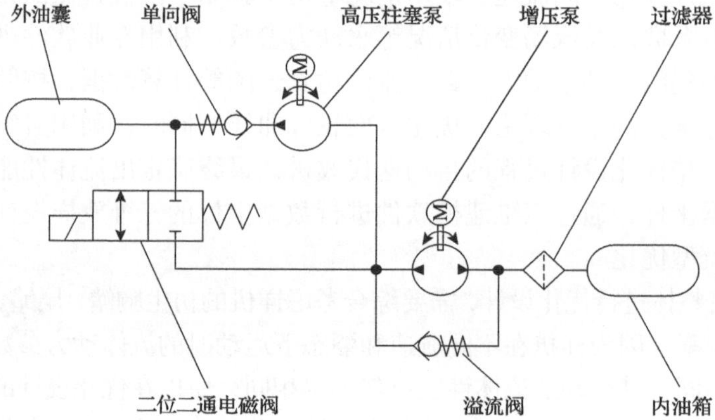

图 8.4　重浮力调节系统工作原理

潜水器下沉和上浮的速度取决于分体式油囊的排水体积，即体积越大，潜水器所受浮力就越大。通过控制液压系统改变液压油的流向，通过控制分体式活塞的位置来改变油囊大小，可实现潜水器的下沉、上浮和定深控制。

控制液压系统液压阀的启闭使液压油从内油箱排向外部油囊，活塞向靠近海水的方向移动，潜水器的排水体积增加，潜水器所受的浮力随之增大，从而实现潜水器的上浮。当内油箱进油，外油囊排油，液压油从外油囊流向内油箱时，活塞向远离油箱前端盖的方向移动，重浮力调节系统的排水体积减小，潜水器所受的浮力便减小，从而实现了潜水器的下沉。潜水器处于定深工况下，需要维持当前水深位置下潜水器的重浮力平衡，使得潜水器的重力与浮力相等，此时需要根据控制系统下达指令，通过改变活塞位置改变外油囊体积。当潜水器到达指定深度时，需要浮力系统保持活塞位置不变，从而保持浮力不变。

在潜水器总装衡重设计过程中，需要在潜水器上挂载大量配重，以平衡潜水器本身体积带来的浮力，这些配重一部分挂载在潜水器外部。当潜水器出现故障或某些紧急情况下，潜水器重浮力系统无法满足调节潜水器重浮力使潜水器完成上浮动作要求时，通过抛弃这部分载重完成潜水器的紧急上浮，进而保护潜水器的安全。

抛载系统由载重块、机械抛载装置及抛载控制电机组成，如图 8.5 所示。当潜水器遇到紧急情况需要高速紧急上浮或浮力系统故障无法正常上浮时，抛载系统受总控制系统控制，实施抛载动作，具体工作方式为：机械抛载装置松开载重块禁锢装置，载重块脱离潜水器，此时潜水器浮力大于重力，潜水器实现上浮动作。

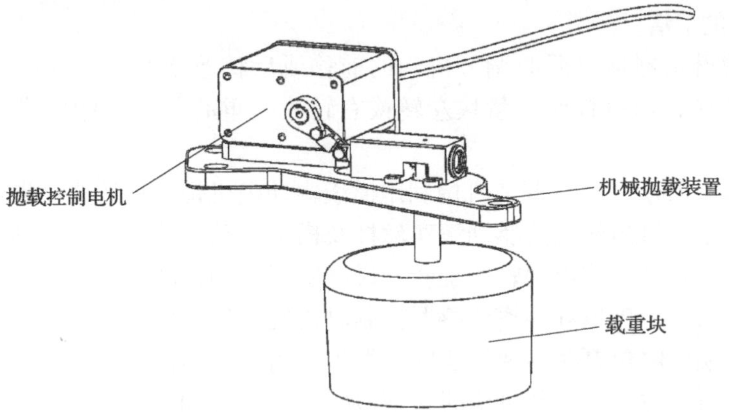

图 8.5　抛载系统图

2. 俯仰、横滚姿态调节系统设计

仿蝠鲼潜水器在多模态运动中需要精准控制姿态，常通过胸鳍扑动实现俯仰、横滚姿态的调节，但是效率较低且能耗较大；在高效率滑翔推进模态下，需要控制其俯仰、横滚姿态配合重浮力系统完成长距离锯齿状水下滑翔。因此，对仿蝠鲼潜水器姿态调节系统进行设计，可实现潜水器长距离滑翔及高机动扑动模态运动。

一般 MPF 推进方式的鱼类常将尾鳍作为调节运动俯仰姿态的主要调节结构，仿蝠鲼潜水器同样设计了仿生尾鳍结构来作为调节潜水器俯仰姿态及实现上浮下潜动作的功能结构。仿生尾鳍结构由驱动器和仿生鳍结构构成，通过驱动舵机控制尾鳍的上下摆动，如图 8.6 所示。

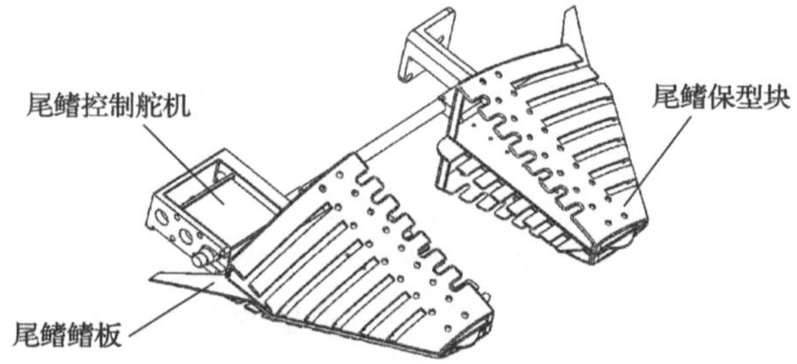

图 8.6 仿生尾鳍结构图

以仿蝠鲼潜水器的水平姿态(初始状态)为例，当潜水器需要以抬头姿态进行上浮运动时，舵机控制尾鳍向上翘起，潜水器前行时，来流作用于尾鳍，产生抬头力矩，潜水器实现抬头姿态。潜水器产生的推力是平行于仿生胸鳍弦向的，故此时潜水器抬头向前实现上浮动作。当潜水器需要进行低头下潜动作时，舵机控制尾鳍向下弯曲，潜水器前行时，来流作用于尾鳍，产生低头力矩，持续推进则实现潜水器的下潜。

仿蝠鲼潜水器通过质心调节机构的前移或后移改变其重心前后位置，从而做出俯仰动作；通过控制质量块左转或右转改变重心位置，做出横滚动作以控制航向。

如图 8.7 所示，质心调节机构利用横滚驱动电机带动横滚驱动齿轮旋转，而横滚驱动齿轮通过齿轮啮合驱动滚珠丝杠及横滚从动齿轮运动，带动铅块组在滚珠直线导轨上移动，或沿中轴线旋转，最终实现滑翔机的重心位置调整。铅块组的行程通过角度传感器和距离传感器控制电机旋转的角度，以实现精确位置计算与控制。两端的限位开关主要用于安全保护。角度传感器与距离传感器的应用可以实时反馈重心位置和调节机构的状态，从而对潜水器的姿态进行实时精确控制。

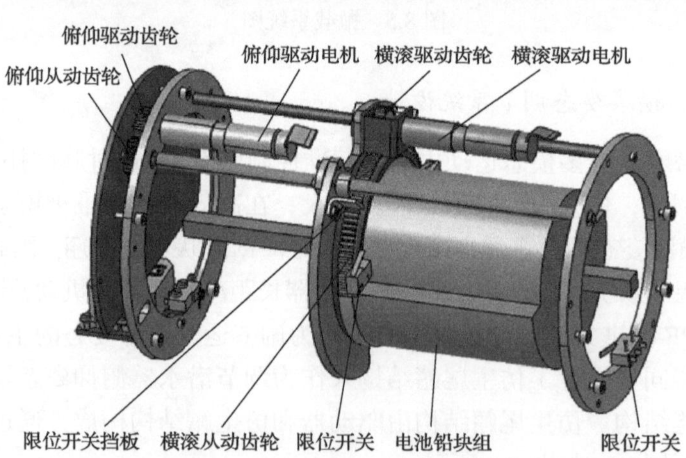

图 8.7 质心调节机构设计方案图

还是以仿蝠鲼潜水器的水平姿态为例，当潜水器需要调节至抬头姿态时，质心调节机构首先锁死横滚机构，稳定潜水器横滚姿态；随后质心调节机构在丝杠螺旋副的配合下，将质量块向潜水器尾部方向移动，使潜水器质心与浮心位置发生偏差，重力和浮力共同作用下产生仰头力矩，在调节至合适的仰头角度后，质量块停止运动，完成抬头姿态调节。当潜水器需要调节至低头姿态时，首先锁死横滚机构，稳定潜水器横滚姿态；随后质心调节机构在丝杠螺旋副的配合下，将质量块向潜水器头部方向移动，使潜水器质心与浮心位置发生偏差，重力和浮力共同作用下产生低头力矩，在调节至合适的低头角度后，质量块停止运动，完成低头姿态调节。

当潜水器需要调节至横滚角姿态工况时，质心调节机构在离合器的作用下转为横滚姿态调节状态，在横滚驱动电机的带动下，质量分布不均匀的质量块发生横滚旋转，质量块重心转向设定横滚方向的一侧，潜水器的浮心不变，质心位置发生横滚错位，产生横滚力矩。在质量块到达指定位置，调节至合适的横滚角度后，离合器脱离横滚齿轮组，完成横滚姿态调节。

3. 泵喷推进系统设计

仿蝠鲼潜水器除胸鳍作为主要推进机构外，常设置其他辅助推进器来产生推力，以获得更大的推进速度或更灵活的运动性能。如德国 EvoLogics 公司研发的潜水器 BOSS-Manta Ray，其翼展约 4m，尾部有喷射推进器，具有连续扑动推进、弓形滑翔与喷射混合推进等功能。

应用在仿蝠鲼潜水器上的泵喷推进器作为一种辅助推进设备具有体积小、推力大的优势。常见的泵喷辅助推进设备一般设置在仿蝠鲼潜水器推进器的尾部两侧，在仿蝠鲼潜水器航行过程中通过调整两侧泵喷的螺旋桨转速来调节潜水器的运动速度和转向，从而提升潜水器航行速度及机动性。某泵喷辅助推进设备的泵喷结构图如图 8.8 所示。

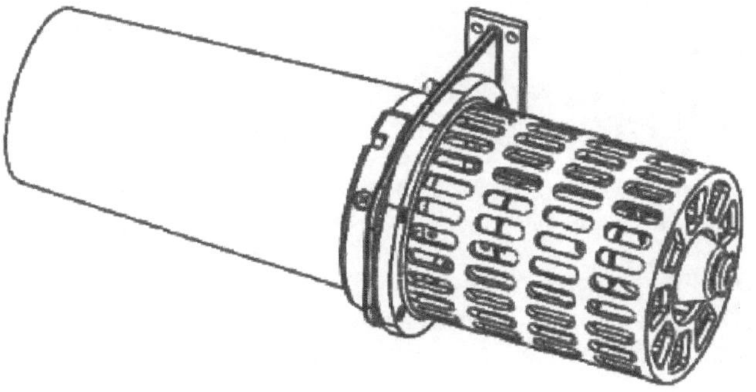

图 8.8　泵喷结构图

8.3　仿蝠鲼潜水器实验

8.3.1　游动姿态仿生实验

1. 扑动模态仿生实验

1）前游

扑动前游是蝠鲼多模态运动中最重要的一种姿态，也是仿蝠鲼潜水器实现定航、定深等基本功能的基础模态，在此过程中，蝠鲼常表现出较为明显的空间非对称性。为更好地分析该特性对仿蝠鲼潜水器前游姿态稳定性的影响，本节分别进行了潜水器在空间对称与空间非对称下的扑动前游实验。

在空间对称实验中，仿蝠鲼潜水器以 30°振幅、0.4Hz 频率、0°相位差进行上下振幅对称运动。实验通过视频采集潜水器在水下扑动前游的运动轨迹，得到潜水器的运动距离和运动时间，从而获得潜水器的稳态平均游动速度；通过姿态传感器可获得潜水器的基本姿态。仿蝠鲼潜水器的空间对称扑动前游运动帧图如图 8.9 所示，俯仰等基本姿态如图 8.10 所示。在空间对称扑动的实验中，仿蝠鲼潜水器以 30°振幅前游，平均游动速度为 0.625BL/s，且整个过程中姿态较为平稳，俯仰角在 0°上下波动。由于仿蝠鲼潜水器胸鳍在上下扑动的过程中产生了推力，另外运动过程中升力也会发生变化，俯仰角有微小的波动。

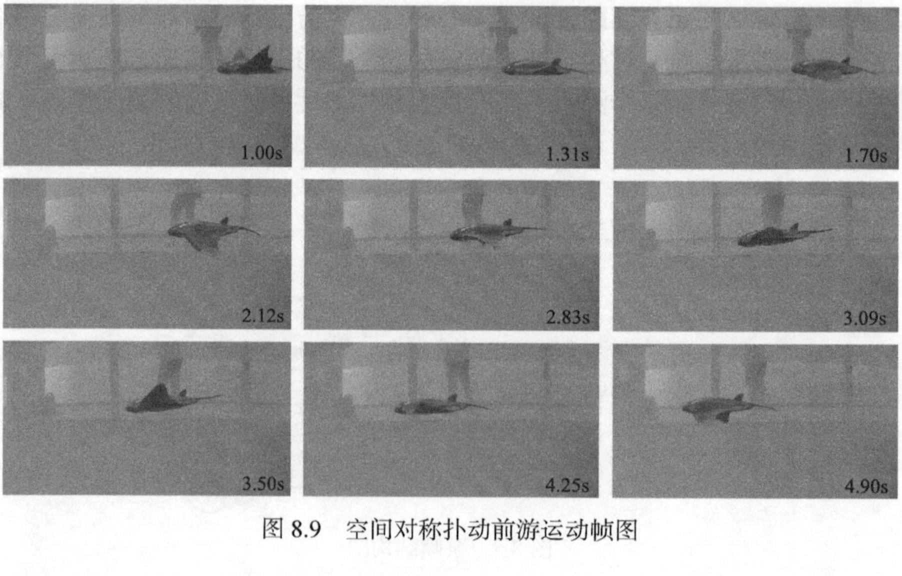

图 8.9　空间对称扑动前游运动帧图

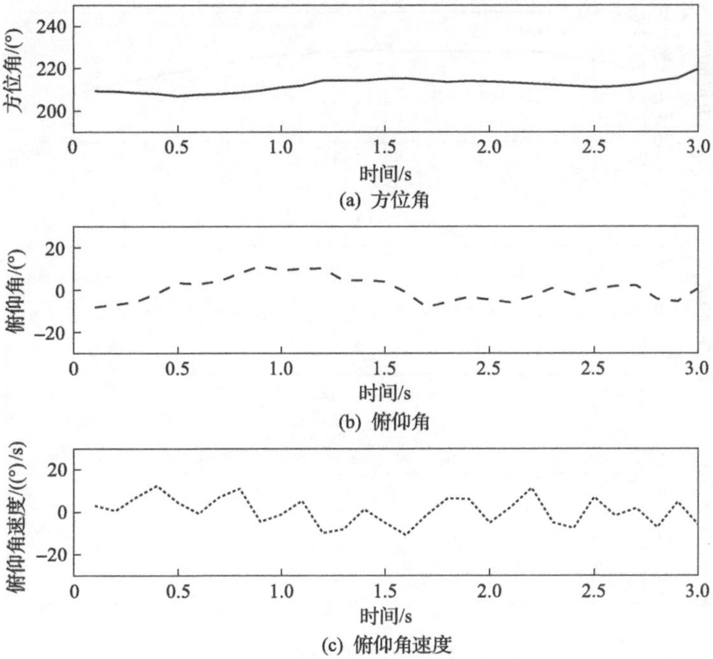

图 8.10　空间对称扑动前游运动姿态

在空间非对称实验中，仿蝠鲼潜水器以空间非对称性拍动系数为 0.7 进行扑动，振幅、频率、相位差同空间对称扑动实验保持一致。仿蝠鲼潜水器的空间非对称扑动前游运动帧图和俯仰等基本运动姿态分别如图 8.11 和图 8.12 所示。由空间对称实验和空间非对称实验对比可得，在前游过程中，振幅、频率、相位差一

图 8.11　空间非对称扑动前游运动帧图

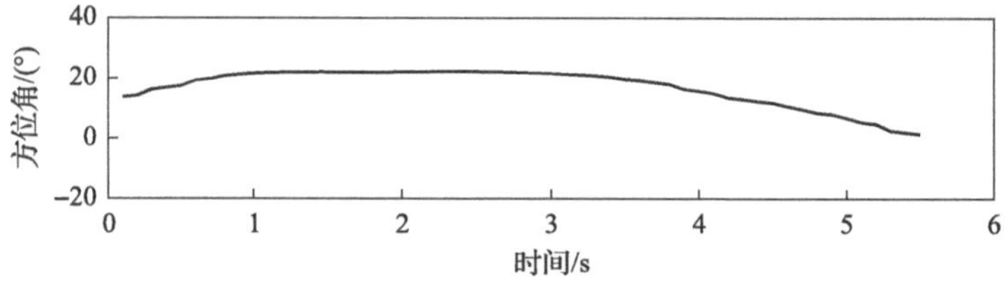

(a) 方位角

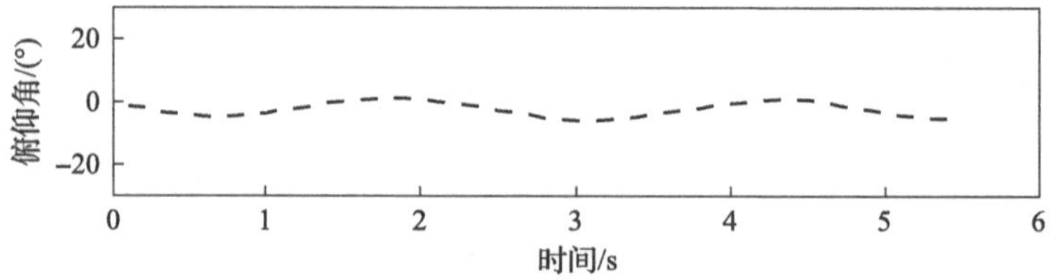

(b) 俯仰角

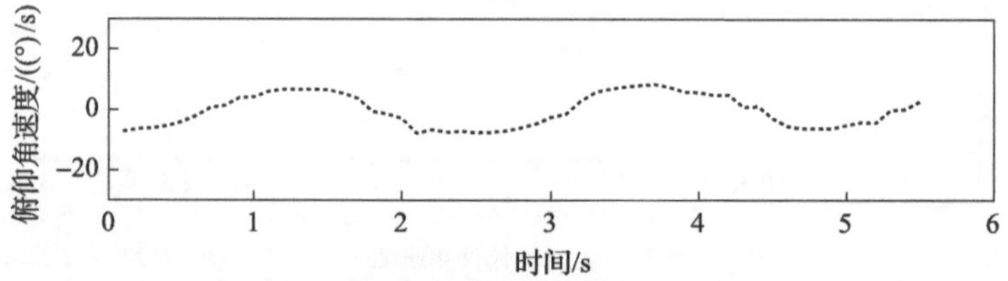

(c) 俯仰角速度

图 8.12　空间非对称扑动前游运动姿态

致的条件下，空间对称扑动前游速度比空间非对称扑动略快，仿蝠鲼潜水器的俯仰角和俯仰角变换率均在零上下波动，最大俯仰角在 10°之内，说明空间的对称性对潜水器在前游状态下的机动性和稳定性不会产生明显的影响。该实验结果表明，仿蝠鲼潜水器可结合空间对称扑动和空间非对称扑动两种方式进行运动，如在近壁面游动时采用空间非对称方式扑动前游，之后采取空间对称方式扑动以提升速度。

2)转向

蝠鲼的偏航通常通过两侧胸鳍的不同相位差或振幅扑动来实现，因此分别采用这两种方式进行偏航姿态的仿生运动实验，以对比仿蝠鲼潜水器在此两种偏航方式下的实际偏航效果。

基于非对称振幅进行仿蝠鲼潜水器偏航实验，设置两侧相位差为−30°，频率为 0.4Hz，空间非对称性拍动系数、时间非对称性拍动系数均为 0.5，设置一侧振幅为 40°，另一侧振幅为 20°。仿蝠鲼潜水器运动帧图如图 8.13 所示，因左右胸鳍产生的侧向力不同，仿蝠鲼潜水器存在侧滑现象，转弯半径较大，该状态下潜水器的最大偏航角速度为 22.5(°)/s。

基于非对称相位差进行仿蝠鲼潜水器偏航实验，设置两侧胸鳍振幅为 40°，频率为 0.4Hz，空间非对称性拍动系数、时间非对称性拍动系数均为 0.5，单侧胸鳍各鳍条间相位差分别设置为 30°和–30°，左右两侧胸鳍相位差设置为 0°，两侧推力方向相反、大小相等，实现原地转弯，其运动帧图如图 8.14 所示。基于非对称相位差扑动的仿蝠鲼潜水器偏航方式可实现零半径转弯，在转弯过程中，潜水器产生横滚，最大横滚角为–13°，最大偏航角速度为 40(°)/s。

图 8.13　基于非对称振幅进行偏航运动的运动帧图(彩图请扫封底二维码)

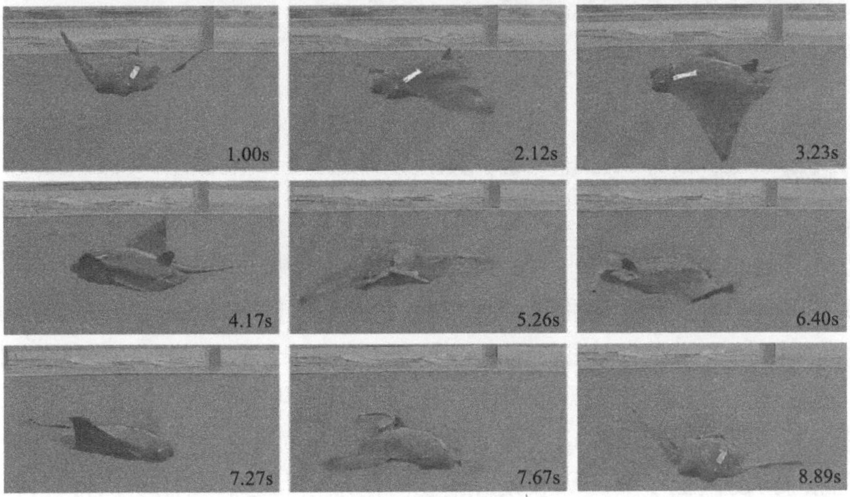

图 8.14　基于非对称相位差进行偏航运动的运动帧图

上述实验表明，仿蝠鲼潜水器可模仿蝠鲼进行不同形式的偏航，在基本参数相同的条件下，基于非对称相位差扑动的偏航方式使得仿蝠鲼潜水器具有更高的机动性和稳定性。

3) 回环

蝠鲼通过尾鳍偏置实现俯仰角的不断变化，从而实现前空翻或后空翻运动，本节称为蝠鲼的回环运动。利用配平使仿蝠鲼潜水器的重心接近几何中心，潜水器游动过程中尾鳍向下偏置，在推力与尾舵提供的俯仰力矩共同作用下，潜水器沿逆时针方向进行翻滚下潜，从而实现回环游动。

在回环游动实验中，仿蝠鲼潜水器的胸鳍两侧相位差设为–30°，频率为 0.5Hz，两侧振幅为 40°。仿蝠鲼潜水器的运动帧图如图 8.15 所示。实验结果表明，仿蝠鲼潜水器在尾舵与胸鳍的配合下可以在水中实现大角度的翻滚。

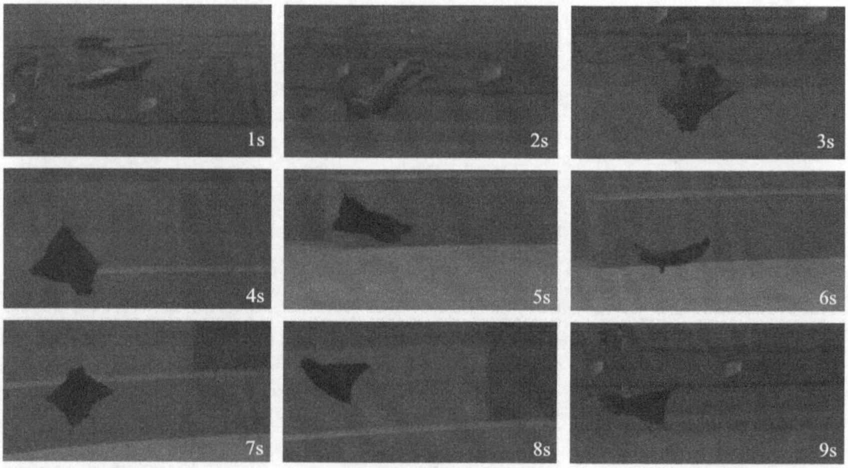

图 8.15　回环运动帧图

4）侧游

蝠鲼通过两侧胸鳍频率、振幅或偏置非对称扑动来实现横滚角的变化，从而实现侧向游动。当两侧胸鳍非对称频率扑动时，蝠鲼躯干向胸鳍扑动频率较慢的一侧倾斜；当两侧胸鳍非对称振幅扑动时，蝠鲼躯干向胸鳍扑动振幅较小的一侧倾斜；当两侧胸鳍偏置非对称扑动时，蝠鲼躯干向胸鳍扑动偏置较小的一侧倾斜。基于上述原理，可以实现仿蝠鲼潜水器横滚角的变化，当潜水器的本体垂直于水平面进行游动时，通过改变运动参数来协调两侧胸鳍同步扑动以实现平稳的侧向游动。侧向游动模拟了真实蝠鲼搜寻猎物时的运动状态，可用于执行对特定目标的持续监测侦查任务。

5）俯仰

从第 2 章的生物运动姿态分析中可知，俯仰运动是蝠鲼完成上浮下潜的基本动作。蝠鲼实现俯仰运动有三种方式，其中一种是基于胸鳍和尾鳍的联合拍动。本节仿照蝠鲼的运动方式，使仿蝠鲼潜水器胸鳍拍动的控制参数与前游姿态一致；通过尾鳍的上下偏转来实现俯仰运动，运动结果通过仿蝠鲼潜水器所在水深的变化来表现。俯仰运动帧图如图 8.16 所示。

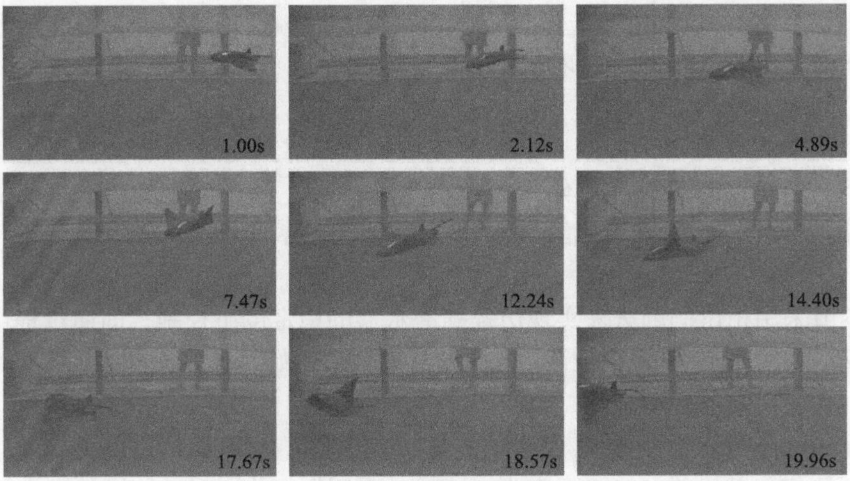

图 8.16　俯仰运动帧图

运动过程中，仿蝠鲼潜水器在水池中的深度和俯仰角变化如图 8.17 所示。在起始状态，仿蝠鲼潜水器尾鳍的零位为向上偏置 30°。在扑动过程中，仿蝠鲼潜水器呈现微微下沉趋势。随后，仿蝠鲼潜水器的尾鳍上偏并保持静止，此时潜水

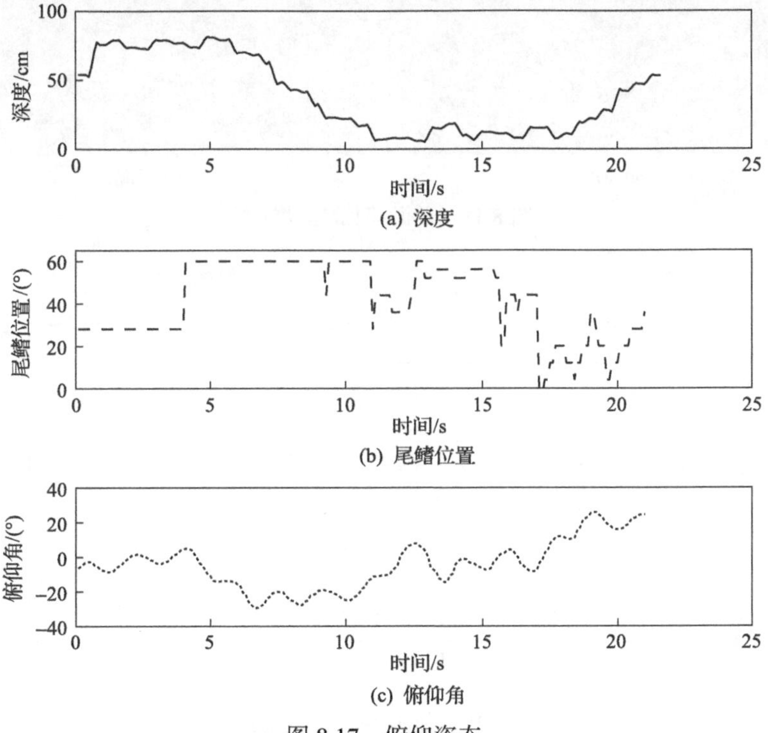

图 8.17　俯仰姿态

器减小下沉趋势，后又逐步上浮。在此过程中，仿蝠鲼潜水器的最大俯仰角为 20°，且在下潜上浮的过程中，俯仰角未发生明显的突变。

6)倒游

生物学观察显示，自然界中的部分鱼类会依靠其身体的波动或利用其胸鳍实现倒游行为。尽管真实蝠鲼没有倒游这一行为，但在某些复杂水域环境和管道作业的任务中，需要仿蝠鲼潜水器具有倒游的游动方式，从而提高任务的完成率。

本节采用相位颠倒法来实现仿蝠鲼潜水器的稳定倒游控制，即通过提供与前游相反的胸鳍 CPG 单元相位差，使胸鳍扑动时后缘始终领先于前缘，从而产生向后的推力实现倒退游动。

在仿蝠鲼潜水器的前游-倒游实验中，前游胸鳍两侧相位差设为–30°，倒游胸鳍两侧相位差设为 30°，频率为 0.5Hz，两侧振幅为 40°。仿蝠鲼潜水器的前游-倒游运动帧图如图 8.18 所示，偏航、俯仰、横滚等运动姿态如图 8.19 所示。

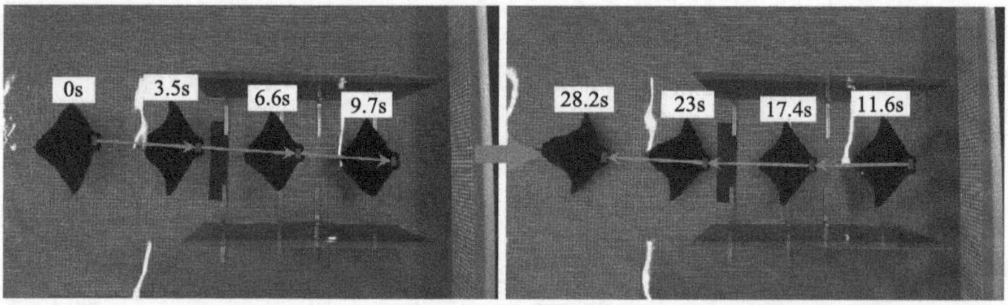

(a) 前游　　　　　　　　(b) 倒游

图 8.18　前游-倒游运动帧图

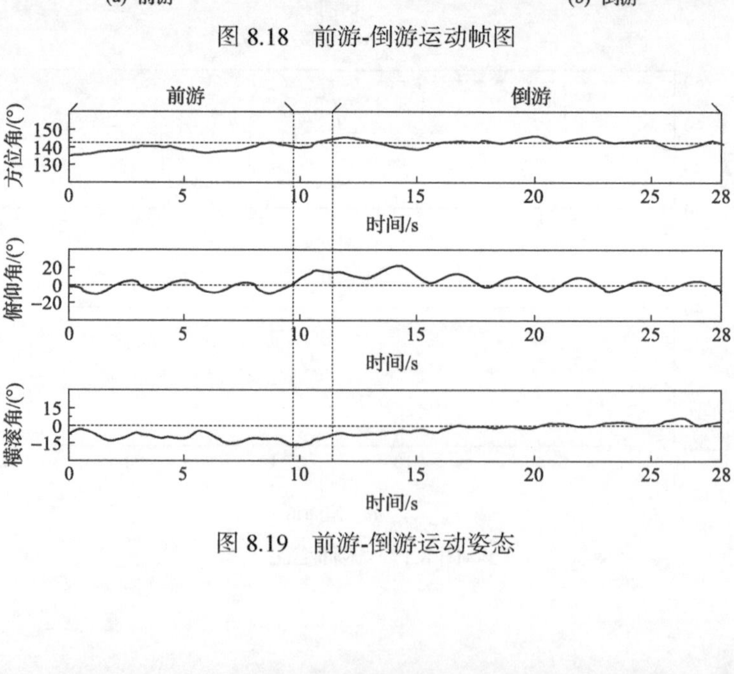

图 8.19　前游-倒游运动姿态

通过实验可以看出，仿蝠鲼潜水器可以在相位滞后关系的控制信号下实现稳定前游，在相位超前关系的控制信号下实现稳定倒游，同时也可以实现前游模态到倒游模态的平滑切换。

2. 滑翔模态仿生实验

8.2.3 节已对仿蝠鲼潜水器的重浮力机构进行了详细的介绍，本节为了验证仿蝠鲼潜水器的重浮力滑翔能力，开展潜水器的纵平面滑翔实验及滑翔过程中的定航实验等。本节提出的重浮力滑翔通过浮力机构及质心机构配合来实现，其控制基本流程如图 8.20 所示。

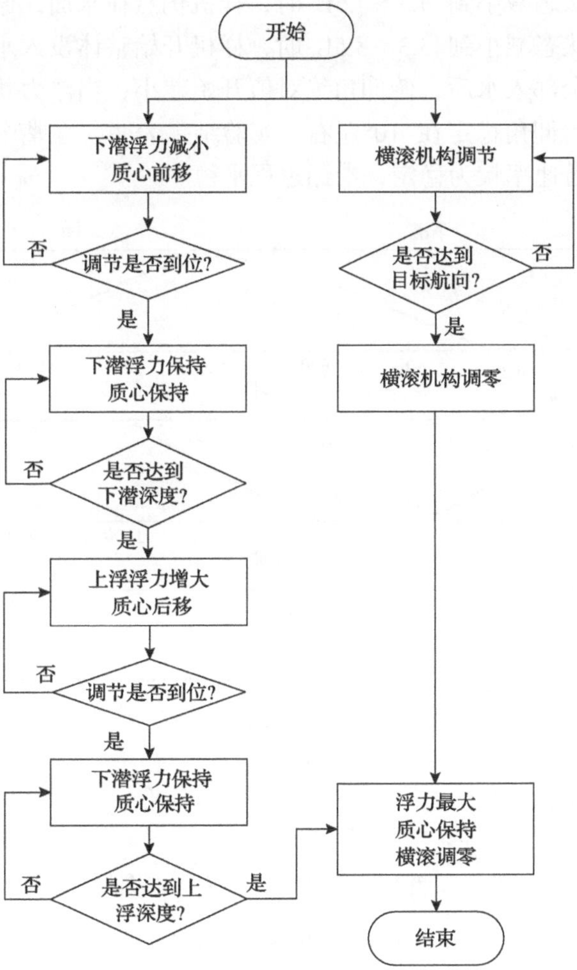

图 8.20　重浮力滑翔流程

1) 纵平面滑翔实验及分析

首先进行纵平面滑翔实验，设定样机滑翔的最大深度为 100m，样机通过调节浮力系统和质心系统实现滑翔，为了了解仿蝠鲼潜水器在水下的工作情况，在样机内部安装了姿态传感器、距离传感器，用于获得样机的姿态变化情况、浮力调节量、质心块移动位置等信息，为后续样机的控制方法改进提供原始数据参考。

实验获得的样机滑翔深度等参数随时间的变化如图 8.21 所示。从图中可以看出，在滑翔过程中，样机下潜的姿态受到多方因素的影响，包括质心位置、浮力状态、是否入水。质心机构移动到设定位置后，潜水器仍在水面，此时俯仰角变化不大；当浮力状态减小到 4.3～4.5L 时，样机仍然在水面，俯仰角会开始迅速负增大；当浮力状态减小到 3.3～3.5L 时，样机开始整体没入水中，俯仰角达到负的峰值，样机全部入水后，俯仰角绝对值开始减小；当浮力状态达到指定值不再调节时，样机俯仰角稳定在−10°左右。实验结果表明，在整个下潜过程中，仿蝠鲼潜水器的下潜速率较为稳定，滑翔过程平稳。

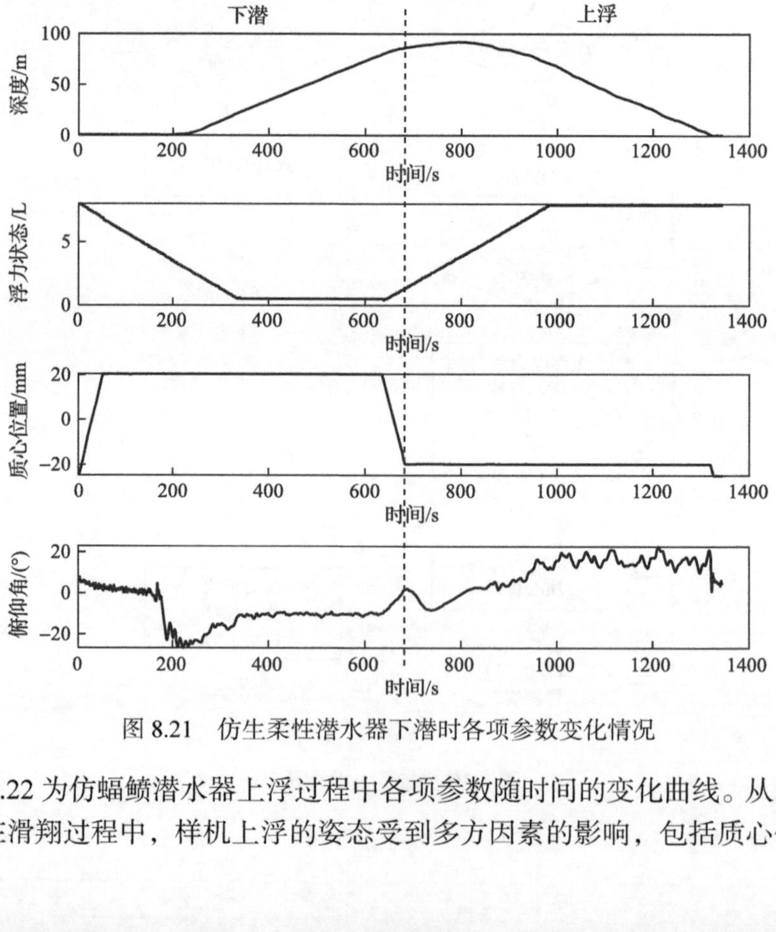

图 8.21 仿生柔性潜水器下潜时各项参数变化情况

图 8.22 为仿蝠鲼潜水器上浮过程中各项参数随时间的变化曲线。从图中可以看出，在滑翔过程中，样机上浮的姿态受到多方因素的影响，包括质心位置、浮

力状态、水深、横滚机构位置。质心前移过程中，负俯仰角由大变小(绝对值变小)，质心到位样机变为正俯仰角；浮力增大过程中，俯仰角减小，由正俯仰角变为负俯仰角；浮力状态为 2.1～2.5L 时，即潜水器深度轨迹从下潜即将改为上浮的时刻，负俯仰角绝对值达到最大值；浮力到达指定位置后，俯仰角在 17°左右波动，调节横滚机构会引起俯仰角±5°左右的波动。实验结果表明，在整个上浮过程中，仿蝠鲼潜水器的上浮速率较为稳定，但样机姿态不及下潜时平稳。

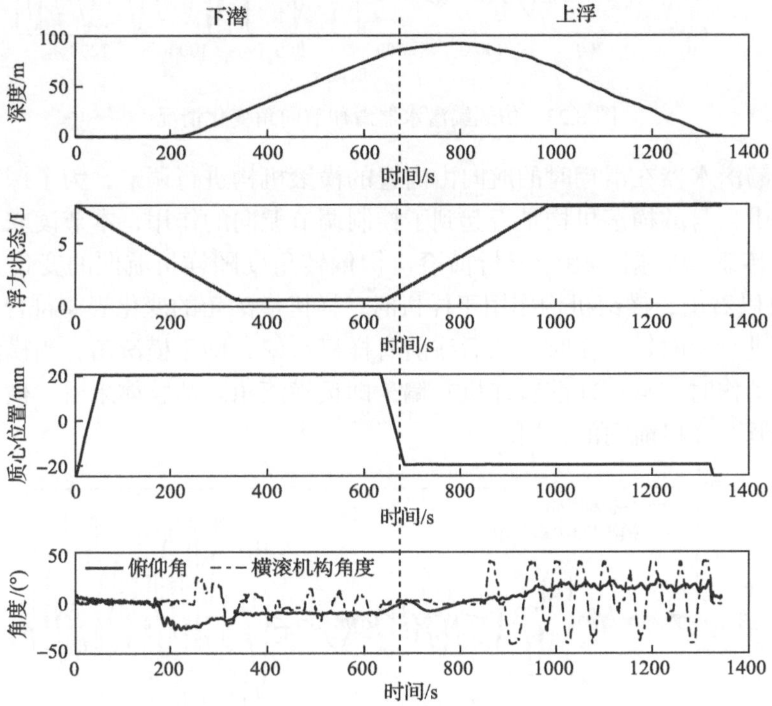

图 8.22　仿生柔性潜水器上浮时各项参数变化情况

2)滑翔过程中定航实验及分析

为了验证仿蝠鲼潜水器在滑翔过程中的航向控制能力，本节进行潜水器在滑翔时的定航实验及分析。仿蝠鲼潜水器滑翔时采用横滚机构控制航向，其基本原理如下：由于质心位置、重心位置和浮心位置的差异性，当横滚机构转动时，即质心块向左/右移动，根据动量矩守恒定理，仿蝠鲼潜水器会以浮心为中心转动，产生一个偏航力矩。与仿蝠鲼潜水器的纵平面滑翔实验相似，设定样机滑翔的最大深度为 100m，并设定样机沿指定航向角滑行，样机滑翔时的航向角随时间的变化如图 8.23 所示。从图中可以看出，在下潜过程中，仿蝠鲼潜水器的航向控制效果较好，航向误差在±15°左右；在上浮过程中，仿蝠鲼潜水器的航向控制不够稳定，航向误差在±30°左右。

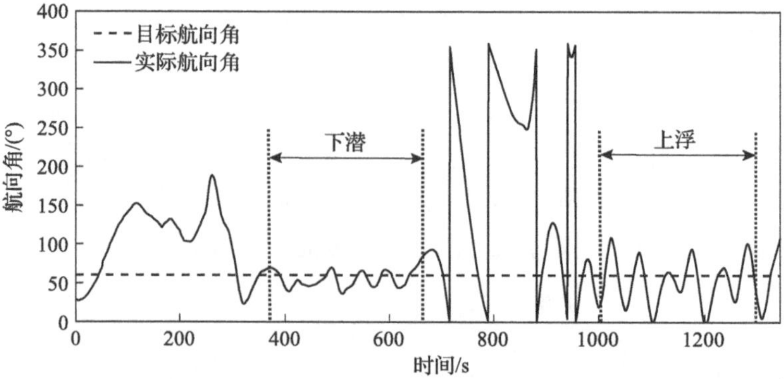

图 8.23　仿蝠鲼潜水器滑翔航向角变化情况

仿蝠鲼潜水器在滑翔时的航向由内置的横滚机构进行调节，为了探究潜水器滑翔过程中自身的横滚机构是否起到了控制调节航向的作用，本节读取了样机内部的角度传感器数据，用于分析横滚机构偏转角度随样机航向的变化关系。由图 8.24 可以看出，横滚机构作用于样机时，样机横滚角的变化规律符合预期。当横滚机构进行逆时针动作时，从后往前看样机右偏，即正横滚角；当横滚机构进行顺时针动作时，从后往前看样机左偏，即负横滚角。从整体来看，横滚机构起到了控制调节样机航向的作用。

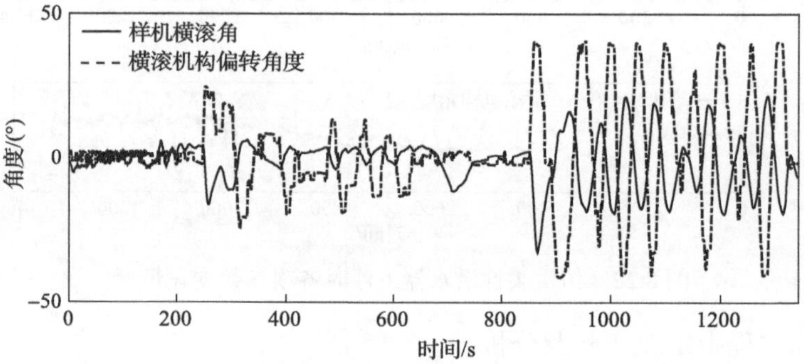

图 8.24　仿蝠鲼潜水器横滚角和横滚机构偏转角度的变化情况

3) 重浮力滑翔实验

为进一步验证仿蝠鲼潜水器重浮力滑翔能力，本节进行了 1020m 大深度样机滑翔实验。设定目标下潜深度为 1020m，下潜过程中目标航向角为 190°，最大质心前移量为 50mm，上浮过程中目标航向角为 220°，最大质心后移量为 40mm。样机在滑翔过程中的深度变化数据、下潜航向变化数据和上浮航向变化数据如图 8.25 所示。由图可知，仿蝠鲼潜水器依靠重浮力系统可进行大深度滑翔实验，且滑翔过程中航向可控。

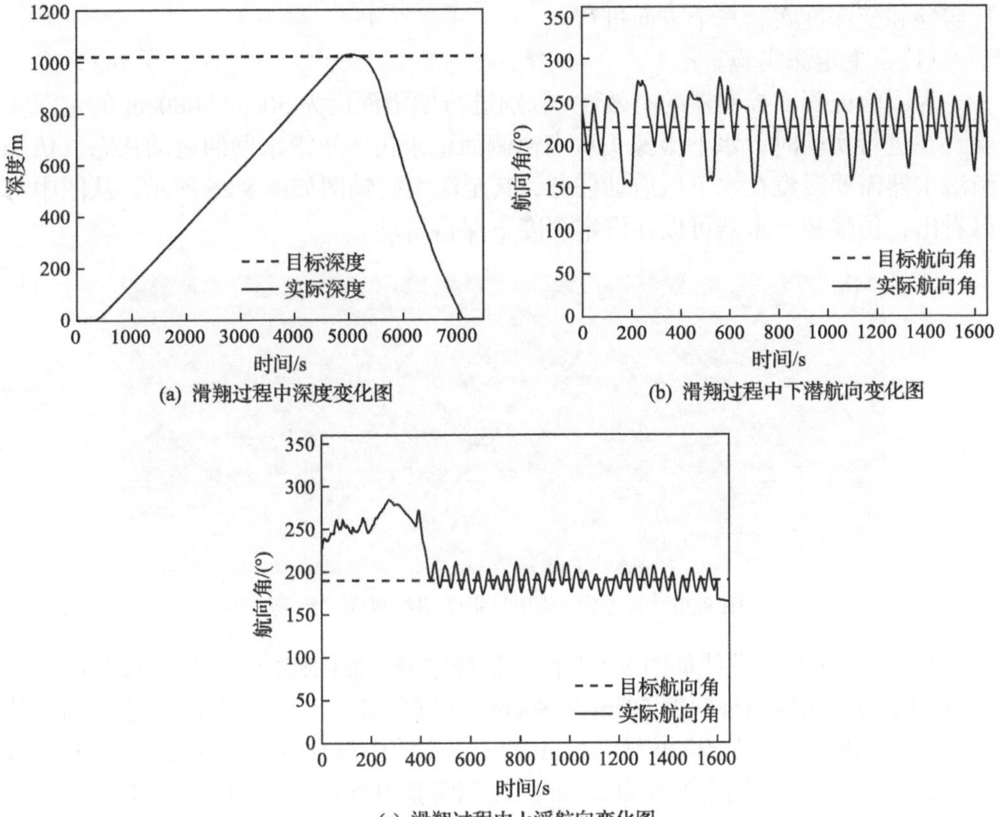

图 8.25　1020m 大深度样机滑翔实验

8.3.2　三维运动闭环实验

1. 三维运动

仿蝠鲼潜水器的三维运动可以通过深度控制、航向控制和速度控制来实现，本节对仿蝠鲼潜水器的深度控制实验、航向控制实验和速度控制实验进行逐一介绍。

1)深度控制实验

若仿蝠鲼潜水器胸鳍在运动时未被水完全浸没，则左右胸鳍因出水将产生不对称的力，进而影响潜水器的横滚角与航向角。因此，闭环控制的基础是确保仿蝠鲼潜水器能够在水下某一深度稳定游动，即深度控制。深度控制实验在水池中进行，具体流程为：上位机设定并下发目标深度及相关运动参数，下位机接收；压力传感器反馈深度信息，通过主控模块上的单片机进行处理得到深度偏差和偏差变化率，由控制器计算出控制量；尾鳍动作改变偏置角度，进行俯仰角度的调整，从而改变仿蝠鲼潜水器的深度。深度控制实验将从自主定深实验、定深抗干扰实验和变深度实验三个方面进行。

(1) 自主定深实验。

为了验证深度控制器的有效性，分别进行期望深度为 50cm 与 80cm 的定深实验。在进行实验时，水下摄像头从水池侧面记录仿蝠鲼潜水器的运动状态。仿蝠鲼潜水器需要浸没在水下后启动任务，其定深实验帧图如图 8.26 所示，从图中可以看出，仿蝠鲼潜水器可以在设定深度下保持游动。

图 8.26　自主定深帧图(彩图请扫封底二维码)

定深实验的数据曲线如图 8.27 所示，仿蝠鲼潜水器的初始状态位于水下 6cm 与 20cm 处，分别给定目标深度 50cm 与 80cm，定深任务启动后分别在 4s 与 6s 后到达目标深度。潜水器在期望深度为 50cm 的定深实验中没有明显的超调现象，超调量为 10cm，而潜水器在期望深度为 80cm 的定深实验中有一定超调量，超调量为 30cm，但稳定状态的误差均在 6cm 以内。原因为前者的最大俯仰角为 22°，而后者的最大俯仰角为 31°，俯仰角较小时潜水器能及时调节到 0°附近，并维持当前深度。

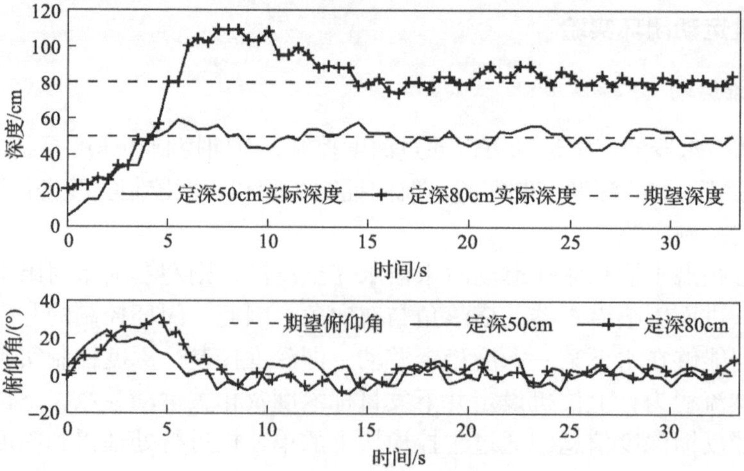

图 8.27　定深实验的数据曲线

(2) 定深抗干扰实验。

为了研究深度控制器的抗干扰能力，进行定深抗干扰实验。当仿蝠鲼潜水器深度已经达到稳定阶段时，加以外部干扰，定深过程施加干扰的曲线如图 8.28 所示。本实验分别在 3.8～4.8s 与 3.8～5.2s 施加干扰，前者干扰结束的最大深度为 75cm，后者干扰结束的最大深度为 77cm。潜水器分别能在 3s 与 4s 内恢复到设定深度，超调量较小。8s 后，深度重新恢复到稳定阶段，稳定状态误差仍在 6cm 以内。实验结果表明，该控制器具备一定的抗干扰能力，能在受到干扰之后迅速恢复到稳定状态。

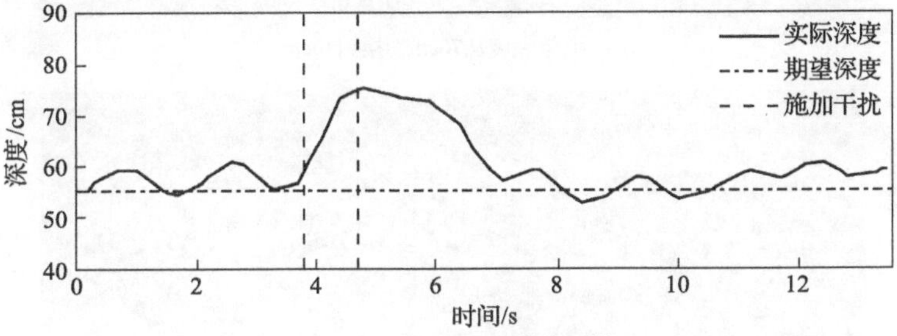

(a) 在3.8～4.8s施加干扰

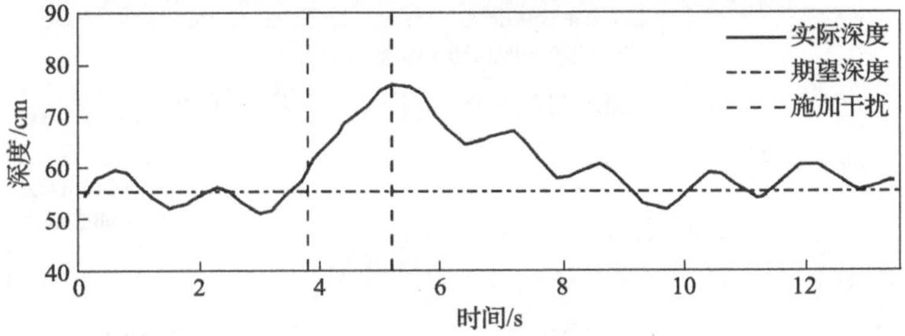

(b) 在3.8～5.2s施加干扰

图 8.28　定深干扰曲线

(3) 变深度实验。

为了研究仿蝠鲼潜水器在水下不同深度切换运动姿态的过渡特点，进行深度切换实验。本实验分为期望深度 70cm 切换到 30cm 实验与期望深度 30cm 切换到 70cm 实验两个工况。

实验过程中的视频帧图如图 8.29 所示，深度过渡曲线如图 8.30 所示。由图 8.30 可以看到，在期望深度 70cm 切换到 30cm 实验中，仿蝠鲼潜水器的初始状态位于水下 8cm 处，当潜水器到达深度 70cm 并稳定时，切换目标深度为 30cm，3s 后可达到目标深度，且无明显超调，超调量为 3cm，6s 后到达稳定状态，稳定状态误差在 6cm 以内。在期望深度 30cm 切换到 70cm 实验中，仿蝠鲼潜水器的初始状态位于水下 20cm 处，当潜水器到达深度 30cm 并稳定时，切换目标深度为

70cm，5s 后可达到目标深度，超调量为 12cm，4s 后到达稳定状态，稳定状态误差在 6cm 以内。

(a) 期望深度从70cm切换到30cm

(b) 期望深度从30cm切换到70cm

图 8.29　深度过渡帧图(彩图请扫封底二维码)

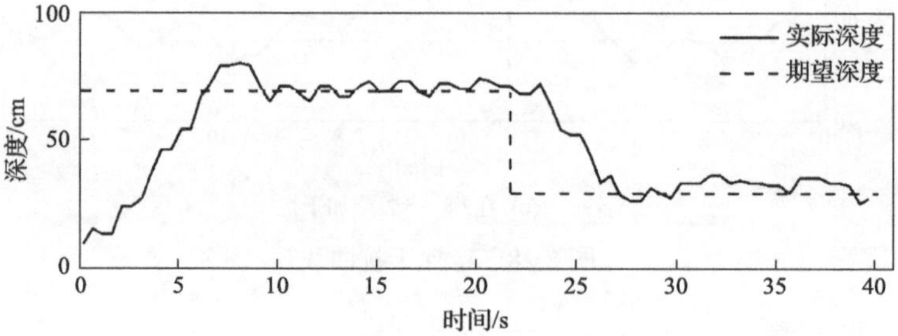

(a) 期望深度从70cm切换到30cm

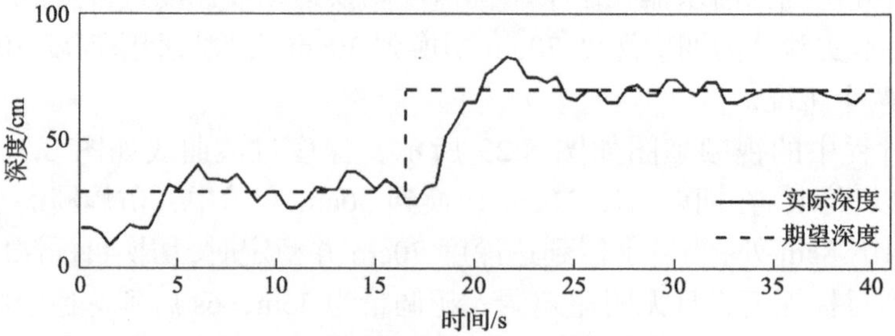

(b) 期望深度从30cm切换到70cm

图 8.30　深度过渡曲线

对比发现，期望深度 70cm 切换到 30cm 实验几乎没有超调，而期望深度 30cm 切换到 70cm 实验存在一定超调，原因是仿蝠鲼潜水器尾鳍结构外形上下不对称，潜水器在游动过程中下潜比上浮更容易。

2）航向控制实验

水下环境存在较大的扰动与不确定性，导致仿蝠鲼潜水器在开环情况下很难在某个航向上持续运动。但按照某个方向持续航行是仿蝠鲼潜水器在水下进行自主运动的必备能力之一，通常将这种能力称为定航能力。因此，为了使仿蝠鲼潜水器具备良好的定航能力，航向的闭环控制是潜水器能够实现水中自主游动的重中之重。

为了验证仿蝠鲼潜水器的定航能力，开展航向控制实验。实验时，利用摄像头从水池上方记录仿蝠鲼潜水器的运动状态。定航实验帧图如图 8.31 所示，由图可以看出，潜水器不存在明显的航向变化，可以保持在设定航向游动。

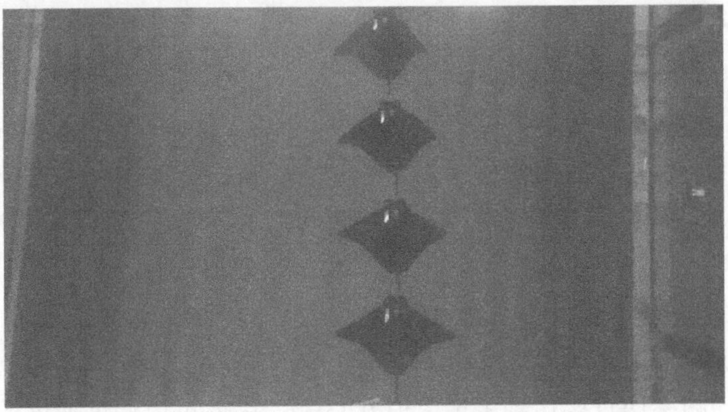

图 8.31　定航实验帧图

自主定航实验的数据曲线如图 8.32 所示，仿蝠鲼潜水器的初始状态航向角设为 7°，目标航向角设为 2°，在任务启动 2s 后，潜水器的航向角在设定航向稳定，没有明显的超调现象，误差在 6°以内。在航向角稳定阶段，航向角速度均在 3(°)/s 以内波动。与此同时，潜水器的期望深度设置为50cm，误差在 6cm 以内，即潜水器可以同时完成满足精度的航向与深度控制。

3）速度控制实验

在仿蝠鲼潜水器的基本运动控制中，还有一个控制任务就是定速控制，定速控制可以保证潜水器以某一速度稳定运动，也是潜水器自主游动的一个基础。在本实验中共进行三组定速实验，设定的期望速度分别为 0.3m/s、0.35m/s、0.4m/s。在每次实验开始前，仿蝠鲼潜水器均处于静止状态，设定潜水器的基准频率为 0.3Hz，频率的变化幅值为 0.15，并且在每次实验中潜水器均进行定深定航运动，定航运动的胸鳍运动参数基准设置相同，胸鳍振幅基准为35°，胸鳍相位差基准为–60°。

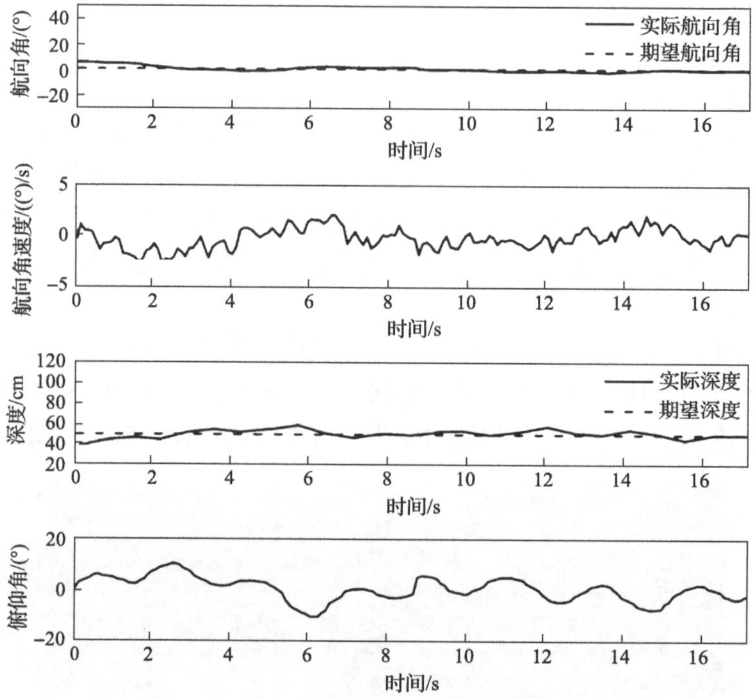

图 8.32　自主定航实验的数据曲线

在三组不同定速实验中，仿蝠鲼潜水器的速度曲线与频率变化曲线分别如图 8.33～图 8.35 所示。从实验数据图中可以看出，在运动初始阶段，仿蝠鲼潜水器的胸鳍扑动频率均直接达到了最大值 0.45Hz，因此可以保证速度的快速调整。在三组不同期望速度的定速控制中，速度的响应曲线基本都无超调，在到达稳态后速度并不是维持在某一固定值，而是在稳定值附近小范围的波动。这是由于仿蝠鲼潜水器利用胸鳍进行推进，而胸鳍产生的推力在胸鳍的扑动过程中存在周期性变化。在仿蝠鲼潜水器达到稳态后，速度误差保持在 0.1m/s 以内，表明速度控制器具有良好的游动速度控制能力。

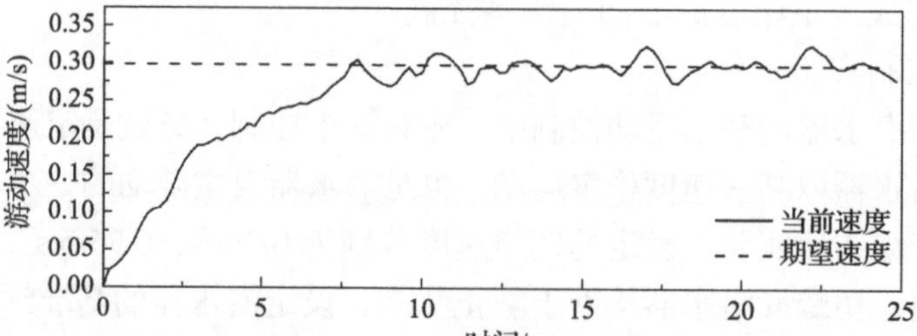

(a) 速度曲线

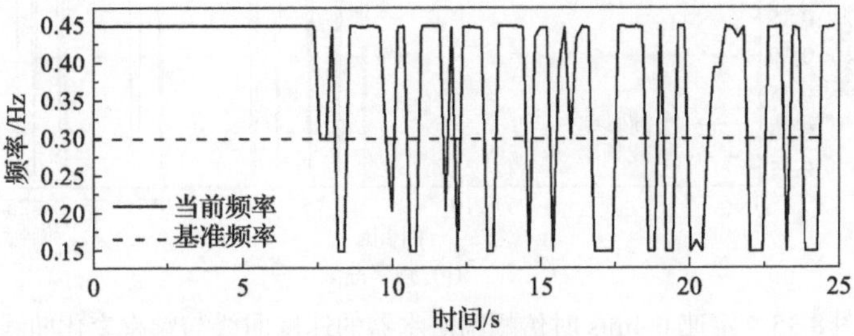

(b) 频率曲线

图 8.33　定速 0.3m/s 时仿蝠鲼潜水器的速度曲线与频率变化曲线

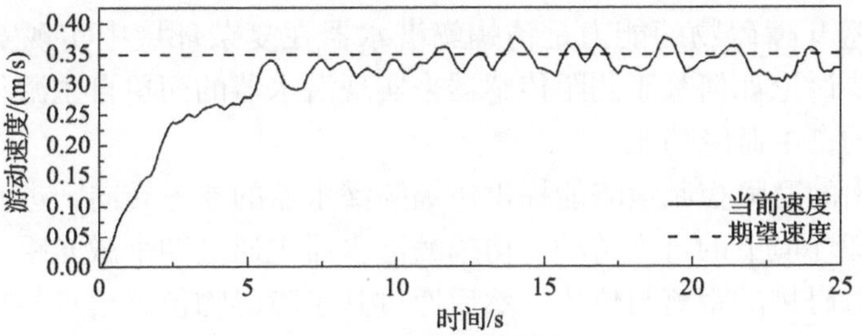

(a) 速度曲线

(b) 频率曲线

图 8.34　定速 0.35m/s 时仿蝠鲼潜水器的速度曲线与频率变化曲线

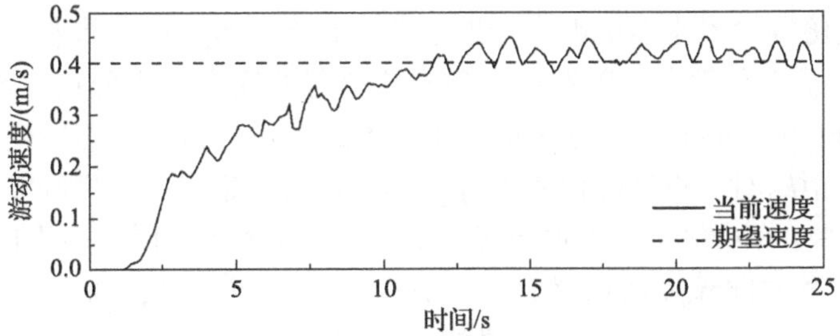

(a) 速度曲线

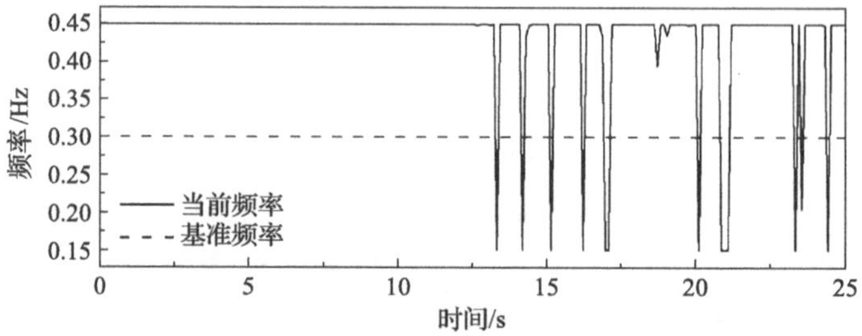

(b) 频率曲线

图 8.35　定速 0.4m/s 时仿蝠鲼潜水器的速度曲线与频率变化曲线

2. 自主游动

检测和避开障碍物的能力是仿蝠鲼潜水器在复杂环境中实现安全操作的关键。本节主要讨论如何基于测距传感器来实现潜水器的简单自主游动，即游动过程中潜水器的自主避障功能。

本节提出的避障控制策略能提供仿蝠鲼潜水器的参考转向，进而实现仿蝠鲼潜水器在未知环境下的自主游动。仿蝠鲼潜水器先通过四个激光距离传感器来获取从自身到障碍物的距离与位置，然后通过基于障碍物位置信息的规则库来决定转弯方向。实验结果表明，仿蝠鲼潜水器可以在水池中自主游动的同时避免碰撞，表明提出的避障控制策略是有效的。

接下来，将重点介绍避障控制策略的设计与实验过程的细节，为仿蝠鲼潜水器实现矩形游泳池中的无避碰自主游动提供参考。首先，提出一种基于规则库的仿蝠鲼潜水器避障控制策略，识别障碍物是否存在是仿蝠鲼潜水器能否避免与障碍物发生碰撞的关键，当检测到障碍物时，应根据距离评估以下问题：

(1)若距离大于安全距离，则仿蝠鲼潜水器继续前游。

(2)若距离小于安全距离，则仿蝠鲼潜水器进行回避。

仿蝠鲼潜水器游动时存在前向惯性，因此左前与右前激光传感器的安全距离应大于左激光传感器和右激光传感器的安全距离。通过这样的设置，可以保证足够的转弯距离，使仿蝠鲼潜水器能够安全地避开障碍物。基于此，将左前激光传感器、右前激光传感器、左激光传感器和右激光传感器的安全距离分别设置为 150cm、150cm、130cm 和 130cm。当距离值小于安全距离时，将避障信号设置为 1；当距离值大于安全距离时，将避障信号设置为零。最后，定义一个规则库，如表 8.1 所示，根据障碍物的位置分为 16 种情况。根据不同的情况制定了不同的策略，可分为四大类：每个方向无障碍信号，一个方向一个障碍信号，两个方向两个或三个障碍信号，三个方向三个或四个障碍信号。例如，①若只有左方方向有障碍物信号，则采用右转的策略；②若左方和前方方向有障碍物信号，则采用快速右转的策略；③当障碍物信号在三个方向且距离较小时，采用固定参数倒游，这种情况不是很常见。值得注意的是，虽然前面的传感器分为左前和右前，但一般认为收到了一个障碍物信号就意味着前方存在障碍物。在实际实验中，两个前置激光测距传感器很少单独发送障碍物信号。

表 8.1　避障规则库

情况	左前障碍物信号	右前障碍物信号	左侧障碍物信号	右侧障碍物信号	策略
1	0	0	0	0	直游
2	0	0	0	1	左转
3	0	0	1	0	右转
4	0	0	1	1	左侧距离大于右侧，左转 左侧距离小于右侧，右转 左侧距离等于右侧，直游
5	0	1	0	0	右转
6	0	1	0	1	左转
7	0	1	1	0	右转
8	0	1	1	1	左侧距离大于右侧，左转 左侧距离小于右侧，右转 前方距离较小，倒游
9	1	0	0	0	右转
10	1	0	0	1	左转
11	1	0	1	0	右转
12	1	0	1	1	左侧距离大于右侧，左转 左侧距离小于右侧，右转 前方距离较小，倒游
13	1	1	0	0	右转
14	1	1	0	1	左转
15	1	1	1	0	右转
16	1	1	1	1	左侧距离大于右侧，左转 左侧距离小于右侧，右转 前方距离较小，倒游

为验证所提控制策略的有效性与可靠性，将控制策略应用于仿蝠鲼潜水器硅胶样机，在西北工业大学宁波研究院实验室的矩形泳池中进行实验。

第一次水池实验演示了仿蝠鲼潜水器右转以避开障碍物的情形，如图 8.36 所示。在实验中，从 3s 到 5.5s，仿蝠鲼潜水器前方有一个障碍物，且右侧距离大于左侧距离，对应规则库中的情况 13，潜水器右转以避开障碍物；从 5.5s 到 7.2s，仿蝠鲼潜水器左侧有障碍物，潜水器前方没有障碍物，对应情况 3，潜水器右转以避开障碍物。

图 8.36 右转避障帧图（彩图请扫封底二维码）

图 8.37 演示了仿蝠鲼潜水器转向以避开障碍物的情形。从 3.2s 到 5.6s，仿蝠鲼潜水器前方和右侧有一个障碍物需要避开，对应情况 14，潜水器左转以避开障碍物；从 5.5s 到 7.0s，仿蝠鲼潜水器右侧检测到了泳池池壁，对应规则库中的情况 2，潜水器左转以避开障碍物；在 8.3s 时，仿蝠鲼潜水器左侧靠近池壁，对应情况 3，潜水器右转以避开障碍物。

图 8.37 转向避障帧图（彩图请扫封底二维码）

本节讨论了一种通过基于规则库的避障控制策略来实现仿蝠鲼潜水器简单自主游动的方法。通过适当的校准，激光传感器可以有效地响应障碍物，进而通过规则库来决定仿蝠鲼潜水器的转弯方向，避免碰撞。实验结果表明，该策略能够有效、可靠地避免仿蝠鲼潜水器与障碍物的碰撞。在未来，将基于更丰富的传感设备信息设计更有效的算法来实现三维避障。此外，在避免障碍物碰撞的同时也将考虑路径跟踪。这样，仿蝠鲼潜水器将在真实海洋环境中更有效地运行。

8.4　本 章 小 结

本章对仿蝠鲼潜水器的总体设计进行了研究和探讨，通过模拟蝠鲼的结构、运动原理和行为特征，提出了一种仿蝠鲼潜水器的设计方案，实现了潜水器在复杂水下环境中的灵活、稳定航行；讨论了一种通过基于规则库的避障控制策略，实现了仿蝠鲼潜水器在自主游动的同时，有效避免与障碍物的碰撞；开展了仿蝠鲼潜水器纵平面重浮力滑翔实验及滑翔中定航实验，通过改变潜水器重浮力机构状态，实现滑翔功能，验证了仿蝠鲼潜水器的重浮力滑翔能力。

第9章 载荷扩展

9.1 引　　言

本章首先探讨利用计算机视觉技术实现水下目标检测、跟踪和识别的方法，并提出仿蝠鲼潜水器的集群控制方案，包括避障、路径规划和协同控制等内容，以实现潜水器的高效协作并用于各类监测任务；其次针对海洋资源监测的具体应用，分析使用仿蝠鲼潜水器进行珊瑚礁监测的优势以及图像分析在珊瑚礁研究中的应用潜力，介绍各类水质传感器的集成方案以及在水环境监测和保护方面的应用；最后讨论声呐在仿蝠鲼潜水器深海探测中的作用，包括前视声呐和侧扫声呐的工作原理、应用情况和发展前景。本章系统阐述仿蝠鲼潜水器载荷应用方面的关键技术，讨论了潜水器在海洋研究和资源监测等方面的重要作用和广阔应用前景，为其进一步研发和应用提供有益的参考。

9.2 水下目标视觉感知

水下目标视觉感知是指利用计算机视觉技术对水下环境中的目标进行感知和识别，以获取目标的信息和位置。这是潜水器实施水下勘测、海洋资源探测和监测的重要手段。

水下目标视觉感知主要包括目标检测、目标跟踪和目标识别等方面。目标检测是指在图像或视频中自动寻找和定位目标的过程，通常采用机器学习方法，如卷积神经网络(convolutional neural network, CNN)和支持向量机，将图像划分为不同区域，然后进行目标分类和定位。目标跟踪是指在水下环境中追踪运动目标的过程，通常采用Kalman滤波器、粒子滤波器等概率估计方法实现。目标识别则是根据目标的特征(如形状、纹理、轮廓、颜色和反射特性等)对目标进行分类识别。

潜水器视觉系统在水下环境勘探中发挥重要作用，它通过感知水下环境的信息，实现对水下目标的识别与定位，从而提高水下作业效率。通过水下目标识别技术可以了解海洋生物的种类，并判断水下生物的状态，在水下信息采集中，利用目标识别技术可以筛选所需的信息，提高作业效率。水下定位技术则可以帮助潜水器准确找到目标的位置，在海下平台维护、水下管道检测、水下目标抓取等领域有广泛的应用。目前，潜水器视觉系统主要分为单目视觉系统和双目视觉系统。单目视觉系统通常需要辅助设备如声呐来进行水下作业，而双目视觉系统则利用两个相机同时观察目标，利用视差原理获取目标的三维位置信息。双目视觉系统在图像采集和目标定位方面精度高，因此广泛应用于潜水器。

传统的螺旋桨推进自主潜水器适合小范围、细维度监测，因为它具有高航速和机动性。然而，由于其航程相对较短且在生物亲和性方面有待改善，无法满足广域水下环境监测的需求。相比之下，水下滑翔机航程长、航时长，适用于广域长时间的粗维度水下监测，但其机动性较弱，无法满足对海床、鱼群等细微维度监测任务的要求。仿蝠鲼潜水器克服了上述传统推进方式的局限性，具备高效率、高机动性、高生物亲和性和高隐蔽性的特点，它采用一对宽大的扑翼推进，虽然速度稍慢，但结合了独特的滑翔与扑翼一体推进方式，滑翔过程能耗低，扑翼可进行原位机动。此外，仿蝠鲼潜水器具有良好的游动稳定性，不会出现摇头抖动，有利于目标感知和清晰成像。

9.2.1　仿蝠鲼潜水器集群控制

根据仿蝠鲼潜水器稳定的成像效果，首先可以通过计算左右图像之间的视差来估计物体的距离，再结合计算机视觉算法，如目标检测、图像分割等方法来提取图像中的障碍物，确定其位置和大小，实现自主避障；其次在优秀视觉感知的基础上建立融合视觉感知反馈的CPG相位振荡器模型，结合模糊控制与专家系统，实现快运动响应、高精度的样机位姿控制；最后建立基于“分离(separation)-对齐(alignment)-吸引(cohesion)”(SAC)原则的感知与运动多约束集群控制模型，结合个体运动控制方法，实现仿蝠鲼集群的自主游动。集群中的潜水器需要根据任务要求和环境条件进行路径规划，路径规划算法可以利用双目摄像头提供的场景信息来避开障碍物、遵循约束条件，并在保持集群协同的同时达到目标位置。相比单机，仿生集群具有协同高效、编队游动节能、多机可携带多源异构载荷等特点，具备更强任务能力、更高效率、更大容错空间，再结合自主避障，可实现高效节能、大规模、远距离集群航行，可以用于海洋环境的实时监测，包括水质、水温、水流等参数的采集。集群中的每个仿蝠鲼潜水器都可以携带传感器，并通过集群协同工作，覆盖更大的海洋区域，获取更全面的数据；可以用于海洋资源的勘查和评估，如海底矿产资源、鱼群分布等。集群中的每个潜水器可以携带相应的设备，利用视觉和声呐等技术进行勘查，提供准确的资源信息；还可用于海洋生态系统的监测与研究，包括对珊瑚礁、海草床等生态环境的观测。集群可以协同工作，实时监测生物分布、生态环境状态等，并提供关键数据用于生态保护和管理。

现已对仿蝠鲼潜水器的双目在线识别与跟踪技术开展了初步研究，采用双目摄像头模块，实现了仿蝠鲼潜水器的水下目标识别，可支撑在线自主识别研究；在中心系统控制下，实现了两台仿蝠鲼潜水器的跟随游动(图 9.1)，可支撑多台样机自主集群游动研究。

图 9.1　仿蝠鲼潜水器跟随游动实验

总之，仿蝠鲼潜水器集群控制的应用潜力广泛，可以在海洋科学研究、生态保护、资源勘查等领域发挥重要作用。在实际应用中，还需要根据具体任务需求和环境条件进行技术调整和优化。

9.2.2　珊瑚礁监测

珊瑚礁是海洋中生物多样性和生态系统稳定性的重要组成部分，监测珊瑚礁的状况对于了解其健康状况、保护珊瑚礁及相关生态系统至关重要。采用仿蝠鲼潜水器进行珊瑚礁监测不仅可以在较短的时间内覆盖更大范围的珊瑚礁区域，快速而准确地采集数据，避免传统人工潜水员需花费大量时间和精力的限制；而且可以减少人类的潜水风险和危险，避免潜水员发生潜水意外和由潜水引发的疾病等潜在风险；潜水器还能够实时传输采集到的数据，使研究人员可以远程监测和操作，提高监测的实时性和灵活性，更好地响应变化和采取适当的措施。仿蝠鲼水下潜水器在海洋资源监测和环境保护方面具有广阔的应用前景。目前，仿蝠鲼潜水器已经在海南省分界洲岛完成珊瑚礁生物监测工作(图 9.2)。仿蝠鲼潜水器在监测过程中充分发挥了其高稳定性、高机动性、高生物亲和性的优点，在珊瑚礁复杂的环境中能够灵活游动，并实现无干扰、近距离的观测；利用其稳定的视觉搭载精准捕捉水下珊瑚礁的图像和数据，通过自主导航或远程操作调整位置，获取不同角度和位置的视觉信息；对从摄像设备获取的图像或数据进行处理和分析，运用计算机视觉技术和图像识别算法等方法对珊瑚礁的特征、物种组成和受损程度进行分析，将分析后的图像数据存储，并通过无线传输或物理连接的方式发送到地面工作站或其他数据存储设备。根据分析结果，解读珊瑚礁的状态、变化趋势和生态系统状况，并进行进一步研究。

图 9.2 珊瑚礁实地监测

(1)珊瑚物种分类与生物多样性研究：利用双目摄像头所采集到的高分辨率图像，进行珊瑚物种的分类和生物多样性研究；通过对珊瑚的形态特征、颜色和纹理等进行分析，识别不同的珊瑚物种，并进一步评估珊瑚礁生物多样性的分布、数量和变化。

(2)珊瑚礁结构与干扰评估：利用双目摄像头获取的图像数据，量化珊瑚礁的覆盖率、形态参数以及物种组成，这些信息可以用于评估珊瑚礁的结构和健康状况，并对人为干扰(如过度捕捞或污染)的影响进行研究。

(3)珊瑚生长与恢复过程观测：通过连续的双目摄像头图像流观察和记录珊瑚的生长、繁殖及恢复过程，这有助于了解珊瑚的生命周期、生长速率以及幼体定居和成长的过程，为珊瑚保护与恢复提供科学依据。

(4)珊瑚礁与环境因素关系分析：将双目摄像头的观测结果与环境因素(如水温、光照、水质等)进行关联分析，可以研究不同环境因素对珊瑚礁健康的影响。通过量化珊瑚的响应和适应能力，预测和评估珊瑚礁面临的风险和胁迫。

(5)珊瑚礁生态系统动态变化分析：通过图像处理和计算机视觉技术识别和追踪珊瑚礁上的生物活动，如鱼类群聚、捕食行为、物种相互作用等，这有助于揭示珊瑚礁生态系统的动态变化和稳定性，从而了解其生态功能和生态系统服务的重要性。

以上展开的学术分析方向仅是仿蝠鲼潜水器搭载双目摄像头在珊瑚礁监测中

的一部分应用，未来还有更多可能的研究方向等待学术界的探索和发展。这些研究可以为珊瑚礁保护、生态学和生物多样性研究等领域提供重要的数据和科学支持。

9.3　水质监测：水质传感器的集成与应用

水是人类赖以生存和发展的不可缺少的物质资源之一，水质问题直接关系到人们的生活水源、农业灌溉、工业生产和生态环境的健康以及可持续发展。全球范围内，水资源的稀缺、水质污染、气候变化等问题对人类的生存、经济发展和生态平衡构成了巨大威胁。随着城市化的快速发展、工业化进程的加速和气候变化的影响，水资源管理和保护越发复杂。水体污染、干旱缺水、洪涝灾害以及海洋生态系统的崩溃日渐成为社会关注的焦点。

在水资源存在的洪涝灾害、干旱缺水、水环境恶化三大问题中，我国水环境恶化、水污染问题更为严重。根据《2023 中国生态环境状况公报》，在第二季度，3641 个国家地表水考核断面中，水质优良（Ⅰ—Ⅲ类）断面比例为 84%，劣Ⅴ类断面比例为 1.1%。按照《地表水环境质量标准》(GB 3838—2022) 规定，Ⅳ类和Ⅴ类水质都不适合作为饮用水源。根据《2022 年中国海洋生态环境状况公报》显示，在监测的 24 个典型海洋生态系统中，7 个呈健康状态，17 个呈亚健康状态，无不健康状态。

在当前全球面临日益严峻的水资源管理和环境保护挑战的背景下，准确、及时地了解和管理水质成为了至关重要的任务，科学家、环保机构和政府部门迫切需要创新技术和方法来更好地监测、评估和保护水质。水质传感器的应用和发展使它正在成为解决这些挑战的关键工具之一，发挥着重要作用。

利用水质传感器可以高精度、高效率地测量水体的各种参数，如温度、pH、溶解氧、盐度、浊度等，并且检测有害物质和微生物。水质传感器的应用领域涵盖了从饮用水源、河流、湖泊、海洋到工业废水排放等范围，为水质监测、环境保护、生态研究和水资源管理等提供了强大的支持。

仿蝠鲼潜水器具有载荷量大、机动性强、高稳定性、高推进效率的特点，可搭载多种水质传感器，具备前游、倒游、翻滚、零半径转弯、滑扑切换等能力，可在狭小水域工作并在紧急情况下快速响应。仿蝠鲼潜水器通过搭载和集成不同的水质传感器可在以下不同场景中执行任务。

(1) 水质监测：仿蝠鲼潜水器搭载温盐深仪、pH 传感器、浊度传感器、叶绿素传感器、油传感器，可用于实时监测水体的水质参数，包括温度、pH、溶解氧、盐度、浊度等参数，这对于监测饮用水源、河流、湖泊、海洋等水体的水质变化至关重要；通过采集大量水质数据，如叶绿素、pH、盐度等参数，可以更好地了解水体的富营养化状况、污染程度和趋势，预测水中生态系统的变化趋势。图 9.3 和图 9.4 分别给出了在河道测试中采集的深度信息和温度信息。

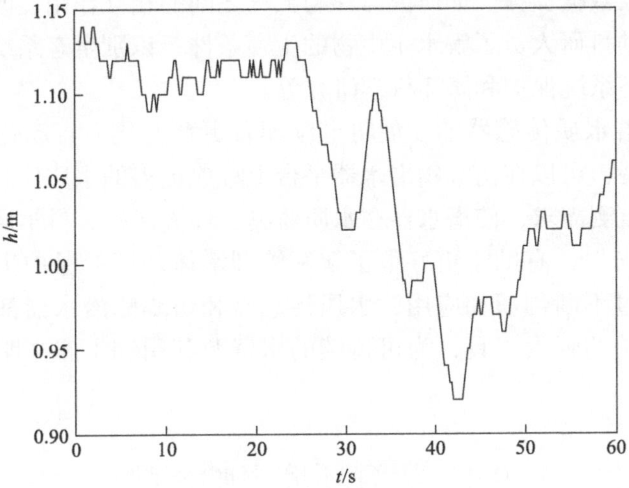

图 9.3 采集的深度信息

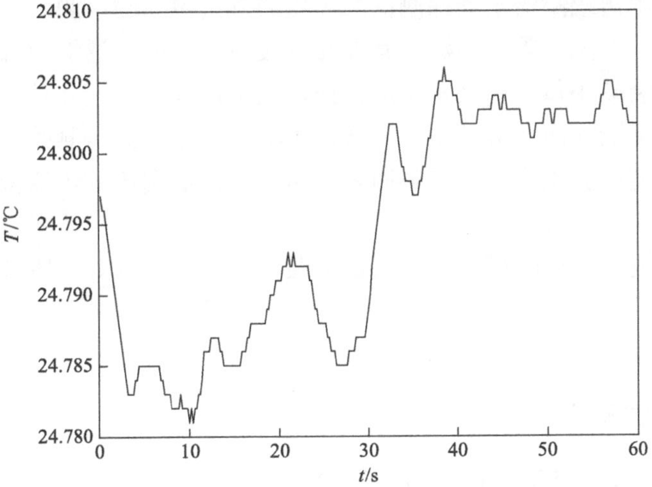

图 9.4 采集的温度信息

(2)港口河道等关键水域环境保护：仿蝠鲼潜水器搭载油传感器可用于监测水体中的油污浓度，尤其在港口码头等关键水域，建立动态巡逻监测网，如果检测到异常的水质情况，则可以及时发出警报，追踪污染源，以便采取措施阻止污染扩散；如检测到由船舶油污水泄漏引起的水质变化时，能够及时发现并采取围油栏、吸油毡等措施收集泄漏油污。

此外，仿蝠鲼潜水器通过其搭载的水质传感器采集到饮用水源、河流、湖泊、海洋等水文信息数据，可以为海洋生物的生态学研究、气象和气候研究、生态系统保护等提供大数据支撑，如研究海洋与大气之间的相互作用、改善气象预测和气候建模、帮助科研人员了解水生生物的生存条件、识别生态系统中的异常情况等，服务于生态系统保护和海洋科学研究等。

未来，随着水质传感器的发展将继续朝着更智能化、自动化、多参数、高效能的方向发展，可以在仿蝠鲼潜水器平台上集成更多的水质传感器，以满足不断增长的水质监测需求，使潜水器在水质监测、环境保护、科学研究等方面具有更广泛的应用潜力，有助于更好地了解和管理水体环境，保护生态系统并应对水质问题。通过不断创新和应用，水质传感器和仿蝠鲼潜水器都将成为水资源管理与环境保护的强大工具，为可持续的水资源利用和生态文明建设提供技术支撑。

9.4　深海环境声呐探测

目前，利用仿蝠鲼潜水器探测深海环境的方法包括磁探测、声探测、光探测和红外探测等。但是，除了声波，其他几种波在水中的穿透能力都很有限。声波在水中传播的衰减小得多，在水中的传播距离也远大于其他几种波，因此声波是仿蝠鲼潜水器探测深海环境的主要方法，声呐就是用声波探测的主要设备。仿蝠鲼潜水器发射超声波束并接收反射回来的声信号，根据声的传播特性来探测深海目标和环境。

在深海环境中，声呐可以用于测量水温、湿度、盐度等水质参数，同时也可以用于定位和识别深海生物及海底地形。相比摄像头等机械探头，声呐具有无创探测的优势，适用于深海环境中的长时间、大范围监测。

9.4.1　前视声呐探测

前视声呐(forward looking sonar, FLS)通过向前方发射声束来探测目标，具有分辨率高、结构相对简单、体积小巧、成本可控的特点。与其他类型深海探测相比，前视声呐探测的优势在于：方向性强，能定向于关键区域进行监测；响应速度快，实时成像效果好。这决定了搭载前视声呐探测的仿蝠鲼潜水器具有十分广泛的水下应用场景。

搭载前视声呐的仿蝠鲼潜水器可应用于如下场景中。

(1)海洋地形测绘：通过发射声波脉冲并接收其反射信号，测量回波的时间延迟和强度，调整声波的频率和方向，解析不同分辨率和范围的地形数据，从而获取海洋底部的地形和地貌信息。

(2)海洋生物学研究：通过分析信号的特征，如强度、频率和形态，确定水中的生物存在和活动，监测和研究海洋生物目标的数量、分布、迁徙等参数，识别和定位水中的生物群落、鱼群、海洋哺乳动物等，从而了解海洋生态系统的状况和动态。

(3)水下目标探测：通过前视声呐探测提供目标的位置、形状和尺寸信息，对潜在目标进行进一步调查和确认，可能需要使用其他设备如潜水器、遥控器等，从而识别和定位目标，以此支持海洋资源开发、水下考古和搜救行动等。

(4)海洋环境监测：通过回波数据对海洋环境进行实时或定期的监测，获取海洋环境参数，如水深、水温、水流等，监测声波的传播时间、强度和频率等信息，从而确定水下环境的特征。

(5)海底工程和建设：扫描海底区域并接收回波信号，分析回波数据，以确定施工位置、深度和条件，获得地形和地质信息以及监测施工过程中的变化和问题，确保海底结构的稳定和安全，从而为海底工程和建设提供关键的信息。

(6)水下导航和避障：通过发射声波脉冲并接收回波信号来实时监测声波的传播时间和强度，以获取水下地形数据，生成实时的地形图和障碍物信息；基于地形图和障碍物信息，规划水下潜水器或潜水员的最佳路径，以避开障碍物。

(7)海洋资源勘探：向前方发射声波脉冲，覆盖水下区域，勘探海底的矿产资源，如沉积物、矿物质和石油等，提供关于资源分布、数量和质量的信息，分析目标的形态、尺寸和位置等信息，从而帮助确定勘探区域和资源潜力。

(8)海洋能源开发：接收回波信号，并记录其时间延迟和强度；对回波数据进行处理和分析，获取有关海底地形、水流和水深的信息，分析目标的地形和特征，识别适合建设海洋能源设施的区域，从而确定海洋能源开发的可行性和布局。

(9)海洋污染监测：向前方发射声波脉冲，对回波数据进行处理和分析，检测和定位可能存在的污染物质或沉积物等；分析目标的分布和特征，监测海洋污染物的分布和扩散，从而提供污染监测和应急响应的依据。

(10)海洋气候研究：通过前视声呐探测提供的有关海洋表面温度、海洋环流和海气交互的数据，观测海洋表面和底部的地形特征、海洋环流等参数，分析这些参数的变化和相互关系，研究海洋与大气之间的相互作用。

(11)水下地质调查：发射声波脉冲并接收回波信号，以获取水下地形和地质数据，识别地质特征，如地层边界、沉积物类型等；基于收集到的数据和样本分析并生成地质剖面图、地质构造图等，为水下地质调查、地质灾害评估、地质研究和工程项目提供支持。

(12)水下搜索和救援：发射声波脉冲并接收回波信号，以探测水下目标；通过分析数据识别潜在的目标，如失踪的船只、飞机残骸等，对潜在目标进行定位和确认，并基于目标位置等数据协调搜救行动，展开救援工作。

(13)海洋军事应用：发射声波脉冲并接收回波信号，以侦测水下目标；通过数据解析，识别潜在的目标，如敌方潜艇、水雷等，对潜在目标进行定位和追踪，可能需要使用其他设备如声呐阵列进行进一步侦测；基于收集到的数据和目标信息，支持军事行动，如目标打击、反潜作战等。

最近，仿蝠鲼潜水器利用搭载的前视声呐，已经成功完成多次湖底地形地貌探测任务。图 9.5 为仿蝠鲼潜水器的前视声呐探测获取的湖底地貌数据。

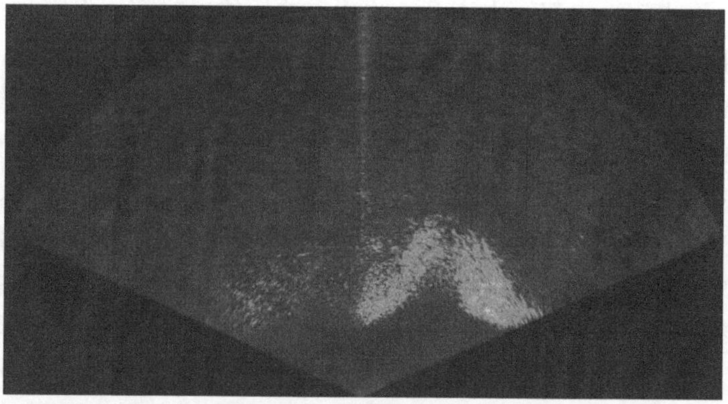

图 9.5　仿蝠鲼潜水器前视声呐探测结果

未来，随着前视声呐成像技术和声呐阵列技术的发展，仿蝠鲼潜水器前视声呐探测将实现细微目标的三维成像分辨，并扩大和提高成像的范围和深度，结合其他先进探测手段，将为海洋安全保障、资源利用管理提供不断完善的决策支持。

9.4.2　侧扫声呐探测

侧扫声呐(side scan sonar, SSS)通过扫动狭窄的声束对水下进行周边侧向探测。仿蝠鲼潜水器侧扫声呐探测是一种用于深海探测的重要工具，能够获取高分辨率水下地形图像，帮助了解水下环境和目标的分布情况。

侧扫声呐探测的主要优点是探测范围广，一次可以覆盖水下全方位较广阔的面积，适用于对周边环境进行监测。与前视声呐探测相比，侧扫声呐探测不侧重单个方向的高清成像，而是强调覆盖整体水下空间情况的监测能力，这决定了它在各种水下探测和监测方面得到广泛应用。

搭载侧扫声呐的仿蝠鲼潜水器可应用于如下场景中。

(1) 水下地质调查：侧向发射声波脉冲，沿着船舶航行方向进行扫描；接收回波信号，生成高分辨率的水下地形图和地质特征图，获取地形和地质特征，如水深、沉积物类型、地层结构等。

(2) 水下目标探测：对回波数据进行处理和分析，获取目标的高分辨率图像和尺寸信息，识别和定位水下目标，如沉船残骸、水下设施等，分析目标的形态、尺寸和位置等信息，帮助进行水下工程、水下搜索和救援等应用。

(3) 海洋地质灾害监测：通过回波数据获取实时的地质信息，识别和监测海底地质灾害，如滑坡、地震后的地质变化等，分析地质灾害的位置、规模和发展趋势，监测海底滑坡、海底火山喷发、地震后的地质变化等海洋地质灾害。

(4) 海底地形勘测：通过侧向扫描发射声波脉冲；接收器接收回波信号，并记录下回波的时间延迟和强度等信息；数据经过处理和分析，生成海底地形的图像，显示海底地貌特征、沉积物分布和地质构造等。

(5) 潜在资源勘探：在潜在资源区域进行侧向扫描，发射声波脉冲并接收回波信号，识别潜在资源目标的特征，如矿物质反射特征、目标形态等；结合其他勘探数据，如地球物理数据和地质样品，进行综合分析，从而确定资源目标的位置和分布。

(6) 海底管线和电缆布设：在海底管线或电缆布设前，使用侧扫声呐系统进行侧向扫描，获取海底地形的图像；分析海底地形的平缓性、稳定性和地质特征，选择合适的布设路径；基于侧扫声呐图像和其他海洋数据，进行管线或电缆的规划和敷设。

(7) 海底地质调查：接收信号获取海底地质结构的图像，通过分析图像的颜色、纹理和形态等特征，识别断层、地震构造、沉积物分布等地质特征，结合其他地质数据，如地球物理勘测和地质样品，进行综合解释和分析，从而了解海底地质过程和演化。

(8) 水下遗迹和考古研究：在水下遗迹或考古遗址附近进行侧扫声呐探测，发射声波脉冲并接收回波信号，回波数据经过处理和解释，识别出水下遗迹、沉船和文化遗址等目标的特征，结合考古学的专业知识，对识别的目标进行解读和研究，以了解历史事件、文化遗产等信息。

目前，搭载侧扫声呐的仿蝠鲼潜水器已经开展了多次深海探测任务。图9.6为仿蝠鲼潜水器在湖试中捕获的水下环境地形信息。

随着技术的发展，未来侧扫声呐探测将在以下方面有新的突破：高频率声束可以实现更细致的成像；声影成像和移动检测捕获更宽范围的声场信息，加强水下目标识别；多视角融合其他传感器进行大范围多学科监测，使监测更全面。这些新技术都将继续提升仿蝠鲼潜水器侧扫声呐探测在深海环境探测中的重要性。

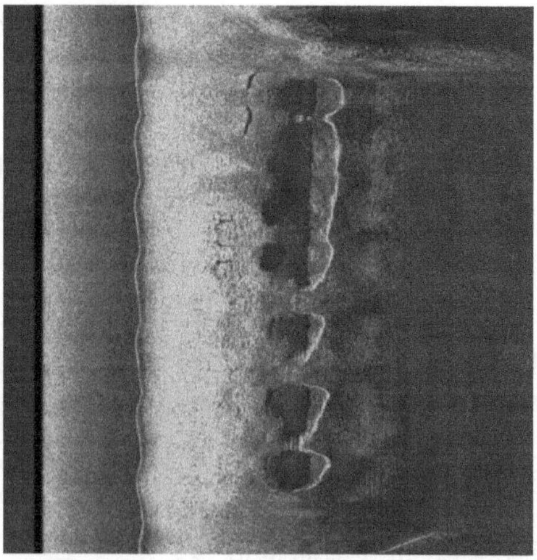

图 9.6　仿蝠鲼潜水器侧扫声呐探测结果

9.5　本 章 小 结

本章研究结果表明，扩展不同载荷可以使仿蝠鲼潜水器具有集群控制、珊瑚礁监测、水质监测及保护、深海环境探测等能力。因此，可认为仿蝠鲼潜水器是一个平台，它可以根据不同的任务场景需要，灵活地搭载载荷，从而执行不同任务。